ALÉM DA FÉ

CB143179

V. S. NAIPAUL

ALÉM DA FÉ

Indonésia, Irã, Paquistão, Malásia — 1998

Tradução:
RUBENS FIGUEIREDO

COMPANHIA DAS LETRAS

Copyright © 1998 by V. S. Naipaul
Proibida a venda em Portugal

Título original:
Beyond Belief
Islamic Excursions Among the Converted Peoples

Capa e ilustração de capa:
Takashi Fukushima

Preparação:
Cássio de Arantes Leite

Revisão:
Ana Maria Barbosa
Beatriz de Freitas Moreira

Dados Internacionais de Catalogação na Publicação (CIP)
(Câmara Brasileira do Livro, SP, Brasil)

Naipaul, V. S., 1932–
Além da fé : Indonésia, Irã, Paquistão, Malásia — 1998 / V. S. Naipaul ; tradução Rubens Figueiredo. — São Paulo : Companhia das Letras, 1999.

Título original: Beyond belief: islamic excursions among the converted peoples.
ISBN 85-7164-901-4

1. Convertidos muçulmanos — Ásia 2. Islã — Ásia 3. Naipaul, V. S., 1932 — Viagens — Países islâmicos 4. Países islâmicos — Descrição e viagens I. Título.

99-1867 CDD-297.42095

Índices para catálogo sistemático:
1. Ásia : Islã : Países convertidos : História e descrição 297.42095
2. Islã : Ásia : Países convertidos : História e descrição 297.42095
3. Países convertidos : Islã : Ásia : História e descrição 297.42095

1999

Todos os direitos desta edição reservados à
EDITORA SCHWARCZ LTDA.
Rua Bandeira Paulista, 702, cj. 72
04532-002 — São Paulo — SP
Telefone: (011) 866-0801
Fax: (011) 866-0814
e-mail: coletras@mtecnetsp.com.br

Para
Nadira Khannum Alvi

SUMÁRIO

III
PAQUISTÃO
Fora do mapa

IV
PÓS-ESCRITO MALAIO
Levantando a casca do coco

PRÓLOGO

Este é um livro sobre gente. Não é um livro de opinião. É um livro de histórias. As histórias foram reunidas durante cinco meses de viagem, em 1995, por quatro países muçulmanos não-árabes — Indonésia, Irã, Paquistão e Malásia. Portanto, existe um contexto e um tema.

O islã, em sua origem, é uma religião árabe. Toda pessoa que não é árabe e é muçulmana é um convertido. O islã não é uma mera questão de consciência ou de crença pessoal. O islã estabelece exigências imperiais. A visão de mundo de um convertido se modifica. Ele repudia sua visão própria; se torna, goste disso ou não, parte da história árabe. O convertido tem de recusar tudo o que é seu. A perturbação para as sociedades é imensa e, mesmo após mil anos, pode permanecer sem solução; a recusa precisa ser repetida várias vezes. As pessoas criam fantasias sobre quem são e o que são; no islã dos países convertidos existe um elemento de neurose e niilismo. Esses países podem facilmente entrar em ebulição.

Este livro é uma seqüência para um livro publicado dezessete anos atrás, *Entre os fiéis*, a respeito de uma viagem aos mesmos quatro países. Quando parti naquela viagem em 1979, não sabia quase nada sobre o islã — é a melhor maneira de começar uma aventura — e aquele primeiro livro era uma investigação sobre as particularidades da fé e do que parecia sua capacidade de promover uma revolução. O tema da conversão sempre esteve presente; mas não o vi de forma tão clara como ocorreu nesta segunda viagem.

Além da fé amplia o livro anterior, leva a história adiante. Também se move em uma direção diferente. Não é tanto um livro de viagem; o escritor está menos presente, não é tão inquiridor. Ele se coloca ao fundo, confiante em seu instinto, um descobridor de gente, um desencavador de histórias. Essas histórias, que nascem umas das outras, formam seu próprio padrão e definem cada país e suas atitudes; e as quatro partes do livro formam um todo.

Iniciei minha carreira de escritor como autor de ficção, um administrador da narrativa; nessa época, achei que era a coisa mais elevada que se podia ser. Quando me pediram — mais de quarenta anos atrás — para viajar por alguns territórios coloniais na América do Sul e no Caribe e depois escrever um livro, adorei a viagem — embarcar em pequenos aviões para lugares estranhos, subir o curso dos rios da América do Sul —, mas na época eu não tinha certeza sobre como escrever o livro, como dar uma forma ao que eu estava fazendo. Naquela primeira vez, me safei como pude por meio da autobiografia e das paisagens. Levei anos para descobrir que, para o escritor, o mais importante nas viagens são as pessoas entre as quais ele se encontra.

Assim, nos meus livros de viagens ou de explorações culturais, o escritor como viajante recua sem hesitar; as pessoas do país vêm para o primeiro plano; e eu me transformo de novo naquilo que era no início: um administrador da narrativa. No século XIX, a história inventada foi utilizada para fazer coisas que outras formas literárias — o poema, o ensaio — não poderiam fazer com facilidade: dar informações sobre uma sociedade em mudança, descrever estados mentais. Achei estranho que o formato do livro de viagem — a princípio, tão distante de meus próprios instintos — tivesse me levado de volta àquele ponto, em busca de uma história para contar; contudo, a própria razão de ser do livro seria desvirtuada se as narrativas fossem falseadas ou forçadas. Há bastante complexidade nessas histórias. Elas constituem a razão de ser do livro; o leitor não deve procurar "conclusões".

É possível se perguntar se pessoas e histórias diferentes em qualquer parte do livro teriam criado ou sugerido um país de outro tipo. Creio que não: o trem tem muitos vagões e várias classes, mas passa pela mesma paisagem. As pessoas reagem às mesmas pressões políticas, religiosas e culturais. O escritor só precisa ouvir com atenção e com o coração aberto aquilo que as pessoas dizem para ele, e lhes fazer mais uma pergunta, e depois outra.

Existe um outro modo de tratar o tema da conversão. Pode ser visto como uma espécie de transição, a passagem de antigas crenças, religiões telúricas, o culto dos soberanos e das divindades locais, para as religiões reveladas — cristianismo e islamismo, principalmente —, com suas inquietações filosóficas, humanitárias e sociais muito mais amplas. Os hindus dizem que o hinduísmo é menos coercitivo e menos "espiritual": e têm razão. Mas Gandhi derivou suas idéias sociais do cristianismo.

A transição do mundo clássico para o cristianismo pertence agora à história. Não é fácil, por meio da leitura dos textos, penetrar imaginariamente nos extensos debates e aflições daquela transição. Mas em algumas das culturas descritas neste livro, a transição para o islã — e às vezes para o cristianismo — ainda está em curso. Representa o drama extra, encenado ao fundo, como um *big bang* cultural, o implacável aniquilamento do mundo antigo.

I

INDONÉSIA
O vôo do N-250

1

O HOMEM DO MOMENTO

Imaduddin era professor de engenharia elétrica no Instituto de Tecnologia de Bandung. Era também pregador islâmico. Assim, nas décadas de 60 e 70, era uma pessoa incomum: um homem de ciência, um dos poucos na Indonésia independente, e ao mesmo tempo um dedicado homem da fé. Ele podia arrastar multidões de estudantes para a mesquita de Salman, nos jardins do Instituto de Bandung.

Imaduddin preocupava as autoridades. E quando, no último dia de 1979, fui a Bandung para vê-lo, viajando à tarde pela estrada fumacenta e congestionada que vai do litoral de Jacarta até o planalto mais frio onde se localiza Bandung, descobri que ele era um homem mais ou menos foragido da polícia. Não fazia muito tempo, havia concluído um período de catorze meses na cadeia, como prisioneiro político. Ainda tinha sua casinha de professor no Instituto de Bandung, mas não tinha permissão para dar aulas ali. E embora ainda se mostrasse desafiador, dando seus cursos de "treinamento mental" islâmico para pequenos grupos de jovens de classe média — na verdade, grupos de férias —, ele se preparava, aos quarenta e oito anos, para partir para o exterior.

Iria passar muitos anos fora de seu país. Mas então sua sorte mudou. E dessa vez descobri — ao voltar para a Indonésia mais de quinze anos depois daquele encontro com ele em Bandung — que Imaduddin tinha dinheiro e era famoso. Tinha um programa de tevê dominical islâmico. Possuía um Mercedes com motorista, uma casa bem razoável em uma parte razoável de Jacarta, e falava em se mudar para algo um pouco melhor. A mesma mistura de ciência e islã que o tornara suspeito para as autoridades no final da década de 70 agora o tornava interessante, o modelo do novo homem indonésio, e o levara às alturas, o levara bem perto da fonte do poder.

Tornara-se próximo de Habibie, o ministro da Pesquisa e da Tecnologia; e Habibie, mais do que qualquer outro no governo, era próximo do presidente Suharto, que governara o país por trinta anos e era em geral apresentado como o pai da nação.

Habibie era um homem ligado à aeronáutica, e seus admiradores o consideravam um prodígio. Era um homem com uma idéia extraordinária: a Indonésia, sob sua liderança, deveria construir ou, de qualquer maneira, projetar seus próprios aviões. A idéia por trás da idéia — como li em alguns jornais — era de que um tal empreendimento não viria apenas a produzir aviões. Daria também a milhares de pessoas um elevado e diversificado treinamento tecnológico; isso acarretaria uma revolução industrial na Indonésia. Ao longo de dezenove anos, quase 1,5 bilhão de dólares — segundo o *Wall Street Journal* — foram entregues à organização aeroespacial de Habibie. Um modelo de avião foi construído, o CN-235, em colaboração com uma empresa espanhola; não obteve sucesso comercial. Mas agora algo mais empolgante estava prestes a decolar, o N-250, um turboélice de cinqüenta lugares para vôos regionais, inteiramente projetado pela organização de Habibie.

O vôo de estréia deveria ocorrer a tempo de fazer parte das comemorações do qüinquagésimo aniversário da independência da Indonésia, no dia 17 de agosto, para o qual, ao longo das semanas precedentes, as ruas de Jacarta e de outras cidades haviam sido enfeitadas com o mesmo tipo de fieiras de lâmpadas coloridas, bandeiras e flâmulas. Contra esse pano de fundo comemorativo — que era como uma dádiva do estado para o povo —, o *Jakarta Post*, como um professor diante de uma turma de alunos iniciantes, expôs a seus leitores passo a passo todos os estágios dos testes do N-250: taxiar em baixa velocidade, verificar a capacidade de manobra em terra; a seguir, em velocidade média, para verificar a asa e a cauda e os sistemas de freios; e depois em alta velocidade, a fim de se certificar de que o N-250 podia voar pouco acima do solo por cinco ou seis minutos.

Quatro dias antes do vôo de estréia, um tronco gerador (seja lá o que for isso) sucumbiu enquanto o avião taxiava em velocidade média. Contudo, uma peça substituta estava disponível; e no dia marcado o N-250 voou durante uma hora a uma altura de 10 mil pés. A primeira página do *Jakarta Post* mostrou o presidente Suharto aplaudindo e Habibie sorrindo e abraçando a sra. Suharto. Anunciaram-se planos para um jato de médio alcance, o N-2130, para março de 2004. Iria custar 2 bilhões de dólares. Uma vez que esse projeto se estendia um tanto para o futuro, o filho de Habibie de trinta e dois anos, Ilham, que fizera um curso de aprendizagem na Boeing, ficaria no comando.

Três semanas depois, após o clímax das celebrações do qüinquagésimo aniversário da independência — um grande espetáculo de fogos de artifício produzido por franceses — e em uma atmosfera de exaltação nacional, Habibie propôs que o dia 10 de agosto, data em que o N-250 voara, ficasse marcado como o Dia do Renascimento Tecnológico. Apresentou a proposta na Vigésima Conferência da Unidade do Islã. Pois havia, em Habibie, um outro lado: era um muçulmano devoto e defensor apaixonado da fé. Era dirigente de uma nova corporação, que tinha o agressivo nome de Associação dos Intelectuais Muçulmanos. E quando declarou para a Conferência da Unidade do Islã que o conhecimento da ciência e da tecnologia tinha de se aliar à mais vigorosa fé em Alá, supôs-se que ele estivesse falando com autoridade tanto política quanto religiosa.

Se não era absolutamente seguro que projetar e construir aviões com componentes importados pudesse levar a um surto tecnológico e científico generalizado, da mesma forma não estava claro em absoluto de que modo o islã fora enobrecido com o êxito do N-250 e com as centenas de milhões de dólares despendidas em benefício do talento ou do interesse particular de um homem.

Mas era exatamente nisso que a fé de Imaduddin — um cientista e um crente — coincidia com a de Habibie, o ponto em que as carreiras dos dois homens se haviam cruzado, e Imaduddin fora alçado pelo seu novo protetor ao céu dos favores presidenciais.

Imaduddin, algum tempo depois de seu regresso do exílio, estivera entre os principais mentores por trás da Associação dos Intelectuais Muçulmanos. E agora servia a Habibie de um modo especial. Habibie, ou seu ministério, mandara muitos jovens para estudar no exterior. Era missão de Imaduddin — como cientista e pregador — visitar regularmente esses estudantes em suas universidades estrangeiras a fim de recordar a eles sua fé e a que causa deviam consagrar sua lealdade. Em 1979, quando estivera foragido, os cursos de treinamento mental islâmico que ministrava em Bandung não eram aprovados pelo governo, que se mostrava apreensivo diante dos primórdios de um movimento populista que ele não conseguia controlar. Agora — em uma formidável inversão — os cursos de treinamento mental de Imaduddin, ou algo semelhante, vinham sendo usados pelo governo a fim de ganhar apoio da nova e importante *intelligentsia* ou tecnocracia que Habibie estava criando.

Foi na sua nova condição de liberdade e segurança, na sua nova proximidade do poder — que para Imaduddin constituía simplesmente a prova da verdade da fé a que ele sempre servira —, que me contou como, nos antigos tempos difíceis de perseguição, ele fora apanhado, certa noite, pela polícia, em sua casinha no Instituto de Tecnologia de Bandung e levado para a prisão por catorze meses.

Imaduddin não queria chamar muita atenção para o caso agora, mas ele tinha sido provocador, havia atraído a encrenca para si mesmo. Falara contra um plano do presidente Suharto, o pai da nação, para construir um mausoléu familiar. Usariam ouro em uma parte do mausoléu, e Imaduddin agora falava como se fosse a utilização do ouro, mais do que qualquer outra coisa, que ofendera o seu puritanismo islâmico.

Portanto ele já estava à espera de alguma encrenca, e ela veio. No dia 23 de março de 1978, quinze para a meia-noite, alguém tocou a campainha da sua pequena casa. Saiu e viu três homens do serviço secreto em trajes civis. Imaduddin pôde ver uma arma com um deles. Naquela época, muita gente ia presa.

Um dos homens disse: "Viemos de Jacarta. Gostaríamos de levar o senhor para Jacarta a fim de obter algumas informações".

"Que tipo de informações?"

"Não podemos dizer. O senhor terá de vir conosco imediatamente."

Imaduddin respondeu: "Me dê alguns minutos".

E, como era Imaduddin, rezou um tempo e tomou banho, enquanto sua esposa preparava uma pequena mala de prisioneiro para o marido. Ela não esqueceu o seu Corão.

De repente, Imaduddin sentiu que não queria ir com os homens. Sentiu que, como muçulmano, não podia confiar neles. Acreditava que o serviço secreto da Indonésia se achava sob o controle dos católicos. Telefonou para o diretor do Instituto de Bandung. O diretor disse: "Deixe-me falar com eles". Conversou com os homens, mas os policiais insistiram em que Imaduddin tinha de ir com eles. O diretor saiu às pressas na direção da casa de Imaduddin mas, quando chegou lá, ele já tinha sido levado em um táxi.

Os homens do serviço secreto deixaram a casa em companhia de Imaduddin à meia-noite e meia, 45 minutos depois de ter tocado a campainha. Imaduddin sentou-se no banco de trás do táxi, entre dois policiais; o terceiro foi no banco da frente. Chegaram ao Escritório Central do Serviço Secreto em Jacarta às quatro e meia da manhã. Imaduddin, com a serenidade do crente, dormira durante uma parte da viagem. Quando chegaram, estava na hora das orações da alvorada, e os policiais permitiram que Imaduddin fizesse suas preces. Em seguida lhe pediram para aguardar em uma espécie de sala de espera. Deram-lhe um café da manhã.

Às oito foi levado para um gabinete e começou a ser interrogado por um tenente-coronel uniformizado. Não houve nenhuma insinuação ou ameaça de maus-tratos ou violência. Como professor do Instituto de Bandung, Imaduddin era considerado um funcionário de alto escalão e tinha de ser tratado de forma apropriada.

Depois do tenente-coronel, veio um homem à paisana. Esse homem lhe disse seu nome. Imaduddin identificou-o como o nome de um promotor público.

Perguntou a Imaduddin: "O senhor é muçulmano?".

"Sou muçulmano."

"É por isso que o senhor acha que este país é um estado islâmico? O senhor pensa assim?"

Era um homem instruído, um advogado, talvez cinco anos mais novo do que Imaduddin.

Imaduddin respondeu: "Não sei o que responder. Nunca estudei direito. Sou engenheiro. O senhor é advogado".

O promotor disse: "O governo gastou muito dinheiro construindo mesquitas e muitas outras coisas para os muçulmanos. Construiu a Mesquita Nacional. Mas ainda existem muçulmanos que gostariam de transformar este país em um estado islâmico. O senhor é um desses muçulmanos?".

"Diga-me o que o senhor acha deste país."

"É um estado secular. Não um estado religioso."

Imaduddin respondeu: "O senhor está errado. Absolutamente errado".

"Por quê? O senhor disse que era engenheiro, que não entendia de direito."

"De algumas coisas eu sei. Porque estudei nos Estados Unidos. Lá se pode falar em estado secular. Mas o senhor me disse que o governo daqui gastou muito dinheiro para construir coisas como a Mesquita Nacional. Que tipo de governo é este?"

Debateram durante duas horas, repetindo as mesmas coisas muitas vezes. A seguir Imaduddin foi levado para o quartel-general da Polícia Militar. Ali, apanharam sua ficha e depois ele foi levado, com sua ficha, para a prisão.

A prisão fora construída por Sukarno, o primeiro presidente da Indonésia independente, para alojar seus inimigos políticos; muita gente famosa estivera ali antes de Imaduddin. Era um complexo de seis hectares, com muralhas duplas, arame farpado e outros aparatos de uma prisão. Os prédios eram de concreto.

Imaduddin foi colocado em um cômodo amplo, de seis metros quadrados, com um banheiro especial para muçulmanos. Havia oito celas assim na prisão. Eram para pessoas de condição elevada, e Imaduddin era considerado uma pessoa de condição elevada. Imaduddin sabia que ia ter de passar um longo tempo ali. Desse modo, com a confiança e o fervor de sua grandiosa fé — e com uma simplicidade interessante: ele poderia, com a mesma naturalidade, ser um inquisidor ou um mártir —, pediu uma vassoura para limpar a cela. Achou que estava suja: como um homem religioso, seguia determinados padrões de limpeza. Chegou até a esfregar o banheiro. A par de todo o resto, o banheiro era importante para as abluções rituais antes das cinco orações diárias.

Ele se enquadrou na rotina da prisão. Havia uma pequena mesquita no centro do presídio. Quando foi lá para a prece da sexta-feira, encontrou o prisioneiro mais famoso do local: dr. Subandrio, um representante da velha-guarda da Indonésia, cirurgião, aliado político de Sukarno, ex-primeiro-ministro indicado por Sukarno, ex-ministro do Exterior.

Subandrio estava na prisão desde 1965 em virtude de sua participação na gravíssima conspiração comunista para matar os generais e tomar o poder do país. O esmagamento dessa conspiração alterara o equilíbrio político da Indonésia. Trouxera para o poder o exército e o jovem Suharto; provocara um derramamento de sangue tão vasto que, ao final, o Partido Comunista indonésio, em 1965 um dos maiores agrupamentos políticos do país, tinha sido praticamente destruído. Centenas de milhares de pessoas foram enviadas para campos de trabalho e mais tarde ficaram proibidas de exercer plenamente seus direitos civis. Não se permitiu que a lembrança da conspiração de 1965 se apagasse com o tempo; o estranho paternalismo da tutela militar sob o governo do presidente Suharto, sempre apresentado contra o pano de fundo desse latente perigo comunista, fora institucionalizado.

Subandrio havia sido originalmente condenado à morte. Mas contou a Imaduddin que no dia de sua execução a rainha Elizabeth fizera um apelo em favor da sua vida — Subandrio fora o primeiro embaixador indonésio na Grã-Bretanha — e o presidente Suharto comutou a pena de morte em prisão perpétua.

E lá, no presídio que Sukarno construíra para outros tipos de presos políticos, Subandrio permanecera todo esse tempo, treze anos, simplesmente vivendo, enquanto o mundo do lado de fora se modificava, e Subandrio e sua grande aventura tornavam-se parte do passado, e ele mesmo se afastava mais e mais do homem que tinha sido outrora. Ele, que estivera no centro de tanta coisa, agora, em termos de estímulo social, só podia contar com os novos detentos que chegavam ao presídio, pessoas como Imaduddin, como se fossem folhas trazidas ao acaso pelo vento, por cima das altas muralhas duplas.

Os dois homens se encontravam todos os dias. Um ia ao quarto do outro. Havia uma espécie de liberdade para os prisioneiros antes das oito horas da manhã, e depois, à tarde, quando os guardas seguiam para seus próprios alojamentos. Os dois homens não eram parecidos. Subandrio tinha uns sessenta e cinco anos, calculava Imaduddin; este tinha quarenta e sete. Imaduddin, ao descrever Subandrio, mencionou a boa forma física do velho, sua pequena estatura, sua formação de cirurgião, sua ascendência javanesa. A ascendência era importante. Os javaneses são conhecidos como um povo feudal, com maneiras polidas e formas especiais de dizer coisas difíceis. Imaduddin era do Norte de Sumatra, mais rude em todos os aspectos e, no tocante ao islã, muito mais puritano e agressivo do que os javaneses.

E Imaduddin não tinha simpatia alguma pela orientação política de Subandrio, anterior a 1965. Ele me tinha dito, em 1979, que não podia ser socialista quando jovem, por mais que os socialistas lhe parecessem generosos, porque "já" era muçulmano. Creio que Imaduddin queria dizer que tudo o que havia de humano e atraente no socialismo se encontrava também no islã, e não havia para ele nenhuma necessidade de seguir o caminho secular e pôr em risco sua fé.

Treze anos antes, Imaduddin e Subandrio teriam estado em lados opostos. Mas a prisão era niveladora. E Subandrio também havia mudado. Tornara-se um homem religioso. Disse para Imaduddin, em seu primeiro encontro, que queria saber mais sobre o Corão, e pediu a Imaduddin para ajudá-lo. Isso era mais do que a mera cortesia javanesa ou do que um efeito da avidez de convívio social decorrente da vida na prisão. Subandrio era um buscador genuíno. Imaduddin tornou-se seu mestre.

Também conversavam todos os dias sobre política. Falavam especialmente sobre a política na cultura javanesa. Imaduddin disse: "Ele aprendeu comigo a ler o Corão. Eu aprendi com ele sobre a cultura javanesa".

"O que aprendeu?"

"A importância do paternalismo. Não no sentido ocidental, mas uma mistura de feudalismo, paternalismo e nepotismo. É preciso saber o que dizer e o que não dizer. É preciso saber qual a sua posição na sociedade. Às vezes, sua capacidade pessoal nada tem a ver com o caso."

Subandrio também inteirou-se da história de Imaduddin, e foi fácil para ele distinguir em que ponto Imaduddin estava errado. Somando tudo o que ouviu de Subandrio durante catorze meses, Imaduddin pôs essas palavras de orientação política na boca de Subandrio: "Em política, não se deve esperar de modo algum honestidade e moralidade. Sutileza e argúcia não são importantes. Em política, vencer é o que conta, no final. Desse modo, se você põe sua idéia na mente do inimigo, e ele a pratica, você é o vencedor. Acima de tudo, você precisa ter em mente que nunca deve entrar em confronto com os javaneses".

Confrontação: Imaduddin reconheceu que este tinha sido o seu próprio método político. Esse tempo perdido na prisão era parte do preço que estava pagando; assim também os numerosos anos de exílio que viriam a seguir. Durante aqueles anos, Imaduddin nunca esqueceu o conselho de Subandrio; e quando seu tempo de expiação chegou ao fim e ele voltou para a Indonésia, Imaduddin se dedicou a aprender o modo javanês de dizer coisas difíceis. Aprendeu que não devia tentar agir por conta própria. Encontrou um protetor, Habibie; calou-se; e como por um passe de mágica as pessoas que ele julgara mais distantes e hostis tornaram-se fontes de obséquios e favores.

No dia anterior ao qüinquagésimo aniversário da independência, e seis dias após o vôo de estréia do N-250 em torno de Bandung, o dr. Subandrio — agora com quase oitenta e dois anos — foi afinal solto da prisão, após inimagináveis trinta anos e dezesseis longos anos após a libertação de Imaduddin.

O anúncio fora feito três semanas antes pelo presidente Suharto. Um repórter do *Jakarta Post* foi até o presídio. Encontrou Subandrio sofrendo de hérnia e de pressão alta. O velho agora só não queria morrer na prisão e (um resquício da boa condição física que Imaduddin notara dezesseis anos antes) se mantinha em forma — para a breve liberdade que ainda poderia ter pela frente, e também para a breve vida — com a ajuda da ioga e de longas caminhadas pelo pátio do presídio.

O repórter perguntou a Subandrio se ele pretendia retomar a política quando fosse solto. Subandrio respondeu: "É inútil". Seus pensamentos, explicou, estavam voltados apenas para a outra vida.

O repórter perguntou se ele tinha alguma opinião sobre a sua libertação.

Não tinha. Não queria dizer absolutamente nada até se ver efetivamente fora da prisão. Falou: "Receio algum deslize da língua, porque isso pode se voltar contra mim".

Portanto, agora, quase no final, tomando cuidado de falar apenas da benevolência de Deus e da generosidade do presidente Suharto, Subandrio permanecia obediente ao conselho javanês que dera a Imaduddin, dezesseis anos antes.

Imaduddin dava nomes não islâmicos e de aparência moderna a suas iniciativas islâmicas. Assim, em Bandung, em 1979, dava cursos de "treinamento mental" para grupos de adolescentes de classe média. Um dos jogos modernos que ele os fazia praticar consistia em sentar-se em grupos de cinco e tentar formar quadrados com pedaços de papel de formato variado, que lhes eram entregues em envelopes separados. A coisa só podia ser feita se os grupos se unissem e permutassem pedaços de papel. Dessa maneira muito atraente, eles aprendiam a necessidade de cooperação, de perseverança, de conhecer uns aos outros, o sentido de fazer parte de um grupo. E uma vez que Imaduddin, aqui, estava pregando para convertidos — de outro modo esses adolescentes, alguns deles provenientes de Jacarta, não teriam sido autorizados por seus pais a vir até Bandung para essas reuniões mistas, tarde da noite —, todos sabiam que essas eram virtudes islâmicas; e alguns dos jovens conheciam até citações do Corão para corroborar essa idéia.

Se isso, em 1979, constituía um aspecto do treinamento mental, era possível para mim, ciente do sucesso e da glória atuais de Imaduddin, ter uma idéia do que estava por trás do YAASIN, que vinha a ser o elegante acrônimo indonésio escolhido por Imaduddin para a fundação que ele agora dirigia: Yayasan Pembina Sari Insan, Fundação para o Desenvolvimento e Gerenciamento de Recursos Humanos. "Recursos humanos" significava gente; seu desenvolvimento significava tornarem-se muçulmanos devotos; o gerenciamento desses devotos significava apartá-los de antigas lealdades, quaisquer que fossem elas, e levá-los a obedecer à orientação tecnológico-política de Imaduddin e Habibie.

O escritório da fundação ficava em um pequeno conjunto de edifícios a certa distância do centro de Jacarta. Não era fácil para o visitante encontrá-lo. Mas Imaduddin era um homem ocupado, com seu programa de tevê semanal e seu trabalho na Associação dos Intelectuais Muçulmanos — além do mais, em poucos dias ele estaria embarcando para os Estados Unidos e Canadá, e lá viajaria durante dois meses, visitaria doze universidades para dar o seu curso de treinamento mental para estudantes indonésios —, e achou que seu escritório era o melhor lugar para nos encontrarmos.

Quando veio ao corredor para me cumprimentar, não o reconheci de jeito nenhum. Não era apenas o efeito dos anos.

Seu jeito havia mudado. Em Bandung, me parecera ter o aspecto de um professor universitário, um homem não destituído de atrativos, o jeito semi-informal, semiconfiante de um homem acostumado a contornar a seriedade ou a complicação de um assunto para conquistar a submissão de pessoas que ainda não eram seus pares. Agora ele parecia um homem de negócios, sem paletó mas bastante alinhado: a camisa com listras verdes, a gravata, a caneta presa no bolso da camisa, a calça bege com cinto a fim de conter o impetuoso início de expansão abdominal da meia-idade.

No escritório, a primeira sala, logo à direita da entrada, tinha uma plataforma baixa, com uns tapetes baratos e enrugados; e no chão havia chinelos e sapatos. Aquele era o local onde os visitantes ou empregados de Imaduddin se voltavam para Meca e oravam. Duas ou três pessoas já estavam ali, sentadas em silêncio, à espera da hora correta para orar; no cenário, elas pareciam um pouco troféus ou diplomas que se exibem nos escritórios, a virtude em exposição.

Enquanto Imaduddin passava na ponta dos pés por aquelas pessoas imóveis, a diplomata que viera comigo (e que providenciara o carro para a difícil viagem) perguntou se também deveríamos tirar os sapatos antes de ir adiante. Imaduddin, com algo semelhante à bonomia do pregador, respondeu que não era necessário. Falou como se soubesse, com base em sua experiência do estrangeiro, que descalçar os sapatos seria um transtorno para nós, e ele estava até certo ponto solidário conosco; mas ao mesmo tempo falou como se aquilo que para nós representava um transtorno fosse para ele puro prazer.

Em seguida, vinha a sala da secretária, com uma cintilante tela de computador, prateleiras e arquivos; e depois, no fim do corredor, ficava o gabinete de Imaduddin, contra a parede exterior do prédio — a rua ensolarada e o trânsito fumacento logo adiante, do lado de fora. Parecia um escritório onde acontecia muita coisa. Na escrivaninha coberta por um vidro, havia um computador portátil com sinais de ter sido muito usado. Ao lado, um Corão bastante manuseado; do outro lado, uma pilha de livros de capa mole, muito malfeitos, talvez com uns trinta centímetros de altura, de tamanhos parecidos e capas de cor azul-ferrete, que tinham sido publicados no Egito e podiam ser um extenso comentário sobre o Corão: sem dúvida, eram o mesmo que alimento e água para Imaduddin.

E foi ali, naquela atmosfera de mesquita e escritório, que Imaduddin começou a me contar suas aventuras depois de 1979, e as mudanças em seu pensamento que o levaram da perseguição sofrida em Bandung, onde fora proibido de dar suas aulas de engenharia elétrica, para o seu sucesso ali em Jacarta, com sua fundação e suas idéias sobre recursos humanos.

Embora em 1979 estivesse com quase cinqüenta anos, Imaduddin ainda se mantinha ligado a duas organizações de estudantes muçulmanos, nas quais ocupara postos importantes. Essas organizações, de uma forma moderna que chamava a atenção, eram conhecidas por suas iniciais: IFSO do Kwait, Federação Islâmica Internacional das Organizações Estudantis, e WAMY da Arábia Saudita, a Associação Mundial da Juventude Muçulmana. Foi por intermédio da WAMY que Imaduddin obteve uma bolsa de estudos da Fundação Faiçal. Ele não a usou para ir a um país muçulmano, onde como um defensor da fé logo encontraria algum conforto. Em vez disso, partiu para o coração dos Estados Unidos, para a Universidade Estadual de Iowa. Sempre presentes, os Estados Unidos, uma parte detestada do mundo para todo e qualquer tipo de revolucionário moderno: o país da lei e do repouso, com o qual, no final da história, um homem que proclamara para si mesmo estar do lado oposto — em política, cultura ou religião — podia fazer as pazes e a cuja boa vontade ele podia se entregar.

Foi em Iowa que Imaduddin alcançou a grande ruptura com seu passado. Encontrou um novo tema de estudo, engenharia industrial, e desistiu de engenharia elétrica, que lecionara por dezessete anos. Resolvera estudar engenharia elétrica quando era moço, explicou; era parte da incerteza da época; ele tinha as idéias mais nebulosas possíveis acerca da melhor maneira de desenvolver o país. Agora, em Iowa, começou a ver mais claro.

Imaduddin disse: "Descobri, naquela ocasião, que este país precisa mais de desenvolvimento de recursos humanos do que de alta tecnologia. Tecnologia pode ser comprada se você tiver dinheiro. Mas não se podem comprar recursos humanos devotados a fazer coisas pelo seu país. Não se pode esperar que americanos venham para cá a fim de fazer coisas por este país. Como secretário-geral da IFSO, viajei um bocado. E um dia, em 1978, quando estava na Arábia Saudita, vi que haviam instalado um hospital muito moderno, o Hospital Rei Faiçal, mas todos os médicos, e até as enfermeiras, não eram árabes. Os médicos eram americanos, as enfermeiras, filipinas, indianas e paquistanesas. A Arábia Saudita pode adquirir o avião-radar Awacs, mas os pilotos são americanos".

"O senhor não tinha pensado nisso antes?"

"Na verdade, não. Mas estava chegando lá."

Embora soubesse mais ou menos que as palavras de teor científico usadas por Imaduddin tivessem um matiz religioso, eu também dera a elas uma interpretação semicientífica. Achei que ele falava como um cientista e dizia, de forma bem franca, que a tecnologia, sem o fundamento da ciência, era inútil, e pensei que Imaduddin estava usando a Arábia Saudita como um exemplo da dependência tecnológica. Mas o que ele veio a dizer logo em seguida me fez ver que eu tinha entendido mal a verdadeira linha da sua argumentação.

Disse Imaduddin: "Quando solicitei uma bolsa de estudos para a Arábia Saudita, eu pensava em deixar a engenharia elétrica. Achei que devia haver alguma coisa mais importante do que a tecnologia".

Por um tempo, perdi o rumo de seu raciocínio. Ele parecia estar dizendo que para desenvolver a tecnologia era necessário desistir dela. Refleti com toda a atenção sobre aquilo que fora dito. Imaduddin continuou a falar e pouco depois me dei conta de que não estava falando com imparcialidade, definindo as bases para o avanço tecnológico da Indonésia, mas de forma mais pessoal, sobre a sua carreira e sobre os estágios intuitivos por meio dos quais viera a desistir da engenharia elétrica, desistir da tecnologia pura e simples, e tornar-se exclusivamente um pregador, e como, mediante essa aparente renúncia profissional, ele alcançara as alturas: a Associação dos Intelectuais Muçulmanos, Habibie, os esplendores do N-250 e, de maneira indireta, o próprio presidente. Em sua mente, não havia qualquer incongruência ou falta de lógica. Só havia nitidez. Um país só poderia se desenvolver se seus recursos humanos se desenvolvessem: quer dizer, se as pessoas se tornassem boas e devotas.

Minhas perguntas nem sempre lhe pareciam importantes. Imaduddin as tratava com civilidade, mas como se fossem interrupções; e, como o político ou o pregador calejado, sempre retornava à sua linha principal, sem perder sua direção.

Disse ele: "Com a bolsa saudita, passei para a engenharia industrial. Em engenharia elétrica, só estudamos engenharia. Não se dá importância ao ser humano. Exceto quando estudamos alta voltagem, é claro, e é preciso pensar na segurança. Em engenharia industrial, combinamos o sistema industrial e o sistema humano, e administração. Fiz isso em Iowa. Conheci um professor muito bom, especialista em comportamento humano. Pedi que fosse o meu orientador e ele concordou com satisfação. A partir disso, concentrei meus esforços em uma abordagem comportamental".

Imaduddin não teve nenhuma dificuldade em abandonar seu objeto de estudo anterior. "Só me interesso por uma coisa enquanto estou aprendendo a respeito dela. Uma vez que já conheço tudo em relação ao assunto, não me agrada mais. É uma de minhas fraquezas ou atitudes ruins. Um exemplo. Mostre-me algum motor ou máquina elétrica. Posso explicar a você o comportamento dessa máquina. Um motor de indução é um motor de indução. Não interessa de onde venha. Posso explicar a você de ponta a ponta como ele funciona. Quando apanho meus dois filhos, cada um tem seu comportamento individual. Não se pode tratá-los como máquinas. Seres humanos são sempre enigmáticos para mim, sempre interessantes."

Do outro lado da parede do escritório, a luz brilhava amarela, convertendo a poeira e a fumaça em ouro: a tarde quente já próxima do fim, agora rumo ao crepúsculo, o trânsito tão agitado quanto sempre, repleto de incidentes, mas constante (como uma fonte vista de longe). Contra esse fundo, mas vindo de dentro do escritório, sem dúvida da sala atapetada no fim do corredor, ruídos hesitantes e rangentes tomaram a forma de um discreto cântico.

Imaduddin ouviu: dava para notar em seus olhos. Mas, com o mesmo tipo de cortesia com que antes nos dissera que não era necessário tirar os sapatos no corredor, ele parecia não ouvir. Não interrompeu sua história.

Após quatro anos em Iowa, concluiu seu curso de engenharia industrial. Recebeu uma carta de alguns amigos na Indonésia avisando que não voltasse naquele momento. Mostrou a carta para o serviço de imigração americano — ele tinha de sair do país tão logo fosse diplomado — e lhe concederam uma prorrogação do prazo. Também mostrou a carta para o seu professor. Este sabia que a bolsa saudita de Imaduddin cessara com a sua formatura e ofereceu a ele um emprego de professor. Imaduddin lecionou em Iowa por dois anos.

Falei: "As pessoas foram muito boas com o senhor".

Eu estava tentando chamar a atenção para as pessoas de Iowa, que não eram crentes. Creio que Imaduddin compreendeu. Respondeu com um sorriso malicioso: "Deus me ama muito".

O cântico do corredor tornou-se mais firme. Já não podia ser ignorado. Pude perceber que Imaduddin desejava estar lá, com os que cantavam e oravam. Porém, por mais um tempo, ficou onde estava e prosseguiu com sua história.

Em 1986, um amigo indonésio bem situado, na verdade um ministro de Estado, fez um apelo ao governo indonésio em favor de Imaduddin. Ofereceu garantias pessoais de que Imaduddin não faria nada danoso ao estado. Foi por causa disso que, após seis anos de exílio, Imaduddin pôde voltar para o seu país. Dirigiu-se para Bandung. Pensou que ainda teria seu emprego de professor no Instituto de Tecnologia mas, quando procurou o reitor, ele lhe disse que estava demitido. Assim — embora Imaduddin não tivesse chamado minha atenção para o fato —, não fazia mesmo diferença que tivesse abandonado a engenharia elétrica.

A cantoria agora tomava todo o corredor. Era imperiosa. Convocava Imaduddin a deixar a narrativa do seu passado. E agora ele não conseguiu se conter. Levantou-se de sua cadeira com um movimento brusco, com o tom de voz de um homem de negócios, disse que estaria conosco em poucos minutos e saiu em direção ao cântico.

O gabinete parecia desolado. Sem o próprio homem — sua simplicidade e franqueza curiosas, seu amor pela oratória, seu humor — toda sua parafernália de missionário parecia opressiva: algo feito de nada. Só alguém como Imaduddin poderia dar algum sentido e alguma vida aos livros egípcios de capa azul-ferrete sobre a escrivaninha coberta com vidro.

Quando voltou, tinha perdido sua inquietação. As preces, os consolos de costume o haviam preparado para a parte mais feliz da sua história. Era aquela em que Imaduddin tratava do sucesso — o qual ainda desfrutava — que viera depois de quase uma década de prisão, exílio e clandestinidade.

O sucesso seguira-se ao seu retorno para Jacarta, a capital, depois da humilhação em Bandung. Em Jacarta, Imaduddin estava mais perto das fontes do poder. Pela primeira vez, pôde agir segundo os princípios da arte política javanesa, conforme aprendera com o dr. Subandrio, oito ou nove anos antes, na prisão. Eram princípios simples, mas vitais: saber qual seu lugar na sociedade e seu tipo de relacionamento com a autoridade; saber o que podia e o que não podia ser dito; compreender a arte da reverência.

Disse Imaduddin: "A partir de 1987, comecei a ser atuante na vida de Jacarta. Aprendi muito depressa".

"O que o senhor aprendeu?"

"A geopolítica da Indonésia. As regras do jogo de Suharto."

Entretanto, a despeito de todo o seu novo discernimento, cometeu um deslize feio. Ocorreu em seu segundo ano em Jacarta. Trabalhava, de forma tateante, em seu projeto relativo aos recursos humanos.

"Comecei a reunir alguns amigos a fim de criar uma nova organização que ia se chamar Associação dos Intelectuais Muçulmanos, ou algo assim. Encontramo-nos em um hotel em Yogyakarta. Foi em janeiro de 1989. Quatro policiais apareceram e puseram fim à reunião. Meu nome ainda era considerado sujo. Suharto ainda estava sob a influência do pessoal do serviço secreto."

O pessoal do serviço secreto, Imaduddin me diria mais tarde, se achava sob a influência dos católicos, que ficavam apreensivos com o movimento muçulmano. O incidente demonstrou a ele que, embora a sociedade estivesse totalmente controlada, nem sempre era fácil prever. Haveria sempre uma porção de ciladas como essa. Imaduddin entendeu que seria um erro para ele pensar — assim como sua educação em Sumatra e seu treinamento na América o instigavam a pensar — que poderia agir sozinho. Ele precisava de um protetor.

"Eu me informei mais acerca da situação política. Li a respeito do professor Habibie. Li reportagens de capa em duas revistas. Tentei saber mais a respeito dele. Pedi ao meu amigo — talvez o ministro que tornara possível o retorno de Imaduddin para a Indonésia — que me apresentasse a Habibie. Fui recebido por ele em 1990."

"O que aconteceu, de fato?"

"Mandei uma carta para o professor Habibie por intermédio de um estudante. Em seguida fui ao seu escritório, em companhia de estudantes, três dos quais eu transformara em meus 'guias'. Encontrei-me com Habibie no dia 23 de agosto de 1990."

Ou seja, um ano completo após a polícia ter proibido a reunião dos intelectuais no hotel em Yogyakarta. Habibie concordou em ser o presidente da nova associação.

"Por que o senhor escolheu Habibie?"

"Porque é muito ligado a Suharto e nada pode ser feito neste país sem a aprovação do homem mais poderoso. Habibie me disse que eu tinha de redigir uma proposta e que ela teria de vir apoiada por pelo menos vinte assinaturas de doutores do país inteiro. Desse modo, voltei e, durante uma quinzena, trabalhei no computador. Consegui a assinatura de quarenta e nove pessoas. Na maioria, gente de universidade. Habibie mostrou essa carta para Suharto no dia 2 de setembro de 1990 e Suharto deu imediatamente sua aprovação. Disse para Habibie: 'É a primeira vez que intelectuais muçulmanos se uniram. Quero que você lidere esses intelectuais para construir este país'. Essa carta, é claro, vai se tornar um documento nacional."

Nesse ponto, a carreira de Imaduddin decolou. "Depois de voltar da reunião com Suharto, Habibie criou uma comissão a fim de preparar uma conferência. A Associação dos Intelectuais Muçulmanos foi constituída no início de dezembro de 1990. Suharto comprometeu-se a vir em pessoa abrir a conferência." E houve ainda um outro sinal do perdão presidencial. "Quando Suharto, por intermédio de Habibie, quis encontrar um nome para o jornal da ICMI, Habibie me pediu para criar um nome. Ofereci a ele três opções: *Res Publica*, *Republik*, *Republika*. Suharto escolheu *Republika*. A seguir, comecei a ganhar minha liberdade. Posso falar onde bem entender. Quando voltei em 1986, não podia dar palestras públicas. Portanto as coisas mudaram completamente na Indonésia. É claro, houve oposição. Não islâmicos, católicos."

"Por que Suharto mudou de orientação?"

"Não sei. Um enigma para mim. Talvez Deus tenha mudado. Em 1991, ele foi a Meca na *haj*, a peregrinação. Seu nome agora é Haji Mohamad Suharto. Antes, ele não tinha nenhum prenome. Era apenas Suharto." E Imaduddin tornou-se um homem ocupado. "Desde 1991, fiquei a serviço de Habibie. Um dia, ele me chamou e disse: 'Eu gostaria que você fizesse só uma coisa. Eduque essa gente. Transforme esse povo em muçulmanos devotos'."

"Então o senhor abandonou a engenharia?"

"Completamente. Desde 1991, vou todos os anos aos países europeus, aos Estados Unidos, à Austrália, só para me encontrar com os estudantes, em especial com os que receberam bolsas de estudo de Habibie. Eu os instruo para se tornarem bons muçulmanos, bons indonésios. Na semana que vem, como lhe disse, vou visitar o Canadá e os Estados Unidos. Vou ficar por lá dois meses. Vou visitar doze *campi*."

Dava para perceber o propósito político — ou "geopolítico" — desse trabalho. Os estudantes já eram dependentes de Habibie e do governo. O treinamento mental de Imaduddin, levado aos estudantes em suas universidades, estreitaria ainda mais seu vínculo.

Acerca dos estudantes no exterior, ele disse: "Quando se tornarem muçulmanos devotos e bons líderes da Indonésia, não vão pensar em revolução, mas sim em evolução acelerada". Soava como um slogan, alguma coisa elaborada, palavras projetadas para constituir parte de um programa: desenvolvimento, mas com as mentes de algum modo acorrentadas. "Precisamos superar nosso atraso e nos transformar em um dos novos países industriais por volta de 2020."

Assim, partindo da idéia de que na Indonésia havia algo mais importante do que a tecnologia, voltamos atrás em ziguezague — passando pela noção de recursos humanos, que vinha a ser a noção religiosa — até chegar à necessidade de progresso tecnológico. Um tipo especial de progresso, com a mente controlada de forma religiosa.

Esse ziguezague havia seguido o percurso da própria carreira de Imaduddin, desde seus problemas em Bandung até sua posição importante nos projetos de Habibie. E em sua mente não havia nenhuma incongruência. O mais importante no mundo era a fé e seu primeiro dever era servi-la. Em 1979, Imaduddin tivera de expressar sua oposição ao governo. Agora era diferente. O governo servia à fé; Imaduddin podia servir ao governo. A fé era grande; ele podia adaptá-la às necessidades do governo. Imaduddin não passara para o lado do governo; ao contrário, o governo é que havia passado para o lado dele.

"Senti em 1979 que a religião estava ameaçada. O grupo do serviço secreto naquela época se achava sob a influência dos católicos, que temiam o desenvolvimento islâmico aqui. Eles têm aquilo que em psicologia se chama projeção. Acham que, porque são minoria, serão tratados como trataram os muçulmanos em outros países. Agora tenho meus amigos no ministério. É a vontade de Deus."

As maneiras reverentes javanesas eram agora naturais para Imaduddin. Sobre Habibie, seu protetor, ele disse: "É um gênio. Obteve *summa cum laude* no mestrado e no doutorado na Alemanha, em Aachen. Seu segundo e seu terceiro títulos acadêmicos são em engenharia aeronáutica. É uma pessoa honesta. Nunca faltou a uma prece. Ora cinco vezes por dia, e além disso jejua duas vezes por semana, segunda e quinta-feira. O filho de Habibie é ainda mais esperto do que o pai. Foi a Munique". E Imaduddin havia também chegado a uma opinião reverente em relação ao presidente Suharto, como pai da nação. Quando Habibie mostrou ao presidente a primeira carta de Imaduddin sobre a Associação dos Intelectuais Islâmicos, o presidente, passando os olhos nas quarenta e nove assinaturas, deteve-se no nome de Imaduddin e disse, como se fosse uma coisa muito natural: "Ele já esteve na prisão". Habibie relatou isso para Imaduddin e este ficou assombrado.

Imaduddin me disse: "Um nome. Quando a gente pensa nas centenas de milhares de pessoas que foram para a prisão, aqui...". Deixou a frase inacabada.

E agora ele tinha uma perspectiva estupenda para o futuro da fé em seu país.

"Creio naquilo que o falecido Fazel-ur-Rehman me disse. Faleceu em 1980. Era um dos componentes da Academia Nacional Islâmica do Paquistão. Era professor de estudos islâmicos na Universidade de Chicago. Convidei-o para vir a Iowa, a fim de dar uma palestra." Interessante esse vislumbre do protegido vaivém de missionários islâmicos em território estrangeiro. "Encontrei-o no aeroporto. Ele me abraçou e disse: 'Li muitos artigos e livros do senhor e estou feliz de encontrá-lo hoje. O senhor é um indonésio. Creio firmemente que os muçulmanos de língua malaia vão liderar o renascimento do islã no século XXI'. Peguei sua mala, acompanhei-o até o carro e perguntei por que ele acreditava nisso. Respondeu: 'Falo sério. O senhor vai tomar a frente dessa renascença. Há três razões. Primeiro, os muçulmanos de língua malaia tornaram-se maioria no mundo muçulmano, e vocês são o único povo muçulmano que se mantém unido. Nós, paquistaneses, fracassamos nesse aspecto. O mundo árabe está dividido em quinze estados. Vocês só têm sunitas, nenhum xiita. Em segundo lugar, vocês têm uma organização muçulmana, Muhammadiyah, cujo slogan é Corão e Suna'. Porque Fazel-ur-Rehman acreditava firmemente que só o Corão pode responder às questões modernas. 'Em terceiro lugar, a posição das mulheres na Indonésia é exatamente igual à do tempo do Profeta, em conformidade com o verdadeiro ensinamento do islã.'"

Perguntei a Imaduddin: "Quais são as questões modernas que o Corão é capaz de solucionar?".

"Relações humanas. O sentimento de igualdade. Libertar-se do desejo, libertar-se do medo. Estas são as duas coisas de que as pessoas necessitam e esta é a missão básica do Profeta Maomé."

Ele me dissera em 1979 que não poderia ser um socialista quando jovem porque "já" era muçulmano. Poder-se-ia então dizer que a devoção não supria a função das instituições. Mas agora não se podia dizer que a fé por si só não proporcionava a libertação do desejo e do medo, porque a fé que Imaduddin preconizava se achava ancorada ao projeto tecnológico de Habibie, cuja glória se expressava no vôo do N-250.

"A ciência é algo inerente à educação islâmica. Se estamos atrasados, é porque fomos colonizados pelos espanhóis, britânicos, holandeses. Para que os homens foram criados por Deus? Para tornar o mundo próspero. A fim de tornar o mundo próspero temos de dominar a ciência. A primeira revelação feita ao Profeta foi 'Leia'."

Parecia uma parte do que havia dito antes. Mas, quando vim a conhecer um pouco mais a respeito da política da Indonésia, compreendi que desse modo Imaduddin queria lutar com as armas do inimigo, e constituía um imenso poder agir em benefício do governo.

Na Indonésia, nos achávamos quase no limite do mundo islâmico. Durante mil anos mais ou menos, até 1400, esta região foi uma parte cultural e religiosa da Grande Índia: animista, budista, hindu. O islã chegou aqui não muito antes de chegar à Europa. Não foi a força avassaladora que se viu em outros países convertidos. Nos últimos duzentos anos, em um mundo colonial, o islã chegou a estar na defensiva, a religião de um povo dominado. Ela não se apoderou completamente da alma das pessoas. Ainda era uma religião missionária. Foi mantida viva de maneira informal, em uma época colonial, em modestos internatos de aldeia, idéia originária, talvez, dos mosteiros budistas.

Possuir ou controlar esses colégios era ter o poder. E comecei a pensar que Imaduddin e a Associação dos Intelectuais Muçulmanos — com sua ênfase na ciência e na tecnologia, e seu desdém pelos velhos costumes rituais — não tinham em mira outra coisa. A ambição era assombrosa: levar a cabo o domínio muçulmano sobre essa parte do mundo e conduzir as ilhas ao seu destino, na posição de líder do renascimento islâmico no século XXI.

Imaduddin disse: "Antigamente, costumavam ler o Corão sem entender o sentido. Só estavam interessados na pronúncia correta e em determinada melodia encantatória. Agora estamos mudando isso. Estou tendo a oportunidade de dar aulas pela televisão".

Mais tarde, saímos, passamos pela sala de orações, agora vazia, com os tapetes enrugados. A esposa de Imaduddin estava ali, à espera dele: uma beldade javanesa gentil e sorridente. Era algo a favor de Imaduddin o fato de ter ganhado o amor de uma senhora como aquela. Essa mesma mulher havia preparado a mala da prisão para Imaduddin, dezessete anos antes, e ela me fez lembrar que eu fora à casa deles em Bandung, no último dia de 1979.

Fui ao banheiro. As abluções rituais feitas em um pequenino tanque de cimento tornaram o banheiro um transtorno, exceto para aqueles que tirassem os sapatos e arregaçassem as calças.

Quando voltei, havia um homem alto, de meia-idade, terno cinzento, de pé ao lado da esposa de Imaduddin. Tão logo esse homem viu Imaduddin, dirigiu-se a ele e fez menção de beijar sua mão direita. Imaduddin fez um gesto de esquiva.

O homem de terno cinzento era membro do serviço diplomático indonésio. Encontrara Imaduddin quando este fora à Alemanha a fim de ministrar seus cursos de treinamento mental para estudantes. Fitava Imaduddin com olhos alegres e me disse em inglês: "Ele é íntegro. Só teme a Deus".

E entendi o que o homem queria dizer. Por um instante, ficamos ali de pé, todos sorrindo: Imaduddin, sua esposa e o homem de terno cinzento.

Imaduddin me contou, mais tarde, que era costume entre os muçulmanos tradicionais beijar a mão de um professor. O diplomata encarava Imaduddin como seu professor. Toda vez que encontrava Imaduddin, tentava beijar sua mão. "Mas nunca o permiti."

2

HISTÓRIA

O homem que Imaduddin e a Associação dos Intelectuais Muçulmanos tinham em mira, mais do que qualquer outra pessoa, era o sr. Wahid.

O sr. Wahid não se interessava pelas idéias de Habibie acerca de religião e política e era um dos poucos homens na Indonésia que podiam dizê-lo. Era presidente do Nahdlatul Ulama, o NU. O NU era uma organização com base nos internatos islâmicos de aldeia da Indonésia, e possuía, segundo diziam, 30 milhões de membros. Trinta milhões de pessoas resistindo ao treinamento mental e à Associação dos Intelectuais Muçulmanos: isto tornava o sr. Wahid alguém formidável. E o sr. Wahid não era mesmo um homem comum. Tinha uma linhagem especial. Na Indonésia, e sobretudo em Java, isso contava bastante. Sua família fora ligada aos internatos de Java por mais de um século, desde os sombrios tempos coloniais, quando Java fora reduzida pelos holandeses a uma vasta plantação, e esses internatos islâmicos se constituíram em um dos poucos lugares capazes de proporcionar ao povo privacidade e respeito próprio. E o pai do sr. Wahid tivera importância na política e na religião na época da independência.

O *Jakarta Post*, escolhendo com cuidado as palavras, declarou em uma reportagem que o sr. Wahid era um homem controvertido e enigmático. Havia uma história por trás das palavras. Imaduddin acreditava que fora Deus em pessoa que fizera do presidente Suharto um crente muçulmano naqueles últimos anos, o enviara em peregrinação para Meca e o tornara um defensor das idéias tecnológicas-políticas-religiosas de Habibie. O sr. Wahid tinha uma opinião diferente a respeito do assunto. Achava que política e religião deviam ser mantidas separadas e se permitira, certo dia, fazer algo inimaginável: havia criticado o presidente Suharto perante um jornalista estrangeiro. Apenas alguém tão forte e independente quando o sr. Wahid poderia ter sobrevivido a isso. Ele fora, de forma notável, reeleito presidente do NU. Mas, nos oito meses que se seguiram, não foi recebido uma única vez pelo presidente Suharto, e agora se sabia que o sr. Wahid estava na alça de mira.

Sem a menor dúvida, era esse cheiro de sangue que levava as pessoas a me dizer para procurar o sr. Wahid. Um comentário de um jornalista estrangeiro o descrevia como "um sacerdote velho e cego com 30 milhões de seguidores". Isso transformava o sr. Wahid em um personagem de história em quadrinhos e o confundia com uma outra pessoa, em um outro país. Os olhos do sr. Wahid não eram saudáveis, mas ele não estava cego; tinha apenas cinqüenta e dois ou cinqüenta e três anos de idade; e não era sacerdote.

Dezesseis anos antes, as pessoas também se mostravam ansiosas para que eu me encontrasse com o sr. Wahid, mas, na época, por uma razão diferente.

Em 1979, consideravam que o sr. Wahid e seu *pesantren*, o movimento dos internatos islâmicos, se encontravam à testa do movimento muçulmano moderno. O *pesantren* desfrutava, naquele tempo, a glória adicional de ter sido visitado pelo especialista em educação, Ivan Illich, e haver proporcionado bons exemplos da "desescolarização" que ele preconizava. Desescolarização não era, talvez, a melhor idéia para se propor a aldeões que mal tinham sido escolarizados. Mas em virtude da admiração de Illich o *pesantren* da Indonésia parecia constituir mais um exemplo em que a Ásia irradiava uma luz inesperada, após o ofuscamento do colonialismo. E um jovem homem de negócios de Jacarta, um adepto do sr. Wahid, conseguiu que eu visitasse *pesantren* próximos à cidade de Yogyakarta. Um dos *pesantren* era do próprio sr. Wahid; fora criado pela sua família.

Seguiram-se dois dias aflitivos: em primeiro lugar, a busca pelos locais corretos, percorrendo estradas rurais abarrotadas de gente, entre prédios de escolas superlotados: em geral, silenciosos e tranqüilos na entrada, mas depois, de repente — e mesmo de noite —, tão agitados e fervilhantes de vitalidade competitiva quanto um poço de trutas apinhado, na hora da refeição: bandos de meninos e jovens zombeteiros, alguns mais à vontade, só de sarongue, largando seus afazeres domésticos para vir atrás de mim, e alguns no meio da turba gritavam: "Illich! Illich!".

Com tal tumulto, eu não estava seguro do que via e tenho certeza de que deixei muita coisa escapar. Mas desescolarização não parecia uma palavra inadequada para aquilo que vi. Não entendi o sentido de reunir jovens aldeões em acampamentos a fim de aprender ofícios e técnicas que iriam mesmo, de um jeito ou de outro, adquirir mais tarde. E fiquei preocupado com o aspecto religioso: os textos muito simples, as turmas muito grandes, o aprendizado por memorização, e a simulação de um estudo privado, em seguida. Nos pátios superlotados, de noite, vi meninos sentados no escuro diante de livros abertos, fingindo ler.

Não era o tipo de lugar aonde eu gostaria de ir. Disse isso ao jovem indonésio que viera comigo de Jacarta como guia e intérprete. Ele era sagaz, instruído e simpático, sempre tomando um pouco o meu partido em todas as nossas aventuras. Dessa vez ele pôs de lado toda cortesia e mostrou-se francamente contrariado. Outras pessoas, quando ouviram o que falei sobre o *pesantren*, também se mostraram contrariadas.

Ao cabo dos dois dias, tive um encontro com o sr. Wahid em sua casa no *pesantren*. Escrevi a respeito de nosso encontro, mas foi estranho que, até reler o que havia escrito, eu não tinha qualquer lembrança do homem ou da ocasião. Podia ser a fadiga dos dois dias, ou a brevidade de nossa reunião: o sr. Wahid, ocupado como sempre com os assuntos do *pesantren*, estava de partida para Jacarta naquela noite e não pôde me dar sua atenção por muito tempo. Ou então — e isso é o mais provável — podia ser por causa da luz muito fraca na sala de estar do sr. Wahid: era muito cansativo tentar vê-lo através da penumbra e devo ter desistido, me contentado com a sua voz, e assim permaneci sem uma imagem sua.

O que ele me disse explicou muita coisa do que eu sentira a respeito do *pesantren*. Antes do islã, eles tinham sido mosteiros budistas, mantidos pelo povo das aldeias, e em retribuição recordavam aos aldeões as verdades eternas. Nos primórdios do islã na Indonésia, permaneceram como lugares espirituais, centros sufistas. Na época dos holandeses, se tornaram escolas islâmicas. Posteriormente, tentaram ainda se converter em um tipo mais moderno de escola. Aqui, como em toda parte da Indonésia, onde o islã era comparativamente recente, as várias camadas de história ainda podiam ser facilmente percebidas. Porém — e esta é a minha opinião, não do sr. Wahid — o *pesantren* misturava todas as idéias isoladas para criar aquela espécie de mixórdia que eu tinha visto.

Enquanto conversávamos, soava uma cantilena do lado de fora: uma aula de árabe. O sr. Wahid e eu saímos enfim para dar uma olhada. A cantilena provinha da varanda de uma casa muito pequena no fundo do jardim. A luz era muito fraca; eu mal conseguia discernir o professor e sua turma. O professor era um dos homens mais instruídos dos arredores, disse o sr. Wahid. O *pesantren* havia construído a casinha para ele; os aldeões o alimentavam; e ele recebia, além disso, um salário de quinhentas rupias por mês, na época, o equivalente a mais ou menos oitenta centavos. Desse modo, embora fosse muçulmano, entoando sem pausa a cantilena da sua aula de lei árabe, ele era um descendente dos monges dos mosteiros budistas — um homem sábio e um guia da iluminação espiritual, que vivia às expensas das pessoas a quem servia.

Fiquei imensamente interessado no seu salário de oitenta centavos por mês, e quando o sr. Wahid o chamou e ele veio e se pôs humildemente de pé diante de nós na enorme escuridão, muito pequeno, piedoso e curvado, com óculos de lentes muito grossas, não consegui me desvencilhar da idéia dos oitenta centavos e imaginei como seriam pagos e em que intervalos.

O sr. Wahid elogiou-o enquanto o homem se manteve de pé diante de nós, disse que tinha trinta anos e sabia de cor muita coisa do Corão. Comentei que era admirável saber o Corão de cor. "Metade", afirmou o sr. Wahid. "Metade." E, considerando que o homem curvado à nossa frente não tinha quase mais nada a fazer senão aquilo, declarei com certa severidade que isso não era o bastante. Ele, o homem dos oitenta centavos, arriou os ombros um pouco mais, aceitando piedosamente, e convertendo em mérito religioso toda e qualquer censura que pudéssemos fazer em relação a ele. E senti que ele estava pronto a curvar os ombros um pouco mais, e ainda mais um pouco, até que se assemelhasse a um homem cuja cabeça tivesse crescido abaixo dos ombros.

Foi ele, mais do que o sr. Wahid, que permaneceu na minha lembrança daquela noite.

O homem de negócios de Jacarta que me enviara ao *pesantren* em 1979 era Adi Sasono. Fora partidário do sr. Wahid, na época. Mas agora afastara-se dele e estava do lado oposto, com a Associação dos Intelectuais Muçulmanos. Tinha um ótimo emprego na associação e um amplo escritório, com todo tipo de aparato empresarial, no alto de um arranha-céu no centro de Jacarta.

Ele queria que eu soubesse que, apesar das aparências, permanecera fiel a suas velhas idéias acerca da elevação espiritual das aldeias; foi o sr. Wahid que ficara para trás. Antes, os colégios *pesantren* eram bons; agora, não.

No último século, na época dos holandeses, os líderes do *pesantren*, que eram chamados *kiyai*, constituíam uma espécie de liderança local informal, capaz de proporcionar alguma proteção aos aldeões. Os tempos haviam mudado; no mundo moderno, o velho sistema não respondia às necessidades. O *pesantren* era propriedade do seu *kiyai*; direitos de comando e de propriedade eram transmitidos de pai para filho; de forma que, quaisquer que fossem as virtudes de alguns *kiyai*, havia sempre o perigo do "elitismo" ou do "feudalismo religioso".

Disse Adi: "Esse método tradicional de mobilizar as pessoas não pode ser mantido a longo prazo. Precisamos de um processo mais confiável e de uma tomada de decisão coletiva nacional". Em 1979, ele se unira ao movimento *pesantren* a fim de promover a educação moderna, para complementar o ensino religioso tradicional e fomentar o desenvolvimento rural. Agora achava que essa tarefa era cumprida de forma mais eficaz pela Associação dos Intelectuais Muçulmanos, ICMI, no seu acrônimo indonésio (pronuncia-se "*itch-me*") [coce-me]. "Preparamos as pessoas para ser mais independentes em suas decisões, sobretudo no que concerne ao desafio de atrair o grande capital para a área rural. O *kiyai*, um homem e sua prerrogativa, não pode constituir uma garantia para a vida das pessoas. Assim, a ICMI contribui mais para o desenvolvimento dos recursos humanos e para o desenvolvimento econômico do povo."

Adi estivera se movendo nessa direção e agora, enfim, havia chegado ao objetivo: a idéia missionária de Imaduddin acerca do desenvolvimento e gerenciamento dos recursos humanos.

Não ouvi uma palavra de Adi a respeito da desescolarização e Ivan Illich — aquilo era a modernidade e a linha acadêmica do passado. Na análise atual de Adi, as choupanas e o berreiro dos pátios do *pesantren* eram coisas tão rústicas e limitadas quanto poderiam ter parecido para um visitante sem compromissos. E todo um novo conjunto de palavras ou idéias — elitismo, feudalismo religioso, tomada de decisão coletiva, mobilização do povo e, é claro, recursos humanos — era empregado de maneira figurativa, para acabar com o pobre sr. Wahid.

E acabar também, mas só na minha mente, com a figura evocada em minha memória: o homenzinho curvado, de chapéu branco e roupa branca, na escuridão desnorteante do quintal ou jardim do sr. Wahid, o homem de oitenta centavos por mês (na cotação atual, um homem de 25 centavos, mais ou menos), chamado da sua varanda muito sombria e da sua aula cantada de lei islâmica para se pôr de pé diante de nós, submisso e com a cabeça abaixada para ouvir e aceitar minha censura porque ele sabia de cor apenas metade do Corão, aos trinta anos de idade, quando tinha tão pouca coisa para fazer e a aldeia havia construído aquela casinha apertada para ele morar e lhe fornecia o alimento adequado a suas necessidades modestas: um implausível sucessor, na Indonésia semiconvertida, dos antigos sufis islâmicos e, antes deles, dos monges dos tempos budistas.

O islã e a Europa chegaram aqui quase ao mesmo tempo, como imperialismos rivais, e um e outro destruíram o longo passado budista e hinduísta. O islã expandiu-se para cá, para esta parte da Grande Índia, após a devastação que promoveu na Índia propriamente dita, transformando a luz religiosa e cultural do subcontinente, no que toca a essa região, na luz de uma estrela morta. No entanto a Europa dominou tudo aqui tão depressa que o próprio islã passou a sentir-se como uma cultura colonizada. A história familiar que um homem culto e consciente como o sr. Wahid trazia na cabeça — uma história cuja memória familiar autêntica remontava apenas a cento e vinte e cinco anos — era uma história do colonialismo europeu e ao mesmo tempo do restabelecimento do islã.

Na primeira vez que nos encontramos nessa viagem, o sr. Wahid falou, mas apenas de passagem, da história de sua família. Fiquei instigado com o que ouvi e senti que gostaria de ouvir mais. Fui vê-lo de novo.

Encontramo-nos no escritório central do NU. Ficava no térreo de um prédio simples e antiquado, em uma rua importante, com um jardim aberto na frente, para receber os carros. Os aposentos — nem um pouco semelhantes ao escritório de Adi Sasono — eram como salas de espera de uma estação ferroviária, repletas de mobília pesada e escura, e com um ar de coisa gasta.

Eu quis sentar em uma cadeira alta, de encosto reto, de modo que pudesse escrever. Todas as cadeiras no escritório do sr. Wahid eram muito baixas. Um assistente disse que em outro cômodo havia cadeiras que serviriam melhor, mas havia pessoas lá, conversando. O sr. Wahid, como um homem que já tivesse sofrido tempo demais por causa desses conversadores, disse que eles deviam ser postos para fora. E foram mesmo retirados de forma tão repentina que rolos de fumaça de cigarro morna e densa pairavam ainda no ar, a meia altura, quando entramos no aposento. Os cigarros eram de cravo, feitos na Indonésia. A fumaça pesava com o aroma do óleo de cravo, e houvera tantos fumantes na sala que, depois dessa minha tarde ao lado do sr. Wahid, o cheiro de cravo permaneceu na minha mão e no meu cabelo por vários dias, resistindo aos banhos, como um anestésico depois de uma operação; e jamais largou meu paletó durante todo o tempo que estive na Indonésia.

Nada do sr. Wahid de 1979 ficara na minha memória. E agora eu estava surpreso por ver que ele tinha apenas cinqüenta e um ou cinqüenta e dois anos de idade; portanto, em 1979, quando ele já era famoso e considerado uma grande autoridade, não tinha nem quarenta anos. Era um homem baixo, gorducho, talvez de 1,62 ou 1,63 m de altura. Como todo o mundo dizia, seus olhos não eram muito bons, mas sua condição física e sua aparência geral sugeriam uma pessoa com outros problemas, cardíacos ou respiratórios. Estava vestido de maneira informal, com uma camisa de colarinho aberto. No meio da multidão de indonésios, ele não teria se destacado. Tão logo começou a falar, porém, e seu inglês era fluente, correto e sensível, sua superioridade tornou-se patente. Era um homem para quem a confiança e a benevolência haviam sido transmitidas desde várias gerações.

O sr. Wahid disse: "Meu avô nasceu em 1869, no Leste de Java, em uma região de cultivo de cana chamada Jombang. Provinha de uma família camponesa que seguia uma tradição de sufismo. Os sufis em Java vinham dirigindo *pesantren* havia séculos. Meus ancestrais tiveram o seu *pesantren* por dois séculos, durante seis ou sete gerações antes do meu avô.

"Meu bisavô veio da Java central. Estudou em um *pesantren* em Jombang e foi aceito como genro por seu professor. Isso teria ocorrido em 1830, no início do cultivo de cana na região. Esse período foi também o início das viagens em navio a vapor pelo Oriente Médio. Esse fato foi importante para a *haj*, a peregrinação para Meca. Tornou-se mais fácil. Suscitou também a emergência de novas famílias ricas de muçulmanos, que cultivavam em suas terras produtos de alto valor comercial. Essa nova classe rica podia enviar seus filhos para estudar em Meca nos navios a vapor. Foi uma coincidência, mas a história muitas vezes é moldada por progressos isolados.

"Meu bisavô teve condições de mandar meu avô para Meca no último quarto do século passado. Meu avô foi para Meca talvez em 1890, quando tinha vinte e um anos de idade. Ficou lá talvez uns cinco ou seis anos. Graças aos navios a vapor, era possível mandar dinheiro para os estudantes. Ele voltou e criou seu próprio *pesantren*. Isso foi em 1898.

"A história é que ele o fundou com apenas dez alunos. Nessa época, a criação de uma casa de orações era considerada um desafio aos valores predominantes. Nos arredores da plantação de cana havia uma ausência de vida religiosa. O engenho de açúcar tornava as pessoas dependentes dela, pois constituía uma fonte de dinheiro fácil, para apostar, para beber, para a prostituição, todo tipo de coisa que desagradava ao islã. De noite, nos primeiros meses, esses dez estudantes tinham de dormir no meio da casa de orações. As paredes da casa de orações eram feitas de esteiras de bambu, e lanças e todo tipo de armas pontudas eram espetadas de fora para dentro.

"Talvez meu avô fosse demasiado severo em sua crítica às pessoas. Escolheu a região da cana-de-açúcar de maneira deliberada. Talvez tenha agido assim movido por algum vislumbre espiritual do futuro. O intuito bem definido era transformar toda a comunidade do local, fazê-los seguir o modo de vida islâmico. Em 1947, no final da sua vida, meu avô tinha um *pesantren* de 4 mil alunos e vinte acres de terra. No início, tinha apenas quatro acres. A comunidade agora está totalmente transformada. Ainda existe ali um engenho de açúcar, mas a comunidade inteira abandonou o velho modo de vida e segue um modo de vida islâmico.

"Meu avô se casou muitas vezes. Casou-se também antes de partir para Meca. Todos os seus casamentos terminaram em divórcio ou na morte das esposas. Ele se casou, talvez no início deste século, com uma mulher oriunda da nobreza. Aqui, nobreza significa descendência da linhagem dos reis de Java, que governavam em Solo. Compartilhamos a mesma linhagem da esposa do presidente Suharto. A nobreza já se achava um pouco secularizada, ocidentalizada. Essa nova esposa do meu avô era tão orgulhosa de sua origem nobre que, segundo minha mãe, muitas vezes dizia: 'Quero que meus filhos tenham uma educação diferente. Não quero que sigam o modo de vida camponês do meu marido'.

"Por essa razão, ela orientou meu pai e seus irmãos menores — eram onze. Tiveram professores particulares de fora da região, que ensinavam coisas desconhecidas no *pesantren* — matemática, holandês e conhecimentos gerais. Meu pai chegou a fazer um curso de datilografia. As pessoas estranhavam isso, porque a comunidade muçulmana aqui ainda usava a escrita árabe para o idioma local. Mais tarde, quando ingressou na vida pública, meu pai sentava no banco de trás do carro e datilografava enquanto viajava. Ao mesmo tempo que aprendia essas matérias modernas, meu pai tinha de estudar no *pesantren* sob o controle do pai dele e dos seus cunhados. E minha avó convidou um xeque de Al Azhar, no Cairo, para vir ensinar meu pai e seus irmãos menores durante sete anos. Isso era uma coisa desconhecida em Java. Os curdos ministravam uma educação muito tradicional no islã. Os egípcios, por intermédio de Al Afghani, reformularam toda a tradição da educação religiosa em Al Azhar. Desse modo, meu pai obteve os benefícios dos dois tipos de educação. Foi educado como membro de uma família real. Por isso meu pai falava um árabe impecável e conhecia muito bem a literatura árabe. Assinava os periódicos famosos do Oriente Médio".

O pai do sr. Wahid também foi para Meca. Partiu em 1931, com quinze anos, e ficou lá por dois anos. Foi quando voltou — agora com sua educação formal completa, embora o sr. Wahid não tenha chamado a atenção para isso — que começou a ampliar o currículo do seu *pesantren*, a fim de torná-lo mais parecido com o currículo misto no qual ele mesmo havia sido educado. Acrescentou geografia e história moderna. Adicionou também, disse o sr. Wahid, a idéia da *escola*: isso significava que os alunos eram "sabatinados" pelo professor.

"Antes, não havia nada parecido. Era tudo muito polido. Nada de perguntas. Todo o mundo apenas ouvia o professor. Com a introdução do sistema de escola no *pesantren*, meu pai desencadeou uma série de aprimoramentos. Tinha havido mudanças anteriormente, de menor alcance, mas não de menor impacto. Em 1923, meu avô materno instituiu um novo *pesantren* para meninas. Hoje, isso está disseminado por toda parte."

Os *pesantren* eram essencialmente internatos religiosos. Por sua natureza, não podiam se elevar muito acima do nível das pessoas. Os melhoramentos mencionados pelo sr. Wahid pareciam pequenos: datilografia, geografia, história moderna. Mas talvez não fossem pequenos, na época. Talvez, conforme disse o sr. Wahid, seu efeito tenha sido aprimorador.

Perguntei acerca do aspecto tradicional do ensino no *pesantren*. Ele me contou suas experiências no final da década de 40, muitos anos depois das reformas do seu pai.

"Quando tinha oito anos de idade, depois de completar a leitura do Corão, me mandaram decorar uma gramática, *Al Ajrumiyah*. Tinha umas quinze páginas. Toda manhã, meu professor me mandava memorizar uma linha ou duas. Fui adestrado assim. Mais tarde, de noite, eu tinha de pegar outro livro. Um texto bastante básico, de leis religiosas: como fazer a ablução, como fazer as preces corretas."

Foi exatamente isso que eu tinha visto em 1979 — trinta anos depois — ao anoitecer, no *pesantren*: meninos sentados ao acaso, enganando a si mesmos com um livro muito simples de leis religiosas que deveriam aprender de cor, e até alguns meninos sentados, no escuro, diante de livros abertos, fingindo ler.

Talvez o ensino religioso tivesse de vir acompanhado desse caráter repetitivo, desse isolamento, dessa submissão e desse entorpecimento da mente, dessa espécie de angústia. Talvez, juntamente com isso, viesse algum tipo de auto-respeito, e até uma idéia de aprendizagem que — na depressão cultural generalizada — de outro modo nunca chegaria a ter existido. Porque, juntamente com essa educação religiosa, a despeito de sua sabedoria e de sua piedade postiças, e também da sua dor verdadeira, adveio também um despertar político.

Esse era o outro lado da história da família do sr. Wahid. Estava entrelaçado com a outra história do sucesso e da reforma do *pesantren*.

"Em 1908, foi fundada em Solo uma organização local, chamada Sarekat Dagung Islam, por iniciativa de um comerciante que fizera a peregrinação a Meca. Quatro anos depois, essa organização transformou-se em uma organização nacional chamada Sarekat Islam. Não se restringia ao comércio.

"Meu avô tinha um primo dez anos mais novo, Wahab Hasbullah. Wahab fora mandado para a casa do meu avô para ser educado. Wahab viajou depois para Meca e levou um amigo, Bisri. Após quatro anos em Meca, ouviram falar de Sarekat Islam. Wahab pediu para abrir uma filial da Sarekat em Meca. Isso aconteceu em 1913, um ano depois da fundação da Sarekat Islam. Bisri não o acompanhou porque não obteve a autorização do meu avô, que era também seu professor. Bisri tornou-se meu avô materno. Wahab foi o meu tio-avô materno. Quando voltou de Meca, em 1917, foi para Surabaya. Em 1919, a Sarekat Islam cindiu-se. Um holandês convenceu dois membros da Sarekat Islam a fundar a Red Sarekat Islam. Em 1924, houve um congresso saudita para o novo califado dos muçulmanos. Wahab uniu-se à comissão de Surabaya."

Em 1926, Sukarno surgiu e a política nacional se transformou. Mas o pai e o avô do sr. Wahid continuaram importantes para o movimento religioso.

"Em 1935, os holandeses, preocupados com a ameaça japonesa, fizeram uma convocação a fim de formar uma milícia local para defender a Indonésia, ou o império, da iminente ameaça japonesa. E um congresso convocado pelo meu avô discutiu essa questão: seria obrigatório para os verdadeiros muçulmanos defender um país governado por não-muçulmanos? A resposta retumbante foi sim, porque os muçulmanos na Indonésia em 1935, sob o domínio holandês, gozavam de liberdade para implementar o ensino de sua religião. Isso significa, a meu ver, que meu avô encarava o islã como uma força moral, não como uma força política exercida pelo estado."

Foi, pode-se dizer, um debate colonial moral, entre pessoas que não exerciam nenhum poder, semelhante ao debate que teve lugar na Índia quando veio a guerra. E, no final, a milícia em que o pai do sr. Wahid acabou servindo foi aquela organizada pelos japoneses, que conquistaram a Indonésia em 1942.

"Os japoneses criaram dois tipos de milícias: as muçulmanas e as nacionalistas. Meu pai foi o fundador da milícia *Hizbullah*, em 1944. Os japoneses recrutavam jovens dos *pesantren* e das escolas religiosas. O irmão caçula do meu pai foi treinado e depois nomeado comandante de um batalhão. Como seu quartel-general se situava justamente no *pesantren*, toda a família se viu envolvida nas questões nacionais. Debatiam acerca da guerra japonesa, dos problemas na Alemanha, do movimento de independência.

"Em 1944 e 1945, os japoneses criaram um comitê para preparar a independência indonésia. Foi chefiado por Sukarno. Meu pai fazia parte desse comitê. Ele e outros oito membros formavam o núcleo do grupo que iria esboçar os cinco princípios do novo estado, a *panchasila*. Desse modo, tornou-se um dos patriarcas fundadores desse estado. Quando estourou a guerra de independência, meu pai estava diretamente envolvido. Primeiro, foi ministro e depois conselheiro político do comandante das forças armadas, o general Sudirman.

"Meu pai partiu para a clandestinidade quando os holandeses desencadearam seu ataque. Fui evacuado para a casa do meu avô materno. E lá, muitas vezes por semana, meu pai aparecia, ocultando-se em casa, sem sair, tratando seus ferimentos, que eram provocados pela diabete, não por balas. Eu tinha de caçar sapos para fritar, para retirar o óleo, a fim de fazer curativos para as feridas do meu pai. Dez a quinze sapos de cada vez, duas ou três vezes por semana. Depois de pôr os curativos nas feridas, ele voltava para seus esconderijos nas aldeias vizinhas.

"Quando os holandeses concederam a soberania ao nosso estado, meu pai foi nomeado ministro de Assuntos Religiosos. Ocupou o cargo por três anos. Na época dos japoneses, tinha havido uma secretaria de assuntos religiosos que fora confiada ao meu avô, mas comandada por meu pai, na condição de diretor executivo. Essa secretaria foi o embrião do departamento de assuntos religiosos."

E, como é comum nas narrativas dessa época, se as brutalidades de sua ocupação podiam ser postas de lado, a inteligência e a rapidez — bem como os efeitos duradouros — da reorganização japonesa de uma região vasta e diversificada tinham de ser reconhecidas.

O sr. Wahid, embora ainda criança, começou a viver já próximo da política nacional.

"Meu pai, quando eu tinha nove anos, me levou a um grande comício no estádio Ikada. Sukarno estaria lá." Isso foi em 1950. "O estádio fora construído pelos japoneses para bajular os indonésios. Era onde agora existe aquele monumento nacional." E era o parque onde, perante uma platéia de 1 milhão de pessoas, o governo francês viria a exibir seu grande espetáculo de fogos de artifício em homenagem ao qüinquagésimo aniversário da independência da Indonésia. "Mais de 60 mil pessoas se achavam no estádio para ouvir Sukarno. Para mim, ele parecia um gigante. Fez um discurso feroz contra os imperialistas. Pediu ao público que se unisse a essa luta, a essa batalha. E o povo reagiu de forma muito emotiva. Eu me exaltei muito, ao sentir esse movimento do povo, ao tomar parte daquele entusiasmo. Assim, gritei também. Pulei. Meu pai me acalmava. Ele dizia: 'Fique sentado. Não pule'. Talvez não quisesse que eu me cansasse. Senão, depois, teria de me levar no colo para o carro."

Quis saber mais a respeito do aspecto físico de Sukarno.

O sr. Wahid disse: "Sua postura era boa. O rosto não revelava beleza, mas uma vontade de aço, uma espécie de força. Para ser franco com o senhor, o rosto dele era rude. Refletia autoridade, força de vontade. Por isso era carismático. Sobretudo quando erguia as mãos e gritava. Dava para ver os olhos dele, nessas horas, muito vivos, como se estivesse encarando de perto os imperialistas. Como meu pai era ministro, estávamos sentados perto de Sukarno, na primeira fila. Sukarno estava ali de pé, de frente para nós.

"Meu pai morreu em 1953. Tinha trinta e nove anos de idade. Havia se demitido do cargo de ministro em 1952, porque nossa organização fora excluída do único partido muçulmano que existia na época. Meu pai se demitiu do gabinete e formou um novo partido, o NU, em 1952. Era muito atuante no que se refere a criar filiais do partido. Em uma dessas viagens, eu estava no banco da frente e ele no banco de trás, e sofremos um acidente no qual meu pai ficou seriamente ferido, vindo a morrer um dia depois. Ele tombou pela porta e foi atingido pelo rodopio do carro, quando derrapou.

"Minha mãe veio para Bandung à noite, e diversos dignitários acompanharam o corpo do meu pai em um carro funerário até Jacartá. O que vi me impressionou profundamente. Nas margens ao longo da estrada de 180 quilômetros, as pessoas se punham de pé, à espera da passagem do seu corpo, para lhe dar adeus. Em companhia do meu tio — um general-de-divisão — em uma motocicleta, à frente do carro funerário, passamos pela multidão, três ou quatro fileiras de pessoas de cada lado da estrada, ao longo de oitenta quilômetros, até o cemitério da família em Jombang.

"Ver toda aquela gente chorando e dando adeus para ele daquela maneira deixou em mim a seguinte impressão: existe alguma coisa na vida maior do que ser amado por tanta gente? Eu era criança quando Gandhi morreu. Mais tarde, vi fotos do funeral de Gandhi. Fez-me lembrar os funerais do meu pai. Isso reforça minha determinação".

Esta foi a história familiar que o sr. Wahid me contou, durante boa parte de uma tarde quente, em uma sala no andar térreo no quartel-general do seu NU, em Jacarta, no impregnado aroma da fumaça de cigarros feitos de cravo já meio passado, enquanto o trânsito de duas mãos rugia e fumegava bem na frente do jardim. A história da família — resumida, a meu pedido, em certos trechos e, às vezes, com saltos em uma direção e outra — continha, camada por camada, toda a história do país, ao longo dos últimos cento e vinte e cinco anos. Era essa história familiar que havia determinado o curso da vida do sr. Wahid. Era a essa história que ele sempre reportava suas ações e atitudes.

Herdara a liderança do partido do seu pai, o NU. Em 1984, ele retirou o partido da política.

"Compreendemos como era nocivo o vínculo direto entre o islã e a política, a exemplo do que ocorreu no Paquistão, Irã, Sudão, Arábia Saudita, porque as pessoas em toda parte passaram a ver o islã como uma religião que emprega a violência, o que, do nosso ponto de vista, não é verdade. Para nós, o islã é uma força moral que atua por meio da ética e da moralidade. Não sou só eu que pensa assim, trata-se de uma decisão coletiva dos ulemás educados por meu avô. Tivemos um debate bastante áspero a respeito disso em 1983 com um doutor em direito constitucional.

"Em 1991, fundou-se o Fórum pela Democracia. Ele repudia totalmente a política islâmica, o islã político, tal como preconizado por, digamos, o senhor Suharto e o professor Habibie. A disputa entre os centros de poder em nosso país na década de 90 reflete a necessidade do presidente de obter o apoio mais amplo possível na sociedade. O que significa ter o apoio também dos movimentos islâmicos. Para obter esse apoio, é necessária a identificação da política nacional com o islã. Meu avô, na decisão de 1935" — a decisão do congresso de que os muçulmanos poderiam defender uma Indonésia governada pelos holandeses contra o ataque dos japoneses — "percebeu a necessidade de distinguir as funções da religião das da política. Agora, a decisão do ministro Habibie de tomar o rumo da islamização significa que ele considera a política como uma parte integrante do islã. Isso me afeta de maneira pessoal, pois meu pai participou da redação da Constituição que garante uma posição igual para todos os cidadãos. As pessoas deveriam praticar o islã por uma questão de consciência, não por medo. Habibie e seus amigos criaram entre os não-muçulmanos e os muçulmanos não-praticantes o temor de mostrar sua identidade. Esse é o primeiro passo para a tirania."

O sr. Wahid mostrou-se veemente quanto a isso. Voltou à questão várias vezes e sempre parecia esperar que eu anotasse suas palavras. Tentei levá-lo a falar de forma mais direta acerca de Habibie. Queria obter uma imagem, uma conversa, uma história. Não foi fácil.

"Habibie veio me ver no hospital e pediu que eu me unisse à IMCI, a sua Associação dos Intelectuais Muçulmanos."

Gostei do detalhe do hospital: parecia corroborar o que eu pressentia acerca da saúde do sr. Wahid. Mas não consegui obter mais do que isso.

"Minha resposta foi: 'Em vez de me unir ao seu grupo respeitável, deixe-me ficar ali fora com os intelectuais da esquina'."

Foi isso que anotei. Não estava seguro do que significava, porém, mais tarde, concluí que o sr. Wahid, em seu leito de hospital, declarava com extrema ironia que o respeitável grupo do sr. Habibie e os intelectuais da esquina eram o mesmo tipo de gente. Imaduddin, o pregador, o homem da televisão, que havia concebido a ICMI, estaria entre aqueles intelectuais da esquina, embora o sr. Wahid não tivesse pronunciado esse nome uma única vez durante toda a tarde.

Adi Sasono, um antigo adepto, também teria estado na linha de fogo. Mas isso só ficou claro para mim mais tarde, depois que conversei com todos eles, e tudo de que dispunha eram minhas anotações, para reler.

Adi afirmou, perto do final do nosso encontro em seu escritório sofisticado: "O senhor Wahid viaja demais. É antes um conferencista e um intelectual do que um *kiyai*". Um *kiyai*, o líder de um *pesantren* de aldeia: esta seria a maneira de Adi deturpar a reputação do sr. Wahid e fazê-la baixar um ou dois pontos. "Um *kiyai* em geral se instala em determinada aldeia, no *pesantren*, e os aldeões podem procurá-lo e fazer perguntas. Está sempre ao lado do povo."

Adi era presidente de um conselho de diretores do CIDES, o acrônimo de um importante instituto de pesquisa da ICMI, e cujo nome completo era Centro de Estudos de Informação e Desenvolvimento. Isso explicava o requinte do escritório de Adi. O livro do CIDES que Adi me deu, produzido com elegância e em formato grande, trazia um prefácio escrito por Adi. A seguir, um trecho do primeiro parágrafo:

> O nascimento da Associação dos Intelectuais Muçulmanos (ICMI), três anos atrás, incrementou de forma crescente a consciência coletiva da nossa nação no tocante à importância da qualidade dos recursos humanos como um patrimônio essencial e renovável para o desenvolvimento. Essa consciência devia se manifestar em grandes esforços com base na moralidade do desenvolvimento, que enfatiza a centralidade da dimensão humana tanto nas idéias quanto nas práticas do desenvolvimento. Este ponto de vista significa também que uma participação ativa e consciente da nação como um todo representa um valor fundamental...

Aqui, irrompendo de forma flagrante, estavam de novo os recursos humanos de Imaduddin, a sua idéia missionária, embrulhados em várias camadas de palavras modernosas, empresariais e acadêmicas. Palavras usadas desse modo eram apenas um invólucro. O que estava por trás era a grandiosa idéia de Imaduddin acerca do destino dos muçulmanos de língua malaia, seu desejo de completar um processo de conversão que a Europa havia freado durante duzentos ou trezentos anos, e por fim, nessa distante fronteira oriental da fé, fincar bem alta a bandeira do islã.

3

UM CONVERTIDO

Ele morava perto do Cemitério dos Heróis, na Jalan Masjid Baru, a rua da Mesquita Nova. Era onde ele queria que eu fosse encontrá-lo, dois dias depois da nossa reunião, às dez da manhã. Eu queria ouvir um pouco mais a respeito do seu passado — seus ancestrais, a ascendência de Sumatra — e foi a única hora que conseguiu arranjar, pois no dia seguinte estava de partida para Estados Unidos e Canadá, a fim de dar seus cursos de treinamento mental.

Quando me indicou o caminho para chegar lá, no escritório da sua fundação, adivinhei que eu ia ter dificuldades para encontrar a rua da Mesquita Nova. Imaduddin escreveu alguma coisa no seu cartão e disse que isso iria ajudar o motorista do táxi. Mas na hora H não ajudou nada. O motorista de táxi do hotel levou-me por muitas milhas ao longo de uma estrada errada, no sentido contrário ao tráfego matutino que vinha para a cidade, em parte porque ele pensou que bastava seguir na direção em que ficava o Cemitério dos Heróis, e em parte também pelo prazer de desfrutar uma corrida longa em uma pista desimpedida, no trânsito sempre estrangulado de Jacarta.

Em uma espécie de penitência, portanto, tivemos de voltar atrás, rastejando, no engarrafamento que havíamos ignorado no trajeto de ida e, depois disso — o tempo todo indagando às pessoas qual o melhor trajeto, e passadas as dez horas da manhã —, tivemos de abrir nosso caminho pelas rodovias. Descemos por ruas estreitas, mal pavimentadas, tortuosas, em um jogo constante e compacto de luzes e sombras da manhã, com casinhas novas em pequenos terrenos, às vezes com arbustos floridos, carrinhos de mão cheios de alimento em algumas curvas mais fechadas e sombreadas da estrada, eventuais montes de folhas molhadas e sujas, crianças: a riqueza dos arranha-céus de Jacarta, com seus ares internacionais, aqui se reduzia a um simples dinheirinho trocado.

Chegamos, por fim, à rua da Mesquita Nova. Rodamos para lá e para cá até chegar ao número indicado no cartão de Imaduddin. Paguei a enorme quantia indicada no taxímetro e o motorista foi embora imediatamente, como se temesse que eu mudasse de idéia a respeito do dinheiro. Eram umas dez e meia.

Ninguém saiu da casa. Tratava-se de uma casa pequena, visivelmente bem cuidada. À esquerda, um portão largo dava para uma garagem ampla, embutida na construção, com uma porta de correr: uma adaptação muito bem medida em um terreno estreito. À direita, ficava uma faixa bem estreita de gramado e logo depois, ao nível do chão, os ladrilhos vermelhos e lustrosos de uma varanda aberta. Dali, eu gritei: "Bom dia". Ninguém apareceu. Atravessei a porta aberta até a sala de estar. Era um aposento baixo, frio e escuro, depois do sol da varanda. Chamei de novo. Uma criada de túnica marrom inclinou-se através da porta da cozinha, à esquerda, além da sala de jantar, deixou os olhos pousarem em mim, com algo semelhante a medo, e depois recolheu-se sem dizer uma palavra.

Falei, voltado para a sala vazia: "Senhor Imaduddin! Senhor Imaduddin!".

Outra criada saiu timidamente da cozinha. Como se quisesse apenas ver o que a outra tinha visto, ela dirigiu para mim um olhar assustado e também se dissolveu logo depois em algum esconderijo além da cozinha.

Chamei: "Senhor Imaduddin! Bom dia, senhor Imaduddin!".

A casa permaneceu em silêncio. Ele pedira que eu viesse às dez horas. Estava meia hora atrasado, mas Imaduddin ainda devia estar em casa. Uma grande estampa de caligrafia árabe na parede lembrava bastante a pessoa de Imaduddin — uma viagem ao exterior entre fiéis: talvez um presente, uma lembrança —, mas comecei a desconfiar de que não tinha vindo ao lugar certo. Comecei também a me perguntar como, sem conhecer o idioma e sem um mapa, eu conseguiria voltar para uma rua mais importante, onde circulassem táxis.

Em razão do silêncio, achei que não devia mais chamar ninguém, e que também não era bom caminhar muito livremente pela sala. Fiquei parado onde estava, esperei e observei.

O chão era ladrilhado, com lindas esteiras de junco. O teto baixo, de pranchas de um aglomerado feito de algo semelhante a bagaço de cana, estava manchado nos pontos onde a chuva havia vazado, tempos atrás. Na sala de jantar, havia um forno de microondas, junto a umas fotos de grupo. Nos pilares da sala de estar havia dois ou três pequenos arranjos de flores e, surpreendentemente, o retrato de um veleiro. Em torno da sala de estar havia pequenas recordações de viagens ao exterior, suvenires de turista, mostrando uma faceta mais amena de Imaduddin (ou de sua esposa), uma face não ligada ao treinamento mental, se é que a casa era mesmo deles, e se é que aquelas recordações haviam de fato tocado seus corações (e não apenas guardassem, em vez disso, a lembrança de algum doador piedoso): uma série de objetos japoneses; uma torre Eiffel; sobre o resfriador de água, em um canto, um prato de porcelana de Delft, com uma paisagem ingênua, romântica, enevoada, de uma sinuosa estrada holandesa, uma fazenda e uma igreja; junto a um pilar, um pé de bordo vermelho, anão, que crescia em um vaso branco, em cima de um paninho de bordas prateadas, tudo isso pousado — de maneira bem informal — sobre um aparador de revistas recoberto de ardósia. A janela dos fundos da sala escura dava para um jardinzinho ensolarado com muros de pedra, delimitado pelo telhado vermelho da casa vizinha: os espaços eram de fato reduzidos, por aqui.

Examinei esses detalhes um por um, como se os aprisionasse na memória, e quase com uma parte separada da minha mente me perguntei quanto tempo eu deveria ficar onde estava, violando a casa, e de que modo, quando chegasse a hora, eu deveria sair da curiosa armadilha em que, pelo visto, eu me havia metido.

De repente, após dez minutos, ou talvez quinze, uma porta no lado esquerdo se abriu e Imaduddin apareceu, informal e de surpresa, vestindo um sarongue que batia nos tornozelos e uma camisa verde-escura.

Falou, com um ar absorto: "Desculpe, tive alguns problemas".

Pensei que talvez fossem problemas no banheiro, mas então um homem alto e de pele morena surgiu por trás dele. O homem alto tinha olhos cintilantes e pele lustrosa, também estava de sarongue, mas era menos informal do que Imaduddin. A borda do seu sarongue oscilava com elegância ao ritmo de seus passos lentos, imponentes. Usava um chapéu muçulmano preto e achatado e um colete azul-esverdeado com uma caneta presa no bolso.

Imaduddin disse: "Estava fazendo massagem".

Isso explicava a pele lustrosa do homem de chapéu preto.

O quarto de onde eles tinham vindo devia ficar junto à garagem e dar para o pequeno gramado e para a alameda. Os dois deviam ter ouvido minha chegada e minha voz quando chamei.

Imaduddin falou: "Estou ficando velho, sabe?".

Como se isso e o problema nas suas costas, razão pela qual o massagista vinha ali constantemente, a intervalos de poucos dias, fossem uma explicação suficiente. E, de fato, parecia haver uma certa formalidade na visita do massagista. A despedida que Imaduddin dispensou àquele homem, alguns minutos depois, bem como a maneira pela qual a esposa de Imaduddin se despediu dele, foi cheia de cerimônia.

Depois que Imaduddin se vestiu e estava firmemente cingido em uma calça e uma camisa, de novo como eu o conhecera, nos instalamos para conversar na sala de jantar, entre o forno de microondas e as fotografias de grupo, de um lado, e o resfriador de água e o prato de porcelana holandesa, do outro.

As criadas, uma de túnica vermelha, a outra de túnica marrom, se haviam recuperado de seu temor e estavam de novo atarefadas com a casa e a cozinha.

Foi espantoso para mim, em vista das posições opostas que ocupavam, constatar como seus antecedentes eram parecidos com os do sr. Wahid. Mas Imaduddin vinha de Sumatra. Era do sultanato de Landkat, uma região que ele disse ser maior do que a Holanda, fronteiriça ao Aceh, que os holandeses só ocuparam em 1908, um século inteiro depois de terem conquistado Java. Isso fazia uma grande diferença, parecia emprestar a Imaduddin o temperamento franco que ele reconhecia em si mesmo na condição de nativo de Sumatra.

Esta foi a história que eu reconstruí. Em Landkat — talvez, na última parte do século XIX: Imaduddin não dava data nenhuma — havia um muezim, um homem que chamava os fiéis para rezar. O muezim morreu antes de seu filho nascer. A viúva se casou de novo e, quando seu filho com o muezim tinha seis anos de idade, foi enviado pelo padrasto para a casa do mufti do sultão de Landkat. O mufti era um estudioso muçulmano e o menino de seis anos, em obediência à tradição, trabalhou na casa do mufti como criado, onde era também um aluno. O menino era muito vivo e o mufti o adorava.

Passaram-se dez anos. O secretário do sultão, que vinha a ser algo como o vizir do sultão e era o segundo homem mais importante da região, queria alguém para ensinar o Corão para sua neta. Conversou com o sultão; este conversou com o mufti; e o mufti enviou seu criado e aluno, o filho do velho muezim, agora com dezessete ou dezoito anos de idade, a fim de dar aulas para a neta do secretário. O rapaz não ficava sozinho com a moça, é claro; isso não seria apropriado; ensinava a ela em companhia de alguns amigos da família. Era um ótimo professor e a neta do secretário ficou apaixonada por ele. No momento devido — nenhuma data foi indicada — os dois se casaram. Seu filho foi Imaduddin; ele nasceu em 1931.

Nessa época, o filho do velho muezim, o pai de Imaduddin, realmente deslanchou em Landkat. Em 1918, quando de novo se tornou possível viajar com segurança após a Primeira

Guerra Mundial, o mufti convenceu o sultão a enviar o jovem para Meca a fim de estudar árabe por dois anos. Depois disso, o jovem foi passar dois anos no Cairo, na universidade islâmica de Al Azhar. Sua educação, até ali, fora igual à do pai e do avô do sr. Wahid. E a semelhança continuava ainda depois disso: quando voltou de Al Azhar para Sumatra, em 1924, o filho do velho muezim tornou-se diretor de uma escola muito conhecida que o sultão havia criado.

Só quando o diretor da escola teve de educar o próprio filho, Imaduddin, o padrão de aprendizagem mudou. Quando tinha seis anos de idade, Imaduddin foi afastado, pelo pai, da escola de língua malaia onde passara um ano; e — estranhamente, levando em conta seu desenvolvimento religioso posterior — foi enviado para uma "escola holandesa" onde permaneceu durante cinco anos. Essas escolas holandesas, explicou Imaduddin, eram em geral vedadas aos filhos de pessoas religiosas, porque os holandeses se mostravam hostis à idéia de os muçulmanos receberem instrução. Imaduddin só pôde ir para a escola holandesa de Landkat porque a escola ali pertencia ao sultão.

Em 1942, os japoneses chegaram. Seu governo foi severo. O alimento foi confiscado. A escola foi praticamente fechada. Para sobreviver, Imaduddin e seu pai tinham de pescar, criar gado e cultivar seu próprio arroz. Embora, em certa medida, os japoneses tenham organizado os indonésios para o que viria a ser a sua guerra de independência contra os holandeses, permaneceu desde então em Imaduddin um certo ódio e temor em relação aos japoneses.

Pouco desse temor e ódio havia transparecido no relato do sr. Wahid acerca da ocupação japonesa. Sua família parecia ter lidado com os japoneses em um nível mais elevado, quase político. O pai do sr. Wahid fundara a milícia *Hizbullah* em 1944; seu irmão caçula fora treinado pelos japoneses que o nomearam comandante de um batalhão; o quartel-general da *Hizbullah* ficava em um *pesantren* de Jombang. Longe dali, em Sumatra, Imaduddin não passava de um soldado raso de catorze anos de idade, na mesma milícia.

Certo dia, em 1946, ele marchava na rua com seu pequeno grupo da milícia quando foi detido por seu antigo professor na escola holandesa. (Nas manhãs de domingo, agora, talvez como um preparativo para as comemorações do qüinquagésimo aniversário da independência, pequenos grupos paramilitares como aquele podiam ser vistos, em uniformes variados e coloridos, nas ruas de Jacarta: grupos de dez, talvez, movendo-se em formação pela rua, os braços balançando de um lado para o outro, o líder destacado do grupo, mas também balançando os braços como o resto, soprando um apito, dando um ritmo aos que marchavam.) Quando marchava assim com seu grupo certo dia em 1946, Imaduddin foi detido pelo antigo professor.

O professor perguntou: "Por que está fazendo isso?".

"Porque queremos a independência."

"E depois da independência, o que vocês vão fazer? Você sabe?"

"Não sei."

"Como vão construir este país se não têm médicos, engenheiros? Você devia voltar para a escola e estudar mais. Sei que vão abrir uma nova escola secundária aqui perto. Gostaria que você fosse estudar lá."

Imaduddin fez o que o antigo professor sugerira. Obteve autorização e matriculou-se na nova escola. Foi a grande virada na sua vida. Dedicou-se aos estudos secundários com a inteligência e a aplicação que seu pai dedicara aos estudos religiosos. Foi o primeiro da turma, o primeiro da escola e por fim, nas circunstâncias especiais da guerra da independência contra os holandeses, o primeiro do país.

Em 1948, os holandeses ocuparam Landkat. Estavam atrás do pai de Imaduddin (como estavam também atrás do pai diabético do sr. Wahid, em Jombang), e a família fugiu em cinco canoas pelo estreito de Málaca, para Aceh. Deve ter havido algum apoio mais amplo da família ou da comunidade, porque Imaduddin pôde prosseguir seus estudos, primeiro em Aceh, até terminar a guerra da independência, e depois em uma cidade mais importante, Medan. Em 1953, quando tinha vinte e dois anos de idade, Imaduddin foi admitido no Instituto de Tecnologia de Bandung. Isso significa que, mesmo com os imensos transtornos provocados pela ocupação japonesa e pela guerra da independência, Imaduddin havia sido um estudante tão bom que perdera apenas quatro anos. Aos trinta, tornou-se professor assistente em Bandung; no ano seguinte, foi para os Estados Unidos fazer estudos mais avançados.

Era uma carreira estupenda para um homem nascido em 1931, em uma cidadezinha nas Índias Holandesas Orientais; e bem pouco disso podia estar na cabeça do garoto de catorze anos que marchava com seu grupinho da milícia em Landkat, em 1946. Contudo, o aprendizado novo que o menino, e depois o rapaz, havia adquirido e dominado foi sempre mantido em um compartimento próprio. Parecia nunca ter havido qualquer tipo de choque cultural ou espiritual em Imaduddin. Permanecera sempre o neto do muezim do sultão do século XIX, que convocava os fiéis para rezar cinco vezes por dia; e o filho daquele homem, o favorito do mufti, cuja instrução superior fora concluída em Meca e em Al Azhar.

O sr. Wahid, com sua educação no *pesantren* e suas devoções familiares do *pesantren*, tornara-se mais internacionalista e liberal. Imaduddin permanecera comprometido com a guerra santa.

Ao sentar à mesa de jantar — com as duas jovens criadas indo e vindo sem parar entre a sala de estar e a pequena cozinha —, Imaduddin havia ficado impaciente. Após a fuga de sua família nas cinco canoas pelo estreito de Málaca, sua história se condensou e se tornou vaga. Seu rosto se anuviou; ele pareceu tão absorto quanto no momento em que viera da sala de massagens.

Falou: "Quanto tempo mais o senhor deseja de mim?".

Respondi que meia hora, talvez uma hora.

Ele disse: "Alguém de Oklahoma quer se tornar muçulmano. Vai se converter hoje. É um engenheiro elétrico. Estive com ele uma ou duas vezes. Vai se casar com uma moça indonésia. Não o eduquei, mas estive em contato com a família da moça.

Ele está à minha espera na mesquita. Eu o devia ter encontrado lá às onze e meia".

Já eram quinze para o meio-dia, estava mais do que na hora de sair. Foi durante as despedidas que ouvi de Imaduddin ou da sra. Imaduddin, serena e amável como sempre, que iam se mudar para uma casa nova.

Partimos em um Mercedes. O motorista, Mohammad Ali, já estava a postos, no carro, e as criadas bem treinadas (uma de túnica marrom, outra de túnica vermelha), sem que fosse preciso dizer mais do que algumas poucas palavras, saíram ligeiro da casa baixa e escura para o sol do jardinzinho a fim de correr a pesada porta da garagem, abrir o portão e esperar até que Mohammad Ali tivesse manobrado o carro grande para fora. O automóvel e a cerimônia que seu tamanho impunha oprimiam a rua estreita. Imaduddin já não cabia mais nesse cenário.

Num piscar de olhos, havíamos dobrado para uma rua principal e passávamos pelo Cemitério dos Heróis. Imaduddin tinha razão: sua casa seria fácil de encontrar se o motorista de táxi tivesse tomado a rua correta. Mas isso de nada teria adiantado para mim, quando chegasse à sua casa: o massagista estaria ali.

Passamos por uma fila de lojas com seus produtos quase na beira da rua: lojas de móveis, lojas de rodas de carros. Imaduddin — como se, por estar agora perto do poder, tivesse de explicar o que via — disse que as lojas não deveriam estar ali, mas era difícil regulamentar isso.

Um ou dois minutos depois, como se as lojas sem regulamentação o tivessem levado a pensar de fato em mandar ordens de despejo, falou: "O palácio do sultão em Landkat foi incendiado na guerra contra os holandeses. Não pelos holandeses. Foi a tática de Sukarno...". Ele hesitou em busca das palavras adequadas.

Sugeri: "A tática de terra arrasada de Sukarno?".

Eram as palavras que ele queria. E de novo refleti sobre os acontecimentos extraordinários que Imaduddin vivera — um homem que era apenas cerca de um ano mais velho do que eu. Acontecimentos extraordinários, mas Imaduddin falava a respeito deles com tranqüilidade e sem nenhuma afetação: os acontecimentos mal pareciam ter marcado sua pessoa. "Ele é *íntegro*", seu discípulo diplomata havia dito. E havia um traço de plenitude em Imaduddin, uma estranha inocência que parecia tê-lo protegido ao longo de toda sua vida.

Falou que tivera em seu programa religioso de tevê naquela manhã a presença de Adi Sasono. Conversaram sobre a importância das comemorações do aniversário da independência e suas relações com o islã. Era de fato muito importante, disse ele: "O islã é a favor da liberdade. É anticolonialista".

Em outros tempos, o governo estivera apreensivo por causa da fé e Imaduddin era um rebelde. Agora, o governo, embora mantendo o mesmo soberano e as mesmas estruturas políticas, dizia servir à fé, e Imaduddin não tinha a menor dificuldade em fazer a fé servir ao governo. A fé era vasta; Imaduddin era instruído; ele não violava a si mesmo.

O homem de Oklahoma esperava na mesquita de Sunda Kelapa, em Menteng. Embora agitada e poluída pelo trânsito, Menteng era a região diplomática e chique de Jacarta, e a mesquita de Sunda Kelapa atendia as melhores pessoas.

O nome — oriundo do reino hindu que existira aqui — estava na parede da mesquita em letras grandes e extravagantes. O pátio amplo e aberto, repleto de luz, era calçado de blocos de concreto. Já passava do meio-dia e Imaduddin disse — como se estar atrasado fosse um golpe de sorte, uma bênção inesperada — que era hora da prece do meio-dia. Ele tencionava fazer sua oração e depois cuidar da conversão. Isso não traria nenhum transtorno para o homem de Oklahoma e seus acompanhantes; sem dúvida, eles também estariam orando.

Se a salvação pudesse ser comparada a um banquete, a prece era para Imaduddin — em vista do entusiasmo e do prazer com que ia rezar — algo como um saboroso aperitivo tomado cinco vezes por dia, uma espécie de lanche paradisíaco, que nunca enjoa e sempre estimula o apetite. Assim, agora, de calça social e cinto, com o volume de uma carteira sobressaindo no bolso de trás, um homem inteiramente à vontade e discreto na vastidão da mesquita principal, Imaduddin, após suas abluções, com um andar ligeiramente torto que me fez pensar em suas costas e no massagista, marchou até a parte da frente onde os homens se achavam perfilados, de cara voltada para a parede, primeiro de pé, depois agachados, depois curvados. Bem ao fundo, treze ou catorze mulheres de véus brancos e vestidos compridos aguardavam de pé, em uma fila separada.

Entre os homens, o de Oklahoma se destacava, mesmo visto de trás, por sua maior estatura, seu peso e sua cintura, e pelo chapéu muçulmano achatado que usava, como o massagista de Imaduddin.

Mais tarde, quando a prece terminara e as pessoas haviam deixado o recinto principal, e o homem de Oklahoma estava sentado ao sol, na escada de concreto, puxando as meias para cima, Imaduddin chegou perto dele e disse — com um excesso de alegria, talvez por causa de minha presença: "É impressionante como você mudou. Nem parece um americano. Já parece um indonésio".

O homem de Oklahoma, esticando a meia no pé e olhando para ela, disse com uma voz que não chegava muito longe: "Ainda sou branco".

Depois da efusão de Imaduddin, essas palavras tinham um toque ambíguo. Podiam ser defensivas, de um convertido zeloso, ou podiam ser um modo de dar a entender para Imaduddin que ele não iria muito longe. Pela primeira vez, vi Imaduddin momentaneamente inseguro. Seu sorriso durou um pouco demais, antes de falar: "Ainda está cru" — como se estivesse levando adiante o bom humor e a brincadeira racial; mas em seguida pôs o assunto de lado e deixou o homem de Oklahoma às voltas com suas meias e sapatos.

A cerimônia de conversão ia ter lugar em um aposento no andar de baixo. Era pequeno, baixo e tinha ar condicionado, com paredes cobertas de mármore cinzento. O mármore despertava a incômoda lembrança de um mausoléu e o aposento parecia muito frio, depois do esplendor e do calor que reverberava no amplo pátio aberto e na escada. Estava mobiliado como uma espécie de sala de conferências. Para os dirigentes da cerimônia, havia um alto palanque com bancos de madeira maciça ou algo semelhante, atrás e na frente de uma mesa com aspecto de altar, com microfones; para as testemunhas, no chão, havia carteiras escolares dispostas em fileiras.

A futura noiva — por cuja causa o homem de Oklahoma estava se convertendo — era sobrinha de um homem de negócios que era também um conhecido poeta. Aqui, a poesia, em geral uma atividade de amadores, era muito respeitada, e as pessoas reunidas na câmara de mármore refletiam essa mistura de cultura e satisfação. Os sussurros cessaram. O chiado do ar-condicionado, sempre presente, mas agora de súbito dominante, parecia soar como uma fanfarra para a cerimônia.

Quando as pessoas se acomodaram em seus lugares, Imaduddin, com os óculos pendurados no pescoço de um jeito bem elegante, surgiu como a figura central no palanque, no banco mais recuado, junto à parede de mármore cinzento, debaixo de uma requintada placa de metal com caracteres árabes. Sentou-se entre dois homens — pondo-se a entoar rezas do Corão, contra o assobio do ar-condicionado — e fitou o homem de Oklahoma e sua noiva do outro lado da mesa.

Eles, o casal, estavam de costas para nós, junto com suas testemunhas, uma de cada lado. A noiva, miúda como são as indonésias, parecia ansiosa e muito leve em um vestido amarelo e uma touca avermelhada. O homem de Oklahoma, com seu pescoço branco debaixo do chapéu preto e achatado, era mais volumoso, mais pesado. Sua calça azul parecia americana; a camisa verde de batique — devia ser um presente ou uma compra recente —, no caso dele, não sugeria frivolidade.

Quando a reza terminou, Imaduddin, sorrindo para o homem de Oklahoma, lhe disse em inglês: "Damos-lhe as boas-vindas em sua volta para o islã. Em sua volta para o islã porque, em nossa crença, todos nasceram muçulmanos, sem pecado. Você voltou para o islã porque abriu seu coração à verdade. Submetendo-se em tudo à vontade de Deus. O islã significa submissão".

Em seguida, era a hora de o homem de Oklahoma fazer sua declaração. Em primeiro lugar, disse que estava falando com a sua consciência e sem coerção. Parecia tímido. Não tinha sotaque sulista acentuado e, para um homem grande, sua voz era fraca, nunca se erguia acima do chiado do ar-condicionado. Isto deve ter ocorrido porque estava de costas para nós e talvez também porque não tivesse a mesma habilidade de Imaduddin com os microfones. Emitiu as palavras da sua declaração de convertido primeiro em árabe — esta seria uma razão a mais para a sua timidez — e depois em inglês: "Declaro que não há outro Deus senão Alá e que Maomé é seu último profeta".

Imaduddin, com um pouco da sua efusividade de conferencista, exclamou: "Ah!". Como se o que acabara de ser dito não tivesse, afinal, sido tão difícil assim. Sorrindo, e ainda com seu ar efusivo, disse para o homem de Oklahoma: "Você deseja mudar seu nome?".

O homem de Oklahoma não teve tempo de responder. Vozes femininas conclamaram, da platéia, em inglês: "Sim, sim". E também: "É melhor". E ainda: "Muito melhor".

Como se fosse um empresário de artistas, Imaduddin perguntou: "Você gosta do nome Mohammad?".

O homem de Oklahoma gostava do nome.

"E de Adam?"

Esse nome agradou, bem como Khalid.

"Portanto", disse Imaduddin, "Mohammad Adam Khalid, você renasceu como um novo Adão. Espero que seja feliz com seu novo nome."

A parte principal da cerimônia agora estava encerrada. Queriam a mudança do nome e estavam satisfeitos. O sr. Khalid, o homem de Oklahoma — um rosto pequeno e pacato acima do corpo volumoso — desceu do palanque e todos o abraçaram e beijaram. As mulheres na platéia, até então recatadas, tornaram-se mais expansivas. Essa parte da cerimônia pertencia a elas. Houve um extravasar de palavras alegres até então reprimidas. Câmeras espocaram seus flashes e recipientes de comida, de uma firma que fornece petiscos para festas, até então empilhados em uma arca junto à parede, foram trazidos pelas moças e todos se serviram.

Imaduddin pareceu sugerir ao sr. Mohammad Adam Khalid seus novos nomes um de cada vez, como se cada nome novo demandasse uma inspiração especial. Mas ficou claro que era apenas o estilo de pregador ou de apresentador de tevê de Imaduddin. Quando lhe perguntei a respeito, explicou que os nomes do sr. Khalid tinham sido escolhidos pela futura noiva dele. Assim, a moça trêmula, ansiosa, de amarelo e vermelho, soubera o tempo todo o que ia acontecer ao grande homem de Oklahoma, sentado a seu lado no banco.

Eu soube dessa história, a respeito dos nomes, na casa de Imaduddin na manhã de domingo. Sua viagem para treinamento mental nos Estados Unidos e Canadá fora adiada e pude ir visitá-lo de novo. Dessa vez, não tive problema algum com o táxi. Ele mandou seu motorista Mohammad Ali com seu Mercedes me buscar no hotel. Imaduddin não estava inteiramente seguro de que Mohammad Ali — ainda um pouco verde e acanhado na função de motorista — soubesse como ou onde apanhar uma pessoa no hotel. Mas Mohammad Ali só se atrasou cinco minutos. O Mercedes cheirava a desodorizador, como um táxi de Nova York; e as fitas cassete com capas vistosas deviam ser de música árabe.

Familiar e tranqüilizador, dessa vez: os pequenos e coloridos grupos de jovens uniformizados que marchavam, os braços balançando de um lado para o outro; as lojas de móveis e de rodas de carros que quase invadiam a rua; o Cemitério dos Heróis; a rua, a casinha, a garagem grande com a porta de correr, a sala escura, a pequena torre Eiffel e outras recordações de viagens, o jardinzinho ensolarado nos fundos, delimitado por um jardim de pedras ornamentais junto à parede da casa vizinha, com o telhado vermelho; as criadas. Uma delas, com um corpete vermelho, me ofereceu frutas e suco de frutas. Imaduddin não estava na sala, talvez se achasse de novo com o massagista. Mas a sra. Imaduddin viera me dar as boas-vindas, esgueirando-se entre as esteiras de junco no chão ladrilhado e depois saiu de novo. Voltou, pouco depois, para perguntar se a fruta tinha sido do meu agrado e para dizer que seu marido estava "se preparando". Ele veio, novamente de sarongue, do cômodo da frente, movendo-se com vivacidade, olhando para baixo, sem falar muito, poupando as palavras para quando estivesse vestido de forma apropriada.

Falou sobre a conversão do sr. Khalid da forma prática típica dos missionários. Pelo visto, ele não tinha nenhuma idéia do prodígio daquela ocasião, nenhuma idéia do extraordinário deslocamento de povos que, se podia supor, aquela conversão implicava. Imaduddin passara anos nos Estados Unidos. Devia saber que havia na União Americana muitos estados. Podia ter sabido que Oklahoma era um estado relativamente novo e que fora criado pelo movimento avassalador para o oeste, que passou por cima dos territórios indígenas, no final do século XIX. Isso ocorreu na mesma época de movimentos expansionistas semelhantes verificados na Argentina, África, e Ásia: na época, de fato, em que os holandeses, na sua maneira esmagadora de agir, tocavam adiante uma longa guerra em Aceh e Sumatra; e na época, talvez, em que o avô muezim de Imaduddin convocava os fiéis para rezar na vizinha Landkat.

A conversão, na mesquita de Menteng, de um jovem de Oklahoma era repleta de associações e ironias históricas. Mas para se dar conta delas seria preciso uma outra visão de mundo. A visão de mundo missionária de Imaduddin era mais simples. Todos nasciam muçulmanos, sem pecado, dissera na cerimônia de conversão. A conseqüência disso — embora Imaduddin não o dissesse — era que todas as pessoas no mundo se achavam em estado de erro e talvez não fossem propriamente verdadeiras enquanto não encontrassem a sua identidade muçulmana.

O pai de Imaduddin, o favorito do mufti, recebera sua formação superior em Meca e depois em Al Azhar, no Cairo, sempre em uma reduzida bolha de aprendizado islâmico, sempre espiritualmente isolado dos cataclismos do tempo. Imaduddin viajara muito além de Meca e do Cairo, até o mundo exterior; e não viajara para receber um ensinamento religioso. Partira para buscar o conhecimento tecnológico e científico que seria o seu meio de vida, e depois em busca de descanso e de asilo, quando a situação se tornou perigosa demais para ele na Indonésia. Contudo, em termos espirituais, Imaduddin ainda vivia na bolha em que seu pai vivera. Nada na visão de mundo de Imaduddin reconhecia as implicações do asilo, da lei e do aprendizado em busca dos quais ele viajara. O mundo exterior parecia simplesmente existir, um território neutro, algo "descoberto", aberto a todos, para ser usado conforme a necessidade.

Desse modo, Imaduddin pôde, em 1980, usar sua bolsa de estudos saudita não para ir a um país muçulmano, mas sim aos Estados Unidos, para a universidade de Iowa, beneficiando-se mais tarde de uma espécie de asilo. Enquanto esteve lá, ele pôde assimilar uma visão do grandioso destino islâmico dos muçulmanos de língua malaia, sugerida pelo fanático fundamentalista paquistanês Fazel-ur-Rehman, o qual desfrutava também, de forma bizarra, uma liberdade acadêmica na Universidade de Chicago, e podia dormir seguro e a salvo todas as noites, protegido por leis, e bem longe das barbaridades que ele mesmo desejava para seus compatriotas em sua terra. Esse tipo de liberdade e proteção era o que um muçulmano perseguido em seu país podia procurar no mundo neutro exterior ao islã, e Imaduddin parecia não perceber qualquer anomalia nisso. Em sua visão de mundo — a despeito das recordações trazidas de terras estrangeiras, em sua sala baixa e fria — Imaduddin nada parecia dever ao mundo exterior ao islã.

Imaduddin disse, com uma das analogias que lhe ocorriam com facilidade como pregador e cientista: "O Corão é um sistema de valor. Como um carro. Um carro é um sistema. Se você só tem o pneu e a roda, não tem um carro. O islã é um sistema. É preciso tê-lo inteiro. Ou então deixá-lo. Não se pode ser muçulmano pela metade, ou uma terça parte. Ou você se torna completamente muçulmano ou não é muçulmano de maneira alguma".

Por conseguinte, nada afetava a fé; todo tipo de aprendizado podia ser posto a serviço da fé. Quando voltou dos Estados Unidos, em 1986, com seu segundo título universitário, Imaduddin pôde, conforme disse, usar as técnicas de análise de sistemas de energia para seus cursos de treinamento mental islâmico. E agora que a fé era a fé do governo, a fé tinha necessidades políticas especiais na Indonésia.

Precisava, por exemplo, lidar com o sr. Wahid, com seus 30 milhões de muçulmanos seguidores do *pesantren*. E enquanto Adi Sasono bombardeava o sr. Wahid com palavras de aspecto moderno como "elitismo" e "feudalismo religioso", Imaduddin podia empregar as necessidades tecnológicas da época (e seu próprio treinamento mental) para atacar o pobre sr. Wahid — e a sua "desescolarização" — de forma ainda mais arrasadora. Para mim, Imaduddin nunca mencionava o sr. Wahid pelo nome (assim como o sr. Wahid, quando conversou comigo, jamais tocou no nome de Imaduddin). Mas estava claro quem se achava no pensamento de Imaduddin quando repetiu, em sua casa, o que dissera no escritório: que todo o propósito da criação era tornar o mundo inteiro próspero.

Disse ele: "Está escrito no Corão. Quando Adão foi criado, o primeiro conhecimento dado a ele foi a ciência de Deus".

Assim, quando foi para Iowa, Imaduddin estava a serviço da fé. Quando voltou e ligou-se a Habibie e ao N-250, estava a serviço da fé.

Disse ele: "Os políticos terão de entender que, em virtude daquele avião, estamos conquistando nossa posição por meio da ciência e da tecnologia".

Imaduddin fazia os políticos — pobre sr. Wahid! — parecer pessoas inadequadas para governar.

Nisso residia a perfeição do "sistema de valores" do seu islã. Ele era curiosamente circular. Parecia — adaptando sua analogia de pregador — antes uma roda de moinho, que girava macia e sem sobressaltos, do que a roda de um automóvel: mantinha-o sempre ocupado e não ia a parte alguma. Mesmo que você dissesse a Imaduddin que as pessoas em Iowa tinham sido bondosas para ele quando estava em apuros, ele não se sentia obrigado a dizer nada sobre essas pessoas. A amabilidade delas representava apenas mais um tributo à sua fé: Deus, disse ele, o amava muito.

Perto do final de nossa conversa naquela manhã de domingo, indaguei de novo acerca de suas declarações desassombradas no fim da década de 70 e de seus problemas, na época, com o governo.

Ele disse, ampliando o que aprendera na prisão em 1978 e 1979 com o ex-ministro do Exterior, Subandrio: "Nunca critique Suharto. Ele é javanês. Os jovens não devem criticar os mais velhos, sobretudo se forem gente importante".

Para Imaduddin — nem tão moço assim em 1977: quarenta e seis anos de idade, contra os cinqüenta e seis do presidente Suharto —, isso ia contra sua natureza.

"Fui educado à maneira holandesa e depois à maneira americana, em que a crítica não é problema. E nasci em Sumatra: posso discutir com meu pai. Tive de aprender a maneira javanesa de me comportar."

A maneira de Sumatra, que Imaduddin seguia naturalmente, era a maneira religiosa, direta, a maneira fundamentalista. Para Imaduddin, isso representara historicamente uma fonte da força de Sumatra.

Antes, ele tinha me dito: "Quando os holandeses chegaram, puderam conquistar Java de uma forma relativamente fácil, mas não conseguiram conquistar Aceh e Sulawesi, porque o povo lá é muito religioso".

O sr. Wahid falou das novas viagens de navio a vapor que, desde os anos 30 do século XIX, tornaram Meca mais acessível para a peregrinação e para os estudos. A partir daí, desenvolveram-se, na Java colonizada, as novas escolas de aldeia islâmicas, como a dirigida pelo avô do sr. Wahid.

Nos reinos independentes ou sultanatos de Sumatra, porém, o efeito dessas viagens a Meca foram mais violentos. Assim como cento e cinqüenta ou cento e sessenta anos antes, os estudantes coloniais, muitas vezes os primeiros de suas famílias a viajar para o exterior a fim de cursar uma universidade, voltaram para casa trazendo de empréstimo idéias de revolução, também aqueles estudantes e peregrinos para Meca oriundos de Sumatra, influenciados pelo fundamentalismo de Wahabi e um pouco vaidosos de seu saber, voltaram para sua terra determinados a tornar a fé de Sumatra igual à fé de Wahabi em Meca. Estavam determinados a erradicar os equívocos locais, todos os costumes, as cerimônias, a veneração da terra, que traziam o estigma das religiões que existiram anteriormente: animismo, hinduísmo, budismo. Seguiram-se guerras religiosas durante boa parte do século; foi isso que levou os holandeses para lá, primeiro a fim de mediar ou dar assistência, e depois para governar.

Essa era a fé missionária que Imaduddin havia herdado. Java, mais do que Sumatra, era pródiga em monumentos do passado pagão. Mas nada exterior ou anterior à fé devia ser admitido, nem mesmo um grande monumento budista como Borobudur, uma das maravilhas do mundo. Uma das críticas de Imaduddin ao governo em 1979 era de que a embaixada indonésia em Canberra parecia uma construção hindu. Quanto a Borobudur, cabia à comunidade internacional zelar por ele.

Perguntei-lhe sobre isso. Ele respondeu — como um homem cuja posição agora exigisse uma atitude mais política — que eu o entendera mal. O que tinha dito, ou querido dizer, era que o dinheiro que podia ser usado para alimentar "muçulmanos famintos" não devia ser gasto em Borobudur.

Apesar da intenção de abrandamento político, a antiga postura implacável de Sumatra ainda transparecia. Para os novos fundamentalistas da Indonésia, a maior guerra de todas devia ser travada contra seu próprio passado e contra tudo aquilo que os vinculava à sua própria terra.

4

UM LUGAR SAGRADO

Algumas semanas depois, perto do final de minha estada na Indonésia, fui a Sumatra. Não a Sumatra de Imaduddin, de Aceh e Landkat, no Norte, mas as terras altas de Minangkabau, na Sumatra ocidental. Fui para lá movido por um outro interesse. Em Jacarta, conheci uma antiga funcionária do governo que passara quase toda a infância naquelas terras altas. Durante uma tarde inteira, em seu escritório ensolarado em uma torre moderna bem acima da avenida agitada, ela me falou de maneira tão lírica sobre sua terra natal, e com olhos tão empolgados por aquelas lembranças, que me veio o desejo de ir ver por mim mesmo.

E lá descobri — o que eu já deveria saber — que aquele território de Minangkabau fora o cenário das guerras fundamentalistas de Wahabi na primeira terça parte do século passado. Era como se, com ou sem Imaduddin, a paixão religiosa fosse o tema inevitável.

Era uma terra de verdes e altas montanhas vulcânicas, uma cordilheira depois da outra, e vastas planícies entre as cadeias montanhosas. Onde houvesse povoamento, havia árvores e sombras. Afora isso, as planícies eram nuas, preparadas para o cultivo do arroz. Este era o principal produto agrícola. Não havia uma estação fixa para o arroz. Assim, nas planícies, como em uma espécie de narrativa pictórica simultânea, apareciam ao mesmo tempo todos os estágios do crescimento do arroz. A lama arada ou revolvida antes do plantio; magníficas sementeiras de um verde muito tenro, com plantas novas, no recanto de um arrozal alagado; pés de arroz plantados em fileiras; espantalhos (ou tiras de plástico penduradas em estacas) em campos inteiramente tomados de arroz quase maduro (exceto nos pontos onde os ratos passaram); grupos de ceifeiros e debulhadores, os ceifeiros com suas lâminas curvas e compridas, os debulhadores sovando fardos de hastes de arroz cortadas, dentro de cestos com telas presas em cima — e que pareciam barquinhos a vela — a fim de aparar o grão debulhado. E, por toda a extensão da planície, pequenas fogueiras fumegantes, feitas com palha de arroz, conferiam uma escala de medida para a terra muito plana e vasta, os fios finos de fumaça, brancos e marrons, se alçavam de fogueiras isoladas, para depois se nivelar a uma certa altura, no meio do céu, e se unir em um dique imóvel de fumaça.

Eu não recebera nenhuma noção visual da mulher que havia passado a infância ali. Mas eu esperava alguma beleza. O que não esperava era a antigüidade que essas planícies cultivadas sugeriam. Eram necessárias muitas gerações para alcançar a organização social que aqueles labores no campo indicavam. Eu tinha a sensação de que a terra remontava a um passado muito distante, muito além do reino hindu de Srivijaya, do início do século XVII, com seu nome sânscrito, e podia ser tão antiga quanto o próprio arroz. Não muitas semanas antes, em Londres, eu tinha olhado com atenção os quadros de uma exposição de Poussin. E talvez por essa razão encontrei nessas paisagens de montanhas e planícies alguma coisa das paisagens de Poussin: o mesmo fôlego e profundidade pictóricos, a mesma evocação da idéia de um mundo antigo. E encontrei nelas aquilo que William Hazlitt, no início do século XIX, gostava de encontrar nas paisagens de Poussin: as "formas eternas" — mais do que a forma significativa — do mundo criado, sem "acidentes" visuais.

Na tarde do segundo dia, fui levado a Pariangan. Era uma grande depressão no solo vulcânico, com uma fonte de água quente. Contava-se que o povo de Minangkabau nascera da terra naquele local. Ver esse lugar era sentir seu caráter sagrado; não era necessário saber nada de sua história ou de seu mito. Sempre seria um lugar sagrado; sempre exerceria um poder na imaginação humana. Uma velha pedra com uma inscrição antiga em caracteres hindus proclamava esse poder. Era fácil, mesmo agora, esquecer os acidentes visuais — o caráter corriqueiro — das rampas de alvenaria destroçadas que desciam da estrada em direção aos abrigos com os poços feitos de concreto bruto, um para homens e meninos, outro para mulheres e meninas. Era possível até ignorar a grande mesquita nova e pintada de vermelho na extremidade oposta. A mente permanecia voltada para a maravilha do local e para a maravilha das águas quentes e borbulhantes que subiam do fundo da terra, desde séculos.

Numen inest: as palavras latinas vinham a calhar: o deus ou o espírito do lugar estava ali, mais do que esteve, para mim, em Pafos ou em Chipre, onde Vênus, segundo dizem, foi gerada pelo mar. Na época de Tácito (no primeiro século), a magia da — hoje — trivial enseada estaria preservada pelos templos e ritos descritos nas *Histórias*, com o mistério sublinhado pela forma por que Vênus era cultuada em Pafos — um cone de pedra cortado no topo — quando em toda parte, longe de seu local de nascimento, ela já fora investida com suas fascinantes formas femininas.

Os visitantes de Pariangan, vim a saber, cumprimentavamse com a palavra *Sembahyang*: "Venere o deus". A maioria dos visitantes era muçulmana e sabia, com uma parte da mente, que a saudação era idólatra. Sabiam que a intenção religiosa da grande mesquita vermelha não era honrar ou proclamar o caráter sagrado do lugar, mas triunfar sobre ele. Os locais sagrados da fé muçulmana estavam ligados ao Profeta ou a seus sucessores imediatos. Esses lugares situavam-se em outro país. Não podiam existir aqui lugares sagrados. Isso era parte da lei.

Meus primeiros dezoito anos foram vividos a dois oceanos de distância, no outro lado do globo terrestre, no Novo Mundo, em uma ilha na embocadura de um dos grandes rios da América do Sul. A ilha não possuía nenhum local sagrado; e só quase quarenta anos depois de deixar a ilha reconheci essa carência.

Comecei a sentir, quando era muito jovem, que havia algo de incompleto, um vazio naquele lugar, e que o mundo autêntico se encontrava em outra parte. Costumava pensar que o clima havia incendiado a história e também as perspectivas. Essa sensação devia ter algo a ver com a pequenez da ilha, que todos costumávamos considerar apenas um ponto no mapa do mundo. Podia ter algo a ver com a pobreza generalizada e com a ruptura do sistema familiar ampliado que viera conosco da Índia. Podia ter algo a ver com a própria condição miserável da Índia; e com a consciência, ao mesmo tempo, de que nós, indianos, éramos um povo imigrante cujo passado se interrompia de maneira bastante abrupta com um pai ou um avô.

Mais tarde, anos depois de ter partido — a consciência das coisas nunca vem de uma vez só, mas em camadas —, refleti que aquele lugar parecia profano porque ninguém havia escrito sobre ele. E mais tarde ainda pensei que a colônia agrícola, a rigor uma extensa plantação, não respeitava nem a terra nem o povo. Mas foi muito mais tarde, na Índia, em Bombaim, em uma área industrial apinhada de gente — a qual se encontrava ainda repleta de inesperados lugares sagrados, uma pedra, uma árvore —, que compreendi que, quaisquer que fossem as semelhanças de clima, vegetação, crença formal, pobreza e superpopulação, os povos que experimentavam tão intimamente a noção do caráter sagrado de sua terra tinham de ser diferentes de nós.

Existiam lugares sagrados na ilha, bem como em todas as demais ilhas para o norte. Na minúscula ilha de St. Kitts, por exemplo, havia — ocultas por canaviais — pedras com rústicas esculturas pré-colombianas. Mas o povo aborígine que tinha conhecimento dos lugares sagrados fora exterminado em nossa ilha e, em vez deles, havia — na colônia agrícola — gente como nós, cujos lugares sagrados ficavam em outros continentes.

Tarde demais, portanto, recordei, com uma pontada de dor, uma história que ouvira quando criança e da qual mais adiante li outra versão (no livro *At Last*, de Charles Kingsley, de 1871). De tempos em tempos, segundo essa história, grupos de indianos aborígines deixavam o continente (onde ainda existiam remanescentes das tribos) e atravessavam o golfo de canoa, caminhavam até certos locais nas florestas das montanhas do Sul, executavam certos ritos ou faziam oferendas e depois, com algumas frutas que haviam juntado, voltavam para casa, do outro lado do golfo. Foi tudo o que ouvi. Eu não tinha idade suficiente para querer fazer perguntas e saber mais a respeito; e a história não terminada, não explicada, agora é como algo colhido em um sonho, um eco vago de um outro tipo de consciência.

Talvez essa ausência do sentimento do sagrado — que é mais do que comporta a noção de "ambiente" — constitua a maldição do Novo Mundo, a maldição sobretudo da Argentina e de locais devastados como o Brasil. Talvez seja para redescobrir esse sentimento do sagrado — mais do que a história e o passado — que nós do Novo Mundo viajamos para o Velho Mundo.

Portanto, para alguém com a minha formação, causa estranheza ver que em países convertidos ao islamismo — Irã, Paquistão, Indonésia — a ira fundamentalista se volte contra o passado, contra a história, e o sonho impossível consista em fazer a fé verdadeira florescer em meio a um vazio espiritual.

Foi Dewi Fortuna Anwar quem me trouxe para Sumatra. Era uma mulher jovem, com títulos acadêmicos importantes, e mais de uma pessoa achava que eu deveria encontrá-la. Suas responsabilidades na Indonésia eram de tal monta que precisava usar dois cartões de apresentação. Trabalhava para o Instituto Indonésio de Ciências. Sua preocupação especial, ali, era o Centro de Estudos Políticos e Regionais. Na Indonésia, tudo de alguma importância é conhecido por um acrônimo ou por suas iniciais, e o centro de Dewi era conhecido por PPW-LIPI. Ela era a diretora da Divisão de Assuntos Internacionais e Regionais da PPW-LIPI, e nessa condição ia a muitas conferências internacionais. Era também diretora de pesquisa do CIDES, o Centro de Estudos para a Informação e o Desenvolvimento (este era ligado à ICMI, a Associação dos Intelectuais Muçulmanos, de Imaduddin e Habibie, e Adi Sasono era o presidente do quadro de diretores).

Dewi vivia muito atarefada e, durante nosso almoço — marcado por intermédio da mesma diplomata que me levara até Imaduddin —, ela conversou comigo de maneira formal, e com certa dose de patriotismo, sobre vários projetos de pesquisa importantes e batizados com nomes de feição acadêmica, nos quais o LIPI estava envolvido. Foi só quase no fim, talvez no cafezinho, que ela começou, por alguma razão, a falar sobre Sumatra e sua infância lá, os tabus do seu clã, que ela aprendera e os quais ainda respeitava. Tudo o que ela dissera acerca da infância em Sumatra era novo e vivo, e em parte inesperado. Soava pessoal e sincero, depois da sua conversa formal a respeito de pesquisas e conferências internacionais. Eu queria saber mais e combinamos nos encontrar uma tarde em seu escritório do PPW-LIPI.

O prédio do LIPI, com sua moderna torre redonda que chamava a atenção, vista da avenida, revelou um interior burocrático e apagado, como um lugar que não fosse pessoal para ninguém. O escritório de Dewi ficava no décimo primeiro andar. A sala de espera, um segmento do círculo que compunha o piso do andar, tinha a forma de uma fatia recortada de uma torta, ao comprido, e com um pequeno arco formado pela parede externa como uma espécie de crosta, na borda. Havia nessa parede bonecos de madeira indonésios, junto a um retrato de um templo, em um batique multicolorido e enrugado; em outra parede havia arcos e flechas. O escritório de Dewi se situava no lado oposto do corredor. Ficava no lado errado da torre redonda, em se tratando de um encontro à tarde; o sol batia feroz; foi preciso baixar a persiana.

Dewi tinha ascendência acadêmica. Seu pai — que morrera pouco antes — fora professor universitário. Fizera seus estudos mais avançados em Columbia e na Escola de Estudos Orientais e Africanos de Londres. A mãe dela era professora de história na universidade de Sumatra.

Quando Dewi era criança, a família morava em Bandung. Tinha três anos e meio — seu pai estava fora, estudando na Escócia — quando parentes de Sumatra vieram visitá-los e um deles disse à menina: "Mas você devia ver o que você tem em Sumatra". Isso provocou em Dewi um desejo ardente de ver o que possuía em Sumatra e então voltou, em companhia desses parentes, para aquilo que, mesmo criança, ela compreendeu ser sua terra ancestral.

Havia uma antiga casa da família em Sumatra, uma das fabulosas casas tradicionais de Minangkabau, com telhados em forma de chifres. Mas fora tratada com negligência por vinte anos ou mais, estava vazia, e falava-se em fantasmas. Dewi não gostava nem de chegar perto da casa. Morava com o tio materno da sua mãe. Ele não morava em uma casa tradicional.

Dewi disse: "Ele era um ulemá". Um professor de religião muçulmano. "Em Java, chamam de *kiyai*; na Sumatra ocidental, chamam de ulemá. Eu morei com ele durante um ano. Tinha uma pequena mesquita onde morava. Era chamada de *surau*, porque não era uma mesquita pública. Ele tinha alunos que vinham ter aula com ele. Morava com a mais jovem de suas esposas. Isso não era comum, mas, como era um homem importante — e como sua esposa, na verdade, fora uma de suas alunas tempos antes —, ele foi morar com ela. A poligamia era bastante comum naquele tempo, mas essa era a única esposa com a qual ele coabitava. Antes de eu ir para lá, ele tivera uma ou duas esposas ao mesmo tempo. Sempre voltava para seu *surau* depois de ficar com uma de suas esposas. No tempo em que fiquei lá, ele morava com a esposa mais jovem, e ela me educou."

Dewi falava do seu modo desembaraçado e lírico. E o interessante era que, enquanto o pai estudava na Escócia (e provavelmente se esquivava como podia das piadas sobre os muçulmanos e seu rodízio de quatro esposas), sua própria filha caçula estava descobrindo e aceitando, por intermédio de um parente mais velho, venerado e devoto, a mesma idéia, mas como um dos aspectos de um mundo antigo e belo.

"Quando meu pai voltou da Escócia, retornei para Bandung. Fiquei em Bandung por dois anos. E quando outros parentes vieram da Sumatra ocidental para ficar conosco em Bandung, resolvi pedir que me levassem de volta com eles. Eu tinha cinco anos e meio."

Perguntei: "A senhora consegue lembrar por que gostou tanto do lugar?".

"Era uma região deslumbrante. Vastos espaços abertos. E éramos importantes. Quando estamos lá, nossa família é tratada com deferência. Eu não precisava competir com ninguém. Meu tio-avô simplesmente morria de amores por mim. Era muito bravo, mas comigo era bastante carinhoso. A esposa do meu tio-avô era muito carinhosa. Costumava me proteger da raiva do meu tio-avô. Tive muita sorte, porque meu tio-avô queria alguém que levasse adiante o nome da família. A Sumatra ocidental é uma contradição. É muito islâmica, mas é também matrilinear. E eu era filha da minha mãe, que era a primeira mulher na linha de sucessão. Por isso eu era muito preciosa para a família. Contavam comigo para fazer valer a tradição.

"Meu tio-avô assumiu a responsabilidade de me educar. Era um ulemá, muito conservador, totalmente ortodoxo. Mas não queria que eu fosse privada de uma educação moderna. Não queria que minha mãe ou meu pai o culpassem por minha falta de instrução. Por isso ele disse que não me queria de volta à Sumatra ocidental. Mas na verdade eu tinha muita vontade de usar aquele turbante e ir para a escola de aldeia. Na escola religiosa de aldeia, era preciso usar sarongue e véu."

"A senhora achava que o sarongue e o véu eram roupas bonitas?"

"Eu não pensava nesses termos. Achava que era o certo. Mas meu tio-avô fez pé firme. Disse que aquelas escolas de aldeia ensinavam mal o islã e tinham um currículo moderno pobre. Ele mesmo me deu aulas de islã, em casa, quando entrei em uma escola comum. Desse modo, aprendi o Corão e ele leu várias histórias do *hadith*, as tradições suplementares.

"Ele também me levava para dar uma volta aos domingos, durante as férias, para conhecer as terras de nossa família, e assim eu podia ficar sabendo onde ficam nossas terras e quem trabalhava nelas. Arrozais se espalham por toda parte. E também coqueirais. A maior parte da água e das terras cultiváveis se encontra no fundo do vale; as pessoas no topo do vale têm de andar milhas e milhas até os arrozais. Meu ramo da família tende a controlar a maior parte dos recursos da terra. Isto porque as mulheres não tiveram muitos filhos. Se um clã se torna muito grande, a terra é repartida entre muita gente. A terra não é alienável, mas precisa ser repartida entre os usuários, os herdeiros. Quando um herdeiro morre, a terra é devolvida à mulher mais próxima na linha de sucessão da família.

"Assim, ao circular pela nossa terra, eu também me punha a par dos parentescos da família. Porque as pessoas que trabalham na nossa terra são, na maioria, parentes. E é importante conhecer as fronteiras. Desse modo se adquire uma visão completa da rede de relações da aldeia."

Dos cinco anos e meio até os quinze anos de idade, Dewi viveu na Sumatra ocidental. Seu pai a visitou uma vez, quando tinha oito anos; e sua mãe a visitou em companhia de amigas dois anos depois. A partir dos doze anos de idade, ela ia para Bandung a cada jejum sagrado mensal. Portanto, a aldeia era o seu mundo.

"Viver na aldeia é uma experiência completa. Não é só ir para a escola, ou aprender o Corão, ou ficar a par da situação da família, ou conhecer a propriedade. Trata-se de aprender o modo de ver as coisas da aldeia, e aprender suas crenças idiossincráticas, nem sempre racionais, mas mesmo assim muito importantes. Ignorá-las ou descartá-las significa correr um risco.

"Acontece que minha família pertence a um clã, Pitapang, famoso por seus vários tabus. São muito famosos na aldeia. As pessoas dizem: 'Os Pitapang não podem fazer isso. Os Pitapang não podem fazer aquilo'. Uma porção de gente de outros clãs não entende que há certas coisas que não podemos fazer."

Minha audição começou a brincar comigo. Nem sempre eu escutava "Pitapang" quando Dewi pronunciava a palavra. Às vezes eu ouvia "Peter Pan".

"Existe a crença de que o clã Pitapang é um dos clãs mais antigos. Os ancestrais dos Pitapang provavelmente mudaramse para a região quando era uma mata virgem, ou floresta. Na tradição pré-islâmica, acreditava-se que todas aquelas florestas, fontes e rios eram povoados por espíritos. É claro, os homens que vieram desbravar a terra tiveram de entrar em acordo com os espíritos originais do lugar. Assim os ancestrais precisaram conformar-se a um código de conduta. Basicamente concebido para garantir um equilíbrio com o meio ambiente."

Entretanto essa noção de equilíbrio e "meio ambiente" era uma idéia posterior e emprestada, desenvolvida a partir de outro tipo de saber e de lógica, e não tinha a força dos cultos à terra sobre os quais Dewi estava falando. Ela mesma pareceu dizer algo semelhante, quase imediatamente depois.

"Ao levarmos nossa vida cotidiana, existem outros fatores que precisam ser considerados. Temos sempre de pedir permissão quando derrubamos uma árvore grande, ou drenamos um poço, ou construímos uma casa. Temos de obedecer a certos rituais e cerimônias, a fim de aplacar os espíritos guardiões."

Essa idéia camponesa acerca dos espíritos das árvores e das fontes parecia idólatra e ímpia para o seu tio-avô, o ulemá conservador. Ele já sentia que o islã era mal ensinado nas escolas religiosas de aldeia e havia assumido pessoalmente a instrução religiosa da sobrinha-neta.

"Meu tio-avô não queria de maneira alguma seguir essas práticas pré-islâmicas. Sabia a respeito delas e provavelmente acreditava em algumas, mas na maior parte do tempo acreditava que fazer oferendas a espíritos era antiislâmico. O clã, assim como algumas outras pessoas da aldeia, acreditava que, caso um tabu fosse transgredido por alguém do clã Pitapang, alguma pessoa do clã acabaria por sofrer as conseqüências: uma criança ia ficar doente ou alguma coisa desagradável ia acontecer. Meu tio-avô prestava pouca atenção aos tabus. Assim, eu ficava doente com freqüência, e a esposa dele e suas amigas viviam dizendo: 'Ah, seu tio-avô deve ter feito alguma coisa outra vez'. Como aconteceu quando usaram toras do silo de arroz a fim de construir uma latrina."

O silo de arroz era uma dependência da casa, e também tinha o telhado em forma de chifre, uma miniatura, sobre estacas, mais larga no alto do que embaixo, talvez com arestas ornamentadas, com paredes de bambus entrelaçados que formavam desenhos variados, e muito provavelmente uma escada de mão. Arroz, o produto principal da região, objeto de todo tipo de culto e de rito de fertilidade, tinha de ser sempre tratado com respeito; usar as toras de um silo de arroz, ainda que fosse velho e abandonado, para construir uma latrina era unir duas idéias opostas e representava um tipo grave de profanação.

Dewi disse: "Eu tinha ficado doente por uns dias. Me deram remédios da aldeia. Meu *datuk*, meu tio-avô, também tinha conhecimentos de remédios caseiros e muito pouca fé em médicos; recusava-se a ir ao médico. A maioria dos aldeões acreditava que ele tinha o dom de falar com alguns dos espíritos guardiões. Assim, quando as crianças ficavam doentes, uma porção de gente vinha se tratar com ele.

"Depois que as pessoas perguntaram se meu tio-avô havia feito alguma coisa nos últimos dias, minha tia-avó lembrou que talvez não tivesse sido conveniente construir a latrina com toras do silo de arroz. Desse modo, minha tia-avó e um rapaz pegaram um grande machado e foram até aquela latrina, e depois disseram ter visto uma criatura semelhante a um macaco preto pulando para dentro da água quando começaram a cortar a prancha que servia de ponte para a latrina".

Perguntei a Dewi: "Em que água o macaco pulou?".

"Uma lagoa de peixes. Depois disso, fiquei boa. As pessoas contaram que, enquanto eu delirava, dizia todo tipo de coisas.

"Há muitas coisas que hesito em fazer, muito embora tenha saído de lá. Por exemplo, se volto à aldeia, nunca afundo direto na água um pote que acabei de tirar do forno. Isso é considerado um tabu. A explicação lógica é que a fuligem pode sujar a água.

"E: em lagoas de peixes, a fim de proteger os peixes, precisamos colocar várias coisas na água. O mais comum é o bambu com ramos pontudos." Bambus altos, com as pontas afiadas: uma barreira oculta, terrivelmente dilacerante. "Isso, na certa, protege os peixes das redes dos pescadores clandestinos. E às vezes, quando as pessoas drenam uma lagoa de peixes, retiram o bambu e, por descuido, escoram o bambu na parede de uma casa. Se um Pitapang fizer isso, é considerado a transgressão de um tabu, e nunca devemos fazê-lo. Aprendi que, se fizermos isso de noite, os espíritos ficarão aborrecidos e a casa vai começar a tremer.

"Na aldeia, esses tabus são o equivalente dos sinais de trânsito nas cidades, coisas a que temos de obedecer."

A maioria desses tabus só se aplicava ao clã Pitapang. Era por isso que Dewi acreditava que os Pitapang eram um dos clãs mais antigos e que bem no início, quando os arrozais estavam sendo criados na selva, foram eles que fizeram os primeiros acordos com os espíritos guardiões das árvores e das fontes. Esses acordos tinham de ser respeitados ainda agora.

Por ocasião do casamento de Dewi, por exemplo, houve estranhos "falatórios" (foi a expressão que Dewi usou) na velha casa ancestral. A casa, no estilo tradicional de Minangkabau, com o telhado em forma de chifre, fora tratada com negligência durante trinta anos. Os aldeões diziam que a casa tinha espíritos, e Dewi, quando criança, não gostava de ir lá. Mas o costume exigia que uma das grandes cerimônias do casamento fosse realizada na casa ancestral de Dewi. Assim, a casa foi aberta e deram início aos preparativos do grande banquete. Então coisas estranhas começaram a acontecer. A mobília mudou de lugar de maneira inexplicável e desapareceu comida. Um primo da tia-avó materna que havia criado Dewi — um primo, não o próprio ulemá, que teria lavado as mãos de tudo aquilo — disse: "Ah, talvez tenhamos esquecido de fazer as oferendas aos espíritos". E haviam esquecido. Como os espíritos não vivem em clareiras, mas em grandes árvores ou em fontes, atiraram carne no mato a uns cinqüenta metros da casa ancestral. Foi o bastante para apaziguar os espíritos. Não houve nenhum problema depois disso.

Acreditavam, na aldeia, que existiam no início três clãs. Os Pitapang eram um dos três. Os três clãs eram descendentes de três primos; eles não se casavam entre si. Eram esses três clãs que respeitavam os tabus originais. E os Pitapang tinham um dom adicional: faziam chover.

Dewi disse: "Observei, na minha experiência, que toda vez que promovo uma grande festa chove um pouco nesse dia, nem que seja por uma hora, ou meia hora. Eu me casei em abril. Uma estação seca. No primeiro dia, a recepção foi na casa do meu marido".

"Ele pertence a um dos clãs?"

"Um clã diferente, mas da mesma aldeia."

"Um casamento arranjado?"

"Uma escolha pessoal. Na casa do meu marido, andavam tendo problemas com a água. A casa do meu marido fica na terra alta, depende muito da chuva para encher o reservatório de água. Assim precisam tomar cuidado com a água. Durante o primeiro dia do casamento, o tempo estava totalmente seco. No dia seguinte, a festa ia se realizar na nossa casa ancestral." Ela não era usada havia muitos anos e se encontrava em mau estado. "Às três da manhã, no grande dia, a chuva começou a cair forte e todo o mundo na casa ficou molhado. A cozinha do lado de fora ficou completamente inundada. Mas então, de manhã, fez um sol lindo e tudo correu muito bem até as onze horas, e o noivo veio, e os convidados também. Quando estavam na casa, choveu forte de novo durante mais ou menos uma hora. Esse tipo de coisa acontece em todo casamento.

"Havia a crença equivocada de que, quando deixávamos a aldeia, essa associação dos Pitapang com a chuva desapareceria. Mas não é assim. Uma tia minha foi ao casamento da filha caçula em Jacarta. Com medo de chover, ela se deu ao trabalho de procurar um feiticeiro, um *dukun*, em Banten, na Java ocidental, que é famoso por seus feitiços. E o *dukun* prometeu que não ia chover no grande dia. Minha tia pagou ao *dukun* para fazer algumas oferendas a fim de evitar a chuva naquele dia. É muito comum por aqui. Quando forneciam a comida para a festa do Dia Nacional de Cingapura, tinham um *dukun* para garantir que não ia chover. Na reunião da APEC [uma das conferências internacionais a que Dewi estava ligada] foi chamada uma porção de feiticeiros.

"Minha mãe e eu dissemos não acreditar que o *dukun* de Banten fosse poderoso o bastante para sobrepujar a tradição

Pitapang de chover durante um casamento na família. Meu tio, o marido de minha tia, vinha de outra região de Sumatra; não acreditava em uma só palavra das crenças dos Pitapang. Ele disse: '*Não* vai chover'. Assim, não cobriu o gramado com um toldo. Mandou arrumar todas as mesas de uma forma muito bonita. Trabalharam o dia inteiro nisso. Às três ou quatro da manhã do dia do casamento, o céu veio abaixo e todas as mesas tão bonitas foram devastadas. Ele acreditou demais no *dukun* de Banten. Minha mãe e eu ficamos muito contentes, na ocasião."

A pureza religiosa ou cultural é uma fantasia fundamentalista. Talvez apenas comunidades tribais isoladas possam ter idéias vigorosas e simples a respeito de quem sejam. O restante de nós é, na maioria, culturalmente mesclado, em vários graus, e todo mundo vive à sua própria maneira, com sua complexidade. Algumas pessoas administram as coisas por instinto. Outras, como Dewi, podem ser ao mesmo tempo conscientes. Ela tinha apreço por todas as numerosas ramificações da sua ascendência. Disse Dewi: "Minha vida é rica porque meus diferentes mundos convergem uns para os outros".

Quando, após dez anos, ela deixou sua aldeia de Sumatra, foi para ir à Inglaterra, para ficar com os pais, ligados ao meio acadêmico. Tinha quinze anos de idade. Até então, passara muito pouco tempo com os pais, mas achou que não teve nenhuma dificuldade com eles. Não havia nenhum problema de gerações. Os anos na aldeia a haviam tornado religiosa e conservadora; ela considerava seus pais demasiado liberais e às vezes achava as saias da mãe muito curtas e justas. Com o tempo, sua postura política iria mudar, mas seus valores pessoais permaneceram conservadores; entretanto, por causa das tradições matrilineares de Minangkabau, esse conservadorismo lhe dava um grau de auto-estima como mulher que não era estritamente islâmico.

De várias maneiras, portanto, seu amor pelos costumes da aldeia parecia deixá-la exposta ao antigo conflito fundamentalista da região. Era como se a sangrenta guerra religiosa de trinta anos no século passado (que destruíra a família real de Minangkabau e o seu palácio, e pusera os holandeses no poder) não tivesse definido coisa alguma. Algo desse tipo, ou de um assunto correlato, devia ter passado pela cabeça de Dewi — talvez até tivessem sido realizados recentemente seminários acadêmicos ou conferências sobre a sociedade "plural": na Indonésia, essas conferências se sucedem, são uma espécie de substituto inofensivo para uma imprensa livre — porque, sem que eu a instigasse a isso de maneira alguma, Dewi passou a uma exposição quase formal do seu ponto de vista sobre a fé verdadeira e os antigos costumes.

Ela disse: "Quando se trata das relações entre os homens e Deus, devemos aderir à forma pura do islã, não à forma sincrética. Não podemos ser bons muçulmanos e aderir a crenças e práticas animistas ou politeístas. Mas quando se trata de ordenar as relações entre o homem e seus semelhantes, o modo como vivemos em sociedade, cada grupo possui diferentes costumes e necessidades. Não creio que uma religião universal ou uma ideologia nacional deva tentar erradicar as práticas tradicionais, contanto que essas práticas não violem os preceitos básicos".

Era uma reafirmação daquilo que ela disse ter sido estabelecido de comum acordo no tocante à relação entre o islã e o *adat*, os costumes tradicionais, após a amarga guerra religiosa do século passado.

"O islã foi colocado no topo, o mais elevado corpo de leis, ao qual o *adat* estaria subordinado. Diz o provérbio: 'O *adat* se apóia na *sharia* [lei islâmica], e a *sharia*, no *Kitab*'. No Livro, no Corão. As práticas que violam frontalmente o islã deviam ser proibidas: beber, jogar, promover brigas de galo, casar com mais de quatro esposas. Mas outros costumes são aprovados, porque não há nada no Corão ou nas palavras do Profeta contra o sistema matrilinear."

Porém, embora no pensamento de Dewi tudo estivesse bem claro, as relações entre os homens e Deus não estariam sempre separadas das relações entre os homens e os seus semelhantes. Sempre haveria ambigüidades, mesmo no que se refere à posição das mulheres, e essas ambigüidades da fé na Sumatra ocidental estavam mais uma vez na expectativa de um ataque da fúria fundamentalista.

Fiquei a tarde inteira no gabinete de Dewi. Quando saí, os escritórios do LIPI estavam fechando e a burocrática torre redonda, com muitos de seus ocupantes agora aparentemente fugindo para a rua, parecia mais impessoal do que nunca. Na avenida em frente, acenei chamando um táxi. Não houve dificuldade; mas o táxi estava em petição de miséria, com as janelas abertas e sem ar condicionado, e ainda por cima era hora do *rush*. O trânsito na hora do *rush* em Jacarta era sempre ruim; e estava bem pior do que o costume porque algumas ruas no centro, próximas ao palácio presidencial, haviam sido fechadas naquele dia, para os preparativos das comemorações do RI50 — a denominação abreviada oficial para o qüinquagésimo aniversário da independência da Indonésia. Durante vários minutos, em um completo congestionamento, enquanto o ar quente palpitava de gases e de reflexos da lataria dos carros, permaneci de frente para a traseira de um pequeno furgão:

Se ligue
Não se deixe MORRER
Sem Jesus

Havia adesivos como esse em muitos carros e furgões de Jacarta; havia uma carência religiosa, uma carência de consolo, além daquilo que os homens podem dar; em termos evangélicos, o país semiconvertido estava maduro para a colheita. O jovem motorista de táxi, nascido em Sumatra, de feições salientes, julgando-me um indiano, disse em inglês que a Índia era um lugar muito bom: cheio de místicos. Nós dois não tínhamos uma linguagem comum suficiente para desenvolver esse tema difícil, e o pusemos de lado. Afundado em seu banco de motorista meio desmoronado, com os joelhos um tanto afastados um do outro, o taxista balançava com irritação as pernas esguias, cobertas por uma calça cáqui, e para passar o tempo começou a me ensinar indonésio. Depois de minha longa e animada tarde, o dia estava morrendo na avenida, entre fumaça e ondulações de calor; veio à tona uma enxaqueca.

Foi sob o feitiço do encanto pessoal de Dewi que me dirigi para a sua aldeia, quando estive em Sumatra. E, é claro, tudo era menor do que eu havia imaginado: o que Dewi me transmitira, o que me impressionara em Jacarta, era o encanto que ela sentira quando criança.

A mãe de Dewi tirou uma folga na universidade em Padang para me mostrar os lugares sagrados. Com ela, estava uma visita da universidade, um amigo da família que fizera muitas pesquisas sobre os costumes locais. Ele me contou que um dia perguntou a Dewi, quando era criança, o que queria fazer quando crescesse. Respondeu que queria ser uma professora religiosa muçulmana, uma ulemá. Só homens podiam ser ulemás: a resposta revelava não só a admiração de Dewi por seu *datuk*, como também a auto-estima feminina de Minangkabau, que ela havia adquirido ao mesmo tempo.

A casa da família a que fomos não era a casa onde Dewi ficara quando criança. Era a casa da mãe do marido de Dewi, que vinha a ser uma parenta distante dela. Era um bangalô moderno. Frestas de ventilação de vidro; sólidas cadeiras lavradas no estilo classe média indonésio; um grande ornamento de plástico em um dos lados da mesa: um coqueiro com muitos cocos, de desenho simplificado e cores básicas; duas fileiras de blocos de concreto para ventilação no alto da parede, o vão em forma de losango disposto na vertical na fileira de cima, e na horizontal, na fileira de baixo; uma cena do *Mahabharata* na parede (um reconhecimento do passado hindu ou do *adat*) e, na parede em frente, um manuscrito árabe. Era um lugar moderno, classe média e sem nada de especial.

Mas talvez não fosse tão sem graça para a jovem filha de Dewi, que fora enviada pela mãe para morar na aldeia, como fizera Dewi, na idade dela; e para quem essa casa e a vegetação farta e protetora do lado de fora — os coqueiros, os bambuzais, as bananeiras, os pés de rambotãs, os sapotizeiros — podiam estar despertando associações paradisíacas. Ela voltara da escola, a menininha, enquanto estávamos ali; e agora, depois de trocar de vestido, foi de novo mandada para fora, com um livrinho na mão e todos os sinais de contentamento, rumo a sua aula de religião.

Exceto pelo rambotã, a vegetação poderia perfeitamente ser a do Caribe. Mas, na vegetação caribenha, o coco, o bambu e a banana eram importações antigas, vindas desta parte do mundo e do Pacífico. E aqui a sapota (o *chico*, na Índia) era uma importação da América do Sul. A semelhança da vegetação formou-se de diferentes maneiras e as associações sugeridas pela vegetação nos dois lugares eram bastante distintas. A vegetação do Caribe aludia às antigas plantações cultivadas por escravos e hoje, ao turismo. Esta paisagem continuava a ser o solo sagrado de um clã antigo.

O *surau* ou mesquita particular do tio-avô materno de Dewi — onde, em virtude de sua grande autoridade, embora contrário ao costume, ele havia morado com a mais jovem de suas esposas — ficava em um coqueiral que parecia abandonado.

O trabalho era escasso; as pessoas preferiam ir para as cidades e as fábricas; mal se encontrava alguém para limpar os poços e os canais. Nesse clima, onde as plantas crescem depressa, o caos chegava ligeiro e podia tomar um lindo aspecto. Ramos mortos de coqueiro pendiam, como penas de pássaros gigantes, do cerne apodrecido das árvores; trepadeiras galgavam os troncos dos coqueiros e os faziam tombar sobre poços orlados de samambaias ou sobre canais; e depois os troncos caídos eram encobertos por espuma, uma camada depois da outra, na qual as ervas logo poderiam encontrar um ponto de apoio. O jacinto aquático africano, um parasita tropical universal, de uma radiosa coloração verde e lilás, sufocava a água corrente até transformá-la em pântano. E, na escuridão do antigo coqueiral, tudo, inclusive o céu, podia se refletir no que restava de água livre.

O *surau* se achava em ruínas; não ia durar muito tempo. Era inesperadamente pequeno, feito de madeira e ferro corrugado. A madeira apodrecera e ficara cinzenta, e o escurecido ferro corrugado estava solto em alguns pontos. Em termos de arquitetura, embora não tivesse o telhado em forma de chifre, tinha pontos de contato com a casa tradicional de Minangkabau; e, mesmo em ruínas, o prédio principal (havia duas dependências mais destacadas) tinha certa elegância. Havia um andar mais baixo com uma varanda coberta em toda a volta, e o telhado parecia uma franja de ferro corrugado. O andar de cima, menor, se erguia a partir dessa franja e era encimado por um íngreme telhado piramidal, que alçava suas linhas ligeiramente curvas até uma ponta elevada. Boa parte da energia arquitetônica da construção se concentrara nesse telhado. Ele expressava de forma suficiente o propósito do *surau*, embora não tivesse nenhum traço francamente islâmico, nenhum crescente ou nenhum crescente com uma estrela. O uso desses emblemas era relativamente novo na Indonésia. As mesquitas podiam ser como as demais construções; entretanto, agora, com a nova atitude islâmica e a propensão de islamizar as construções comuns, havia lojas em Java que expunham na calçada da frente domos e crescentes prateados de vários tamanhos (exatamente da mesma maneira que outras lojas expunham móveis ou rodas de automóveis).

A casa ancestral de Dewi, com telhado em forma de chifre — de novo, menor do que aquela que eu tinha na minha imaginação — fora reformada e mobiliada. Mas eu não gostaria de dormir ali. Iria me sentir aprisionado naquela arquitetura que lembrava uma habitação comunal indígena. Eu sentiria a falta de uma varanda ou de algum outro espaço à minha volta, ou de um espaço aberto de alguma outra forma. Era um tipo de casa para gente que vivia tanto ao ar livre quanto em um ambiente fechado, e para quem o ar livre era também sua casa. Não era um lugar próprio para um estrangeiro.

Perto dali, onde ficavam os arbustos, durante os preparativos do casamento de Dewi, jogaram carne no mato para aplacar os negligenciados espíritos da floresta e das fontes, com os quais o clã entrara em acordo muitas centenas de anos antes, quando derrubaram a floresta. Logo depois da área sombreada, ficavam os campos de arroz (agora delimitados pelos coqueirais) para os quais aquele acordo fora selado: tomados pelo mato, em alguns pontos, com enleantes ervas daninhas aquáticas, e também algumas faixas de terreno careca, com ar de abandono, indicando o local em que os ratos haviam atacado, nos pontos em que o arroz estava amadurecendo. A exemplo do que ocorria agora em muitas coisas por ali, a falta de mão-de-obra se mostrava de forma bem visível.

Perguntei à mãe de Dewi que idade julgava terem os arrozais, ali. Respondeu que a idade de um arrozal pode ser estimada pela profundidade da lama. Esses arrozais tinham cerca de mil anos. Dava para afundar na lama até as axilas. O professor universitário ao lado dela disse acreditar que tivessem 2 mil anos. Era difícil de imaginar: aquela plantação, aquele cultivo de um determinado grão, remontava ao tempo de Augusto. (E na sinuosa estrada da montanha entre Solok e Padang havia uma reserva florestal que dava uma amostra de como devia ter sido a vegetação primitiva: densa, com ar antigo, sem brilho, de uma cor verde-escura, sem o frescor ou a leveza das plantas e árvores cultivadas.)

E, contudo, muito pouco se sabia acerca dessa história imensa. Não havia nenhum documento, nenhum texto; só havia inscrições, e não eram muitas. A própria escrita foi uma das coisas que vieram da Índia, junto com a religião. Todo o passado hindu e budista fora devorado. Sem escrita, sem literatura, o passado com freqüência devorava a si mesmo. A memória das pessoas só conseguia remontar a seus avós ou bisavós. A passagem do tempo só podia ser estimada por alto; fatos ocorridos havia cem anos eram como acontecimentos de mil anos antes. E tudo o que restara de 2 mil anos de extraordinária organização social, de uma cultura, eram os tabus e os ritos da terra sobre os quais Dewi conversara comigo. Agora vim a saber mais um pouco sobre isso com sua mãe. Por exemplo: antes da colheita, a pessoa devia ir ao campo de arroz maduro e cortar sete talos. Depois, pendurar esses talos em casa. Só então podia começar a colheita de verdade. Ninguém sabia por quê. O motivo original havia desaparecido em algum ponto, no correr dos séculos.

A derrocada das religiões antigas — religiões ligadas à terra, aos animais e a divindades de determinado lugar ou tribo — sob a força das religiões reveladas é um dos temas contumazes da história. Mesmo quando existem textos, como ocorre no caso do antigo mundo romano-cristão, a transformação é difícil de acompanhar. Existem apenas indícios. Pode-se observar que as religiões da terra são limitadas, oferecem tudo aos deuses e bem pouco aos homens. Se essas religiões conseguem se mostrar atraentes agora é sobretudo por razões estéticas modernas; e mesmo assim é impossível conseguir imaginar uma vida completamente sem elas. As idéias das religiões reveladas — budismo (se é que pode ser incluído na lista), cristianismo, islamismo — são mais amplas, mais humanas, mais ligadas àquilo que os homens encaram como seu sofrimento, e mais ligadas a uma visão moral do mundo. Pode ser também que as grandes conversões, de nações ou culturas, como na Indonésia, ocorram quando as pessoas não têm nenhuma idéia sobre si mesmas e não têm meios de compreender ou recuperar seu passado.

A crueldade do fundamentalismo islâmico consiste em permitir a apenas um povo — os árabes, o povo original do Profeta — ter um passado, lugares sagrados, locais de peregrinação e cultos à terra. Esses lugares sagrados árabes têm de ser necessariamente os lugares sagrados de todos os povos convertidos. Os povos convertidos precisam se despojar de seu passado; nada se exige dos povos convertidos, senão a fé mais pura (se é que algo assim possa ser alcançado), o islã, a submissão. É o imperialismo mais intransigente que existe.

5

"KAMPUNG"

Mariman e Furqan eram ambos pesquisadores do CIDES. Mariman tinha vinte e três anos, Furqan era mais ou menos da mesma idade; e sabiam que graças ao CIDES haviam tido um bom impulso na sociedade da capital. Mariman, de fato, já era algo bem próximo de um astro. Adi Sasono falara sobre ele como o exemplo de uma história de sucesso do CIDES, e pedi para conversar com Mariman.

Assim, em atenção a uma solicitação de Adi, Mariman viera ao hotel, em companhia de Furqan, como seu intérprete. Mariman não falava inglês.

Fomos ao Kintamani, o pavilhão aberto (no estilo javanês, segundo disseram) nos jardins do hotel, entre as quadras de tênis e o grande tanque. Na hora do almoço, no Kintamani, havia uma espécie de balcão de grelhados; de noite, era a mesma coisa, com um espetáculo típico, ao estilo do que se costuma oferecer aos turistas. À tarde havia um intervalo sem nada de específico, com cadeiras vazias, a luz do sol descendo na diagonal do lado do tanque, as sombras das árvores do outro lado, e uma brisa.

Furqan — cujo sobrenome, Alfaruqiy, era tão árabe quanto o prenome — vinha de Sumatra. Mariman era javanês.

Furqan disse: "Somos diferentes. Nós de Sumatra somos viajantes, rodamos o mundo todo. Assim não temos saudades de casa. Mariman tem saudades. Os javaneses têm um provérbio: 'Comendo ou não, temos de viver juntos'. Significa que os javaneses devem viver em Java. Acham que a ilha de Java é muito melhor do que os outros lugares. Mas agora, com a educação, eles podem ir para fora".

E havia uma outra razão para Mariman ter saudades de sua terra, explicou Furqan: os pais de Mariman eram divorciados. Anotei isso como mais um detalhe de sua ascendência. Só depois, quando Furqan e Mariman tinham ido embora, certas questões sobre esse assunto me ocorreram, e foi difícil arranjar respostas mais abrangentes: conseguir falar com Furqan, por telefone, no CIDES, lhe fazer perguntas e depois esperar que ele me transmitisse as respostas de Mariman. Portanto foi só mais tarde que compreendi que Mariman era um dos dezessete filhos das duas famílias do seu pai que moravam em uma mesma aldeia, mas separadamente. E só muito mais tarde, quando eu viajava, compreendi que o sistema muçulmano de múltiplos casamentos e divórcio fácil não era uma mera questão de libido masculina: levava a famílias degradadas. Engendrava uma espécie de sociedade semi-órfã. Uma família que o pai abandonara, a fim de começar uma segunda ou terceira família: era uma história que se repetia muitas e muitas vezes. Era isso que estava por trás da saudade de Mariman. Mas não me ocorreu fazer mais perguntas na ocasião e assim nunca soube quando o pai de Mariman se divorciou da sua mãe e quantos anos tinha.

Quando Mariman era criança no *kampung* (ou aldeia), cuidava de ovelhas e búfalos para os outros. Era pago com bens: cordeiros, filhotes de búfalo. Veio o momento em que possuía vinte e duas ovelhas. Vendeu algumas para ir à escola. Primeiramente, vendeu duas ovelhas, uma por 42 mil rupias, ou vinte dólares, e outra por 50 mil rupias, ou 24 dólares. Vendeu-as para o intermediário com quem seu pai fazia negócios; seu pai era comerciante de búfalos.

Por que ele queria ir para a escola?

"A fim de aprofundar seus conhecimentos do islã."

Isso devia ser por causa do seu pai. O pai de Mariman tinha freqüentado o *pesantren* da aldeia. Possuía um armário para guardar livros. O armário ficava fechado, mas todos sabiam que os livros se achavam ali dentro. O pai era um homem instruído, que sabia ler e escrever em árabe, e até falava um pouco nessa língua.

Furqan disse: "Mariman é uma pessoa fora do comum em Java porque seu pai o instruiu em religião. O pai o ensinou a rezar quando tinha dez anos de idade. Como negociante de búfalos, seu pai ganhou dinheiro bastante para fazer a peregrinação a Meca. Isso foi em 1985". Mariman tinha treze anos, então. "Ele tinha muito orgulho de seu pai ter ido a Meca. O pai voltou usando o chapéu branco dos hadjis. Antes disso, usava um chapéu preto. Foi a primeira pessoa na aldeia a ir à *haj*. Agora existem três hadjis na aldeia."

Como se fizesse um comentário à tradução de Furqan, Mariman disse: "A peregrinação é a obrigação mais importante".

Com essa experiência familiar de livros e devoção, Mariman, em 1990, quando tinha dezoito anos, ingressou na universidade muçulmana em Malang, na Java oriental.

Ser admitido ali era uma coisa. Sustentar-se era outra coisa muito diferente. E embora ele não o dissesse, deve ter sido mais ou menos nessa época que seu pai e sua mãe se divorciaram. Mariman precisava de 25 mil rupias por mês, cerca de doze dólares, para despesas gerais e, para se alimentar, dez quilos de arroz. Voltou para casa, para o seu *kampung*, por causa do arroz; e sua mãe lhe deu 25 mil rupias. Ela era dona de uma lojinha ou barraca na aldeia, onde vendia legumes e verduras, petiscos para crianças e outras coisas como sabão e doces.

A fim de poupar dinheiro, ele alugou um quarto longe da universidade; custava 90 mil rupias por ano, cerca de 45 dólares, ou uns oitenta centavos por semana. Nesse quarto, cozinhava seu próprio arroz; e cozinhava legumes e verduras que comprava nas barracas. Raramente comia carne ou peixe, e ia a pé para a universidade. Assim, suas despesas chegavam a menos de 10 mil rupias por mês, 4,80 dólares, ou cerca de dezesseis centavos por dia; e conseguiu economizar 15 mil das 25 mil rupias que recebia todo mês de sua mãe. No terceiro ano, conseguiu comprar livros.

Para mim (e para ele, e também para Furqan), havia um fascínio nessas minúsculas quantias de dinheiro, com as quais um homem ainda conseguia viver. Era como um esporte à parte, uma versão dos prazeres de Lilliput. (Havia também algo semelhante nas memórias que William Chambers, o editor escocês do século XIX, escrevera sobre os anos mais remotos da sua infância.)

Quando tinha vinte e um anos de idade, em 1993, Mariman começou a escrever. Algo extraordinário para quem começara a vida como pastor; mas a ambição, essa idéia de sua capacidade, lhe teria vindo, sem dúvida alguma, de seu pai agora ausente, um homem instruído, com livros em um armário trancado. Mariman escrevia artigos sobre questões econômicas, e eles foram publicados no *Pelita*, um jornal diário de Jacarta. Para cada artigo, recebia 50 mil rupias, quase dez dólares. Essa remuneração elevada destruiu seu equilíbrio de somas minúsculas, fez dele um novo homem. Começou a sentir que tinha um futuro. Sentiu isso com mais força quando a Universidade Muhammadiya, em Malang, convidou-o para ser professor-adjunto. Pediu autorização à mãe e ao pai. Eram pessoas simples, mas sabiam o que era comprar e vender. Sua mãe fazia isso todo dia, na sua barraquinha, e seu pai comerciava com búfalos. Disseram que o salário era muito baixo e Mariman abriu mão da universidade. Resolveu então deixar o *kampung* e partir para Jacarta.

Jacarta ficava na extremidade oposta da comprida ilha de Java. O preço da viagem era 50 mil rupias. Um artigo no *Pelita* resolveu o problema. Ele tinha roupas. E tinha onde morar: a irmã de sua mãe aceitou ficar com ele. Tinha uma casa com três aposentos pequenos em uma favela no Sul de Jacarta. Mariman estava um pouco assustado por estar em Jacarta, porque pela primeira vez na vida não tinha nenhum parente muito próximo a seu lado. Mas não se preocupou com as condições. Tinham de bombear água para o banheiro e a cozinha. Viveu assim, em uma casinha no Sul de Jacarta, por sete meses, de novembro de 1994 até o fim de junho de 1995 — ou seja, até apenas seis semanas antes, mas (um dia é muito tempo para um jovem) essa vida já parecia muito distante e Mariman achava que não poderia voltar a viver naquelas condições. E embora não o dissesse, sem dúvida foi nessa época que se tornou pesquisador do CIDES.

Perguntei a Furqan: "Ele sente saudade da aldeia?".

"Sim. Sente falta da mãe. Gostaria de ter o clima da aldeia ou do *kampung* em Jacarta, mas não pode."

"O que ele entende por clima do *kampung*?"

"O respeito pelas pessoas mais velhas, rezar juntos na mesquita. Mas agora não tem mais medo de Jacarta. Tenta criar o clima do *kampung* em seu bairro. E tem uma namorada. Pretende se casar o mais cedo possível."

Mas Mariman mal havia começado a ganhar a vida.

Perguntei a Furqan: "Ele acha que a sua vida mudou completamente nos últimos sete meses?".

"Sente que deu um grande salto, em termos intelectuais. Mas tornou-se um consumidor."

Tão cedo, essa piedade, essa dose de sabedoria decorada na escola. Perguntei: "O que ele quer dizer com isso?".

"É influenciado pelo consumismo da cidade grande."

"Está vestindo uma camisa bonita e uma bela gravata colorida. É isso o que ele entende por consumismo?"

A camisa fora cuidadosamente escolhida: branca, com colarinho abotoado, a camisa e a gravata de listras largas e retas no seu peito quase reto. Havia uma caneta espetada no bolso. Vestia uma calça bege, com cinto; o cinto enfatizava sua cintura fina. E usava óculos de aro dourado. Tudo representava despesa, apuro; talvez nunca tivesse se vestido tão esmeradamente em toda a sua vida.

Furqan disse: "Quando ele era jovem, usava roupas muito simples e ainda podia sentir-se confiante".

Senti que houve um certo tremor em Mariman. Estava ciente das roupas que usava e talvez elas o deixassem nervoso. Talvez o deixassem preocupado com o orgulho e a vaidade das coisas efêmeras e despertassem nele, quase de um modo religioso, alguma idéia muçulmana-javanesa segundo a qual a sorte e o sucesso criavam um maior perigo de queda.

Furqan disse: "Agora Mariman sente orgulho de usar roupas bonitas, mas não acredita que isso seja tudo o que há para fazer".

Pedi para ver a carteira do CIDES de Mariman. Era a carteira pessoal padrão do CIDES (Furqan tinha uma, assim como Dewi Fortuna Anwar), com o logotipo do CIDES grande no canto inferior esquerdo. O nome de Mariman vinha impresso em letrinhas sublinhadas no canto superior direito:

<u>Mariman Darto</u>
Pesquisador

Era uma parte da transformação que ocorrera com ele, mas Mariman não permitia que aquilo subisse à sua cabeça. Não esquecia seu *kampung*.

Furqan disse: "Não existe ninguém como Mariman agora em seu *kampung*. Mas Mariman consegue conversar com eles. E muitas pessoas de lá sentem-se orgulhosas de Mariman porque ainda é humilde, embora viva em Jacarta. Volta lá duas vezes por ano. Se ocorre algum evento no *kampung*, ele vai lá. Faz todas as preces exigidas. Acha que as preces são importantes, sobretudo quando sente que está muito distante da mãe e do pai. Em razão de seus sentimentos religiosos, é uma pessoa especial em sua aldeia. Alguns de seus amigos perderam a confiança em si mesmos e começaram a beber na cidade. A maioria dessas pessoas tem pouca instrução. A religião de Mariman faz com que se sinta diferente de seus amigos".

"O que ele acha que vai acontecer na aldeia?"

"Ele tem a ambição de, por meio da educação, transformar a aldeia e as disparidades. Hoje em dia, seu *kampung* está mudando por causa dele, do seu prestígio."

Nisso, bem como em sua educação, Mariman era uma extensão do pai, o comerciante de búfalos, que fora o primeiro homem da aldeia a fazer uma peregrinação a Meca.

Perguntei: "Há pessoas que seguem seus passos no caminho da religião?".

"Muitos de seus amigos", respondeu Furqan, "acham que a chave do seu sucesso reside na sua educação, e não na sua religião."

Fiquei espantado com a franqueza: senti que Mariman ainda era dono do seu nariz.

Furqan acrescentou:

"Mas depois da educação, eles retornam para a religião."

"Existe alguma diferença entre educação e religião no pensamento dele?"

"Existe. Mas com a educação também se pode melhorar o desempenho de uma pessoa religiosa."

"O que isso quer dizer?"

"Pode ser uma pessoa religiosa melhor."

"Então Mariman compartilha as idéias do professor Habibie acerca de religião e tecnologia?"

"Ele leu em uma revista que o professor Habibie jejua duas vezes por semana, na segunda e na quinta-feira. Desse modo, Habibie consegue combinar o sucesso com o espírito religioso."

"O espírito religioso é necessário para o sucesso?"

A resposta foi tortuosa, mas talvez Furqan não tivesse entendido a pergunta. "Muita gente na aldeia jejuava duas vezes por semana, mas, quando iam para a escola secundária, paravam de jejuar e se tornavam pessoas ruins. Não faziam nem o jejum do Ramadã. Assim ele, Mariman, fez uma inovação."

"Tornavam-se pessoas ruins? De que modo?"

"Trabalhando duro nas fábricas, acham que não são fortes o bastante para jejuar."

Nossa conversa havia se tornado circular. Devia ser porque a terceira pessoa, o intérprete, representava um obstáculo; ou talvez houvéssemos de fato chegado ao final do que era interessante e original na história de Mariman.

"Ele ainda estuda muito?"

"Ainda estuda muito."

"O que ele gostaria de ser?"

"Um especialista em economia."

"Mariman encara o islã como uma fonte permanente de força para o povo?"

"Está seguro de que o islã pode ser uma fonte do espírito, no futuro. Portanto tenta fomentar a educação do povo no *kampung*. Essa é a idéia que ele tenta difundir no *kampung*."

Falei: "Um *kiyai* moderno?". Um chefe de *pesantren*.

Ele compreendeu a palavra e começou a rir. Em inglês, Mariman disse: "Obrigado, obrigado".

Mais tarde, lembrei uma coisa que não perguntei. Telefonei para Adi Sasono em seu celular e ele, atarefado como era, transmitiu a pergunta.

"E as ovelhas que ele não vendeu? Mariman tinha vinte e duas ovelhas e vendeu duas para ir à escola."

Dois dias depois, em uma ruidosa ligação do CIDES, Furqan me disse: "Mariman deu as ovelhas para o irmão. Mas não quer que o irmão continue a viver desse modo".

A nova prosperidade social era formidável e um mérito do governo residia em que ela alcançara a parte baixa da sociedade. Uma nova e vasta classe média fora criada, e as construções de residências para abrigar essa classe média nos arredores de Jacarta eram tão numerosas, tão vastas e tão repentinas que algumas ruas, por longos trechos, davam a impressão de cenários de cinema, com velhas ruas de *kampung* — um efeito geral produzido por prédios baixos, telhados de ferro corrugado e árvores frutíferas — preservadas em sua integridade na frente das duras linhas de vidro e concreto ocre, sem árvore alguma, e telhados de telhas vermelhas que se alçavam por trás. Assim, dois tipos de vida pareciam existir ao mesmo tempo, no mesmo lugar, ampliando a idéia que me ocorrera logo no primeiro dia, de que a história ali existia em camadas, que ela se havia acelerado a tal ponto nos últimos cinqüenta anos — a ocupação japonesa, a guerra contra os holandeses, os acontecimentos de 1965 e agora a enorme e evidente prosperidade — que a maioria das pessoas, quer nas novas áreas construídas, quer nas ruas ao estilo do *kampung*, estava apenas a duas ou três gerações de distância da simplicidade agrícola do *kampung*.

Em antologias de literatura indonésia que examinei enquanto estava lá, essa proximidade da aldeia se manifestava na forma de um sentimento bruto de perda. Exprimia-se em contos simples. É possível criar um relato composto do material de vários contos. O velho camponês salta do ônibus na cidade; traz um presente, talvez para um parente antes conhecido como um aldeão, mas agora um general famoso ou um importante funcionário público. O camponês, boquiaberto com as luzes da cidade, pode ser abalroado e xingado pelas pessoas na multidão da rua. Diversas lembranças vêm e vão na mente do camponês quando se aproxima do local do encontro. O camponês, cada vez mais perto, se confunde com os labirintos do poder. O general ou funcionário público se mostra simpático ou frio — depende das inclinações políticas ou sentimentais do escritor; mas no final o camponês sabe que o passado chegou ao fim.

Uma literatura grande e consistente, e não apenas polêmica, só pode ter lugar em sociedades que oferecem possibilidades humanas verdadeiras; e na Indonésia, em vez disso, temos um povo pastoril que perdeu sua história; que se viu envolvido em fatos prodigiosos e, muitas vezes, trágicos, mas que não dispõe dos meios — a educação, a língua e sobretudo a liberdade — para refletir a respeito deles.

Abstrações: observemos o seguinte texto, extraído de um editorial do *Indonesia Times*:

> O materialismo ainda contamina a sociedade indonésia. Alguns dos líderes religiosos na Indonésia encaram a ascensão de pessoas com baixo caráter moral como um resultado da adoção indiscriminada de valores ocidentais [...] A melhor maneira de enfrentar o crescente materialismo e individualismo é intensificar o controle interno em cadeia, com ensinamentos morais persuasivos. O desenvolvimento de uma ética religiosa deveria ser intensificado a fim de se contrapor ao materialismo [...]

E assim por diante, essa mesma idéia (bem semelhante à de Mariman) repetida ao longo de nove parágrafos.

Abstrações: o tema das comemorações do RI50, conforme indicado no *Jacarta Post*, ao relatar ou resumir um discurso de Emil Salim, diretor executivo do comitê das comemorações. Começa como o programa de uma sinfonia de Beethoven. "Sob o tema 'Expressar Reverência e Gratidão pela Independência por Meio da Ampliação das Raízes Populares de Nossa República', as comemorações se distribuem em três categorias." A primeira categoria incluirá programas para refletir os cinco princípios da ideologia do estado: crença em Deus, unidade nacional, consenso por meio de deliberação, humanismo, justiça social. A fim de satisfazer o princípio relativo a Deus, o Conselho de Ulemás da Indonésia vai estimular os muçulmanos a "executar uma saudação com a cabeça em sinal de gratidão após as preces de sexta-feira". O princípio (ou princípios) do humanismo e da justiça social serão tratados ao estilo indonésio: com um seminário nacional de direitos humanos. No entanto, nada de seminário no que toca aos princípios democráticos: a comunidade empresarial francesa de Jacarta vai cuidar do assunto, com um show de laser. Um desfile festivo de barcos a vela fará uma demonstração da unidade nacional. Em seguida, vem a solidariedade social; essa não pode ficar de fora. Não é certo onde isso se encaixa na complexidade — a essa altura — quase budista dos cinco princípios e das três categorias; mas será tratado da seguinte maneira: Emil Salim irá convocar os empresários a "devolver alguma coisa à comunidade, mediante a redução de suas margens de lucro, com o objetivo de beneficiar o público em uma liquidação gigantesca. E esse desconto não incidiria sobre produtos usados nem defeituosos".

Um povo simples envolvido em acontecimentos prodigiosos. E em uma ocasião como o RI50, muitas palavras precisam ser usadas, mas poucas terão algum sentido, uma vez que a realidade, que todos compreendemos, não precisa de palavras. Com a religião, a consoladora, conforme recomendado no editorial do *Indonesia Times*, vindo se somar à simplicidade — assim como fez o comunismo, trinta anos antes, em uma época mais pobre, mais sombria.

Conversei com Goenawan Mohamad sobre as abstrações da língua. Goenawan era um homem de letras de espírito universal, à maneira indonésia, um perito em todas as formas de literatura; mas era mais conhecido como ensaísta, admirado não só por seu pensamento e saber independente e sua inteligência refinada, como também por seu uso da língua indonésia.

Nasceu em 1940 em um pequeno *kampung* de pescadores. Em 1946, seu pai foi morto na guerra contra os holandeses (mas Goenawan não guardava nenhum rancor). A mãe, que não sabia ler nem escrever, criou os filhos. O pouco dinheiro que ganhava provinha da venda de ovos. Comprava os ovos em Java central e os vendia depois em Jacarta. A origem órfã de Goenawan era semelhante à de Mariman (embora por razões diferentes, e em uma época muito mais instável); e, assim como no caso de Mariman, deve ter havido algo mais na família além de pobreza e luta para sobreviver. A família de Goenawan era nitidamente incomum. As duas irmãs de Goenawan se tornaram professoras; um irmão virou médico; e Goenawan, como jornalista e escritor, trabalhou duro para se tornar, em larga medida, um homem independente.

Manteve-se distante dos comunistas na década de 50 e no início da década de 60, assim como agora se mantinha distante dos religiosos. Essa independência era mais do que uma artimanha política ou pessoal. Estava ligada à condição e ao auto-respeito de Goenawan como escritor. A literatura boa e de valor é mais do que mera perícia técnica; depende de certa integridade moral do escritor. O escritor que se filia a alguma grande causa pública, como o comunismo ou o islã, com seus tabus declarados, logo terá de ser falso. O escritor que mente está traindo sua vocação; só escritores medíocres fazem isso. Em um país como a Indonésia, a verdadeira tragédia e a persistente corrupção das gerações perdidas do pós-guerra, comunista antes, fundamentalista agora, é esse tipo de mediocridade.

Goenawan disse: "Não creio que os indonésios instruídos falem um tipo de língua que possa ser usado para expressar e desenvolver seu pensamento. No tempo de Sukarno, a língua foi guiada para um uso totalitário e, no tempo de Suharto, ela foi burocratizada. Escrevi poesia na década de 60 e descobri que o idioma inteiro tinha grandes conotações abstratas: nação, povo, revolução, socialismo, justiça. Eu era muito solitário.

Quando me sentava na velha sacada, via pássaros, pardais. Eu havia esquecido essas coisas, as coisas pequenas, efêmeras. Tudo se enquadra nisso. Mesmo algumas idéias liberais emprestadas. Como o livre mercado. Elas nascem mortas, não derivam da experiência, da terra, da rua".

As tradições locais que sobreviveram não eram fortes o bastante para dar conta dessas idéias emprestadas. "As pessoas mudaram depressa demais. Não existe nenhuma vida *de cidade*. As pessoas têm a mente, o medo, o trauma, a atitude do seu passado. Elas vão voltar atrás na tentativa de encontrar uma comunidade. É por isso que a religião é importante. O número de jovens que vão à mesquita, à igreja! As antigas tradições locais — não islâmicas, nem cristãs — erodiram.

"Meu cunhado ia se casar com uma mulher de uma família javanesa. Eles queriam um casamento à moda javanesa. Mas meu cunhado não tinha a menor idéia do assunto. Então, o que fez? Contratou um consultor. Existem muitos consultores matrimoniais. Estão ganhando um monte de dinheiro, agora. Elas, as tradições antigas, permanecem como uma recordação maravilhosa.

"Minha esposa tem um tio, um homem semi-instruído. Fala holandês. Um oficial militar dos velhos tempos, logo depois da revolução, na década de 50. Sabe ler em inglês. Sabe ler em holandês. Mas o que apresenta como seu pensamento é uma mixórdia sem pé nem cabeça. Exemplo: três ou quatro anos atrás, houve um eclipse total do Sol e as pessoas foram vê-lo em Borobudur." A pirâmide budista do século VII. "Borobudur sob um eclipse total do Sol. E esse tio, eu o chamo meu tio, me contou que as pessoas foram a Borobudur a fim de encontrar um livro que continha o segredo da vida. Pode acreditar numa coisa dessas? E existem muitos casos semelhantes.

"Esse tio não era exatamente uma pessoa preparada. Nunca praticou nenhuma reflexão crítica acerca das pessoas. Democracia não é uma questão de votar. É uma questão de debate, uma característica da vida intelectual. O estreitamento da mente não é orquestrado por Habibie nem por ninguém, mas por esse novo influxo de estudantes oriundos de um meio provinciano que aspiram a alguma certeza nesta época desnorteante. O regime não propõe idéia alguma. Portanto, não existe debate algum. As idéias caem em seus escaninhos próprios e ficam ali, sem se desenvolver."

6

SOB A LAVA

Fui à antiga cidade real de Yogyakarta, no Sul de Java, para ver Linus. Linus era um poeta que eu conhecera em 1979. Tinha vinte e sete ou vinte e oito anos, na época; e embora (como entendi na ocasião) não tivesse publicado nada de importante, as pessoas o conheciam. A cultura e o espírito da antiga Java constituíam sua inspiração, segundo diziam, e ele morava em uma aldeia não distante de Yogya.

Um dos mais velhos incentivadores de Linus era Umar Kayam, escritor e professor universitário, além de voraz freqüentador de seminários e conferências; e foi Umar Kayam (não se trata de pseudônimo: o nome de Umar fora escolhido por seu pai) quem me levou um dia para a aldeia de Linus. Fomos à casa de Linus e encontramos sua mãe e outras pessoas; e então, pelo resto da manhã, Linus caminhou conosco pela aldeia e nos apresentou às pessoas.

Linus mostrou-se reverente em relação a Umar, que era cerca de vinte anos mais velho, e tive a impressão de que Linus estava apenas dando seus primeiros passos como poeta. Não era nada disso. Vim a saber agora, por intermédio das pessoas em Jacarta, que na época daquele encontro Linus tinha pronto, em originais datilografados, um poema narrativo muito longo, *Confissão de Pariyem.* E também vim a saber agora, por intermédio do próprio Linus, que Umar, que vinha lendo o poema à medida que era escrito, se mostrara preocupado com a sua extensão. A certa altura, ele tinha dito: "Chega. Já está muito comprido. Vai acabar ficando igual a um desses antigos poemas javaneses do século XIX". A exemplo de muitos outros escritores em busca de estímulo, Linus havia preferido seguir o próprio coração e continuou a escrever. Mais ou menos um ano depois de nosso encontro em sua aldeia, Linus havia publicado seu poema. Obteve um grande êxito; vendeu 20 mil exemplares; ainda era a obra mais famosa de Linus.

Agora, em uma antologia em inglês, *Menagerie*, li a tradução de um trecho do poema que naquela ocasião estivera no pensamento tanto de Umar quanto de Linus, enquanto caminhávamos pela aldeia. O poema — que tinha uma heroína aldeã e um cenário de aldeia talvez semelhante àquele em que estávamos — era elegíaco no tocante aos costumes e ao calendário particular da antiga Java. Mesmo a boa e esmerada tradução (de Jennifer Lindsay) deixava claro — afora as inevitáveis passagens eróticas — o quanto era difícil compreender o sentimento elegíaco de Linus, bem como todas as peculiaridades culturais que ele implicava, fora do seu cenário original. Somente palavras javanesas podiam descrever certas coisas javanesas, e apenas essas palavras podiam desvendar os sentimentos javaneses.

> Meu pai estava em uma trupe de *ketoprak*, em Tempel
> Ele costumava vir para casa uma vez por semana
> E o gamelão era animado
> Barulhento, ligeiro
> Tocava em um estilo *slendro-sanga*
> Um sinal de que o *gara-gara* tinha começado
> E a lua pendia para o oeste
> Um sinal de que o dia logo ia raiar

Um clima diferente, um diferente uso das horas, diferentes associações de música, teatro, tempo e paisagem: tudo isso devia ser apreendido em uma descrição de algo tão familiar como o teatro de sombras javanês. Haveria, sem dúvida, zonas mais complexas de emoção, crença e ritual que estavam fora do alcance da tradução, onde só o javanês podia falar para um javanês. E talvez tenha sido por um motivo semelhante que, na

Sumatra ocidental, uma cultura do arroz tão rica, completa e organizada como essa — e sem necessidade de registros — não deixara, após mil ou 2 mil anos, nenhum vestígio de sua existência, exceto os tabus e os nomes dos clãs. Uma vez que o mundo antigo perdera seus hábitos de sentimentos, não poderia mais ser reconstruído.

Em 1979, Java me dera — talvez de forma demasiado romântica — a sensação de pertencer apenas a si mesma, uma civilização ainda íntegra. A aldeia de Linus havia contribuído para essa idéia pastoral; e ao longo dos anos a fantasia aperfeiçoara os detalhes: os campos de arroz que chegavam até junto das casas, a vegetação das aldeias onde tudo tinha um propósito determinado, os santuários da deusa do arroz, a graciosa mãe de Linus. Na minha memória, ela permanecera tal como eu a vira naquela manhã, muito elegante, de regresso de um passeio à cidade, uma mulher de uma civilização elevada, trocando demoradas cortesias com Umar Kayam, na antiga língua da corte (como disse Umar), falando com a cabeça um pouco pendida para trás, queixando-se, em uma torrente de discurso bem modulado, do ócio de Linus, recusando-se a levar a sério sua atividade de poeta, pois na mente da mãe (como parte da perfeição do seu mundo) toda poesia já fora escrita e a poesia nova era um contra-senso.

Era aquela manhã de pastoral que eu desejava experimentar de novo. E então soube que Linus recentemente tivera problemas com os muçulmanos de Yogya. Eles haviam reclamado de alguma coisa que ele escrevera em uma coluna e agora queriam seu sangue. Linus assinava *Linus Suryadi AG*, e o AG não representava uma condecoração local, como parecia, mas sim uma abreviação de Augustinus, o modo de Linus declarar que era católico romano. Eu já tinha conhecimento disso em 1979, mas não soube avaliar o fato de forma adequada nem compreender seu contexto: a competição entre as duas grandes religiões reveladas pela alma do país semiconvertido e colonizado que perdera contato com as próprias crenças, a própria integridade.

O caso Linus criara um alvoroço; o exército tivera de oferecer proteção a ele. O assunto, agora, havia esfriado. Mas eu sabia que a terra tremera no Éden.

Linus não tinha telefone. Mas disse em sua carta, depois que lhe escrevi, que tinha em Yogya dois amigos com telefone que tomariam meu recado. Liguei para um dos amigos; e quando cheguei ao hotel Meliá havia um recado de Linus, feito em uma impressora de computador, dizendo que viria me ver na manhã seguinte depois das nove horas. Esse "depois" era um mau sinal. Chegou às duas da tarde.

Vestia um terno azul-claro de brim. Aos quarenta e quatro anos de idade, estava mais corpulento e mais robusto do que eu me lembrava, e também menos alto: era difícil ver nele o jovem esguio de calça cáqui e camisa branca que em sua casa ouvia com atenção quando a mãe ou Umar falavam e, quando começamos a andar, nos apresentara com solicitude sua aldeia, seus costumes e seu povo.

Chegara de motocicleta (o que sem dúvida explicava o terno de brim) e tivera algum problema com ela. Contou que a mensagem que o hotel, de forma tão sofisticada, havia imprimido para mim não partira dele, mas do seu irmão caçula. Linus nem ia saber que eu estava na cidade se, por puro acaso, não tivesse encontrado o irmão na rua um pouco antes.

Apanhamos um carro do hotel a fim de ir à sua aldeia. Com o recente problema de Linus no pensamento, refleti, enquanto seguíamos de carro pela cidade, que eu notava sinais da nova agressividade muçulmana: na nova escola muçulmana, com as moças de véu branco, o que enfatizava sua aparência mongólica, negava sua individualidade e as fazia, quando em grupos, parecer pequenos cardumes de girinos descorados e de cabeça grande; nas numerosas lojas que vendiam material de construção e que expunham à venda, na calçada, domos pequenos ou prateados, encimados por uma estrela e um crescente; e no letreiro enorme, em cima de um prédio, que anunciava em vistosas letras vermelhas: MOSLEM FOOD. Linus me explicou depois que o uso de palavras inglesas talvez significasse que a comida viera de regiões árabes ou não-indonésias.

Fora da cidade, a estrada quase não se alterara. Uma aldeia desembocava em outra aldeia e, em certos trechos, havia casas coladas umas nas outras dos dois lados da estrada. Os campos, a zona rural pura, deviam ficar por trás. Porém, cada vez mais, mesmo na estrada principal, surgiam extensões de zona rural; e, de repente, o cenário rural de Java, superpopuloso, cultivado, renasceu em minha memória. Qualquer faixa de terra era cultivada. Os diminutos campos de arroz, tabaco, pimenta ou milho, amontoados uns nos outros, não acabavam nunca, e as fronteiras das plantações eram assinaladas por bananeiras e pés de mandioca com suas hastes nodosas e as jovens folhas púrpuras e debruadas.

No quadro pastoral da minha memória, a casa da família de Linus ficava sob a sombra de árvores, na extremidade dos campos. Mas não era assim: a casa, que era baixa, com paredes de concreto até o chão, se erguia bem visível ao lado da estrada principal, que mais parecia cortar uma cidade na zona rural do que uma simples aldeia. Por uma extensão de algumas milhas — o que aumentava a sensação de cidade — essa estrada fora enfeitada para o RI50 com bandeiras indonésias vermelhas e brancas e com bandeiras coloridas mais simples (como folhas de bananeira colocadas de pé) em varas de bambu, curvando-se por cima da estrada a fim de formar o que parecia uma série de arcos góticos imperfeitos: uma ornamentação que, segundo Linus, não era paga pelo governo de Jacarta, mas sim pela comunidade local.

A aldeia da minha pastoral não se perdera. Minha memória fundira aquela aldeia, onde ficava a casa de Linus, com uma outra aldeia, longe da estrada principal, para onde eu e Umar tínhamos sido levados em nossa caminhada a fim de ver uma grande e tradicional casa javanesa, cujo dono era um dos muitos conhecidos de Linus.

O jardim da casa de Linus fora aplainado, batido e desmatado. Estava assim para que pudessem espalhar o arroz ali para secar, disse Linus; ou para que armassem uma tenda de bambu para alguma festa. Em dois dos lados do jardim desmatado havia árvores ou plantas úteis: pés de café, coqueiros, pés de sapoti da América do Sul, uma goiabeira (outra importação da América do Sul, conhecida por alguns como erva brasileira), tudo se desenvolvendo muito bem no solo vulcânico. Num terceiro lado do jardim, e só para enfeitar, uma pequena faixa irregular de pés de manilha, muito juntos e flexíveis, como o pêlo fundo de um tapete fofo, margeados por hortênsias e zínias altas, ao lado de um recanto aprazível mas abandonado: um tanque que parecia poluído.

Entramos no aposento da frente. Era tão largo quanto a casa. O chão era de concreto bem liso, o teto de esteiras, já escurecidas. O lado esquerdo da sala tinha um biombo; havia poltronas baixas e empoeiradas no lado direito. Junto ao biombo, havia uma mesa pequena coberta por um encerado, com duas cadeiras de cozinha. Embutido na parede da frente, ao abrigo da luz forte, havia uma foto do príncipe Charles com um exemplar impresso de uma carta que ele escrevera sobre a Indonésia (por ocasião de um Festival de Artes Cênicas da Indonésia, realizado em Londres); e os certificados ou diplomas de Linus, de universidades estrangeiras, por ter completado cursos especiais: a diminuta troca de gentilezas diplomáticas que, em países como a Indonésia, é tudo com que pessoas como Linus podem contar para viajar, arejar a mente e recobrar o ânimo.

Uma mulherzinha idosa com uma blusa e um sarongue de cor pardacenta veio do fundo da casa para ser apresentada, conforme exigiam as boas maneiras. Era a mãe de Linus, encolhida e apagada pela idade. A mulher de dezesseis anos antes que eu guardara em meu pensamento estava muito bem arrumada e acabara de chegar das compras na cidade, o cabelo penteado, alisado e preso com esmero, seu rosto, de pômulos salientes, moreno, vivaz e ligeiramente erguido, seus olhos radiantes de cortesia, em relação a Umar, e de queixas, em relação a Linus. A blusa e o sarongue de cor pardacenta dessa mulher miúda de agora, recurvada, combinavam com a cor da pele do seu rosto e o aniquilavam. Talvez aquelas fossem suas roupas de uso diário. Ainda estávamos no meio da tarde e pouco depois, quando esfriasse um pouco mais (ali, tinham uma maneira diferente de marcar o tempo) ela seguiria rumo ao arrozal. Em 1979, eu não associara sua pessoa a esse tipo de trabalho.

Falou pouco e baixo, e não ficou muito tempo conosco. Então, como que em obediência a um sinal, alguém começou a vir lá de dentro. Ouvi palavras estranhamente distorcidas pela raiva e pelo choro se elevando até um som áspero e contundente; e mesmo antes de poder ver quem estava assim tão fora de controle, quase a ponto de gritar, adivinhei que era a irmã de Linus, deficiente mental. Eu me esquecera dela, editara essa sombra na vida de Linus, a expulsara da pastoral da minha memória. Mas agora era como se, na realidade, eu nunca a tivesse esquecido e sim a houvesse arquivado bem no fundo da gaveta e só nesse instante ela retornasse à minha mente: a jovem de movimentos descoordenados que saíra de um lado escuro da sala arrastando os pés, de chinelo, e depois sentou-se em uma cadeira em um canto, nos examinou sem disfarces, os convidados, gente nova, sentados diante de bandejas cheias de espigas de milho fumegantes, a hospitalidade aldeã, a fartura da fazenda: seus olhos irados, chorosos, ainda pedindo atenção, sua boca torcida, entreaberta e molhada com a saliva que escorria. Parecia jovem, adolescente, mas tinha vinte e cinco anos. Quando fomos embora, Umar Kayam me contou que aquela irmã de Linus tomara uma injeção por engano, quando era pequena; isso havia afetado seu sistema nervoso.

A mulher que entrou furiosa na sala da casa de Linus tinha agora quarenta e um anos de idade. Não estava interessada em Linus, mas em mim. Parecia estar louca de raiva comigo, tentava falar, mas as palavras não vinham, chorava entre uma tentativa e outra, a baba escorria dos lábios e da boca entreaberta, fazendo o que pareciam ser os gestos de um declamador antiquado. Linus virou a cabeça um pouco para o lado e deixou que ela extravasasse sua raiva. Ele ouvia; sabia o que a irmã tentava dizer. Seus olhos estavam cheios de dor e ternura.

Quando ela enfim terminou e se retirou da sala, Linus me explicou o que havia acontecido. Houvera um cerimônia cristã para abençoar a casa de um irmão mais velho; fora realizada juntamente com a comemoração do qüinquagésimo aniversário da independência da Indonésia. O padre deu a comunhão no final, mas não sabia como dar o vinho e a hóstia à irmã de Linus e assim a deixou de lado. Ela voltara para casa alvoroçada. Reclamava com todo o mundo que vinha a sua casa. Quando coisas assim aconteciam com a irmã, disse Linus, tinham problemas terríveis com ela durante os três dias seguintes.

Mesmo sem a mãe e a irmã, de todo modo eu teria tido a sensação de que uma luz se apagara naquela casa. E então eu soube — de forma indireta, não como o anúncio de uma tragédia — que o pai de Linus havia morrido dois anos antes e a família agora estava muito pobre. O pai de Linus fora o líder da aldeia. Em Java, onde tudo era extremamente organizado, aquele era um cargo oficial. (As pessoas diziam que os japoneses eram os responsáveis por essa organização de estilo militar, em Java, mas a ocupação japonesa durara apenas três anos e meio. Talvez o trabalho servil nos antigos reinos javaneses e na posterior colônia agrícola holandesa tivesse sempre requerido uma organização rigorosa.) O pai de Linus se tornara o líder da aldeia em virtude de seus vínculos familiares. Um líder de aldeia recebia 1,5 hectare de terra enquanto ocupasse seu posto; mas a regra determinava que, quando um líder morria, a terra devia ser devolvida para o governo após mil dias.

Era por isso que a mãe de Linus agora estava pobre e a casa tão sombria; e também porque, disse Linus, ultimamente sua mãe vinha brigando muito com o avô. Esse avô, depois de ter uma família com três filhos (inclusive a mãe de Linus), havia casado de novo e tido mais dois filhos. A primeira família, em conseqüência, empobrecera. E no final o avô dividira seu patrimônio de forma desigual.

No dia anterior, disse Linus, quando sua mãe praguejava contra o avô, ele tivera de se mostrar firme com ela.

"Sem choro, por favor. Não pense assim. Em vez disso, pense nos seus filhos que foram para a universidade. É melhor olharmos para a frente."

De fato, foi em razão da pregação cristã contra a poligamia e devido ao sofrimento que a poligamia trouxe a suas vidas que o pai e a mãe de Linus se haviam convertido ao cristianismo — em uma data não muito remota, 1938. Antes, não eram muçulmanos, mas sim javanistas, uma religião mista local formada por resquícios de hinduísmo, budismo e animismo. Ambos freqüentaram escolas cristãs; lá, se instruíram a respeito do cristianismo. O cristianismo que adotaram não significara uma ruptura com o passado.

"Aqui, mesmo quando nos tornávamos cristãos, continuávamos com nossos antigos costumes. Levar flores ao cemitério, rezar aos espíritos de nossos ancestrais. Quando alguém morre, ainda hoje, em nossa comunidade cristã, temos rituais mistos. As cerimônias três dias após a morte, sete dias, quarenta dias, cem dias, um ano, dois anos, mil dias." Por causa da morte do pai, essas cerimônias estavam bem vivas no pensamento de Linus.

Disse Linus: "O cristianismo é importante porque nos ensina a amar alguém como amamos a nós mesmos. Significa que nos ensina a ser pessoas afetuosas, e não raivosas e agressivas. No javanismo também temos uma noção de moderação. Portanto é fácil para os javaneses abraçar o ensinamento cristão".

No alto da parede de concreto, no lado de dentro, acima do portal por onde a mãe e a irmã de Linus haviam entrado, quando vieram do aposento nos fundos, havia uma grande cruz marrom. Estava acima de um boneco de couro grotesco. Era a figura padronizada do palhaço, Semar, uma figura do tradicional teatro de sombras javanês, um personagem, explicou Linus, de um dos dois épicos hindus javanizados, o *Ramayana* e o *Mahabharata*: "um deus que se transforma em um homem, sempre em defesa das pessoas boas".

Em 1979, havia um boneco de couro ali, mas não me lembro de Semar. Eu tinha lembrança de outra figura. Não sabia dizer quem era e não perguntei a Linus a respeito. Foi só quando escrevia este capítulo que fui conferir e constatei que em 1979 o mascote pregado à parede, a divindade associada à casa, acima das frestas de ventilação horizontais e abaixo da cruz, era o Krishna negro. Não o Krishna brincalhão da Índia, que rouba a manteiga que acabaram de preparar pouco antes, na casa, e esconde as roupas das ordenhadoras enquanto elas nadam no rio; mas o Krishna negro de Java, uma imagem da sabedoria. Esse Krishna era um padroeiro eficaz para um homem que se iniciara na carreira de poeta. Agora, em uma época de sofrimento e carência mais aguda, Semar — o homem-deus que ajudava os bons — era uma divindade mais adequada.

Linus prendera a imagem ali — fixara o tronco, deixando livres os braços e as pernas.

Disse ele: "Tento compreender minha cultura. O tipo de mito que sobrevive na minha cultura".

E para Linus boa parte do mito da sua cultura conservou-se vivo no *wayang kulit*, o teatro de sombras. Seu amor pelo *wayang* era semelhante a uma veneração. Talvez fosse algo que herdara do pai, o qual, além de seus deveres oficiais como líder da aldeia, ensinava dança javanesa e montava um espetáculo de dança a cada dia da independência. Antes de começar a freqüentar a escola, Linus assistia ao *wayang* todos os dias: diariamente encenavam uma peça de bonecos na aldeia. Mesmo depois de ingressar na escola, Linus ia ao *wayang* quase todos os dias. Quando voltava da aula, comia, tomava banho e às oito ou nove horas ia assistir a uma representação noturna. Os *dalang* — os titereiros, os contadores de história — mais antigos encenavam espetáculos noite adentro, até as cinco da manhã. Os *dalang* mais novos se incumbiam das representações diurnas, que começavam por volta das dez ou onze horas.

"Às vezes, as pessoas dormiam e depois acordavam de novo. Não é como uma representação ocidental. Os *dalang* eram convidados para festas de casamento, ou cerimônias de circuncisão, ou certas cerimônias javanesas que celebram a lavagem das ruas, a limpeza da aldeia; e cerimônias ligadas à deusa do arroz."

Portanto, no trecho de *Confissão de Pariyem* que li, o *wayang* — aliado a usos diferentes do dia e da noite, diferentes padrões de vida e rituais locais muito antigos — podia liberar emoções que os estrangeiros tinham dificuldade em compartilhar. Esse antigo mundo de emoção era precioso para Linus, algo que ele sentia estar se perdendo, agora. As pessoas (e até a mãe de Linus) viam mais televisão. A aldeia estava mais pobre e os *dalang* custavam mais caro. Antigamente, uma família podia vender quatrocentos quilos de arroz e convidar um *dalang*. Agora, a remuneração mínima, mesmo para um *dalang* local da aldeia, era 1 milhão de rupias, cerca de 425 dólares. Os *dalang* mais cultos, da corte, de Yogyakarta e Solok, podiam pedir duas ou até quatro vezes mais do que isso.

Assim Linus vivia com a idéia de decadência no pensamento, um mundo precioso em processo de dissolução. Seu recente problema com os jovens muçulmanos de Yogyakarta constituía uma parte da nova instabilidade.

"Escrevo uma coluna cultural para o jornal local. Eu estava encarregado, nesse ano, de cobrir a seção de literatura javanesa e indonésia no festival de arte de Yogya. Em uma de minhas colunas, tentei falar a respeito da música javanesa que ainda sobrevive em nossa sociedade, mas que hoje não é mais popular. No *gamelan* há um instrumento chamado sitar, e um grupo chamado *sitaran*. Que eu saiba, as pessoas usam esse grupo de *sitaran* em casamentos e cerimônias de circuncisão. Tentei abordar o costume da circuncisão. Sei, pelo Velho Testamento, que o profeta Moisés introduziu esse costume, e Moisés é judeu. Em indonésio, judeu é *Jahudi*, e circuncisão é *jahudisasi*. Eu queria tratar o assunto do ponto de vista histórico-cultural. A fim de enriquecer o festival. Não estava tocando apenas no costume muçulmano, porque aqui os cristãos também praticam a circuncisão. Hoje, não é só uma coisa religiosa, mas uma precaução de saúde.

"Fui à redação do jornal numa tarde de quinta-feira, dois dias depois, pegar meu dinheiro pelo artigo: 75 mil rupias." Uns

35 dólares. "E os jornalistas me disseram que uns jovens muçulmanos haviam deixado alguns panfletos no jornal. O panfleto dizia: 'Enforquem Linus. Linus zomba dos muçulmanos'. Queriam incitar os estudantes."

Perguntei: "E você não esperava algo assim?".

"Fiquei surpreso. Pensei que se alguém não concordasse, escreveria para o jornal criticando aquilo que eu havia escrito. Talvez eles sofram de uma crise de identidade, por representar uma geração mais nova. São jovens que ainda não terminaram a faculdade.

"Voltei para casa e, de manhã, alguns soldados vieram aqui com um capitão que disse: 'Linus, o que você fez? Você zombou dos muçulmanos?'. Respondi: 'Não'. O capitão tinha um exemplar do artigo. Falou que não via ali nenhuma referência aos muçulmanos. Em seguida, disse: 'E agora vamos todos para Yogya. Acompanhe-me, por favor'. Fomos para o quarto andar do comando militar local."

Era a maneira de Linus expressar a seriedade com que o exército encarava o caso. Em um guardanapo de papel cor-de-rosa — estávamos sentados de frente um para o outro na mesa da cozinha junto à parede divisória, perto de um armário de parede com recordações e ornamentos — Linus esboçou um diagrama para explicar a estrutura do comando do exército local.

Esse interesse na estrutura do exército me deixou espantado. Mas na verdade não era nada surpreendente. A família de Linus, e havia nela muitas ramificações, tinha certa importância local — outro motivo para o sofrimento de sua mãe diante do que ocorrera com sua casa. O pai de Linus havia sido um funcionário público de alto escalão na aldeia; o pai da sua mãe (o filho do polígamo) fora secretário do governo local, e o próprio Linus havia desejado, durante todos os anos de sua infância — mesmo quando ia noite e dia ao *wayang* da aldeia —, ser general quando crescesse. Linus falava do exército indonésio com algo semelhante a amor; ainda era para ele o defensor do estado.

"Em Yogya, conversei com um tenente-coronel em seu gabinete. Ele disse que, se eu não me sentia seguro em minha casa, podia me abrigar no quartel. Respondi que tinha de ficar com minha mãe, que era viúva. E durante uma semana ele mandou um ou dois soldados para passar a noite aqui em casa."

E embora Linus dissesse que a nova agressividade dos muçulmanos estava sendo instigada por apenas umas poucas pessoas, havia nele uma clara irritação em relação a essa agressividade, como algo que contrariava a maneira de ser de Java. Em 1979, a mesquita da aldeia era um simples galpão de madeira, assim como a igreja cristã. Agora, a mesquita era de concreto e, embora não tivesse um domo — a exemplo daqueles domos prateados, amontoados como bugigangas inúteis na calçada em frente de algumas lojas —, tinha alto-falantes no telhado; e Linus não acreditava que na antiga Arábia as mesquitas tivessem alto-falantes. Algumas mulheres começavam a andar encapotadas e com véu, e Linus achava estranho ver pessoas vestidas desse modo em um país tropical.

Porém o mais inquietante para Linus era a mudança na função do *koum* da aldeia. O *koum* havia sido alguém especial, com obrigações especiais. Era muçulmano, mas mantinha muitos dos antigos costumes javanistas. Era o homem que chamavam para lavar e enterrar os mortos. Era também o homem que, em determinadas situações rituais, liderava informalmente as preces da comunidade. Era possível ver no *koum* uma antiga e proscrita representação hindu, com os deveres fúnebres dos componentes da casta dos intocáveis. E — assim como os primeiros cristãos usavam a crucificação e a cruz, o castigo secular dos romanos para criminosos comuns, como o símbolo mais pungente da dor e da redenção humanas — do mesmo modo era possível, aqui, ver como os primeiros muçulmanos, em busca de prosélitos, podiam usar esse proscrito para desferir um golpe de caratê na fé estabelecida desde muito tempo: aquele que banhava e sepultava os mortos devia guiar a comunidade da nova fé nas orações: o intocável, de um salto, escalou a pirâmide das castas e tornou-se o equivalente a um sacerdote.

Eu conhecera o antigo *koum* em 1979, um velho pequenino, forte e vigoroso, com uma voz risonha, olhos radiosos e o cabelo achatado pelo chapéu; e com recordações das guerras. Veio a morrer no ano seguinte, Linus me contou.

"Ele adorava assistir ao teatro de bonecos, que contém uma mistura de hinduísmo e cultura javanesa. Seu filho assumiu o cargo, mas raramente é chamado para liderar a comunidade nas orações. Em virtude da mudança de orientação dos próprios muçulmanos, eles têm um número menor de rituais: celebrar a morte à maneira javanesa, partilhar a comida no *kenduri*, a refeição ritual. Eles só cumpriram esse costume quando o velho Koum morreu.

"Quando meu pai morreu, pedimos ao filho do *koum* para rezar conosco. Pedimos ao líder cristão das orações, ao *koum* e aos outros, não-católicos, que rezassem pelo meu pai cada um à sua maneira. Esse é o costume de tolerância e de equilíbrio nas relações na aldeia."

Desse modo, os pensamentos de Linus constantemente retornavam àquela morte em sua família e, quase como um tema paralelo, à perda do equilíbrio no seu mundo.

Sem qualquer mudança em sua expressão ou em seu tom de voz, ele disse: "Uns dois metros abaixo de nossos pés, bem aqui, há muitos templos hinduístas ou budistas ou hinduístas-budistas sepultados pelas erupções do Merapi, mil anos atrás e também mil e cinqüenta anos atrás". Merapi, o vulcão em atividade na região, criador da lava que enriquecia o solo, que se revelava nas rochas negras que sobressaíam nos leitos dos rios. "Isso cria um emprego para quem deseja estudar a cultura e a religião de Java porque, por trás desses fenômenos, podemos apreender o espírito do povo javanês atual."

A vegetação de Java era uma mistura de árvores e flores do Velho e do Novo Mundo. Era como a vegetação de Trinidad e da Venezuela, e de algumas das ilhas do Caribe. Cheguei até a ver, um dia — na movimentada estrada de Yogyakarta para Prambanam, com as torres semi-restauradas do grande complexo de templos hindus do século XX — uma perpétua gigante totalmente sem folhas e tomada por flores nutridas pela lava: flores vermelhas e amarelas, com formato de pássaros, que não paravam de cair na estrada, tal como eu as vira cair nas plantações de cacau em Trinidad: a perpétua era uma importação da América Central, onde era usada como uma fonte de sombra para os pés de cacau. Era difícil se desvencilhar das antigas associações; mas eu, da mesma forma que Linus, estava inclinado a sentir, tal como sentira na Java ocidental, que havia coisas diferentes nesse solo, outras emanações.

A mãe de Linus tinha ido a um enterro quando Linus me trouxe de novo à sua casa na manhã seguinte. E, depois de certo tempo, a irmã de Linus surgiu no quarto dos fundos. Sentouse de maneira quase formal em uma cadeira de espaldar reto diante da televisão. Eu podia vê-la de onde estava sentado, perto de Linus, na mesa junto à parede divisória. Ela não prestou a menor atenção em mim. Parecia sossegada; estava calma. Tinha reclamado do padre no dia anterior e não tinha mais nada a me dizer.

Linus comentou: "Minha irmã cozinha. Quando minha mãe cozinha, e ela não gosta disso, minha irmã cozinha para si mesma. Mas ela não sabe como avaliar as coisas. Usa arroz demais, por exemplo. Também pode cozinhar legumes. Fritar ovos. Ela compra essas coisas sozinha". Linus falava com satisfação, orgulho e carinho. "Ela está convencida de que as pessoas não a deviam tratar de um modo diferente. Sofremos muito durante a festa de casamento da minha irmã mais velha. 'Por que não sou casada?', perguntou ela. Nós não dissemos nada. Não podemos fazer nada por ela. Balançamos a cabeça como quem diz: 'Não, nós não podemos fazer nada'." E, para reviver aquele momento, Linus balançou a cabeça lentamente, e o sofrimento se revelou em seus olhos. "Mas ela chora. Veste roupas novas e reclama delas com pessoas novas que aparecem."

"Como a sua mãe enfrenta essa situação?"

"Minha mãe muitas vezes diz aos outros: 'Não sei por que Deus me deu uma filha doente'." Doente: era a palavra que Linus usava para a sua irmã. Não admitia nada mais forte. "Minha mãe tem problemas enormes com ela. Às vezes, ela agride minha mãe. Nessa temporada, depois da colheita nos arrozais, compramos muito arroz para vender mais tarde. Minha irmã disse para minha mãe: 'Não venda o arroz'. Talvez pensasse que o arroz não devia ser vendido. Tivemos de explicar a ela que o arroz precisava ser vendido a fim de podermos comprar outras coisas."

Seu rosto estava sério; sua ternura dava um toque de beleza à sua seriedade.

Perguntei: "Você escreveu a respeito dela?".

"Tentei escrever um poema sobre essa irmã. Mas ainda não chegou a hora. Só escrevi poemas sobre outra irmã, a número oito, que morreu em 1983."

Linus passou pela porta abaixo da cruz e do Semar para apanhar o livro. As prateleiras na parede divisória tinham imagens hindus simples em meio a peças cristãs, ornamentos e lembranças mais simples ainda. A irmã ainda estava tranqüila, vendo tevê.

O livreto que ele trouxe tinha na capa um lótus branco sobre uma folha verde. A dedicatória era para a irmã que morrera. Todos os poemas do livreto foram escritos em seis semanas, em 1987, quatro anos depois da morte da irmã. Havia um poema de que Linus gostava especialmente; e em uma antologia de poesia indonésia que ele me deu, havia essa tradução (de John McGlynn) da última estrofe daquele poema:

> Da terra para a terra retorna
> Das sombras para as sombras retorna
> como um raio de calor que se alça ligeiro
> sua alma sobe e deixa seu corpo
> *Asal bumi balik bumi*
> *Asal bayang balik bayang*
> *Bagaikan tatit kumedap* — pausa —
> *Atman oncat dari badan*

A emoção não podia ser ignorada. No segundo verso, havia uma referência indireta e comovente ao *wayang*, a obsessão de Linus; e achei que os dois últimos versos recordavam a morte de Dido na *Eneida* ("Todo o calor se extinguiu, e a vida foi levada pelos ventos"): *...omnis et una/Dilapsus calor atque in ventos vita recessit.*

Na casa, esse poema era como uma propriedade particular de Linus. Sua mãe não lera um único verso escrito por ele. Ela o incentivou, ou pelo menos não fez objeções, quando Linus manifestou o desejo de seguir a carreira militar. Ele foi bem longe; conseguiu uma vaga na Academia Militar Indonésia, em Sukabumi. Mas logo em seguida, depois de duas semanas — e após toda a infância e a adolescência sonhando ser general — Linus resolveu que a vida militar não servia para ele, e saiu da academia. Foi depois disso que lhe veio a vocação da poesia, a qual sua mãe nunca deixou de julgar absurda.

E Linus descobriu que a vida poética e literária era dura. Após seu sucesso de estréia com *Confissão de Pariyem*, as coisas esfriaram para ele. Uma antologia de poesia indonésia em quatro volumes — um trabalho de vulto, uma obra famosa que vendeu 3 mil exemplares — lhe rendeu apenas quinhentos dólares; e ele não conseguiu ganhar mais do que duzentos dólares com um livro de artigos. Além do mais, artigos e antologias criam inimigos; poetas não gostam de ser criticados ou deixados de fora. Linus disse: "As pessoas têm inveja de mim. A inveja estava por trás daqueles jovens agitadores muçulmanos".

Mais difícil do que qualquer outra coisa era a necessidade que tem o escritor de ir adiante, ultrapassar o primeiro impulso, o impulso que o comprometeu com a carreira literária, e desencavar o material de cuja existência ele nada sabia quando começou. Agora, porém, as coisas haviam começado novamente a correr melhor para Linus. Estava dando a arrancada inicial em um novo livro, algo que podia vir a ser maior do que *Confissão de Pariyem*. O livro novo ia "refletir" a história javanesa.

Linus era um católico, filho de convertidos. Até certo ponto, portanto, na partilha religiosa de Java — a disputa entre as duas religiões reveladas — o lado de Linus já havia sido escolhido. Para ele, todas as embaralhadas emanações do passado, enterradas sob a lava, o hinduísmo, o budismo e o animismo que juntos contribuíam para a idéia de "moderação" do javanismo, iam desembocar naturalmente no cristianismo, com sua mensagem de amor e caridade.

Disse ele: "É fácil para o povo javanês abraçar os ensinamentos de Cristo. E talvez o javanismo tenha algum espírito do budismo. Sidarta ensinava as pessoas a amar". Sidarta, o Buda.

Sem nenhuma alteração no tom de voz, ele disse: "Creio que o espírito de Sidarta vem muitas vezes nos ensinar, nos ensinar a sabedoria da vida. Ele se manifesta para um pequeno grupo de amigos meus. Quando nos reunimos, em geral de noite, o espírito de Sidarta vem às vezes nos ensinar, e então lhe fazemos perguntas sobre nossos problemas. Às vezes ele escreve na palma da mão do meu amigo Landung, um poeta e tradutor. Não consigo ler, mas uma amiga minha — ela trabalha como guia num palácio em Yogya — consegue ler. Landung sente que alguém escreve na palma da sua mão: *tuk, tuk, tuk*, é assim. E no final a pessoa escreve o nome dela: *Atenciosamente, Sidarta*. E minha amiga consegue ler o que Sidarta escreveu".

Perguntei: "Você se lembra de alguma mensagem?".

"Lembro. Dizia: 'Não ensino sobre *devas*, os numerosos deuses do hinduísmo. Não ensino sobre a reencarnação. Vocês podem chegar ao nirvana mesmo se vivem neste mundo'."

"Em que ano foi isso?"

"Foi em 1993, mais ou menos." O ano, talvez, em que seu pai havia morrido.

"Quando Landung descobriu que tinha esse dom?"

"Talvez por volta de 1990. Certa vez, Landung me disse não acreditar que tinha esse dom de receber mensagens de Deus ou de Sidarta ou do espírito verdadeiro. Naquela noite, Sidarta veio e falou: 'Quando você receber um dom de Deus, não o jogue fora'."

"Quando vocês se reúnem?"

"É um sentimento espontâneo em todos nós. Mas às vezes não conseguimos reunir todos. Às vezes Landung sente que há uma mensagem na palma da sua mão..."

"Mesmo quando está trabalhando?"

"Sim. Ele pára e diz: 'Espere, espere, espere. Hoje estou ocupado. Talvez de noite'. E depois levamos para a mulher ler."

"As mensagens são curtas?"

"Às vezes são curtas; outras vezes, longas. Se Sidarta vem, significa que ele quer que meditemos e discutamos seus ensinamentos."

"Vocês recebem mensagens em situações de crise?"

"Ele nos falou sobre Jesus Cristo. Ele virá envolto em um mistério. Não podemos prever."

"Ele dá algum conselho mais prático?"

"Quando eu estava doente, Sidarta disse para Landung, por intermédio da palma da sua mão, que eu devia procurar uma determinada folha, algo que havia na aldeia. Depois, era para colocar na água quente e beber o remédio. Deu certo."

"Sua mãe sabe disso?"

Era como a poesia de Linus. "Nunca contei a ela. Sua experiência estreita no mundo do espírito ficaria desnorteada. Não vai acreditar na minha explicação."

A revelação mais importante que tiveram de Sidarta foi que ele era um profeta — o que significava (embora Linus não o dissesse) que Sidarta, o Buda, fazia parte da linhagem dos profetas que (segundo os muçulmanos) terminava em Maomé: o que, por sua vez, significava que essa imagem indiana-javanesa tinha ligações com as duas religiões reveladas em disputa na Indonésia.

O que Sidarta disse por intermédio da palma da mão de Landung foi o seguinte: "Depois de meditar por cinqüenta e dois anos em um pequeno lago, ouvi de repente uma voz: 'Olhe para a estrela brilhante no céu'. Nessa estrela, vi um homem de roupas azuis, muito brilhantes, e ele trazia um cesto, e dentro do cesto havia um bebê. E o homem com roupas azuis brilhantes apresentou-se como Adão, e o bebê apresentou-se como Jesus. Em seguida, vi escrito no céu: 'Este é o homem que vos prometi'". Sidarta disse para Landung: "Não sei quem me mostrou a direção para olhar para o céu". Quando Linus ouviu isso, falou diretamente para Sidarta por intermédio da amiga que estava traduzindo: "Era João Batista". E Sidarta respondeu: "Há muito tempo tenho pensado quem seria essa pessoa. Só hoje soube seu nome". Assim, Linus começou a sentir que estava em contato com Sidarta.

Perguntei a Linus: "Quando esse grupo místico começou a se reunir?".

"Aconteceu de repente. No início da década de 90."

Estávamos sentados junto à mesa coberta por um encerado, ao lado da parede divisória e da prateleira com imagens e enfeites. Eu tinha uma visão parcial do escuro aposento nos fundos. A irmã de Linus, algum tempo antes, havia saído de sua cadeira diante da televisão. Então apareceu a mãe de Linus, pequena, seus passos quase não faziam ruído. Voltara de um enterro na aldeia e vestia suas roupas de casa, que podiam ser também suas roupas de trabalho; depois, quando o sol estivesse mais baixo, ela iria para o arrozal plantar mudas. Agora, sentou-se diante do televisor — a luz azul bruxuleava no seu rosto, o volume bem baixo — e assistia a uma telenovela latino-americana, muito arrastada, com cores exageradas e artificiais. Era algo que ela acompanhava, disse Linus; e era estranho pensar nesse formato comercial vulgar (tão peculiar às aspirações da América Latina) que saltava para o outro lado do hemisfério, saltava culturas, a fim de se dirigir diretamente a essa senhora sofrida, em seu enclausurado mundo javanês.

Enquanto seu marido, o líder da aldeia, estava vivo, a casa larga na rua principal fora uma das seis residências importantes na aldeia. Agora, sem ele que fora sua luz e seu centro, com o sofá puído rebaixado sobre o chão de cimento, a esteira escurecida do teto, e com as lembranças de Linus — em um canto, em uma parede — de um festival de artes cênicas em Londres, realizado cinco anos antes, era como se a poeira tivesse metaforicamente se depositado sobre as pessoas e as coisas.

Mas a casa tinha um tesouro: no quarto de Linus estava sua coleção de antigos crises, os punhais malaios de formato serpentino, com camadas superpostas de vários metais. Esses crises, sempre pessoais em relação a seus donos, tinham uma significação espiritual, disse Linus. O cabo e o punho, ou a lâmina e a bainha continham um simbolismo sexual óbvio: o espírito vinha dos emblemas do *lingam* e do *yoni*, do hinduísmo javanês. Linus possuía cerca de sessenta crises desse tipo. Vinha colecionando desde 1982 (um ano antes da morte da irmã, a irmã sobre cuja morte Linus escrevera poemas, em um surto de seis semanas, em 1987). Os crises eram sobretudo dos séculos VI e VII. Pensei que ele quisesse dizer XVI e XVII, mas Linus insistiu.

Os crises estavam no seu quarto e fomos até lá para vê-los quando sua mãe (desatenta como um dragão que vigia um tesouro místico) se fartou da sua telenovela e partiu para seu trabalho no arrozal. Estava escuro no quarto de Linus e a escuridão era como uma parte da privacidade que havia nos aposentos nos fundos da casa. Os crises estavam em um velho guarda-roupa marrom. Os que tinham bainhas se achavam apoiados nos cantos do compartimento mais espaçoso. Os crises despidos jaziam estirados e ocultos em uma prateleira de cima. Eram objetos assustadores, as lâminas pontiagudas e denteadas, diferentes folhas ou camadas de metal visíveis, alguns nitidamente enferrujados. Eles faziam pensar na irmã doente de Linus (que agora talvez descansasse em seu quarto escuro) e em seus acessos de raiva de três dias; e davam arrepios na gente.

Ocorreu-me que Linus havia, ao longo dos anos, gastado uma boa quantia de dinheiro com aqueles crises. Mas ele não me respondeu quando perguntei sobre isso. Disse que, nesse e em outros assuntos espirituais, era guiado por um sábio de sessenta e cinco anos, também javanista-cristão, na aldeia vizinha. Os crises emitiam vibrações de energia; era possível, por esse motivo, ser levado até eles por meio do "estudo do pêndulo". Em sonhos, também lhe vinham informações sobre os crises.

Quando notou que eu não conseguia acompanhá-lo, Linus disse: "Todos os animais deste mundo possuem um poder mágico, e em alguns deles esse poder é muito forte. Quando o animal morre, essa magia não morre, mas se desprende e fica no céu".

"Onde, no céu?"

"Não sei em que nível do céu. E quando o artífice faz um cris, jejua e reza, e a bênção do deus do poder mágico dos animais atua na fabricação do objeto."

Linus também, e de novo com a ajuda do seu conselheiro, reunira uma coleção de pedras mágicas. Essas pedras podiam ser encontradas em toda parte; ele achara uma até nos Estados Unidos. No padrão de cores de uma pedra, se podia ver — pelo que entendi — as almas ou a magia dos animais.

Linus disse, com uma risadinha:

"Às vezes, dá para ver uma mulher linda."

As casas da aldeia eram construídas muito juntas umas das outras. Os vizinhos comprimiam-se em um dos lados do quintal de Linus, depois do tanque quebrado e do canteiro de flores. Entre o quintal e o pequeno pomar de *salak* que pertencia à família de Linus havia dois grupos de vizinhos. Uma família de meeiros, formada por uma viúva e dois de seus cinco filhos, morava em um casebre pobre, nitidamente montado com pedaços e restos de coisas usadas. A seguir, havia uma família de lavradores mais bem instalada, com uma casa carente de reparos, porém mais tradicional, com uma cozinha separada e um tanque nos fundos, além de um quintal próprio. Galinhas — pretas, altas e esguias: as galinhas de Java — ciscavam na poeira. Em um curral na ponta do quintal sombreado, dois bois brancos repousavam depois de um dia de trabalho, a pele murcha em cima dos ossos, com um aspecto estranhamente frágil e pequeno, em vista de sua tarefa de arrastar o arado na profunda lama vulcânica dos campos de arroz. Os bois são fedorentos, disse Linus, mas não tanto quanto os búfalos. E, não longe dali, em um canto de um quintal sombreado por bambus jovens, vimos dois búfalos pretos, a pele embotada de poeira e esterco, amarrados a estacas altas e sólidas, e repousando em uma grama seca.

A rua principal da aldeia era uma viela estreita, poeirenta e tortuosa, ora com marcas de vassoura, ora com trechos encharcados: todos tinham de limpar a rua diante de seu quintal, e cada um o fazia ao seu modo. Havia canteiros domésticos, além de árvores frutíferas e jardins. Esses canteiros não eram grandes e às vezes tinham muros feitos de blocos de lava muito bem cortados e encaixados. A lava, assim como o bambu, era o material típico do local; as pessoas sabiam trabalhar bem com ela. A aldeia era cheia de sombras. Não havia nenhuma sensação de amplitude. As pessoas não desejam espaços abertos em uma aldeia.

Graças ao solo vulcânico e ao calor úmido, tudo crescia depressa ali e nos campos de arroz. Não se conseguia esquecer a lava do monte Merapi: a obsessão de Linus com os mundos sepultados sob nossos pés era bastante compreensível. Uma parte da generosidade do Merapi e do solo vulcânico era a fruta *salak*, típica da região. Cartazes pintados à mão anunciavam, na rua principal, *Salak Pondoh*. O pequeno pomar da família de Linus era de jovens pés de *salak* — semelhantes a palmeiras, mas com troncos espinhentos e intrincadas teias de aranha nos espinhos. Uma outra pessoa possuía um pomar de pés de *salak* já maduros, protegido por um antigo muro feito de blocos de lava, aumentado por arames e esteiras. Em um lugar onde o espaço era tão reduzido, onde os vizinhos (e os estranhos) viviam espremidos, os produtos da terra eram preciosos.

Mas não se tratava mais de uma aldeia meramente agrícola. As cinco casas principais pertenciam a pessoas que faziam outros serviços, trabalhos da cidade, e às vezes trabalhos bastante incomuns. O homem do outro lado da rua principal era um funcionário do governo de terceiro grau: era tio de Linus por parte da sua avó adotiva (talvez a segunda esposa, que fora indiretamente responsável pelo empobrecimento da mãe de Linus). Havia o compilador de um dicionário indonésio; depois, outro tio de Linus que era escultor, um artífice de estátuas para o governo; uma tia, que era javanista e mística, com numerosos seguidores, disse Linus, e que às vezes ia viver na cidade; e havia um solitário muçulmano, professor da escola secundária, que fizera a peregrinação a Meca. Um operário de fábrica tinha uma casa bonita, muito bem pintada, e com árvores japonesas do tipo *bonsai* e outras plantas ao ar livre, bastante desprotegidas; mas aquilo era "só para se mostrar", disse Linus, sugerindo que o homem não estava tão bem de vida como os demais. E havia um outro parente de Linus — o qual morava ao lado da capela católica, feita de madeira — que era um instrutor de educação física em Yogya e todo dia viajava para trabalhar.

A aldeia tinha mudado e as condições da família de Linus também mudaram. Mas os antigos compromissos da aldeia, as velhas lealdades, tinham de ser respeitados; e isso ajudava a empobrecer mais ainda a mãe de Linus.

A vizinha meeira era uma viúva muito pobre. Tinha cinco filhos. Dois trabalhavam como criados domésticos em Jacarta. O mais velho e o mais novo moravam com ela e trabalhavam nos arrozais e em outras coisas. O quinto filho era pedreiro.

Disse Linus: "O pedreiro nos procurou três meses atrás e pediu para comprar uma parte de nossa terra para construir uma casinha para ele". A pobre e apertada choupana de *kampung* onde morava a família ficava na terra que pertencia ao escultor. "O pedreiro me disse: 'Se vocês não nos derem a terra, para onde vamos?'. E aí minha mãe nos recordou que, quando meu pai era criança, a mulher que cuidava de meu pai era a avó dessa família. 'Portanto temos de lembrar essa história do seu pai.' Assim vamos vender a terra, cem metros quadrados. Possuímos mil metros quadrados de jardim. Essa relação com nosso vizinho é mais humana. Fizemos um contrato por escrito. Isso é novidade: até agora, tudo era verbal."

Eles possuíam três terrenos de arroz, no todo cerca de um acre. A terra era cultivada de forma cooperativa. Isso explicava os pequenos arrozais apinhados de gente atarefada, no outro lado da rua principal, descendo a rua poeirenta atrás das casas boas, das bandeiras e da decoração para a comemoração do aniversário da independência, o RI50. Tão logo o carro começou a descer a rua, reconheci naquela terra a mesma região que eu vira em 1979, em companhia de Linus e Umar Kayam: foi a imagem que eu levara na lembrança como se fosse a aldeia de Linus e, com o passar dos anos, converteu-se em uma visão pastoral de uma civilização completa. Eu a vira em 1979, em uma manhã de dezembro. Agora, em agosto, no final da tarde, parecia mais poeirenta e mais bruta, a Java dos chapéus de palha e dos numerosos trabalhadores braçais, a fertilidade que devorava a si mesma.

A cada oito quilos colhidos, explicou Linus, um ajudante recebia um quilo como pagamento; se o ajudante fosse membro da família, recebia metade do que tivesse colhido. E essa aldeia estava repleta de parentes de Linus.

Havia outros compromissos. "Quando há um casamento na aldeia, temos de dar 10 mil rupias de presente." Um pouco menos de cinco dólares. "Esse é o costume do povo da aldeia. Após a morte do meu pai, é claro que não recebemos muitos convites, mas ainda chegam alguns. Cem quilos de arroz rendem 45 mil rupias. De nossa terra, obtemos de vinte a 25 quintais. Ou seja, de 2 mil a 2,5 mil quilos." Quinhentos dólares, no máximo.

Linus disse depois — sem que eu o incitasse a isso, e como se fosse algo em que ele tivesse tido de pensar: "Eu podia me tornar um plantador de arroz, se quisesse, mas creio que será difícil para mim gastar todas minhas energias nos arrozais".

E coisas demais tinham mudado. A vida da aldeia tinha mudado. Não havia mais a música, o teatro de sombras noite adentro, com os personagens e as histórias bem conhecidas de todos. Mesmo o arroz havia mudado. "O arroz antigo e tradicional era aromático e saboroso." Linus fez um gesto, levando os dedos ao nariz. "O novo arroz filipino, esse a gente não pode comer de noite, se tiver cozinhado de manhã."

Em algum ponto daqueles campos de arroz, sua mãe estava trabalhando. Em algum ponto da casa, sua irmã doente terminava de viver mais um dia.

Começamos a seguir o caminho de volta para Yogya. Linus disse: "A aldeia está em crise. O processo urbano também está em ação aqui. Já dividem os campos de arroz para os filhos, e assim as plantações ficam muito estreitas. Muitos javaneses da nova geração não possuem um arrozal. Vão procurar emprego na cidade. Minha mãe representa a última geração que mora e trabalha na aldeia. A nova geração que fica na aldeia e trabalha nos arrozais em geral não tem instrução nenhuma. As pessoas com alguma instrução que trabalham nas cidades e moram nas aldeias transformam sua aldeia em um mero dormitório".

E agora o trabalho no arrozal era um tormento; o ciclo tinha sido acelerado em demasia. O arroz antigo levava quatro meses e meio para amadurecer. O arroz novo amadurecia em três meses.

"Agora, depois do pôr-do-sol, o lavrador está esgotado e só pensa em ver tevê. Na aldeia, não existem mais instrumentos suficientes de gamelão. Eles não têm dinheiro bastante para comprar os instrumentos. Seu dinheiro vai para a educação dos filhos e para a saúde."

Linus telefonou para mim, no hotel, mais tarde naquela mesma noite. Tratava-se de uma coisa que pedi para ele fazer, de modo que ainda podíamos conversar pela última vez antes de eu voltar para Jacarta.

Linus disse que havia algo que ele se esquecera de me contar. Recebera uma mensagem importante de Sidarta, não fazia muito tempo. Era uma daquelas mensagens batidas na palma da mão — *tuk, tuk, tuk* — do seu amigo Landung e lidas depois pela senhora do círculo místico. A vida na terra era apenas um processo, dissera Sidarta. O processo verdadeiro, a vida verdadeira, começava após a morte. "Processo": era o termo melhor que Linus conseguiu arranjar. A palavra usada por Sidarta era difícil de traduzir. Pressenti que a palavra devia ser javanesa, como aquelas que Linus usava em sua poesia e que o tornaram conhecido, palavras que limitavam o apelo de seus poemas para um determinado público, mas que ele empregava mesmo assim, em virtude de sua acuidade e de sua carga emocional.

Quando voltei para Jacarta, encontrei uma carta que Linus me enviara mais de duas semanas antes mas que eu não tinha recebido. Era uma carta que (em parte por causa da língua) eu não teria compreendido sem conversar pessoalmente com ele. Tratava da tensão sob a qual ele vivia e também do seu mestre espiritual, um homem de sessenta e cinco anos na aldeia vizinha, um místico reformista-javanês-cristão. A carta vinha reforçar um pouco mais o que me contara antes.

Seu sonho de Sidarta e de morte agiu em mim durante a noite e, de manhã, despertei para uma compreensão mais clara — quase como se fosse algo relativo a mim mesmo — acerca do sofrimento em que Linus vivia, o sofrimento da família, o sofrimento como escritor, sofrimento por todas as coisas de Java e de sua aldeia que ele via serem levadas de roldão. Ao mesmo tempo, percebi que — ao contrário de Mariman Darto, o jovem muçulmano que encontrara fora do âmbito de sua aldeia uma espécie de apoio no CIDES, por mais ilusório que fosse esse apoio — Linus não poderia viver em nenhum outro lugar senão na sua aldeia e na sua casa. Era o único lugar onde podia encontrar todas as coisas e vínculos que davam sabor e sentido à sua vida.

7

OH MAMA! OH PAPA!

Lukman Umar nasceu em 1933, em uma família pobre de lavradores em Padang, na Sumatra ocidental. Era o último filho da família. A vida, já difícil, tornou-se mais difícil com a ocupação japonesa em 1942. Mais de cinqüenta anos atrás, Lukman lembrava como, em 1943, ele e outros meninos da sua idade foram obrigados a carregar pedras do rio para o aeroporto que os japoneses estavam construindo em Tabing, algumas milhas ao norte de Padang.

Alguns anos mais tarde — talvez depois do final da guerra, embora ele não soubesse dizer exatamente quando — o pai de Lukman deixou a família a fim de desbravar uma extensão de floresta e transformá-la, segundo o costume imemorial de Sumatra, em um arrozal. O pai não voltou; e embora nada fosse dito de forma direta, é provável que ele tenha formado outra família. Um segundo casamento, uma segunda família: na Indonésia, assim como em outros países islâmicos, essa era uma história comum. A aventura tinha a sanção religiosa, mas as conseqüências eram intermináveis para as duas famílias. Criava uma sociedade de semi-órfãos, em uma cadeia de privações e rancores: um filho abandonado com freqüência se torna um pai que abandona os filhos.

A mãe de Lukman, quando se viu sozinha, passou a ganhar a vida fazendo e vendendo doces indonésios. Lukman ajudava no fogão e também na hora de servir os fregueses; de manhã, ele vendia os doces pelas ruas da aldeia antes de ir para a escola. Podia ter entrado na escola holandesa — passara na prova de admissão: um professor da escola primária o havia estimulado a fazer a prova —, mas sua mãe não quis que Lukman entrasse na escola holandesa. Ela queria que ele fosse para a escola muçulmana. Na escola muçulmana, metade do tempo era gasto com religião; a outra metade, com assuntos gerais.

Em 1955, quando tinha vinte e dois anos de idade (e — apenas para dar um contexto e uma referência — cerca de dois anos depois de Imaduddin, que era do Norte de Sumatra, ter entrado no Instituto de Tecnologia de Bandung), Lukman Umar foi para Jacarta. A família — e isso significava vários ramos da extensa família — não queria que ele deixasse Padang. Segundo o costume de Minangkabau, a esposa é que compra o marido, e não o contrário; e embora Lukman Umar não o dissesse, é possível que a família almejasse obter alguma coisa por meio do seu casamento. Sua mãe, no entanto, queria que Lukman fosse para Jacarta continuar seus estudos. Ela penhorou seus títulos de propriedade de terra para obter o dinheiro para pagar a passagem do filho; ela herdara dos pais um pouco de terra e um pequeno arrozal.

Em Jacarta, Lukman Umar ficou na casa de um parente. Durante um mês, graças aos seus dons de vendedor ambulante, vendeu amendoim na rua. Com o dinheiro que ganhou, foi para Yogyakarta. Morava em quartos muito baratos, que custavam entre cem e 125 rupias por mês, um pouco menos de um dólar; e mudou muitas vezes. Fez o exame de admissão para a Universidade Muhammadiya, a universidade islâmica indonésia, e se saiu tão bem que lhe ofereceram uma bolsa.

Na universidade, vislumbrou a oportunidade de um bom negócio: percebeu que os estudantes precisavam de anotações das aulas. Com a ajuda de alguns professores da universidade, Lukman começou a publicar suas anotações. Isso o levou à venda de livros e jornais, e negociar mercadoria em consignação. A partir daí, desenvolveu uma agência de revistas e uma distribuidora de livros. Assim, sem capital nenhum, ele se tornou um empresário. Denominou sua empresa de Agência Ananda (que significa "filho amado"), em uma homenagem à mãe. A empresa prosperou muito depressa. Logo ele podia, com a ajuda de Deus, nos termos de Lukman, arrendar uma casa que servia também de escritório; mais tarde, construiu ele mesmo uma casa para morar. Era muito bom que sua empresa crescesse dessa maneira: havia vinte e cinco pessoas da família de sua mãe, em Padang, das quais Lukman agora cuidava.

Tornou-se um editor por conta própria. Em 1973 — sua ambição editorial, então, refletia as transformações econômicas e educacionais na Indonésia — começou a trabalhar na criação de uma revista quinzenal para mulheres. Iria se chamar *Kartini*, em homenagem à princesa que morreu precocemente — nascida em 1880 e morta em 1904, durante um parto —, e que, nas circunstâncias desanimadoras da Java colonial, defendeu os direitos e a educação das mulheres. O primeiro número de *Kartini* foi publicado no final de 1974 e foi um sucesso imediato.

Lukman Umar achou que era uma bênção de Alá. Mas era também seu instinto de editor, seu faro, a fidelidade a seus sentimentos. Assim como escritores e políticos têm sua maneira própria de lidar com os demônios de seu passado, Lukman Umar encontrou em *Kartini* a maneira perfeita de transformar e sublimar o sofrimento do seu passado. Tratava-se de uma revista voltada para a classe média baixa — ninguém até então fizera algo semelhante para esse público — e era conhecida por seu caráter emotivo. A combinação tornara *Kartini* a revista mais popular da Indonésia, com uma circulação de 160 mil exemplares; agora era publicada três vezes por mês. O sentimentalismo não era artificial, não era obra de consultores; bastava que o editor olhasse para dentro de si mesmo, para o próprio coração, a fim de saber o que os leitores desejavam.

Uma das seções mais famosas de *Kartini* era o consultório sentimental. Seu título era em inglês: "Oh Mama! Oh Papa!". A idéia deve ter sido de Lukman Umar, porque quando o encontrei ele disse, por meio de um intérprete, que para ele as palavras inglesas representavam um grito que vinha direto do coração. A originalidade da seção residia em que o texto simplesmente contava uma história. Não havia ninguém para comentar ou dar conselhos; os leitores é que faziam isso. O estratagema era simples e prático, mas o efeito era poderoso. Não se tratava de expor de maneira ociosa os problemas particulares das pessoas; os problemas eram valorizados — o título "emotivo" da seção garantia isso — e partilhados com uma comunidade; não havia uma pessoa mais sábia acima de todos os outros.

Mais sutil (e mais indonésia) era a seção intitulada "*Setetes Embun*", "Uma gota de orvalho". As palavras eram misteriosas, mas Dita, a jornalista que traduzia trechos de *Kartini* para mim, disse de forma muito natural que a linguagem era simbólica e os leitores a entendiam assim. Orvalho podia representar lágrimas, ou beleza, ou bondade; cada leitor interpretava as palavras ao seu modo.

A história de "Uma gota de orvalho" que líamos se chamava "No calor feroz do sol". A narradora é uma moça, a caçula de sete filhos, e muito mimada. Não suporta nenhuma injustiça; fica assustada toda vez que tem de sair de casa e ir a algum lugar; não gosta de tomar decisões.

Falei para Dita: "Será que essa moça não está exagerando as coisas?".

Dita me respondeu muito séria: "Ela é uma pessoa sem confiança em si mesma. Conheço muita gente assim". Uma amiga de Dita, de uma família superprotetora, era igual à moça da história; queria que os outros tomassem todas as decisões por ela.

No conto, a narradora se sente especialmente incomodada com o calor do dia. É uma das razões pelas quais tem medo de fazer qualquer coisa ou de ir a qualquer lugar. Teme ficar cansada demais. Tem dor de cabeça quando sai para o sol; pode até ficar doente. Ir para qualquer lugar na cidade significa correr sob o sol para apanhar um lotação. Quando consegue um, o veículo está entupido de gente, e as pessoas a empurram com os cotovelos. Às vezes, quando vai para muito longe, ela tem de pegar três lotações, e então se sente a pessoa mais infeliz do mundo.

Ela vai (enfrentando tudo) passar uma temporada com a irmã. No primeiro dia, de tarde, quando o sol está de fato muito forte, a moça vê um velho que trabalha no jardim, cortando grama com uma lâmina comprida e curva — é uma moça tão urbana, tão protegida, que (de forma um tanto inacreditável) nunca antes vira alguém cortar arroz, e não sabe que o velho está usando uma foice comum. Portanto, como uma criança, ela observa fascinada o velho, tão enrugado, o suor a escorrer, mas trabalhando incansável com sua foice comprida sob o sol da tarde. Ela vai perguntar à irmã a respeito do velho. A irmã responde que ele trabalha como jardineiro para uma grande empresa, de manhã; depois vem trabalhar para ela. Certo dia, a moça leva ao jardineiro o seu almoço. Conversa com ele. Vem a saber que o velho tem sessenta anos e mora sozinho na cidade, em um quarto pobre; a esposa e quatro filhos adolescentes, pelos quais trabalha, se encontram longe, na aldeia.

Eu disse para Dita: "Ela não viu ninguém como esse velho antes?".

Dita respondeu, no seu jeito judicioso e isento: "Isso é absolutamente impossível. A gente os vê, por exemplo, do ônibus. Vemos pessoas que trabalham na rua ou varrem a rua. Sabemos que moram muito longe e que trabalham ali para sustentar suas famílias. Não entendo por que a narradora não percebeu isso antes".

Depois a narradora é atormentada pela lembrança do velho, que não só tem de trabalhar duro sob o sol todos os dias, como também precisa morar sozinho, longe de sua família.

Dita falou, à guisa de comentário: "A família para nós é tudo".

A narradora percebe como o calor é uma coisa sem importância e como estava errada por reclamar dele. Essa é a solução do conto, a moral, o toque de uma gota de orvalho nesse número de *Kartini*, para contrabalançar o grito de sofrimento das outras páginas.

Pensei que Dita estava comovida com o conto. Mas no final ela o deixou de lado com certa indiferença, e disse:

"É um conto muito simples. *Femina* talvez se interessasse mais em saber por que a moça é tão indecisa e tem tanto medo de sair de casa. Aqui, a moça diz que é só por causa do sol."

* * *

Femina era a revisa de classe média concorrente. Lukman Umar, com rigor profissional, não copiara seu nome. Mas, na *Femina*, Lukman estava sempre no pensamento dos editores. Diziam, contudo, que era a primeira revista feminina da Indonésia. Haviam começado um ou dois anos antes de *Kartini*, e Lukman Umar fora um dos primeiros distribuidores da revista. Eles também tinham uma história de sucesso para contar. Seu primeiro número — após seis ou oito meses de planejamento — vendera 15 mil exemplares a 250 rupias cada, na época, 25 centavos de dólar; o segundo número vendeu 25 mil exemplares; o terceiro, 35 mil. Quando as vendas chegaram a 50 mil, surgiu a concorrente, *Kartini*. E Lukman Umar mostrou seu faro: não tentou imitar a bem-sucedida publicação de classe média; seguiu sua intuição e criou sua própria revista, uma extraordinária mistura de sensacionalismo, religião e sentimentalismo. Agora, vinte anos depois, os ventos sopravam a seu favor.

A sra. Mirta, elegante, esguia, desenvolta em várias línguas, era uma das duas editoras fundadoras de *Femina*, e também filha do criador de uma editora acadêmica, que detinha a propriedade da revista.

Disse ela: "Devo admitir para o senhor que, para muita gente, *Femina* é muito ocidentalizada". Se bem que essa não fosse a opinião dela. "O que eu pretendia oferecer, quando começamos, era um modo mais pragmático de encarar as coisas. Dar alternativas para as pessoas. Uma perspectiva mais aberta, e sem se basear no tradicionalismo."

As coisas agora estavam mais anuviadas; tradicionalismo e pragmatismo tinham associações diferentes. As mudanças que sobrevieram à acanhada sociedade colonial após vinte anos de independência, a abertura do mundo para todos, tornaram possível a existência de uma revista feminina, e parecia revelar um caminho bem claro à frente. Mas agora a religião, as tensões de um país semiconvertido e a recente e vasta prosperidade deram uma inesperada guinada para trás no rumo das coisas.

A sra. Mirta, ao descrever o público potencial de sua revista, disse: "São pessoas simples, com dinheiro. Não são *nouveau-riches*, embora algumas sejam. A estrutura da sociedade de Jacarta ainda tem os mesmos valores. Seu espectro intelectual é o mesmo". Era mais fácil para Lukman Umar se dirigir a esse público. Era formado pela universidade muçulmana e conhecia seu público bem o bastante para editar uma revista religiosa de sucesso. "Ele é mais indonésio, mais familiarizado com as raízes do povo. Assim, tem mais leitores. Seu estilo não é pragmático, e sim mais emotivo."

Na *Femina*, a seção reservada ao consultório sentimental chamava-se "*Dari Hati ke Hati*", "De coração para coração", e era uma seção de aconselhamento a sério. "Oh Mama! Oh Papa!" era a seção correspondente em *Kartini*. Não oferecia conselhos aos leitores; e a sra. Mirta disse que as histórias que a seção concorrente publicava eram "mais sensacionais, menos discretas", na linha de "minha madrasta me sufoca". (Não ficou claro por que essa queixa era indiscreta, mas não perguntei; e a oportunidade acabou passando. Talvez a sra. Mirta, com seus elevados padrões de conduta, julgasse que lamúrias domésticas, ao se transformarem em lamaçal, não mais exigindo realmente qualquer ajuda, fossem algo inaceitável.)

Ela virou as páginas de um número recente de *Kartini*. "Aqui está uma estrela de cinema que vai fazer a *haj*."

A peregrinação a Meca: um dever religioso tão importante não era algo que eu relacionasse com esse tipo de tratamento jornalístico: uma reportagem fotográfica: glamour, óculos escuros, companheiros de viagem, moda, roupas levíssimas e branquíssimas, próprias para um clima muito quente, a religião no ponto de chegada: uma versão dos *Canterbury Tales*. Será que sempre foi assim? Perguntei à sra. Mirta se esse tipo de reportagem sobre a peregrinação a Meca era algo que a *Femina* faria. Ela disse que sim; dependia do ator. E, muito depois, ao examinar minhas anotações sobre a Indonésia, refleti que aquele devia ser outro terreno em que Lukman Umar, graças a sua maior convicção religiosa, deve ter sido pioneiro.

"Porém", disse a sra. Mirta, "nós não publicamos isto." Ela me mostrou uma reportagem sobre um preso condenado à morte, com fotos de sua execução e depois do seu caixão. "Isto nós não fazemos."

Mais tarde, ela pareceu de novo dar razão a Lukman Umar: "Nossa revista é conhecida sobretudo por seus conselhos quanto ao modo de vida e à arte culinária. Quando começamos, as pessoas diziam: 'Vocês estão vendendo sonhos'. Achei que sonhos eram importantes: a vida não devia ser sem graça. Mas agora tudo se tornou espalhafatoso porque tudo é espalhafatoso. É o aspecto comercial ocidental que é enfatizado". Comercial em oposição a cultural. "Temos de nos apoiar na publicidade, agora. Não tínhamos anúncios, quando começamos. O sistema econômico indonésio ainda não tinha sido construído."

Apesar de tudo o que foi dito, ou podia ser dito de ambas as partes, acerca do pragmatismo e do sentimentalismo, ou da ocidentalização e do tradicionalismo, a diferença entre as duas revistas talvez fosse apenas a diferença entre duas gerações, em uma época em que a história na Indonésia andava depressa.

O pai da sra. Mirta, criador da empresa gráfica que tinha a propriedade da revista *Femina*, nascera em Sumatra, em 1908. Foi o auge da época colonial: apenas cinco anos após os holandeses terem completado a conquista de Sumatra, e quatro anos após a morte da Kartini histórica, a princesa javanesa que — como Josefo em relação aos romanos depois de Masada, no século I, ou como Garcilaso, o semi-inca, em relação aos espanhóis no século XVI — tentara estabelecer a paz com os holandeses como se fosse um acordo de paz com as próprias forças da história. Para qualquer indonésio nascido naquela época, devia parecer que o regime colonial seria o futuro. Porém Lukman Umar, nascido vinte e cinco anos depois, ia assistir, quando criança, por ocasião da ocupação japonesa, à repentina derrocada e extinção do regime colonial holandês.

O pai da sra. Mirta, nascido em uma família muçulmana "forte" (conforme me disseram na *Femina*), mas que subira na vida no ambiente de uma sociedade colonial, se dizia um "humanista universal". Quando esse mundo começou a desmoronar, a mãe de Lukman Umar, muito pobre, mas dotada de um sentido próprio de adaptação às circunstâncias, quis que o filho fosse para uma escola muçulmana e não para uma escola holandesa. Os dois homens tiveram um início de vida difícil, de muita luta, mas as pressões e as possibilidades eram de épocas distintas. Lukman Umar, filho de um lavrador pobre, contava histórias de ter sido obrigado pelos japoneses a carregar pedras para um aeroporto em Tabing, ou vender, pelas ruas de Padang, os doces que a mãe fazia, e vender amendoim nas calçadas de Jacarta. Na *Femina*, eu soube que o pai da sra. Mirta, filho de um alto funcionário do governo em Sumatra, morava quando criança em um *kampung* perto de uma floresta e ia para a escola a pé através dessa floresta, que era cheia de tigres.

Esse menino, quando cresceu, foi para a Jacarta colonial, trabalhou na gráfica do governo, tornou-se escritor e intelectual, e casou-se com uma senhora da nobreza de Sumatra. Com a ocupação japonesa, seu mundo se transformou; todos os preceitos coloniais foram pelos ares. Tornou-se chefe de uma comissão para a modernização da língua indonésia — os japoneses revelaram-se mais do que simples invasores, deram mostras de ser os mais sagazes e implacáveis "descolonizadores".

Assim, enquanto Lukman Umar e seus amigos de onze anos de idade faziam trabalhos forçados em Sumatra, o pai da sra. Mirta, com trinta e poucos anos, trabalhava para os japoneses em um plano inteiramente distinto, atualizando a língua indonésia, e obteve tamanho sucesso em sua tarefa que a língua holandesa, o idioma do poder durante dois séculos, foi em poucos anos completamente erradicada. Um passado pré-holandês, pré-colonial, era enfatizado por Sukarno; e quem visita Jacarta hoje em dia vê mais sânscrito do que holandês nos nomes afixados aos grandes prédios. É possível afirmar que o pai da sra. Mirta, na época da ocupação japonesa, realizava um trabalho que, em mais ou menos trinta anos, tornaria possível a existência de *Femina* e de *Kartini*.

Depois, com a independência, quando o pai da sra. Mirta já consolidara sua gráfica, houve problemas com o presidente Sukarno. Em 1963, a gráfica foi encampada pelo governo, bem como outras propriedades da família em Jacarta. Mais adiante, a gráfica foi devolvida. Uma reportagem na *Femina* contava como isso ocorrera. O irmão da sra. Mirta, que dirigia a gráfica, casara-se com uma moça pertencente a uma família da nobreza javanesa. Sukarno conhecia essa família; um filho fora morto durante a guerra contra os holandeses. Quando Sukarno, um dia, viu a mãe, falou: "O que posso fazer por você?". E ela respondeu: "Devolva a gráfica para o meu genro, para que possamos comprar leite para a criança que é minha neta". Desse modo, a empresa foi devolvida à família.

Foi o irmão da sra. Mirta quem, em 1972, pensou em uma revista feminina indonésia. A gráfica da família, a primeira na Indonésia a imprimir em cores, fazia capas de revistas para os outros; e lhe ocorreu a idéia de que devia fazer sua própria revista. Falou com a irmã e ela conversou com uma amiga, Widarti, quando se encontraram no shopping center.

Widarti era professora universitária de literatura indonésia. Seu trabalho não lhe deixava tempo livre para ler livros novos ou observar coisas novas e Widarti cada vez mais tinha a sensação de que oferecia aos alunos um saber bolorento. O marido de Widarti, Goenawan Mohamad, editava uma revista semanal de notícias de grande êxito. Com isso, Widarti sentia que estava ficando para trás e mostrou-se receptiva à idéia de uma revista para mulheres.

A formação de Widarti era semelhante à da sra. Mirta. Widarti cursara uma das melhores escolas holandesas de Jacarta. As únicas crianças javanesas admitidas pela escola eram filhos da nobreza, ou de gente muito rica, ou de funcionários públicos; portanto, em uma turma de vinte e cinco alunos, talvez houvesse apenas cinco indonésios — conforme as fotos da escola demonstravam. Widarti foi aceita porque seu avô havia trabalhado para o governo.

Ela e a sra. Mirta resolveram, durante os meses que refletiram a respeito da nova revista, que deveriam tratar as leitoras como amigas e parceiras. Deviam partilhar o conhecimento que o privilégio social pusera em seu caminho, mas não deviam expressar-se com superioridade. Tinham de ganhar a confiança das leitoras; deviam evitar as fofocas e o sensacionalismo. Mas Widarti e a sra. Mirta não podiam renegar sua formação; e seu conhecimento do mundo constituía um dos pontos salientes da revista.

Widarti, ao explicar o sucesso de *Femina*, disse em nossa primeira conversa: "Temos um gosto melhor. Sabemos como nos vestir no estilo ocidental melhor do que as outras publicações. Quando publicamos uma seção de modas, tudo tem de ser apropriado. Mesmo quanto à decoração de ambientes, sabemos que o mais despojado é o mais bonito. Sabemos que vivemos em um país tropical, por isso não precisamos de pesados tapetes persas nem de cortinas grossas. As outras revistas imitam de ponta a ponta as publicações ocidentais, ou acrescentam alguma coisa inadequada".

Pedi um exemplo de algo inadequado.

"Na casa de classe média de Jacarta, usam um sofá que não é o sofá simples. Acrescentam complicados entalhes feitos em madeira, e depois douram a madeira. Um exagero. E usam candelabros. Eles se tornaram um símbolo de status. Nossas concorrentes não conhecem as coisas. Veja, Mirta e eu temos o mesmo tipo de formação e somos abertas à civilização ocidental, ao ambiente doméstico ocidental. Nós viajamos. Para nós, não se trata de entrar em um mundo novo."

Sempre, no entanto, havia o desejo de não se mostrar superior em relação às leitoras, não dar a impressão de que estavam "se exibindo" diante das pessoas. Tomavam cuidado com isso até na página de conselhos sentimentais, "*Dari Hati ke Hati*", "De coração para coração". Havia dois conselheiros nessa seção. Tratavam dos mesmos problemas e muitas vezes discordavam: então, cabia ao leitor julgar. Um deles era um homem de quarenta anos, um médico. O outro era uma senhora de setenta anos de idade, que cuidava da seção desde a sua estréia. Era esposa de um alto funcionário da polícia, era feminista (mas à maneira indonésia, disse Widarti) e se dedicava bastante a serviços de assistência social. Seu trabalho em "*Dari Hati ke Hati*" a transformara em uma estrela; era convidada o tempo todo para seminários. A religião, porém, começara ultimamente a enfraquecer os seus textos, tornando-a por vezes um pouco propensa demais a deixar a solução dos problemas das leitoras nas mãos de Alá. Ela morava em um belo "conjunto" nos arredores de Jacarta; enviava seus textos por fax; isso era parte do seu estilo.

Dita, a jornalista, me relatou um problema que pouco tempo antes havia dividido as opiniões dos conselheiros sentimentais de "*Dari Hati ke Hati*". Será que uma viúva de vinte e três anos devia se casar com um estudante solteiro que quer esperar até se formar? Ou deveria se casar com um viúvo de trinta e cinco anos, que tem um filho e quer casar de imediato? A mulher disse que a viúva devia esperar o estudante solteiro se formar; o homem opinou que a viúva devia se casar com o viúvo. A questão é semelhante a algo saído do teatro de sombras, sem nenhuma resposta correta, e é perfeita para "*Dari Hati ke Hati*": cada pessoa vai responder segundo a própria personalidade, condição e experiência. (A escritora, no caso, sabe — melhor do que um homem — que nem sempre é fácil para uma nova esposa viver com o filho de outra pessoa.)

A sra. Mirta disse que a seção tinha valor porque a maioria das pessoas na Indonésia tinha medo de se afirmar. Precisava de conselhos e de estímulo. Um problema recorrente era a dificuldade de viver com sogros e sogras, o que as pessoas em Jacarta eram obrigadas a fazer, muitas vezes durante anos, porque não tinham dinheiro bastante para se mudar. Ela fez uma tradução resumida de uma carta:

"Casei-me há menos de um ano. Trabalho em uma grande empresa, ao passo que meu marido possui seu próprio negócio. Minha irmã mais velha não gosta do meu marido. Ela não queria aprovar o meu casamento, e hoje ainda é assim. Um dia, o inevitável aconteceu. Minha irmã teve uma grande discussão com meu marido. Minha irmã tem muito medo do próprio marido. Eu também não tenho uma relação muito boa com ele. Minha irmã deixa os filhos em nossa casa todos os dias e só volta para a casa dela quando o marido vem do escritório. Como meu marido não consegue se dar bem com ela, não vem para casa enquanto ela estiver aqui — e ela fica aqui todos os dias. Não sei o que fazer. Gostaria de poder mudar para um apartamento só nosso, mas nossas economias foram usadas para reformar a casa dos meus pais. Tentei falar com meus pais sobre a minha irmã, mas eles responderam que todos os filhos são bem-vindos na casa dos pais, a qualquer momento."

A parte mulher de "*Dari Hati ke Hati*" diz que a situação é séria. O casal infeliz devia deixar a casa, alugar um quarto em qualquer lugar. Juntar algum dinheiro; talvez até vender algumas jóias; mudar-se. De outro modo, as coisas vão piorar. Saiam da casa por seis meses, respirem um ar mais fresco; e talvez então a raiva do marido em relação à cunhada diminua. "Se você ama seu marido e está disposta a sacrificar suas jóias por ele, talvez isso venha a se transformar em uma bênção de Alá, algo não material. E reze. E quem sabe Alá atenue o atrito entre seu marido e você."

A sra. Mirta, enquanto algo semelhante à resignação recobria seu antigo entusiasmo, comentou acerca de sua colunista veterana: "É assim que ela anda hoje em dia".

O lado masculino de "*Dari Hati ke Hati*" se mostrou bem mais severo: "Eu gostaria de saber o que de fato ocorreu entre seu marido e sua irmã. Por que é tão misterioso? Algo deve ter acontecido. De outro modo, eles não se odiariam tanto. Você precisa descobrir, e você é a única pessoa capaz de ser a mediadora". Uma vez revelada a verdadeira causa do conflito, todos deviam se mostrar frios e razoáveis. "E você precisa pôr de lado o seu orgulho. Se seu marido ainda depende dos seus pais, é melhor que ele aja com mais cautela." Embora fosse melhor que o marido alugasse mesmo uma casa, o que conseguiria fazer se trabalhasse mais e ganhasse também um pouco mais.

Porém havia camadas de desespero e sofrimento em estado bruto abaixo disso — sofrimento manifesto ou sublimado, no rosto das jovens pobres, pelo *hijab* negro ou marrom, o véu muçulmano, como se essa forma simples de auto-supressão fosse o único caminho aberto a elas para lidar com instintos e necessidades que não podiam ser satisfeitos. E, ao refletir sobre o sucesso de uma revista como *A Era da Mulher*, na Índia, eu especulava se não haveria também na Indonésia uma grande carência de uma revista para mulheres que acabavam de emergir para a vida social.

Widarti disse que isso era verdade, mas ela não poderia fazer essa revista, e ninguém na imprensa poderia; eles não viviam desse "modo". Caso tentassem, estariam tratando os leitores com superioridade, e isso seria doloroso e ruim. O único jeito, para ela, seria encontrar uma pessoa desse nível social, mas que fosse instruída; no entanto isso seria difícil, pois significaria pedir a alguém que "andasse para trás".

"Minha opinião é de que não se pode andar para trás. Em todas as ilhas, existe uma espécie de parábola a respeito de um filho que viaja, enriquece, se instrui e, quando volta para sua aldeia, sente-se alienado, deixa todo o mundo aborrecido. E a mãe diz uma coisa e o filho vira pedra. Essa mesma história percorre todas as ilhas. A moral é que a pessoa, quando criança, nunca deve magoar os pais." Widarti não aplicou essa história a si mesma; mas achei que a fábula lançava uma luz no seu temor — quase religioso — de se mostrar superior aos leitores.

Elas não podiam alcançar o mundo dos outros, mas esse mundo vinha agora ao seu encontro. Quando *Femina* foi lançada, nenhuma das moças da equipe usava o véu muçulmano; agora, havia cinco ou seis que o usavam, e nem a sra. Mirta nem Widarti julgavam que pudessem dizer a elas: "Isso é uma coisa que eu não quero ver você usando". A partir do final da década de 80, alguns grupos muçulmanos começaram a se mostrar críticos em relação a revistas femininas como *Femina*.

Widarti comentou: "Em outros tempos, não havia pregação na mesquita nem na televisão. Só no ramadã. Mas a partir do final dos anos 80 e do início dos anos 90, essa coisa muçulmana não aparece só no ramadã, mas, cada vez mais, o tempo inteiro. No início, essas palestras religiosas eram só uma vez por semana, domingo para os cristãos, sexta-feira para os muçulmanos. Agora, para os muçulmanos, todo dia há palestras de manhã cedo".

Essas palestras de manhã bem cedo, na televisão, eram as aulas de Imaduddin. Naquele escritório novo, bem iluminado, era estranho, e mesmo um pouco exasperante, ser forçado a trazer à lembrança Imaduddin e seu treinamento mental. Era como lembrar-se de um outro mundo: era um tributo a seu novo poder.

"Diante de nosso escritório, fica uma mesquita, e o alto-falante se torna dia a dia mais barulhento. Vejo minha equipe se tornar cada vez mais religiosa. Elas agora vão à mesquita rezar três vezes por dia, e não podemos fazer nada. Esta manhã, tivemos uma discussão sobre a nossa cozinheira-chefe em nossa cozinha experimental. Depois de sua *haj*, ela mudou seu jeito de vestir. Agora usa uma indumentária muçulmana, o véu, a blusa comprida, o xale com que se cobre mesmo diante das chamas do fogão. Estamos pensando em sua segurança. Pois suas roupas são feitas de poliéster, que pega fogo muito facilmente. Mas ela se recusou a mudar." A cozinheira-chefe tinha cerca de trinta anos de idade, e dois filhos. Antes da peregrinação a Meca, usava roupas ocidentais.

Um raivoso grupo de estudantes viera recentemente ao escritório da revista. "Vieram criticar a fotografia de uma mulher com traje de banho branco. Pediram que eu escrevesse uma carta aberta a fim de pedir desculpas. Havia vinte e cinco ou trinta jovens, por volta dos vinte anos de idade. Algumas moças entre eles usavam o *purdah*, outras vestiam jeans. Talvez, e isso é só um palpite, eles gostem de ver as moças de traje de banho, mas sabem que é proibido pela religião. Sua raiva é porque eles são proibidos, e nós não. Temos a liberdade que eles não têm."

Mas Lukman Umar não precisava se mostrar superior a ninguém com o objetivo de atrair as leitoras para longe dos domínios da *Femina*. O mundo lá fora era o mundo dele mesmo.

Lukman apenas abria seu coração e olhava para dentro, e sabia exatamente o que haveria de sensibilizar aquelas mulheres.

Era um homem pequeno, magro, com a tez de uma fruta de *langsat* — cor de castanha-d'água ou de adobe desbotado — que é o tipo de tez mais admirado pelos indonésios. Recebeu-me em seu escritório, que era bastante escuro — e, quase como se fosse de propósito, o oposto da arejada arquitetura dourada e branca do prédio da revista *Femina*. Reunimo-nos em caráter formal com três de seus diretores, em torno de uma mesa muito grande, de cor escura, no centro da qual haviam sido dispostos os catálogos de publicações de sua editora. Uma mulher cristã de sua equipe também estava presente, para servir de intérprete. Os preparativos tinham sido demasiado formais para produzir qualquer coisa fora do âmbito da formalidade. E algo estava errado com o ar-condicionado naquela tarde; ele soprava ar quente.

Lukman vestia um traje tipo safári azul-escuro, de mangas curtas. Seus olhos estavam vigilantes; a expressão do rosto, neutra, fechada; talvez não se sentisse muito bem naquela tarde. Mas havia uma tal atmosfera em torno dele, em torno daquele escritório, que era difícil esquecer que os executivos trabalhavam para ele, que o prédio pertencia a ele, e que a empresa inteira fora criada por ele, a partir do nada.

Eu queria que Lukman Umar me falasse do seu passado; mas logo percebi que o que ia me dizer já fora dito muitas vezes antes, e que naquele cenário excessivamente formal não haveria maneira de ir além disso. Pressenti que os executivos já conheciam as histórias: os estágios da ascensão de Lukman: a ocupação japonesa, a partida do seu pai, sua mãe que vendia petiscos e penhorou seus títulos de propriedade a fim de pagar a passagem do filho para Jacarta; a publicação das anotações de aula na universidade muçulmana em Yogyakarta. Havia uma vasta experiência submersa, mas aqueles eram os pontos visíveis, sempre capazes de comover, como acontecia mesmo agora, no escritório escuro e cheio de gente, a emoção correndo em uma única linha, de sua mãe e de sua infância até suas revistas e seus leitores. Entretanto, não podíamos conversar demoradamente sobre seu passado, pois o tempo era curto, pouco menos de uma hora para abranger tudo. Se eu quisesse saber mais, devia enviar perguntas por escrito para a senhora cristã.

O que mais despertava minha curiosidade era o sucesso de um negócio recente. Lukman recebera a autorização do governo para exportar mão-de-obra. Eu lera dois dias antes, no *Jakarta Post*, que trinta e quatro dessas novas autorizações para exportar mão-de-obra tinham sido concedidas, de modo que agora, na Indonésia, havia no total oitenta e seis autorizações desse tipo. Houve protestos em relação às novas autorizações, por parte de alguns antigos exportadores; diziam que o mercado de exportação de mão-de-obra estava saturado. Houve palavras duras também do ministro do Trabalho. O governo, disse ele, não queria mais ouvir histórias de trabalhadores indonésios maltratados por empregadores estrangeiros. Havia relatos recentes sobre uma criada doméstica torturada: o governo não queria mais ouvir histórias como essa. Os exportadores de mão-de-obra deviam "cuidar de maneira adequada do envio de trabalhadores indonésios para o exterior".

Falei para Lukman Umar que eu achava estranho que ele, um editor, entrasse no ramo da exportação de mão-de-obra. Havia a possibilidade de acontecer coisas desagradáveis e eu também pensava que ecos de sua própria infância tornassem esse tipo de negócio penoso demais para ele.

Lukman respondeu, segundo a tradução de sua intérprete, que não havia na verdade nada de estranho. Fora levado a isso pela situação das pessoas que não conseguiam arranjar trabalho. Ele agia em benefício delas, e não era coisa fácil. A mão-de-obra com que competiam vinha da Índia e de Bangladesh, e nesses países os governos estavam organizando o ramo da exportação de mão-de-obra.

No meu último dia na Indonésia, obtive respostas por fax do escritório de Lukman Umar para perguntas que eu lhe enviara. Sua mãe, disse ele, nunca deixou de morar na sua aldeia, em Sumatra. Sua terra e seu arrozal, que ela herdara de seus ancestrais (cujos títulos de propriedade havia penhorado em 1955 para pagar a passagem de Lukman Umar para Jacarta), transferira para os três irmãos e irmãs de Lukman Umar; eles ainda viviam na aldeia e precisavam da terra para sua sobrevivência. Sua mãe viera algumas vezes para ficar com Lukman Umar, em Jacarta, depois que ele se casou, mas nunca permaneceu na cidade mais de dois meses. Morreu com cento e dois anos. Lukman construiu um "cemitério" para ela, a mãe dela e o irmão, em Padang. Lukman me deu o endereço completo do cemitério: era uma coisa importante para ele.

Se os números estavam corretos, sua mãe tinha quarenta e seis anos de idade quando Lukman nasceu. Era como se a vida inteira de Lukman fosse uma contínua benevolência em relação à mãe, a partir do momento em que a família foi abandonada pelo pai, que partira a fim de desbravar um trecho de floresta para plantar um arrozal e formar uma segunda família. E talvez, afora o seu aspecto comercial, o negócio da exportação de mão-de-obra fosse importante para Lukman. Fechava um ciclo: conferia a Lukman Umar o poder de cuidar da vida de pessoas que eram tão carentes quanto ele e sua mãe tinham sido.

8

FANTASMAS

Concordamos depois que eu devia tratá-lo por Budi (um nome indonésio comum, sem dúvida derivado de Buda); mas a princípio ele era apenas uma voz no escuro. Foi logo depois do anoitecer, e Budi estava no banco de trás do microônibus do hotel Meliá, que nos levava do aeroporto de Yogyakarta para o hotel. Ele falava bem o inglês. Disse que viera a Yogya só para passar a noite. Uma amiga ia se casar naquela noite. Era a filha da rainha do mercado de galinha frita da Indonésia, e a festa, depois da cerimônia, prosseguiria no salão da universidade local até as quatro horas da manhã. Depois de um breve sono, ele estaria pegando o avião de volta para Jacarta. Mexia com computadores e havia trabalhado para uma grande empresa internacional durante treze anos.

Através do trânsito e das luzes da pequena cidade, Budi me contou sua história, contentando-se em falar para a minha nuca, sem se importar por eu não me virar para trás. Era o início da noite, e os regulamentares cordões de luzes coloridas, muito tênues, para o RI50, mascaravam as formas dos prédios e toldavam a vida das ruas.

Ele possuía sua própria empresa agora, e seu sócio era parente de um homem muito importante. Por intermédio desse sócio, grandes contratos do governo vieram para a sua firma. Empregavam trinta pessoas e planejavam se tornar um dos líderes no ramo de programas de computador; não iam deixar tudo nas mãos dos indianos e filipinos. O sócio tinha acesso ao presidente e a outras pessoas importantes; na Indonésia, é preciso ter um sócio como esse. A família do sócio não era tão eminente quanto a família do grande ministro Habibie, o construtor do avião, e não tinha ligações tão elevadas; mas mesmo assim era importante.

Quando — para se ter uma idéia de como são as coisas, do ponto de vista deles — perguntei sobre os Habibie, sua voz se alterou. Eram pessoas cuja taça de felicidade havia transbordado. Achavam-se em um nível muito mais alto, incrivelmente afortunados, fora do alcance de qualquer rival. O irmão de Habibie era o embaixador em Londres; havia três irmãs que eram poderosas nos negócios da família; e havia todos os sobrinhos, dinâmicos e prósperos em vários ramos de atividade. O ideal na Indonésia era organizar os negócios de tal modo que fosse possível estender a rede de proteção até a sétima geração seguinte: se alguém (sempre de acordo com o presidente) já havia conseguido fazer isso, eram os Habibie.

Falei que achava estranho não ter ouvido falar dos Habibie até chegar à Indonésia, e no entanto eram uma família dominante no país.

Ele respondeu: "Por favor, não use esta palavra. O senhor deve ter ouvido alguns discursos de nosso presidente. Ninguém deve ser dominante demais na Indonésia".

Estaria sendo irônico? Eu não tinha certeza. A ironia vem junto com a língua inglesa, penetra nos textos mais simples; mas para ele o inglês era uma língua estrangeira, algo a ser usado com estrangeiros, e devia parecer um tanto esterilizada, sem matizes.

Depois que perguntei, Budi me contou como havia alcançado o sucesso. Tivera a sorte, explicou, de não passar no exame de admissão para o Instituto de Tecnologia de Bandung, ITB. (E mais uma vez aquilo que soava como uma ironia podia ter sido dito de forma muito séria.) Ele queria, como tantos outros jovens, entrar para o ITB e cursar engenharia elétrica. Foi assim que a carreira de Imaduddin começara (após a ocupação japonesa e a guerra contra os holandeses); e muita gente, em épocas mais estáveis, quisera fazer a mesma coisa; como se, por ter sido o ITB o primeiro instituto do seu tipo na Indonésia, aquele modelo de carreira tivesse ficado impresso na memória das gerações posteriores.

Budi foi reprovado no exame de admissão do ITB duas vezes, em anos sucessivos; ficou desesperado; e depois seu tio sugeriu, de forma bem simples, que ele devia esquecer a engenharia elétrica e fazer outra coisa. Entrou em uma faculdade particular na área de tecnologia da informação. Não sabia nada de computadores quando começou, mas depois tudo correu às mil maravilhas para ele. E a religião o ajudou. De fato, sua empresa começara a se sair muito bem — conseguiram alguns contratos muito grandes com o governo — depois que ele fez a *haj*.

Sei agora que Budi falou muito sério o tempo todo. Embora essa idéia de religião e peregrinação, em alguém tão prosa com o próprio sucesso, como eu o julgava, fosse algo tão inesperado quanto a reportagem fotográfica na revista *Kartini*, sobre a peregrinação chique do ator da moda. Foi o seu sócio, um homem muito religioso, a exemplo de tanta gente bem-sucedida nos negócios na Indonésia, muçulmanos e cristãos, indonésios e chineses, que fez Budi levar a religião a sério.

O sócio tinha um jovem professor de religião que aparecera de repente e era conhecido de muita gente importante e de sucesso. O sócio apresentou Budi a esse professor e foi o professor que fez Budi ir a Meca. Ele disse a Budi que quando visse a Caaba, em Meca, não ia simplesmente pedir perdão por seus pecados: ia conscientemente abandonar seus pecados para sempre. E foi isso que fez. E agora, com seu sucesso crescente no ramo dos computadores, não estava relaxando. De fato, era agora mais religioso do que o sócio. Rezava cinco vezes por dia. Não comia carne de boi nos hotéis ou restaurantes porque ali a carne vinha, em geral, da Austrália, e os animais não tinham sido mortos à maneira muçulmana. Seu sócio não ligava para o tipo de carne que comia.

Tudo isso foi dito no escuro, para a minha nuca, enquanto seguíamos através das luzes fracas da cidade. E foi só no vidro e no mármore e sob as luzes claras do saguão excessivamente decorado do novo hotel Meliá — cascatas e chafarizes brincavam ruidosamente no jardim de pedras do pátio, uma chinesa meio escondida cantava no mezanino (como se fosse para si mesma e para a pianista) canções populares de velhas operetas, uma orquestra de gamelão com uma cantora de meia-idade (com o cabelo penteado e puxado com força para trás e uma bochecha saliente por causa do tabaco de mascar) aguardava no seu canto, no térreo, a hora de começar — foi só ali que fui capaz de ver Budi de forma adequada.

Era um pouco mais alto do que a média, corpo forte, talvez um pouco gordo por baixo da camisa de batique. Tinha amistosos olhos castanhos e as bochechas eram redondas e pálidas; tinha bigode e a cabeça era tomada por uma cabeleira preta genuína. Embora sua franqueza com um estrangeiro representasse um mistério (mas talvez não: um estrangeiro acabava indo embora), ele ostentava em sua aparência o seu dinheiro e o seu sucesso, tal como eu imaginara, no escuro. Budi parecia exemplificar aquilo que Imaduddin pregava e o projeto em que Habibie empenhara o país: a confluência do islã e da tecnologia. Com o rico casamento que ele viera presenciar após uma longa viagem, a festa de pessoas que, conforme Budi me dissera, provinham de famílias simples, ele parecia estar vivendo em si mesmo a exaltação da prosperidade e de tudo o que era novo no país.

Mas tudo o que me contara, todas as impressões que eu obtivera com ele iriam se modificar de várias maneiras ao longo de nossos encontros subseqüentes. Budi não era tão prosa quanto eu pensava. A festa de casamento no salão da universidade prosseguiu até as quatro horas sem ele; Budi não ficou muito tempo. Não havia dominado as maneiras da nova sociedade; era um de seus órfãos ou semi-órfãos. Tudo o que eu vira dele representava uma série de pequenos triunfos: cumprimentar um estrangeiro, falar inglês, as boas maneiras no saguão do hotel Meliá. Era tremendamente ambicioso e não contava com quase nenhuma proteção; podia vir a ser facilmente esmagado. Vivia com a consciência do seu risco; e em sua mente trazia imagens da antiga humilhação.

* * *

Minha base em Jacarta era o hotel Borobudur, e calhou de Budi estar a serviço, ali, em um quarto, naquela semana. Sua firma e uma firma européia eram parceiras em um grande projeto, e dois homens da empresa européia se achavam em Jacarta (e no hotel Borobudur) a fim de conversar com ele. O projeto final, disse Budi, ia custar 60 milhões de dólares; só o relatório — no qual haviam começado a trabalhar — ia custar 6 milhões. Na sexta-feira, o sabá, após as preces do meio-dia na grande e moderna mesquita Istiqlal, diante do hotel (gorjeios vigorosamente amplificados convocam os fiéis para rezar cinco vezes por dia), Budi veio para um almoço tardio. Sentamo-nos junto à parede de vidro que dava para os jardins bem tratados do hotel — grandes árvores que faziam sombra, quadras de tênis abertas e cobertas, a grande piscina, o pavilhão da churrasqueira, a pista para correr ao redor.

Budi estava disposto a conversar, mas nem sempre era fácil seguir suas palavras. Ele guardava sua experiência em compartimentos separados ou, por assim dizer, em arquivos. Quando, para não sair da mesma analogia (bem adequada para um homem da informática), Budi abria um arquivo, lidava com ele como se fosse um arquivo: começava pelo presente e andava para trás. Quando abria simultaneamente dois ou três arquivos, a seqüência de tempo se tornava confusa. Todos os nexos estavam claros para ele, mas não conseguia apresentá-los em uma narrativa clara. Talvez nunca tivessem pedido a Budi que fizesse isso antes. Assim, no decorrer de nossos muitos encontros, me parecia que ele estava sempre a acrescentar e alterar o que dissera antes. Uma narrativa se formou, ao final, contudo; e mesmo no almoço no hotel Borobudur havia o esqueleto desconjuntado da mesma história.

Quando tinha trinta e poucos anos de idade, o pai de Budi, instigado pelo sentimento profundo de que devia ser seu próprio patrão, desistiu de um ótimo emprego em uma firma de petróleo estrangeira, na Indonésia (era o indonésio de posto mais elevado na empresa), e deu início a sua própria firma. Sua idéia extraordinária — extraordinária para um homem do ramo do petróleo — era de que devia projetar e fabricar móveis. Foi à falência. Isso ocorreu na cidade de Surabaya, na Java oriental. A família teve de vender sua grande casa; com freqüência, não havia literalmente nada para comer na hora do almoço; e Budi precisava andar dezesseis quilômetros de bicicleta para ir à escola. Após dezessete anos, aquela falência ainda estava no pensamento de Budi, algo que lembrava todos os dias: a bicicleta que tivera de pedalar por necessidade, agora usava por esporte. Em um canto de seu escritório, guardava, lubrificada e limpa, e quase como um objeto sagrado, uma caríssima bicicleta de trilha, primorosamente equipada, que havia importado dos Estados Unidos.

Senti que havia um mistério ou uma complicação em relação ao pai de Budi. Talvez fosse filho de um segundo casamento. Achei que Budi tinha dito algo nesse sentido em nosso primeiro almoço. Esperava que ele falasse um pouco mais a respeito, mas não o fez; e também não perguntei. O que ele disse, de fato, é que não era ligado à família do pai, e nem sequer conhecera o pai do seu pai. Foi juiz em uma cidade no Norte de Sumatra; isso significa que era de boa família. A mãe de Budi — a esposa do filho do juiz — não era de uma família tão boa. O pai dela era funcionário público no tempo dos holandeses, com o posto de major; funcionários públicos tinham postos hierárquicos iguais aos dos militares. A mãe dela provinha de uma família de lavradores e algumas vezes ainda ia para o campo. Mas a sociedade pós-independência da Indonésia era socialmente dinâmica. O irmão caçula da mãe de Budi — o tio que foi tão importante na vida de Budi — tornou-se advogado e professor universitário.

O mistério ou a complicação que marcara o pai de Budi parecia ter marcado também os seus filhos. Havia sete deles, e quatro, falando em termos sociais, haviam desaparecido. Permanecia um irmão que era médico; uma irmã que se casara com um homem no ramo do petróleo em Calimantã (antiga Bornéu) e estava rica, disse Budi; e havia Budi.

Ele sabia que sua família havia decaído. Carregava essa consciência como uma cruz. Disse ele: "Minha família, no conjunto, pode ser de classe média, mas meus familiares mais próximos são de classe baixa". E também: "Na verdade eu venho de uma família bem simples". E ainda: "Não há muita gente com uma história familiar igual à minha. Em geral é assim: na época dos holandeses, a família vive na pobreza; depois da independência, a segunda geração tem uma situação melhor; e depois, na terceira geração, passam a viver na riqueza. Meu caso é excepcional. A família do meu pai era muito poderosa, mas na terceira geração estávamos mais pobres do que na segunda".

Era por isso que, para Budi, o insucesso na tentativa de entrar no ITB, por dois anos seguidos, era como uma parte da desgraça da família.

Duas vezes por ano, em obediência ao antigo costume, o tio de Budi, o advogado, ia visitar a irmã mais velha em Surabaya. Soube, em uma de suas visitas, que Budi, então com vinte anos de idade, não tinha emprego nem vaga na universidade. Levou Budi para Jacarta. Lá, Budi entrou em uma faculdade de tecnologia de informação e descobriu que, embora nada em seu passado o explicasse, ele tinha um talento para computadores. Morou com o tio durante quatro anos.

"Minha vida mudou, depois disso. Sei me vestir bem e me comportar direito."

"Não sabia fazer isso antes?"

"Se eu ficasse em Surabaya, nunca teria a oportunidade de visitar um hotel. Nunca aprenderia a maneira correta de entrar na sala de jantar de um hotel. E talvez não pudesse falar inglês e não soubesse como me dirigir às pessoas."

"As pessoas aqui se preocupam com essas coisas?"

"Muitos indonésios se preocupam com isso."

Depois da faculdade, foi trabalhar em uma empresa de computadores muito famosa. Entrou no nível mais baixo, mas logo começou a galgar posições e receber prêmios; logo, passou a viajar para a empresa. Em pouco tempo, graças a colegas da empresa, travou conhecimento com pessoas muito importantes. Descobriu que os mundos dos negócios, dos computadores e do poder político estão ligados uns aos outros, eram quase que uma coisa só; o círculo do poder era, na verdade, muito reduzido. Descobriu também, nessa época, que, apesar do seu tio, ele ainda estava pagando pelo fracasso do pai e era um homem sem família, sem um grupo. Deixara a casa do tio e morava em uma casa alugada com dois empregados, um casal. Era solitário. Não tinha nenhuma vida social para comentar. Seu próprio sucesso — e as pessoas famosas e poderosas que viera a conhecer — o tornavam consciente do próprio isolamento. Não conseguia arranjar uma namorada que se adaptasse à sua nova situação. Assim, em uma guinada, o sucesso passou a dirigir seus pensamentos para a religião.

"Quando ganhei prêmios da empresa de computadores, comecei a pensar, pela primeira vez, que era alguma coisa, que era especial. Quando me transferiram para o setor de marketing, também pensei que era especial. Mas aí vi muita gente que era melhor do que eu. E comecei a achar que, no mundo, nunca se pode dizer que uma coisa é a melhor possível, porque depois do melhor sempre vem algo ainda melhor. Portanto, com base nessa crença, senti que eu precisava de Deus. Na escola do Corão, a gente lê o tempo todo que Deus é o mais poderoso, mas não sente isso dentro do coração."

"Que idade você tinha, nessa época?"

"Uns vinte e nove anos. Não era muito bem-sucedido, havia melhorado de vida só um pouco, em comparação com as pessoas comuns. Tinha todos os dias essa sensação a respeito de Deus. O que quer que eu pensasse, pensava sozinho. Não tinha sequer um amigo íntimo na firma, com quem pudesse conversar sobre religião. Durante quatro ou cinco anos, vivi uma situação muito contraditória. De um lado, precisava terrivelmente de Deus e da religião, mas ao mesmo tempo fazia coisas ruins que a religião proíbe. Tomava bebida alcóolica. Tomava cerveja. E fazia outras coisas ruins, ruins do ponto de vista muçulmano. Isso sempre me preocupava, logo depois do ato. Mas não a bebida: considero beber uma coisa menor. Sei que o castigo por um prazer pequeno neste mundo é pago durante muitos anos, no inferno."

"Você sempre acreditou no inferno?"

"Sempre acreditei no inferno. E todo o mundo aqui acredita no céu e no inferno, e na vida após a morte, qualquer que seja sua religião. Eu sabia que meu pecado era muito grande, que, não importa o que eu fizesse, iria de todo o jeito para o inferno. Sabia que minha vida não tinha um equilíbrio entre as coisas boas e as coisas ruins."

E então, nesse momento de apreensão e dúvida, ocorreu um progresso nos negócios. Um colega na firma de computadores apresentou-o ao homem que viria a ser seu sócio. O colega era amigo de infância do sócio: era o mundo de relações do qual Budi se sentia excluído. Apenas algumas semanas depois de terem sido apresentados, o homem que se tornaria sócio de Budi disse: "Por que não abrimos uma empresa juntos?". Ele precisava de Budi porque, embora bem relacionado, rico e informado de todos os contratos que iam ser propostos, não tinha a competência de Budi no tocante a computadores. Na era tecnológica, uma capacidade como a de Budi equivalia a uma espécie de alavanca.

Budi tomou uma decisão rápida. Resolveu sair imediatamente da empresa de computadores. Após dez anos com eles, depois de todos os prêmios, viagens e hotéis de primeira classe, Budi pediu demissão de um dia para o outro.

Quando contou ao pai, o velho, lembrando a penúria em que desabara com sua arruinada empresa de móveis, falou: "Tome cuidado". Sua mãe, abatida por aquela mesma penúria e por recordações da própria mãe que tinha de trabalhar na plantação, não disse nada.

Perguntei a Budi qual era, a seu ver, a fonte do seu talento com computadores.

"Não sei. Talvez fosse esse o meu destino. No meu ramo, muita gente fracassa porque, em primeiro lugar, é preciso inovar. Na verdade, é igual a sonhar. Por exemplo, aqui, em um hotel, enquanto como, penso em processos de automação, a escolha do prato no cardápio, talvez. Vi isso na Europa. O garçom vem com um computador, aperta alguns botões segundo as instruções do freguês e minutos depois outro garçom traz o pedido. Automaticamente, você recebe a conta do garçom que trouxe o seu prato. Então, estou aqui sentado, como e converso com você, e também imagino como criar um programa para isso. Penso também que se podia aplicar esse tipo de operação coordenada a muitos outros ramos de atividade. Minha mente trabalha desse jeito o tempo todo. Eu podia aplicar tudo isso a vagões de trem, ou ao estoque de um armazém."

Pouco tempo depois, o sócio apresentou Budi ao professor de religião.

"A primeira vez que o encontrei, ele estava em uma casa muito simples, que era também uma mesquita. Ali era sua casa, em Bandung. Meu sócio me levou. Dentro de uma semana, ele iria para Meca, então pedimos ao professor a bênção e conselhos para a peregrinação de meu sócio. A primeira vez que o vi, não acreditei nele. Era muito jovem. Depois, quando descobri como eram profundos seus conhecimentos, nunca mais subestimei pessoas jovens. Ele falava para cerca de dez pessoas, em sua casa. Estavam sentados no tapete. Um tapete simples. Disse que o segredo da vida é o seguinte: deixe que Deus decida o que é bom para você. Não queria dizer que devíamos desistir, mas sim que, qualquer coisa que fizéssemos, devíamos fazer da melhor maneira possível. É preciso ajudar o destino, mas não se pode ir além dele.

"O primeiro encontro durou uma hora. Achei-o muito interessante, mas ainda não estava convertido. Muitos meses depois, meu sócio me propôs investir alguns milhares de rúpias para construir uma mesquita que seria coordenada pelo professor. Meu sócio disse que todo o mundo devia pagar o equivalente a dois metros quadrados. Eu não vira mais o professor desde nosso primeiro encontro. Meu sócio me convidou para a inauguração da mesquita enquanto ainda estava em construção. Encontrei de novo o professor. Vi como a casa simples fora transformada em uma linda mesquita.

"No todo, estive com o professor umas trinta vezes. Não aprendi com ele os pormenores da religião. Eu precisava de alguém para me ensinar outras coisas: como equilibrar a vida neste mundo e a vida após a morte, só coisas muito sérias. As pessoas pareciam acreditar que ele tinha um poder sobrenatural, mas eu não acreditava nisso. Vi uma prova, a casinha se transformou em uma grande mesquita, mas não acreditei nisso. Acreditava mais em seus ensinamentos: deixe que Deus decida o que é bom para você."

O professor fora sete vezes a Meca. Nunca pagara a viagem do próprio bolso. Sempre alguém pagava para ele. E algo assim ocorreu também com Budi, depois que o professor disse que ele devia ir a Meca. Budi não tinha o dinheiro, mas quando contou isso a seu sócio, este pagou sua viagem.

No sábado, fomos a Bandung para encontrar o professor. Viajamos até lá em um CN-235, que era um avião mais antigo e menor, construído (com a colaboração dos espanhóis) pela empresa aeroespacial de Habibie. Na sala de espera da primeira classe no aeroporto doméstico, as cadeiras eram lavradas e com ornamentos dourados; imaginei que fossem iguais às poltronas que Widarti Goenawan disse que *Femina* não apreciava.

Era um rápido pulo até Bandung, mas o pequeno CN-235 estava muito atrasado. O dia que parecera tão longo, tão cheio de promessas, começava a encolher. Os nervos começavam a fraquejar. E depois o próprio avião, que era de fato bem pequeno, estava muito quente enquanto esperávamos no asfalto; os painéis pareciam uma obra rústica de carpintaria; e se mostrou tão barulhento e sacolejante quando decolamos que me perguntei por que razão, afinal, aquele avião tinha sido construído, uma vez que muitos de seus componentes principais eram importados.

Budi disse: "Estou orgulhoso de que ele voe. Mas não me pergunte a respeito da sua viabilidade econômica e coisas assim".

E Bandung veio agora tão depressa que, no final, depois de toda a tensão, senti também algo parecido.

Budi dissera que seu sócio estava trabalhando em Bandung naquele sábado e nos encontraria no aeroporto. Ele não estava lá. Nós o encontramos mais tarde, por mero acaso, em um carro novo, de tração nas quatro rodas, entupido com toda a sua família. Isso ocorreu em uma das novas e agitadas avenidas do posto colonial na montanha, uma cidade originalmente construída pelos holandeses, onde os prédios administrativos e as pequenas residências em estilo colonial vinham sendo modificadas e ampliadas com o intuito de serem usadas para fins comerciais, e onde as árvores haviam ficado velhas, com folhas escassas, troncos dilatados (caiados na base), o que deixava as calçadas desniveladas.

O sócio parou prontamente para falar conosco, mas não estava envergonhado de sua falta. Disse simplesmente que se esquecera de ir ao nosso encontro. Mudamos de assunto; Budi pareceu não notar; mas senti que na sua amizade demasiado rápida comigo, um visitante talvez sem referências, Budi havia passado dos limites quando pediu ao sócio, um homem importante, para nos encontrar no aeroporto. O sócio se mostrou afável mas desatento em relação a mim. Era baixo, atarracado e de feições inexpressivas; teria passado em brancas nuvens no meio de uma multidão de indonésios. Era um ou dois anos mais novo do que Budi e Budi me disse que ele já possuía uma fortuna de 30 milhões de dólares. Sua família, no veículo de tração nas quatro rodas, era sofisticada, e tinha uma babá para as crianças; sua esposa era pálida, com feições mais finas e uma beleza quase indiana.

Seguimos de carro cada vez mais para longe, rumo ao lugar onde morava o professor, no extremo da cidade. Passamos pelos velhos jardins do Instituto de Tecnologia, ainda com aspecto holandês: construído em 1918, famoso por ser a antiga escola de Sukarno na década de 20 e, desde então, o foco de muita ambição para os indonésios. A mesquita de Salman, no *campus*, ficava onde Imaduddin reinara como pregador na década de 70; isso não podia ser esquecido. Em parte por causa de Imaduddin, ela havia ido além do intuito colonial dos holandeses; e, como se fosse para criar um contraste deliberado com a contenção colonial do cenário, era agora um grande prédio de concreto, de cores muito fortes. Em uma estrada sombreada, passamos por uma fila animada de estudantes de roupas brancas e chapéus engraçados. Budi, cujo sonho em outros tempos fora ser um estudante como aqueles, não sabia a origem dessa indumentária; talvez fosse uma tradição holandesa transplantada.

Enquanto nosso carro se afastava do Instituto e da cidade holandesa, Budi acrescentava informações ao que tinha dito sobre o professor. O poder sobrenatural que alguns atribuíam a ele lhe havia trazido um êxito maior ainda. Agora, possuía um supermercado, uma firma de aluguel de carros, uma fábrica de roupas, um banco, uma firma de aluguel de computadores. Essas coisas aderiam a ele, cresciam a seu redor. O professor permanecia tal como começara: um professor. Uma fundação criada por discípulos cuidava de seus negócios. Tudo isso fora realizado em três anos. Era o sucesso que outros — e agora também Budi — encaravam como a mão de Deus.

Quando chegamos, houve mais uma surpresa, mais um ajuste: as palavras empregadas por Budi para as realizações empresariais do professor eram demasiado retumbantes. Estávamos agora longe da cidade colonial, em uma simples aldeia do interior, com casas modestas, quintais e jardins de ambos os lados de uma estreita rua asfaltada. E a firma de aluguel de computadores era uma pequena barraca; o supermercado era uma espécie de armazém do interior; e a grande mesquita (em cima da loja) não era muito grande. Todos os prédios da comunidade eram modestos. De fato, apesar do concreto novo, da tinta nova e dos telhados de telha de barro, não passavam das desordenadas habitações de um *kampung*, espontaneamente reunidas ali em um *pesantren*, um colégio interno religioso, embora nesse caso os pupilos fossem também discípulos do professor e dedicados ao serviço dele.

O *pesantren* cuidava para que a rua da aldeia fosse limpa todos os dias; e embora houvesse inevitáveis riachos de poeira acumulada nas bordas rachadas do asfalto cheio de calombos, a cada cinqüenta metros mais ou menos havia uma estaca com um balde plástico colorido para colocar lixo, de modo que não deveria haver lixo nenhum na rua. Os baldes eram bem pequenos. Mas, assim como os antiquados fósforos que os mendigos ofereciam para vender não eram para ser de fato comprados, tive a impressão de que os baldinhos coloridos cumpriam antes o papel de um dispositivo heráldico, um emblema de respeito e piedade, e não se destinavam a ser entupidos com dejetos reais ou qualquer coisa muito suja.

A casa do professor — sua residência atual, não sua casa original, que fora reformada como mesquita e mercado — ficava em uma rua curta que saía da via principal da aldeia. A rua, entre duas casas da comuna, levava a um pátio. A casa do professor ficava em um dos lados desse pátio. Tinha um andar só, erguido a alguns pés do chão, e as paredes — que eram de concreto, segundo Budi — estavam recobertas com painéis de bambu trançado, em um vistoso padrão de losangos bege e marrom-escuro.

Assim que entramos no pátio, o professor saiu para a varanda da casa. E causou certa impressão: levava pela mão um garoto gordo e cego, que vestia uma comprida túnica azul. Era bem pequeno, talvez não mais alto do que o menino, e muito mais magro. Houve despedidas; o menino cego foi entregue a alguém, com quem desceu os dois degraus até o pátio. Uma entrevista estava encerrada.

Tiramos os sapatos e subimos até a varanda. Em Jacarta, Budi me dissera que o professor era "magricelo". Mas isso não sugeria a absoluta esqualidez do homenzinho: o rosto descarnado, o bigode fino, a barba em fiapos ralos, os olhinhos vivazes, que agora se dirigiam a nós. Tinha uma boca inesperadamente carnuda, bem definida, com um ínfimo tufo de pêlos embaixo do centro do lábio inferior. Sua pele era de uma cor morena suave e regular, e estava vestido de branco, ou alguma cor muito esbranquiçada, em uma espécie de indumentária árabe que ele instituíra como seu traje religioso oficial e do qual Budi já me havia falado: um turbante de algum tecido acolchoado, com um rabinho comprido, e uma túnica comprida por cima de um sarongue azul-escuro. Apesar de sua roupa, e de sua vocação, e do garoto cego, não era uma casa solene. Era uma casa de família, conforme pudemos ouvir e, em parte, ver, com crianças que brincavam e mulheres atarefadas, contentes por estar ligadas ao professor.

Ele sentou-se conosco no tapete verde de náilon, que era felpudo, não estava pregado no chão nem fora alisado. A balaustrada da varanda — pedaços de bambu retos, entre ripas de madeira atravessadas — era muito baixa; o professor podia se recostar ali, meio sentado. Como fez então, em um repentino momento de distração: recostou-se na balaustrada e olhou para longe de nós, na direção do pequeno tanque mais abaixo, com água corrente e um arranjo de pedras feito de blocos de lava talhados com esmero — um inesperado toque de elegância no pátio.

Ajudantes de chapéu branco, rapazes, estudantes do *pesantren*, começavam a desenrolar tapetes baratos, tecidos à máquina — várias cores, estamparia floral — no cimento do pátio, para o sermão da tarde. Sem dúvida, era daquela varanda, como se fosse um púlpito ou o palanque de um soberano, que o professor pregava. Budi me dissera que os sermões do professor atraíam multidões de milhares de pessoas; agora, com a excitação crescente (estava chegando a hora da prece, e Budi cumpria todas as cinco preces diárias), ele falava em 2 mil pessoas. Toda essa gente não ia caber ali, mas, para a multidão que sobrasse, na rua, e até em algumas casas vizinhas, havia um circuito fechado de tevê.

Budi disse: "Ele é *high-tech*".

Mas o professor não queria que Budi o interpretasse. Queria falar comigo por si mesmo, e em inglês; e isso tornava as coisas difíceis, sobretudo porque ele não sabia direito para que eu tinha vindo. Eu queria saber a respeito do início de seu ministério ou vocação. Não creio que ele tenha comprendido isso. Queria se ater ao presente, falar sobre a comuna que havia crescido ao redor dele e das várias dádivas de seus discípulos, uma parte da bondade de Deus — e percebi que o tanque e o belo arranjo de pedras mais abaixo da varanda, para onde ele olhava de vez em quando, feito de forma tão requintada, tão distinto de todo o restante do cenário, devia ser uma daquelas dádivas especiais.

Quando o pressionei para saber a respeito de sua primeira pregação, respondeu com afirmações vagas.

"Muita gente não tem uma vida bonita. Tem dinheiro, mas não tem felicidade. A alma deles fica boiando." Quando a língua o derrotava, ele tentava compensar isso com uma intensidade da voz, da expressão facial e da gesticulação, unindo em feixe os seus dedos finos. Uma ou duas vezes, tive a visão, muito tocante, de seus pezinhos descalços embaixo do sarongue.

Achei que devia tentar uma pergunta mais curta. Perguntei sobre o seu pai. Respondeu que o pai era soldado; deixou o exército com o posto de tenente-coronel; todo seu tempo de serviço fora em Java.

"Pensei em entrar no exército. Macho. Como meus amigos." Ele riu. "Agora estou no exército de Alá. Meus amigos estão no destacamento dos boinas verdes do exército. Agora estou no destacamento dos boinas brancos, ou turbantes brancos, de Alá."

Tentei de novo. Budi me disse que o professor saíra do ITB no meio do curso e, antes de ver a luz, levara uma vida "desregrada". Portanto, perguntei ao professor sobre sua educação, e fiquei sabendo que Budi estava enganado. Ele tentara recriar o professor demasiadamente à sua própria imagem. O professor não saíra em absoluto do ITB no meio do curso; ele se considerava versátil e bem-sucedido. Estudara vários assuntos, administração, eletrônica e engenharia no ITB.

"Deus me concedeu o sucesso na maior parte das coisas que fiz. Escrever. Como orador. Fui escolhido para comandar o batalhão de estudantes. Mas, depois de todo o sucesso, me senti vazio. Tinha vinte e quatro ou vinte e cinco anos. Tentei descobrir qual a coisa mais importante na vida."

Pedi que ele me contasse sobre isso.

"Eu era o mais velho de quatro irmãos. O terceiro filho morreu de esclerose múltipla. Eu o levava nas costas para a escola. Mas, apesar da sua dor, ele estava sempre feliz. Mais feliz do que os médicos, mais feliz do que nós. Alguma coisa nele era importante. Qual o segredo?"

Chegou uma nova visita, uma moça grandalhona com um véu esbranquiçado e uma comprida túnica preta. Tinha o rosto redondo, sem maquiagem, com algo semelhante a uma dor antiga no fundo dos olhos risonhos. Era Hani. Trabalhava na IPTN, a fábrica de aviões de Habibie, e era famosa por ser a única mulher que trabalhava lá com trajes muçulmanos completos. O professor lhe deu as boas-vindas e a apresentou, explicando que, segundo o islã, ela não podia tocar nos homens.

Hani se agachou sobre os joelhos e os calcanhares, diante de nós, seus quadris se esparramaram bem largos embaixo da túnica. Ela disse que havia trabalhado na França durante oito anos. Havia estudado em Poitiers.

Budi disse: "Ela é uma mulher *high-tech*".

Hani falou, com recato, que trabalhava apenas em uma "pequena parte" do avião de Habibie. Mas quando vinha ali, ao *pesantren*, fazia todo o possível para satisfazer as necessidades das pessoas. O que ela fazia, de fato? Respondeu que costurava peças de vestuário para os muçulmanos. Era uma maneira de dizer que fazia roupas; procurava palavras piedosas para algo muito simples.

De dentro da casa do professor, as ajudantes trouxeram travessas com bolos muito amarelos e algum tipo de bebida vermelha servida em xícaras de louça. As xícaras ficavam meio bambas em cima do tapete felpudo e enrugado.

Hani disse ter voltado para a Indonésia porque tinha um contrato com a IPTN. Recebera uma bolsa de estudos de Habibie. Cinqüenta pessoas eram enviadas todo ano ao exterior, e as bolsas de estudo se destinavam, em geral, ao ramo da aeronáutica.

Pedi ao professor para terminar a história sobre seu irmão.

"Ele morreu e disse: 'Não podemos trabalhar juntos neste mundo, mas vamos trabalhar juntos na vida após a morte'."

Hani, agachada a seu modo, sorrindo, sua túnica esparramada em torno dela, parecendo muito grande e reta ao lado do professor, falou a respeito dele: "Quando voltei da França e fui trabalhar na IPTN, e quando o ouvi pela primeira vez, comecei a chorar".

"Lembra o que foi que ele disse?"

"Disse que nosso trabalho aqui era temporário. Se trabalhássemos duro, teríamos uma vida melhor após a morte. Ele me deu coragem para despertar e trabalhar mais duro. Nunca dizia a mesma coisa duas vezes. Deus trabalha em sua boca."

E por fim — agora era a hora da prece, Budi se foi, a ladainha ressoava, proveniente de algum ponto, o sistema de som para o sermão da tarde grasnava e soltava estrondos como se estivesse sendo ajustado, uma mulher ou moça de véu verde varria a varanda da casa que ficava do outro lado do pátio, magros gatos do *pesantren* vagavam ao redor, a pele frouxa oscilando na barriga — e por fim, como se tivesse sido levado a isso pelas palavras de Hani, o professor me contou acerca de sua primeira pregação. Falava em uma mistura de indonésio e inglês; Hani traduzia o indonésio.

Foi quando tinha vinte e cinco anos; deve ter sido depois da morte do irmão. Estava na casa do pai. Simplesmente começou a falar para as pessoas. Na primeira pregação, havia dez pessoas. Depois, deixou a casa do pai (não disse onde era), veio para ali e alugou um quarto em uma casa que agora se tornara a mesquita do *pesantren*. Quando tinha quarenta pessoas a ouvi-lo, começou a se preocupar. Pensou: "Por que essa gente veio me ouvir?". Perdeu alguns amigos. Durante três anos, foi difícil para ele — embora não tenha dito de que modo. Todos os seus amigos o deixaram, exceto um. Ele não se importou.

"Sei que Alá zela por mim o tempo todo. Sei que Alá me escuta. Assim, não posso mentir. É o bastante para mim. Eu apenas gostava de falar de coisas boas. E algumas pessoas disseram que era bonito, maravilhoso. Eu não sentia que fosse maravilhoso. Era muito difícil para mim falar sobre essas coisas. Eu apenas abria meu coração. Eu falava direto do coração, não do cérebro."

Sem dúvida, foi isso que Hani quis dizer quando afirmou que Deus trabalhava na boca do professor.

Senti que, se eu tivesse tempo, e se conseguisse levar o professor a responder uma série de perguntas pequenas, talvez houvesse mais coisas a aprender a respeito da sua missão; mas não muito mais, e nada que modificasse o que já fora dito. Aquilo era o mais longe que se podia ir sem o domínio do idioma, e sem fé, e sem as carências da fé.

Indaguei a respeito do menino cego.

"Arranjei para o menino cego uma vaga aqui, junto com os demais estudantes. Mas agora ele trabalha para um hospital do governo. Ficou aqui uns três anos." O que ele fazia? "Há um orfanato aqui. Só quatro das crianças aqui são minhas. Tomo conta dos órfãos, aqui." Quantos eram? "Uns seis ou dez."

Estranha imprecisão; mas podia ser apenas um lapso de linguagem. Tínhamos escutado as vozes das crianças, dentro da casa; e agora algumas delas, uma ou duas com chapéu branco, meninos, não meninas, rolavam nos tapetes abertos no pátio, onde dali a pouco os fiéis iriam sentar-se.

Budi voltara; era hora de partir. O ar vigilante se fora dos olhos do professor; nossa conversa correra bem. Ele desceu para o pátio e para a rua conosco. Ficou contente em posar para fotografias; o comprido rabinho do turbante pendia para trás, uma caneta espetada no bolso da túnica, os pés delicados despontando por baixo do sarongue. Chamou as crianças (gorros brancos para os meninos, véus brancos para as meninas), sua babá (com um sarongue cor de açafrão e véu preto), Hani: ele queria que elas também posassem. No final, todos estavam rindo.

Quando fomos embora, vimos, duas ou três casas rua acima, a comida ser desembarcada de um carro por estudantes do *pesantren*, com chapéus brancos. A comida era um presente de um discípulo, a exemplo de tantas outras coisas que víramos: como o tapete verde na varanda, as xícaras de porcelana para tomar a bebida vermelha (e talvez a própria bebida), os painéis de bambu trançado nas paredes da casa, o tanque e o arranjo de pedras no pátio: todo o mundo dava segundo seus recursos. Era como Budi dissera: a fé de seus discípulos fizera crescer o *pesantren* e suas empresas. E uma vez que o êxito do professor provava sua graça divina, o seu êxito e o número de seus seguidores cresciam.

Ele não oferecia apenas fé. Oferecia versões das "genuínas coisas celestiais" que oferecera a Budi: orientação espiritual e secular ("Deixe que Deus decida o que é melhor para você"), junto com o caminho da absolvição. Oferecia solidez e segurança para todos, segundo suas necessidades; e as necessidades dos importantes eram vastas. Pelo menos um parente de Habibie era seu discípulo, disse Budi. Sugeriu até que o grande Habibie em pessoa estava em contato com o professor. Mas Budi, como vim a compreender, gostava de sentir que estava no centro dos acontecimentos mais importantes; e essa podia muito bem ser mais uma de suas histórias exaltadas.

A coisa toda, o *pesantren* do professor e a missão do professor, fora retirada das mãos do próprio professor. Ele continuava a ser apenas o professor, como era agora, de pé e sorridente, entre as crianças, dando adeus.

Pegamos o trem de volta para Jacarta. A estação ferroviária construída pelos holandeses estava bem conservada — Java não era como a Índia — embora uma barraca de Dunkin Donuts, em seu uniforme internacional, fosse ali uma esquisitice. No vagão da classe executiva, que tinha ar refrigerado, havia em tudo um sensível aroma de comida condimentada. Um servente ligou o vídeo em um canto, no alto; o filme era *O pequeno Buda*, que Budi já vira. Na luz que aos poucos desvanecia, o trem avançava devagar, à beira de desfiladeiros nas montanhas cobertas de florestas nos arredores de Bandung: um desfiladeiro após o outro, uma ponte após a outra, os trilhos sinuosos o tempo todo, de tal modo que, às vezes, quando olhava para a frente ou olhava para trás, eu podia ver duas ou até três pontes brancas, os suportes de metal curvos, muito largos, despontando no crepúsculo como festões decorativos contra o fundo verde-escuro da floresta. Os pequenos arrozais cultivados em socalcos, padrões irregulares de água parada e muretas nas encostas dos montes captavam a luz evanescente e eram como vitrais, escuros, dourados ou vermelhos, às vezes com mudas plantadas em fileiras.

Budi disse que os plantadores de arroz não viam a beleza que nós víamos. Muitas vezes, tinham de caminhar durante horas, para cima e para baixo, pelas montanhas, a fim de alcançar uma estrada. Quando passamos por uma aldeia, ele me mostrou o que queria dizer. Naquelas aldeias, mil rupias, cinqüenta centavos de dólar, eram muito dinheiro. (Mil "rups", foi o que ele disse; "rups" em vez de rupias era uma parte da curiosa afetação de sua linguagem.) Uma espiga de milho alcançava, ali, não mais de cinqüenta "rups", 2,5 centavos de dólar; de modo que, em troca de um enorme trabalho, sem contar o trabalho de transportar o cereal até o mercado, o lavrador podia receber apenas cinco dólares. Um pouco depois, Budi me mostrou a floresta onde disse que um parente de Habibie ia construir novecentas casas para os funcionários da IPTN; o negócio da aeronáutica tinha também suas ramificações.

Budi disse que sabia ser estranho que ele, que estava agora do outro lado, falasse desse modo a respeito dos pobres. Mas discutia todos os dias com seu sócio sobre novos incidentes de corrupção que via ou pensava ver. Budi não conseguia evitar; embora soubesse depender do sócio (e de seus métodos) para obter os grandes serviços que vinham para a sua firma. Era uma questão sobre a qual havia também questionado o professor: ele aceitava homens corruptos como discípulos.

O que respondeu o professor?

Respondeu que conhecia as histórias que contavam sobre as pessoas. Mas não podia se orientar por isso; não podia julgar as pessoas só pelo que via delas. O que era uma resposta tão boa quanto a que dera quando Budi perguntou sobre suas roupas semi-árabes. Sim, dissera o professor, eram extravagantes, mas seu propósito era mesmo esse: elas o tornavam consciente de si mesmo, de modo que, enquanto usava essas roupas, não podia fazer nada de errado.

Budi disse: "Deixei você algum tempo sozinho com ele, depois que Hani chegou. Fui rezar. Estava na hora. Enquanto rezava, descobri que tinha perdido minha carteira. A perda mesmo não foi importante. Mas ia me trazer dificuldades. Tirar novos documentos. A identidade ia me trazer problemas; para tirar uma nova, ia demorar meses. Assim, logo depois de rezar, estas eram minhas preocupações. E pensei: 'Se eu perder, é a vontade de Deus. Quer dizer que outras coisas irão acontecer comigo'. E então voltei para junto de você e do professor e achei a carteira no tapete, ao seu lado".

Assim, para Budi, aquela visita ao professor havia proporcionado mais um elemento de experiência religiosa: perda, pânico, resignação, fé, imenso alívio, mais fé. Mas, sendo Budi como era, o momento religioso também continha uma lição prática: "Nunca guarde a carteira no bolso lateral. Em algum momento ela vai escorregar e cair. Guarde sempre no bolso de trás".

O céu ficou escuro. Não havia mais nenhuma paisagem do lado de fora. A luz fluorescente do vagão era fraca; a janela emitia reflexos. A luz frouxa no vagão fechado, o movimento, o ruído das rodas — e *O pequeno Buda* na tela do vídeo, passando o tempo todo — induziram Budi a uma conversa mais pessoal e profunda.

Contou-me acerca do tio, o irmão caçula de sua mãe, o qual o amara e fizera tanto por ele. Era o tio que o salvara da pobreza e do desespero em Surabaya, o trouxera para Jacarta e o pusera no caminho certo, mostrara a ele o mundo. Budi vivera com o tio, que era advogado e professor universitário, durante quatro anos. Mas um dia houve uma discussão. Budi, quando falou comigo pela primeira vez sobre o tio, não mencionara a briga. Mas essa briga o havia marcado e em parte explicava sua solidão atual.

O tio tivera uma educação pré-universitária holandesa, na Indonésia; e embora fosse um bom muçulmano e fizesse suas orações quatro vezes ao dia, jamais perdera sua admiração pela cultura da Holanda; ia sempre até lá, de dois em dois anos. Budi pôde fazer uma lista — como se já a tivesse feito muitas vezes antes — de todas as coisas que aprendera com o tio. Aprendera a ir a restaurantes; ele e o tio iam três vezes por semana comer em restaurantes. Aprendera a dirigir (o tio às vezes emprestava a Budi seu carro), tirar fotografias, comprar outros livros que não os didáticos, ir à escola do Corão, se vestir direito, usar paletós Marks & Spencer, e sapatos Bally, por exemplo, nunca usar tênis ou jeans; e, curiosamente, aprendera como pintar uma casa.

Depois de quatro anos, ocorreu a briga. Tinha a ver com moças, com o fato de Budi ficar fora de casa até tarde, às vezes com o carro, e mentir a respeito das moças. Não tinha a ver com nenhuma moça em particular; era uma objeção ao modo de vida de Budi, naquela época. Budi fez uma coisa estranha quando a discussão irrompeu. Levou a namorada do momento para longe da família dela e a instalou na casa de outra namorada. Depois de duas semanas, a família da moça procurou a polícia. A polícia procurou o tio de Budi para fazer perguntas sobre seu sobrinho. O tio se livrou da polícia e depois perguntou a Budi: "Você sabe onde está essa moça?". Budi respondeu: "É claro". O tio falou muito sério, mas sem raiva: "Se você não tomar cuidado, vai arranjar confusão". E Budi, embora não o dissesse, deve ter prometido alguma coisa ao tio.

Certa noite, algum tempo depois, a moça telefonou para a casa deles. O tio de Budi atendeu. Budi temia que isso acontecesse. E dessa vez o tio ficou mesmo furioso. Disse para Budi: "Você não percebe que você não é nada? Olhe o que aconteceu com o seu pai. É um bom exemplo para você. Ele não está morando em uma casa. Mora em um ninho de passarinho". ("E isso ainda é verdade", disse Budi, ao me contar a história. "Não posso levar você à casa dele.") O tio lhe deu um ultimato: Budi tinha de deixar a moça ou a casa.

Budi disse que ia sair de casa. O tio pediu para ele pensar melhor. A própria moça deitou-se na cama de Budi, agarrou-se a ele, implorou que voltasse para casa e pedisse desculpas ao tio. Mas Budi saiu de casa no dia seguinte.

Budi me contou: "Havia uma outra razão para eu sair de casa. Minha família é muito, muito pobre. Moro em um bairro muito rico. Com freqüência, penso na minha família. Toda vez que gasto dinheiro comigo mesmo, recordo que aquela soma de dinheiro seria útil para eles, se eu lhes enviasse. Calço sapatos Bally, como nesses restaurantes, compro livros caros e eles às vezes não conseguem sequer arranjar comida para almoçar".

Budi se instalou na casa de um amigo da faculdade. O irmão caçula do amigo foi convencido a deixar seu quarto para Budi. Naquela primeira semana, por intermédio de outro colega da faculdade, Budi arranjou um pequeno emprego em um escritório, e ganhava 30 mil rupias, cerca de quinze dólares. No final da segunda semana, encontrou uma colocação como simples operador de computador, em uma grande firma de computadores. Budi ia ficar nessa empresa, e prosperar, durante dez anos. Portanto, dessa maneira rápida e inesperada, ele ingressou na sua verdadeira carreira. Era para isso que seu tio o vinha preparando; mas agora seu tio não estava mais ali; e não havia mais ninguém tão próximo a Budi quanto seu tio, ninguém tão preocupado com ele, ou tão informado a seu respeito, com quem Budi pudesse conversar sobre si mesmo. Começou a sentir sua solidão.

Houve um desgosto adicional para Budi, com o amigo da escola de informática em cuja casa ele fora se instalar. O amigo queria que Budi fizesse os deveres de casa para ele; depois passou a pedir dinheiro para Budi. Budi não podia reclamar com ninguém, na casa; e quando, enfim, saiu daquela casa, deixou uma má impressão em todos.

Enviava um terço do que ganhava para o pai e a mãe, em Surabaya, aliviando um pouco da antiga dor. Quatro anos depois de ter deixado a casa do tio, a mãe de Budi começou a pressioná-lo para fazer as pazes com ele. Disse a mãe para Budi: "Você é mais jovem. Seu tio não pode pedir desculpas a você. É você que tem de se desculpar com ele". Enfim, Budi concordou. Ela veio de Surabaya para Jacarta para assistir ao festival no fim do mês de jejum muçulmano, e levou-o à casa do tio. Foram lá de manhã cedo e ficaram na casa o dia inteiro, mas o tio não saiu do quarto para cumprimentá-los. No ano seguinte, para o mesmo festival, a mãe de Budi veio de novo e levou Budi à casa do tio. Dessa vez, o tio saiu do quarto. Mas a simpatia fora quebrada. Não podia mais ser a mesma coisa.

Parecia ser esse o padrão da vida de Budi: o amigo, o salvador, mais tarde sempre se tornava seu inimigo, como em uma lenda. E — ao recordar o sócio repentino, com sua família sofisticada em um carro de tração nas quatro rodas, em Bandung — me perguntei se aquele mesmo padrão não viria a se repetir, agora, com os parceiros de negócios que Budi encontrara entre as pessoas imensamente ricas na súbita expansão econômica da Indonésia. Expus a ele meu pensamento.

Budi respondeu, repetindo algumas de minhas próprias palavras: "Existe a possibilidade de, agora, os amigos virarem inimigos. Se você ouve coisas ruins e não fala nada, algum dia vai acabar explodindo, feito meu tio".

Budi era vulnerável. Não tinha nenhum protetor. E descobri então que, com todos os gostos requintados em termos de roupas, sapatos e óculos escuros importados, nos quais seu tio o adestrara, gostos que ele ainda tinha, Budi não possuía uma casa ou um apartamento. Morava em quartos, em casa de amigos, e alternava as residências; havia um canto em seu escritório onde ele podia dormir. Disse que não tinha dinheiro para comprar uma casa. Falei acerca dos milhares de casas que eu vira nas grandes e novas cidades-satélites de Jacarta. Budi disse que só gente corrupta, como policiais e contadores, tinha condições de pagar vinte por cento de depósito para uma casa de 40 mil dólares; quando alguém morava nesses lugares, não havia dúvida de que era um pilantra. Mas depois falou que não queria uma casa em uma cidade-satélite porque teria de manter um criado em casa o dia inteiro para cuidar da sua propriedade, e isso seria um peso para ele. Pouco mais tarde, Budi pareceu dizer que não conseguiria suportar a solidão de ter uma casa só dele.

Budi vivia atormentado por sua solidão. Seus pais pobres, em Surabaya, não foram capazes de fazer muito por ele, em termos sociais. E uma vez que não cursara a universidade, Budi fora excluído de toda uma geração de seus pares. As moças com quem podia ter se casado haviam se casado com outras pessoas. Mesmo quando estava em ascensão na empresa de computadores, Budi não conseguia arranjar namoradas entre seus colegas porque não tinha a mesma procedência social nem a mesma confiança. Antes que o professor de Bandung o convencesse a fazer a peregrinação a Meca, Budi tivera bastante sexo, mas sem "ambiente" — seu termo de informática para designar uma vida social adequada. Agora, após ter feito os votos religiosos, até o sexo acabara.

Budi tinha centenas de amigos. Mas a solidão, disse ele, de forma misteriosa, não tinha nenhuma relação direta com a felicidade; e a solidão que ele padecia era "não saber o que fazer". Ele se dava bem com os pais, mas eles achavam que o filho era muito superior a eles; e não havia nenhum diálogo real com os pais, como houvera com o tio.

"Meu pai não tem remorsos da sua falência. Nunca se arrepende. Gosta de usar camisas muito velhas, mesmo quando compro camisas novas para ele. Nisso, ele é muito indonésio. Não tem nenhum desejo de luxo. Vive feliz em seu ninho de passarinho. Contei-lhe o que meu tio falou, e ele riu. Comentou: 'Então você foi embora da casa porque ele disse isso?'. Respondi: 'Foi humilhante'. Disse meu pai: 'Mas é a verdade. A casa é como um ninho de passarinho'."

No término da ferrovia construída pelos japoneses, em Jacarta, um terminal muito mais elegante e mais bonito do que qualquer estação da Índia, com suas áreas amplas e limpas e suas tentadoras barraquinhas de comida, Budi barganhou ferozmente, e durante vários minutos, com os motoristas de táxi. Eu me ofereci para pagar, mas ele fazia questão de pechinchar. Conseguiu arrancar de um homem um preço que até eu achei baixo demais. Quando estávamos no táxi, Budi disse que tencionava dobrar o pagamento acertado, a fim de demonstrar o quanto apreciara a cortesia do motorista.

Um pouco do mistério e da extravagância do seu pai havia passado para Budi. Seu temor da solidão o forçara a viver daquela maneira, em casas de amigos e no seu escritório; e esse estilo de vida ao mesmo tempo resguardava sua solidão.

Seu escritório era uma sala ampla em um moderno edifício no centro de Jacarta. A sala era repartida por divisórias em ambientes menores. Na área principal, havia cinco cadeiras de executivo. Um armário embutido nesse reduto era o local onde Budi dormia, quando não estava em casa de amigos. O armário tinha uma cama dobrável e cabides e, como não havia ar condicionado, Budi dormia com a porta do armário aberta. Em gavetas do setor executivo do escritório, ficavam as roupas que não estavam nos cabides. As roupas eram tão caras quanto seu tio ensinara que deviam ser; e nas prateleiras junto ao armário, havia livros — destinados à leitura antes de dormir —, como aqueles que seu tio o ensinara a comprar, entre eles o Corão em indonésio e em inglês, uma porção de obras religiosas e uma coleção de livros de administração e negócios de Heinamann Asia, que Budi comprara depois do dia que estivemos juntos em Bandung.

Em um pequeno espaço fora da área dos executivos, ficava sua querida mountain bike com amortecedores atrás e na frente: andar de bicicleta, que em Surabaya era um aspecto de sua grande pobreza, convertera-se agora em um esporte e em um luxo. Ao lado ou atrás do setor dos empregados, atulhado como se fosse uma sala de aula, ficava um reduto que servia de mesquita, com um tapete para orações disposto de viés, para indicar a direção de Meca.

Veio à minha memória — se bem que a escala era menor — o escritório de Imaduddin. Vim a saber que Budi acompanhava os programas religiosos de Imaduddin na tevê (recordava em especial uma entrevista que Imaduddin fizera com um assassino que se convertera ao islã, na prisão). E quando presenciei uma das rotineiras sessões de treinamento de Budi com sua equipe, concluí que Budi adaptara alguns dos exercícios de treinamento mental de Imaduddin, embora ambos devam ter origem em empresas americanas.

Um amigo de Budi, um homem de vinte e cinco anos de idade, formado no ITB, que trabalha na empresa de telecomunicações da família, tinha visitado o escritório pouco tempo antes. Era especialista em artes marciais. Também era conhecido por sua capacidade de ver espíritos, adivinhar a doença das pessoas e sua aura. Adivinhou que o sócio de Budi tinha um problema no rim e que Budi sofria de sinusite. Quando Budi, impressionado, levou-o ao seu armário de dormir, o adivinho disse: "Neste dormitório existe o espírito de uma mulher muito velha. Mas ela não está incomodando você. Por isso deixe que ela fique onde está".

Perguntei a Budi: "Como é essa velha senhora? Ele a viu?".

"Perguntei-lhe a mesma coisa. E ele me respondeu: 'A velha é de matéria transparente. Como no filme *Gasparzinho, o fantasma camarada*'. Em um livro egípcio que li, o assunto é explicado de forma diferente. Os espíritos, nesse livro, podem imitar a si mesmos na forma de seres humanos. Também podem se transformar em um animal."

Falei: "Eu não sabia que você se interessava por esse tipo de coisa".

"Sempre fui interessado nessas coisas."

Em nosso último encontro, Budi trouxe presentes para mim: livros — o estilo do tio ainda estava nele. Eram livros sobre os nove primeiros professores ou difusores do islã na Indonésia e me foram oferecidos com o intuito de lembrar nossa visita ao professor em Bandung. Eram livros para crianças, mas Budi achou-os adequados porque continham as histórias folclóricas sobre aqueles professores.

Budi traduziu para mim a história de Kali Jaga. A reputação de Kali Jaga era ter sido o professor que adaptara o antigo épico hindu *Mahabharata* para a forma de um conto islâmico encenado no teatro de marionetes. Desse modo, levou o islã ao povo e ensinou-os a venerar Deus e não pedra.

O pai de Kali Jaga foi ministro ou soberano regional no império Majapahit, o último império hindu em Java. Os domínios do pai se situavam ao norte de Java, onde já existia alguma influência islâmica. Embora ele mesmo fosse um crente, não queria que o filho ensinasse o islã; não queria se contrapor ao soberano hindu do império. Quando Kali Jaga cresceu, sentiu-se infeliz com o abismo entre ricos e pobres, nos domínios do pai. Passou a roubar arroz e outros mantimentos dos armazéns do estado e entregá-los aos pobres. Seu pai o apanhou em flagrante um dia e mandou que deixasse suas terras. Kali Jaga tornou-se um salteador na floresta, roubando para os pobres.

Um dia, viu um velho que caminhava na floresta com uma bengala, com cabo de ouro. Kali Jaga veio e tomou a bengala do velho, e o velho falou: "O que você quer? Quer ouro? Se quer ouro, olhe só para aquelas árvores".

De repente, as árvores que o velho indicara se transformaram em ouro. Kali Jaga correu até as árvores para pegar o ouro e o velho seguiu seu caminho. Quando o velho sumiu, o ouro das árvores se transformou de novo em folhas e Kali Jaga entendeu que o velho era um homem poderoso.

De fato, o velho era Sunnan Bonang, um dos nove professores, um homem de grande poder; podia voar e encontrar água quando quisesse. Kali Jaga correu atrás do velho e implorou que ele o aceitasse como aluno. O velho respondeu: "Estou ocupado. Mas se você quer mesmo ser meu aluno, pegue a minha bengala, sente-se aqui ao lado do rio e espere até que eu volte".

O professor foi embora. Esqueceu-se de Kali Jaga por muitos anos. Quando, um dia, passou de novo por aquele caminho, encontrou Kali Jaga sentado junto ao rio, de barba, suíças, cabelos e unhas compridas, e ainda com a bengala do professor. Videiras haviam crescido em torno dele. Assim o velho transmitiu a Kali Jaga muito conhecimento e poder, e lhe disse para sair pelo mundo e pregar o islã para o povo. Kali Jaga achou difícil pregar para o povo, que era hinduísta. Desse modo se ateve o mais que pôde a histórias e cerimônias hinduístas, mas substituiu as palavras. Em vez de mantras hindus, recitava o Corão.

Budi disse: "Essa pregação foi em Tuban, a uns duzentos quilômetros de Surabaya. Hoje é uma grande cidade, com um porto".

"Você tem idéia da data?"

"Não sei."

"O século?"

"Eu diria que se passou no final do império Majapahit. Este livro foi feito para crianças. Não colocam o ano e esse tipo de coisas."

A queda do império Majapahit está datada de 1478. Ou seja, catorze anos antes da queda de Granada, o último reino muçulmano na Espanha, e catorze anos antes da descoberta do Novo Mundo. Portanto, enquanto o islã era rechaçado no Ocidente, no Oriente ele se espalhava pelos remanescentes culturais e religiosos da Grande Índia. A Índia fora assolada por séculos de invasões muçulmanas; sua luz, em regiões como a Indonésia, se havia apagado.

A figura de Kali Jaga, coberto por videiras, mas leal a sua palavra, constitui uma versão mágica e simplificada do santo hinduísta e jainista Gomatheshwara, que meditava sobre o infinito. A mais espetacular representação de Gomatheshwara envolto em videiras é uma estátua nua, de pé, com 17,5 metros de altura, em Sravana Belgola, no estado de Karnataka, no Sul da Índia. Data do século X e ainda parece nova. No pé da estátua, de forma perturbadora, como se fosse uma última provação para o santo, ratos de verdade correm em volta. Era estranho encontrá-lo nessa história javanesa do século XV, sentado à beira de um rio, com um propósito muito diferente.

O mundo de Budi, ainda em um tempo de transição de uma fé para outra, era mais povoado de fantasmas do que ele imaginava.

II

IRÃ
A justiça de Ali

1

A FUNDAÇÃO DOS OPRIMIDOS

Em Jacarta, a nova onda de prosperidade podia às vezes se mostrar opressiva. Modificava as paisagens e as vidas depressa demais, ou pelo menos assim parecia: o passado estava demasiado perto. Todo final de semana, da nova e desorganizada cidade criada pela prosperidade recente, os ricos, sobretudo os chineses ricos, tentavam se afastar em busca de repouso, limpeza, ar puro, ordem. Partiam, com suas famílias e empregadas, para os novos hotéis cinco estrelas; estes representavam agora os santuários de final de semana da cidade. Em 1979, alguns chineses de Jacarta usavam hotéis na cidade dessa mesma maneira, mas o faziam sobretudo nos feriados importantes. Agora, o dinheiro novo, a fortuna nova tornavam festivos todos os finais de semana; e nas manhãs de domingo, no hotel Borobudur, a gente rica, chineses e outros, das Famílias Bem-Sucedidas da Betânia, uma das novas seitas evangélicas americanas, se reunia, cantava hinos e batia palmas em um dos salões mais amplos, rezando para que a sorte durasse mais tempo. Dava a impressão de ser sorte, aquela prosperidade que podia contemplar até os pouco instruídos, pois as tecnologias e as fábricas que a produziam tinham sido totalmente importadas. Por essa razão, também, dava a impressão de ser uma pilhagem, algo que um dia teria de terminar. No estado autoritário, em que sorte e concessões só vinham para os obedientes, qualquer noção de desenvolvimento — inclusive "tecnologia" — vinha associada a essa idéia de pilhagem. Até os ricos podiam sentir-se aflitos. Assim, nas manhãs de domingo, eles se reuniam no santuário do hotel e cantavam hinos e batiam palmas com entusiasmo; no vidro de trás de seus carros, havia adesivos, FAMÍLIAS BEM-SUCEDIDAS DA BETÂNIA, como uma prece fixa, a fim de se precaver do olho gordo.

Muitas vezes, em Jacarta, tive a impressão de estar presenciando uma versão, talvez menos elegante, daquilo que deve ter sido o Irã, antes da revolução: tão portentoso e avassalador que parecia errado enxergar a impostura ou imaginar a grande cidade falida ou decadente.

Mas a Teerã em que estive em agosto de 1979, seis meses depois da revolução, era igual a essa cidade imaginada: como uma metrópole moderna, fruto de uma prosperidade inaudita, cuja vida fora interrompida de forma miraculosa: os cartazes de publicidade internacional ainda de pé, mas os produtos anunciados nem sempre existiam (e a Galinha Frita Kentucky, rudemente emendada para Nossa Galinha Frita, com a cara do coronel sulista borrada e redesenhada); os guindastes imobilizados de uma dúzia de arranha-céus incompletos; as refeições ruins em restaurantes vazios, o esturjão borrachento com molho de carne na sala de jantar quase vazia, mas ainda impecavelmente arrumada, do hotel que ainda se chamava Royal Tehran Hilton na louça, notas fiscais e cardápios, onde os carrancudos garçons de *black-tie* cochichavam e murmuravam uns com os outros, como pessoas cientes de que seu talento e seu estilo já não eram mais necessários. Premonições de decadência, ali; porém, do lado de fora, o entusiasmo das imensas multidões nas preces de sexta-feira na universidade de Teerã (multidões tão grandes que seus passos rugiam como o mar e se podia ver a poeira subir acima delas enquanto andavam), com os famosos pregadores exibidos ao vivo na televisão; e os Guardas Revolucionários, com a indumentária de guerrilha que agora era como um atributo da fé, passavam muito depressa em pequenos caminhões abertos a fim de proclamar que a cidade estava sob seu poder.

Dessa vez eu ia me hospedar no Hyatt. Agora, não era mais, de modo algum, o Hyatt: era o Grande Hotel Azadi (ex-Hyatt). "Azadi" quer dizer liberdade. Todos os hotéis cinco estrelas do Irã foram desapropriados pelo estado, ganharam outro nome e foram entregues à Fundação dos Oprimidos (o nome ironizava a Fundação Xá Pahlevi). Mas as pessoas ainda falavam do Hyatt. Ficava nos arredores da cidade, no Norte de Teerã, nas montanhas.

O chão de mármore polido do amplo saguão era tranqüilizador, e havia funcionários no balcão da recepção mesmo às três horas da madrugada. Mas o tapete no elevador estava sujo, manchado e não combinava de forma alguma com o resto. O dourado das portas dos elevadores, parte do charme original do Hyatt, fora gasto ou raspado em alguns pontos e agora dava para ver que era apenas uma cobertura de plástico, como o plástico que recobre os cartões de crédito. Os carregadores do hotel vestiam todos camisa de colarinho aberto; isso era um dos emblemas da revolução. Os colarinhos haviam vergado em dobras irregulares embaixo das lapelas do paletó e, naquela hora tardia, pareciam imundas golas de tufos engomados, do tipo usado no século XVII. Muitos carregadores não tinham feito a barba; isso era islâmico. Alguns tinham o rosto brilhoso e sujo. Era uma forma de desafio social: os dois estilos da revolução, o político e o religioso, andavam juntos. E quando, mais tarde, fui de novo para baixo a fim de procurar um cofre no hotel, os carregadores estavam sentados, negligentes, carrancudos e sem vontade de ajudar, nas poltronas na parte central do saguão, como um pequeno conclave dos oprimidos em cujo nome hotéis como o Hyatt foram desapropriados pelo estado.

Depois, já de dia, houve um certo alívio. Um garçom trouxe o café. E em seguida duas mulheres vieram para o quarto. Suas túnicas, que iam até os tornozelos, de uma cor azul-esverdeada (talvez para esconder a sujeira), e seus véus pretos, como capuzes negros, as tornavam semelhantes a monjas de uma ordem de domésticas. Mas eram simpáticas; sabiam até algumas palavras de inglês. Nada que me preparasse para o homem que trouxe meu omelete na hora do almoço. Era totalmente mal-humorado, me olhou com um ódio supremo e não falou uma só palavra. Ainda alguma raiva revolucionária, pensei; e quando, no final da tarde, desci para o saguão, vi algo que havia deixado escapar no semi-estupor da chegada, naquela manhã: um grande cartaz na parede acima do saguão: ABAIXO OS EUA. Estava ali (e nos saguões de todos os hotéis cinco estrelas) desde a revolução.

Abaixo do cartaz, as pessoas tomavam chá, café e bolo, gente com aspecto de classe média, com muitas mulheres entre elas. No mezanino, devia haver uma festa para crianças ou algo assim: mulheres jovens, de maneiras sofisticadas e sapatos chiques (a elegância sobressaía em relação às túnicas compridas e aos véus negros) subiam a escada espiralada até o mezanino, com as meninas que vestiam roupas vivamente coloridas; sugeriam uma sociedade mais aberta do que seria de esperar, em vista do aviso do comissário de bordo da Lufthansa, por ocasião da nossa chegada, de que as mulheres deviam manter as cabeças cobertas.

Mas o homem a quem falei isso — o qual viera me levar para uma apresentação de *A assembléia dos pássaros*, ritmos sufis, danças sufis, no teatro ao ar livre, ao estilo de Versalhes, embaixo de plátanos nos jardins do palácio do xá —, o homem a quem falei isso a respeito das pessoas no saguão do Hyatt respondeu que a verdadeira classe média do Irã, a classe que havia custado um século, e uma riqueza incalculável, para surgir, fora destruída ou dispersada. O que eu vira no saguão do Hyatt eram os tristes primórdios de uma nova classe média.

As coisas se desdobraram. O trânsito era tal como eu lembrava, dirigir ainda era um jogo de poder em cada cruzamento, algumas partidas se perdem, outras se ganham, carros batidos de um lado e outro. Todo dia os vapores se adensam até formar uma barreira escura; via-se isso, de cima, do alto das montanhas ao norte de Teerã; quando se olhava de baixo, do centro da cidade, a fumaça escondia as montanhas.

A livraria no Hyatt tinha uma boa e culta amostra de livros ingleses, novos e antigos, velhas brochuras, do estoque pré-revolucionário, de algum modo ainda à venda. Títulos improváveis foram censurados e às vezes por causa de detalhes inusitados: uma menininha negra, sentada diante da sua choupana sulista, em uma fotografia mal impressa para uma edição escolar de *Black Boy*, teve suas canelas riscadas por uma caneta preta.

Fora da área do café no saguão do Hyatt, havia um cartaz emoldurado de uma mulher com a cabeça coberta. Mehrdad, o estudante universitário que foi meu guia e intérprete, leu os dizeres para mim: "Este é o retrato de uma mulher inocente". O cartaz estava em muitos lugares públicos, em Teerã.

E havia a guerra, a guerra de oito anos com o Iraque. Era o tema inevitável. Estava próximo, mas era também como algo mítico, como algo que ocorrera cem anos antes. Mehrdad, quando me falou sobre isso pela primeira vez, usou uma linguagem estranha. Disse: "É uma guerra que estava perdida". Quando indaguei o que a guerra significava para ele, respondeu: "Nada". Ele não queria dizer isso; era seu modo de falar de uma dor quase inexprimível.

A irmã de Mehrdad tinha trinta e poucos anos. Era instruída e não era feia, mas não havia maridos para ela: havia uma carência de homens por causa da guerra. Ela trabalhava em uma editora. Nisso, tivera sorte; muitas mulheres jovens não tinham a oportunidade de sair da casa dos pais; no Irã revolucionário, não era fácil para as mulheres solteiras ter uma vida social, ou sequer circular à vontade. Quando a irmã de Mehrdad saía do escritório, ia para casa e ficava ali. Ficava em seu quarto boa parte do tempo. Era melancólica, disse Mehrdad; tinha engordado, sofria acessos de raiva e muitas vezes chorava; a mãe não sabia o que fazer por ela.

O pai de Mehrdad trabalhava em um banco, antes da revolução. Depois da revolução, os bancos foram nacionalizados e ele perdeu seu emprego. Conseguiu abrir um pequeno armarinho; foi assim que sustentou sua família. Mehrdad — agora voltando atrás um longo trecho, recuando para quando tinha oito anos de idade: a revolução era tudo o que muitos jovens conheciam — Mehrdad lembrou que no início da revolução a palavra de ordem era a mesma dos comunistas: "*Nun, Kar, Azadi*", "Pão, Trabalho, Liberdade". Dentro de um ano, mudou para "Pão, Trabalho e uma República Islâmica".

Havia, agora, regras religiosas para todo tipo de comportamento público, e havia Guardas Revolucionários de uniforme verde — sua barba e sua indumentária de guerrilha eram agora um sinal de autoridade, e não de uma rebelião de jovens — para impor o cumprimento das regras. Mehrdad me levou um dia, no final da tarde, para um parque de lazer, não distante do Hyatt. Rapazes e moças iam ao parque olhar uns para os outros; os Guardas também caminhavam por ali, a fim de apanhá-los em flagrante. As moças, em grupos pequenos, vestiam túnica preta e xador. Eram fáceis de ver; negra agora, nesse parque, a cor chocante da sexualidade feminina, fazendo sinais de longe. Mehrdad, sem dúvida pensando em sua irmã, emparedada em casa, disse que as moças, algumas já mulheres, eram mais velhas do que se poderia supor, uma vez que os homens andavam escassos, depois da guerra.

De ambos os lados de todas as escadas largas, em um trecho do parque, havia bustos, incrivelmente parecidos uns com os outros, dos grandes homens do Irã islâmico: a revolução islâmica havia gerado, ali, uma espécie de arte soviética em um parque construído para o povo.

Assim como, nos antigos países comunistas, as notícias nos jornais censurados tratavam sobretudo de outros países comunistas, também as notícias no *Tehran Times*, escrito em inglês, eram sobre o mundo muçulmano. No meio disso, havia temas locais: o julgamento de três terroristas da Organização Mujahidin Khalq, a escassez de peças de reposição na indústria petrolífera em virtude do embargo comercial dos Estados Unidos, a queda do câmbio.

Existia censura, é claro; não havia segredo nenhum sobre isso. Não havia nenhuma violência especial no tocante à censura de livros. Todos os livros tinham de ser submetidos aos censores, não em forma datilografada, mas em sua versão impressa e acabada, depois de rodada toda a tiragem. Isso estimulava uma autocensura drástica e meticulosa. Por mais que a pessoa quisesse estar livre de suspeitas, nunca conseguia ter certeza absoluta de estar a salvo. Será que música pode? Havia opiniões diferentes. Será que jogar xadrez pode, ou é também uma forma de jogo de apostas? Depois de muita dúvida e discussão, o imã Khomeini disse que podia, sim; e isso se tornara a lei.

Os elevadores com a douração descascada nas portas nunca funcionavam direito. Quebravam de tempos em tempos, e às vezes, depois do reparo, a seqüência de suas rangentes viagens para cima e para baixo não seguiam a ordem normal dos andares. O ar-condicionado do meu quarto não funcionava. "*Kharab*", o homem no térreo, disse: "Está mal".

E foi só. Eu estava disposto a agüentar o calor, mas, quando Mehrdad soube do caso, fez o hotel me dar um quarto nos fundos, livre do sol da tarde e com vista para as montanhas do Norte.

O santuário de Khomeini e o monumento contíguo, o Cemitério dos Mártires (os mártires da guerra com o Iraque), ficavam no deserto ao sul de Teerã, ao lado da estrada que ia para a cidade sagrada de Qum. Tanto Mehrdad quanto o motorista achavam que devíamos chegar lá antes de o calor alcançar o ponto máximo, e partimos de Teerã quando ainda estava escuro.

Abruptamente, na escuridão, e vinda de longe, no meio do deserto plano, surgiu uma irradiação baixa e larga de luzes; as luzes douradas e azuis do santuário e as luzes do trajeto da estrada que levava até ele. Então, lentamente, como uma ilusão de óptica que se desfaz, os detalhes começaram a se mostrar através das luzes e contra o céu que precede a alvorada: a cúpula muito elevada, de uma interessante cor de bronze, e os quatro minaretes semelhantes a torres de telecomunicação, cada um com um diadema de luzes azuis e, acima disso, uma espécie de pináculo encimado pelo símbolo de Alá, e de novo acima disso uma luz azul, como se os projetistas (a exemplo dos projetistas do Albert Memorial, em Londres) quisessem continuar a subir e subir, a vida toda.

A área de estacionamento era muito grande. Oleandros cresciam entre as pistas e havia muitos furgões e carros estacionados nas vagas. A luz do deserto se apressava um pouco mais a cada minuto e se podia ver cada vez mais gente: famílias inteiras adormecidas ou deitadas no asfalto, ao lado dos carros e dos furgões, gente do interior com cara queimada de sol, de roupas escuras e roupas de cama esfarrapadas, com seus pertences em caixas de plástico.

Um cartaz avisava, sem nenhuma necessidade: SANTUÁRIO. E depois disso, tudo era uma desordem: várias barraquinhas para receber oferendas; uma barraquinha de achados e perdidos; uma barraquinha de chá que oferecia chá com açúcar de graça e indicava, em uma placa, que seriam bem-vindas doações de chá, açúcar e xícaras. Todas essas construções acessórias eram simples, corriqueiras, até informais, como se a piedade já estivesse muito bem servida com a grande cúpula e os quatro minaretes com os diademas de luzes: tudo construído, Mehrdad me disse, em quatro meses, tão grande era a necessidade de um santuário para o imã.

Na terra plana e sob o céu alto, as pessoas pareciam pequenas. Também pareciam pequenas no mausoléu. Seus pés descalços quase não faziam barulho. Olhavam, através das grades, para o túmulo do imã; toda sorte de promessa e esperança se abrigava nesse olhar. Era para ver aquilo que tinham vindo ali. O que estava do lado de fora era apenas incidental.

Diante do mausoléu, havia um grande pátio pavimentado com blocos de concreto e, no meio, um tanque para as abluções. As estruturas de concreto inacabadas e cor de poeira, ao lado do pátio, eram para ser albergues. Em toda parte, havia concreto, concreto bruto espalhado pelo deserto. As plataformas de concreto ao lado do prédio principal já estavam se esfarelando. Os blocos do piso de concreto desse lado do pátio já se achavam rachados em vários pontos, ou se desfaziam em areia, e por fim, na extremidade do pátio, estavam tão gastos que já tinham virado terra, com poças de água aqui e ali e trechos de cascalho solto.

Mehrdad disse: "Só limpam para o dia do aniversário".

As cavidades no muro de tijolos em volta do mausoléu, abrigos tradicionais para o sono dos peregrinos, estavam cobertas, algumas delas, com mantas e lençóis pendurados em cordões. A brisa da alvorada levantava os lençóis desses redutos, expondo as famílias com suas roupas de cama e seus pertences. As pessoas que não tinham a privacidade das cortinas já se achavam de pé e circulavam. Muitos pareciam aldeões pobres. Alguns faziam suas preces. Os xadores das mulheres vestidas de preto ondulavam na brisa e faziam-nas parecer mais altas do que eram. Vistas de perto, muitas se revelavam muito pequenas e magras, e algumas pareciam subnutridas. Tinham vindo de longe: a antiga miséria das aldeias, não alcançada ainda por qualquer idéia de reforma.

Tonéis pintados de laranja tinham gravadas, com estêncil, as letras persas para a palavra "lixo". Espalhadas pelo pátio principal, e com o aspecto de caixas de correio, viam-se caixas de esmola azuis e amarelas de formato extravagante. As caixas diziam, no alto, segundo a tradução de Mehrdad, ESMOLAS TORNAM VOCÊ MAIS RICO. Dos dois lados, havia mãos estilizadas, uma segurando ou recebendo e a outra dando. As mãos eram pintadas de amarelo e a mão que dava trazia gravadas, em estêncil vermelho, as palavras COMECE SEU DIA COM UM DONATIVO, COM ESMOLAS. O buraco de coleta da caixa era pintado de azul; a mensagem ali dizia DAR ESMOLAS É PROTEGER A SI MESMO CONTRA SETE TIPOS DE DOENÇAS. A peça toda repousava em um pilar amarelo com um metro ou 1,2 metro de altura. Os blocos de concreto do piso do pátio haviam sido escavados para instalar os pilares e depois cimentados de novo; assim, as caixas de esmolas pareciam uma idéia que alguém teve depois de tudo já construído.

As esmolas das caixas eram para o "*Komiteh* de Ajuda do Imã Khomeini"; esse *komiteh*, ou comitê revolucionário, fora criado no primeiro ano da revolução. Havia uma piada em Teerã a respeito dessas caixas de esmola do *komiteh*, disse Mehrdad. Um turco ignorante (um turco iraniano: há muitas piadas acerca dessa comunidade) foi até lá, deu suas esmolas e quase imediatamente foi atropelado por um ônibus de peregrinos.

Mehrdad disse: "Para o turco, foi como um telefone público que não funcionava".

Havia também caixas de sugestões no pátio, algo inesperado em um santuário, mas talvez elas também tivessem sido instaladas pelo *komiteh*; e a idéia por trás delas talvez fosse apenas que todos os lugares públicos precisavam ter caixas de sugestões. Eram como casinhas de passarinhos em cima de pilares. Os pilares, a exemplo dos das caixas de esmolas, foram firmados em buracos abertos no concreto e em seguida toscamente cimentados; de modo que eles também pareciam uma idéia que alguém teve depois de tudo pronto.

O sol começou a subir. Era hora de ir para o Cemitério dos Mártires. Os postes de iluminação de metal, com três braços, na entrada do pátio de concreto, já estavam danificados. Eu não os notara na chegada. O topo das lâmpadas em forma de cúpula, que lembrava uma espécie de alto chapéu eclesiástico, era feito de alumínio. A base dos postes também estava danificada.

Tudo foi construído às pressas, como Mehrdad comentou. Talvez os santuários tenham começado sempre assim, com o intuito de atender uma demanda imediata, absorver uma avassaladora comoção ou tristeza popular. Talvez aquele santuário, ou seus prédios acessórios, tivesse de ser construído e reconstruído muitas vezes, enquanto existisse uma necessidade dele. Eu sentia que, para a maioria das pessoas que tinham vindo ali, sempre haveria essa necessidade; o mundo sempre estaria fora do seu controle.

Na parte asfaltada, agora, ao lado dos carros e dos furgões estacionados em suas vagas, e entre os oleandros, as famílias sentavam-se em um círculo formal para partilhar o pão árabe e o queijo branco que haviam trazido. Alguns tinham samovares.

Em 1979, havia cartazes e pichações revolucionárias em toda parte. A arte gráfica da revolução era intensa, como as paixões. Agora já não havia quase nada dessas coisas; em vez disso, existiam cartazes e exortações de autoridade. NÃO PENSE QUE OS QUE FORAM CHACINADOS EM NOME DE ALÁ ESTÃO MORTOS. ESTÃO VIVOS E ASSISTIDOS POR ALÁ: este era o cartaz, em inglês, no lado esquerdo da placa acima do portão principal do Cemitério dos Mártires.

A avenida na entrada era larga e bem conservada, vigiada por soldados em uniforme de gala. Essa avenida ia dar em outras grandes avenidas entre plantações de pinheiros e olmos. Os túmulos estavam ali, abaixo das árvores e entre os arbustos. Grandes porta-retratos de alumínio, apoiados em duas estacas, como letreiros de calçada, ficavam perto uns dos outros. Tinham vários tamanhos. Em cima de cada um, havia um estojo de vidro com uma foto do homem morto; e essas fotos eram perturbadoras, pois os homens eram todos jovens e parecidos com os rapazes que ainda se podia ver nas ruas. Os Guardas Revolucionários que eu vira em Teerã em 1979, passando de caminhão e armados, como que só para se mostrar, me pareceram teatrais, na época. E deviam ser mesmo, mas estavam também tão prontos para morrer quanto diziam estar; e morreram às dezenas de milhares durante a guerra.

O mártir mais famoso da guerra tinha treze anos de idade. Havia amarrado uma bomba ao próprio corpo e se atirado embaixo de um tanque inimigo. Khomeini falara do sacrifício do garoto em um de seus discursos. Um pequenino cartaz manuscrito, feito de modo decorativo, como se fosse para festejar — as letras pretas sombreadas de vermelho — estava pregado em um pinheiro, a fim de indicar às pessoas o local onde ficava o túmulo.

O irmão do jovem mártir também morrera na guerra, e os dois foram sepultados juntos. A placa sobre a lápide tinha o logotipo dos Guardas Revolucionários: semelhante a um fuzil. Na parte principal do estojo de vidro, havia fotografias emolduradas dos dois irmãos, com flores artificiais sobre um pano rendado, de ambos os lados. Em uma prateleira mais abaixo havia um espelho e de novo um paninho de renda, e mais flores artificiais. Mehrdad me explicou que um espelho e um pano de renda eram dádivas tradicionais para um noivo. O famoso tributo de Khomeini, em seu famoso estilo literário, também estava ali, pintado em branco ou prateado sobre um fundo preto: "Eu não sou o líder. O líder é este menino de treze anos que, com seu pequenino coração que valia mais do que cem canetas [ou seja, sua fé tinha mais valor do que qualquer quantidade de coisas escritas], atirou-se com uma bomba embaixo de um tanque e o destruiu, bebeu o cálice dos mártires e morreu". Isso aconteceu dois meses depois de começar a guerra; ninguém sabia, naquela altura, que a guerra duraria oito anos.

As lápides simples, fáceis de identificar, tinham sido fornecidas pelo governo. As famílias haviam pago pelas mais enfeitadas. Uma lápide muito simples se repetia muitas e muitas vezes. Dizia, em lindos caracteres persas: "Mártir desconhecido".

Mehrdad comentou: "Existem milhares, aqui. Famílias que não sabem onde estão seus filhos vêm e fazem suas orações à beira de uma dessas lápides".

Sob os pinheiros e os olmos, tudo estava muito junto, as filas de lápides e de porta-retratos, os arbustos alongados que cresciam na areia, e as bandeiras, ladeadas por arbustos e árvores que assim as impediam de ondular no vento, pareciam ser uma parte da vegetação.

Mehrdad disse, enquanto passávamos entre elas: "A gente pode ver as bandeiras em toda parte. As bandeiras do Irã". Ele queria dizer a bandeira da República Islâmica: verde, branca e vermelha, com o emblema de Alá no meio do branco e, logo abaixo do branco, um verso do Corão em caracteres semelhantes ao alfabeto grego. Ele disse, apontando para uma e depois para outra: "Estão perdendo a cor. Estão perdendo seu sentido".

Mehrdad havia servido no exército. O que parecia uma forma de ironia em suas palavras era, na verdade, uma expressão de dor. O exército e as bandeiras eram importantes para ele; e aquelas bandeiras, que nunca se moviam, feitas para nunca apanhar um toque de brisa, erguidas pelas famílias dos mártires, estavam recobertas pela poeira do deserto.

Oleandros cor-de-rosa cresciam entre os arbustos. Eram como os oleandros que cresciam entre as pistas do estacionamento no santuário de Khomeini. A multidão estava lá, no santuário. A freqüência aqui era escassa. As poucas pessoas que circulavam eram sobretudo funcionários do cemitério. O público vinha em dias especiais, explicou Mehrdad.

O pó do deserto, levantado por automóveis e veículos de limpeza, havia devastado os porta-retratos de alumínio na beira das avenidas. Alguns deles estavam, agora, totalmente vazios; às vezes, as fotografias tinham tombado ou despencado dentro do estojo. Antes talvez isso parecesse impossível, mas agora ninguém das famílias vinha mais ali, disse Mehrdad. Os parentes que choravam seus mortos deviam ter também morrido. Os monumentos particulares duram apenas enquanto dura a dor.

Após uma esquina, acima de lápides e porta-retratos abandonados, havia um letreiro, ainda com aspecto de novo, com uma frase de Khomeini: OS MÁRTIRES VOLTAM OS OLHOS PARA ALÁ — NÃO PENSAM EM OUTRA COISA. ELES VÊEM ALÁ. SÃO CONSAGRADOS A ALÁ.

Fomos até o chafariz de sangue. Era famoso, antigamente. Quando foi construído, no início da guerra, jorrava água tingida de púrpura e seu intuito era estimular idéias de sangue, sacrifício e redenção. O chafariz não funcionava mais; a bacia estava vazia. Já tinha corrido sangue verdadeiro demais.

2

A VIAGEM DE IDA E VOLTA DO SR. JAFFREY

Saí à procura de pessoas do passado. Uma delas era o sr. Parvez. Tratava-se do fundador e editor do jornal em língua inglesa *Tehran Times* (com o lema "Que a verdade prevaleça", do qual o sr. Parvez tinha muito orgulho); e em agosto de 1979, ele me parecera estar no auge do prestígio.

Seu jornal tinha escritórios bem instalados no centro de Teerã e uma equipe de vinte funcionários, alguns deles estrangeiros, jovens viajantes que falavam inglês, satisfeitos por poder ganhar alguns rials em troca do seu conhecimento de inglês. O jornal ia tão bem que o sr. Parvez e seus diretores planejavam aumentá-lo de oito páginas para doze, no próximo ano. Ainda havia bastante entusiasmo revolucionário em Teerã, e também muitos estrangeiros que vinham e partiam, para o sr. Parvez imaginar, a exemplo do pessoal do restaurante e do hotel, que após os abalos da revolução e o entrave temporário da economia, as coisas voltariam a andar direito e o país libertado logo seria outra vez o país do *boom* econômico que fora no tempo do xá.

O sr. Parvez parecia mais um indiano do que um iraniano. Quando o indaguei, respondeu que era iraniano de origem indiana. Achei que era um modo delicado de expor algo complexo e supus que ele fosse um indiano xiita, que imigrara para o Irã, como a terra sagrada dos xiitas.

Era um homem gentil. Pensou que, como muitos outros visitantes, eu tivesse ido lá a fim de lhe pedir um pequeno emprego, e deve ter estado prestes a me oferecer uma vaga em seu jornal, pois, com uma timidez repentina e confusa, voltando os olhos para as provas do jornal sobre a mesa, sem olhar para mim, me perguntou de forma evasiva, como se não pudesse suportar a idéia de me fazer a pergunta diretamente, quais eram as minhas "pretensões". Quando entendeu que eu desejava apenas conversar sobre a situação do Irã, me mandou falar com o sr. Jaffrey, que estava na sala dos repórteres.

O sr. Jaffrey era um homem de meia-idade, com olhos radiantes e uma boca larga e expressiva. Ele irradiava disposição. Havia tirado um descanso do texto que se achava na possante máquina de escrever à sua frente e agora comia um prato de ovos fritos que o mensageiro da redação tinha acabado de trazer para ele. O sr. Jaffrey se atirava aos ovos com deleite (era o ramadã, mas ele não jejuava); e tive a impressão de que antes ele se atirara ao texto na sua máquina de escrever com um ímpeto semelhante.

O sr. Jaffrey também era indiano. Era um xiita de Lucknow. Deixara a Índia em 1948, o ano da independência, porque lhe disseram "de forma um tanto áspera" que, por ser muçulmano, não iria muito longe na força aérea indiana. Viajou para o Paquistão. Lá, depois de dez anos, começou a sentir-se infeliz na condição de xiita. Assim seguiu para o Irã, onde quase todo o mundo era xiita. Porém — a tranqüilidade religiosa recuava mais e mais nessa busca do sr. Jaffrey por uma comunidade — o Irã sob o governo do xá era uma tirania e a grande prosperidade, quando veio, gerou corrupção, sodomia e a iniqüidade geral.

Contudo ele ficou ali mesmo. Depois veio a revolução. A religião fizera a revolução, lhe dera o seu poder avassalador. Isso, enfim, era algo bom, algo que o sr. Jaffrey podia aprovar. Mas, em menos de seis meses, a revolução se tornara ruim. Os aiatolás não retornaram para seus centros religiosos, como o sr. Jaffrey julgava que deviam ter feito; não entregaram o governo aos políticos e administradores. Khomeini, disse o sr. Jaffrey, usurpara a autoridade do xá e o país agora estava nas mãos de "fanáticos".

Sem dúvida era esse tipo de artigo insolente que estava na máquina de escrever do sr. Jaffrey, enquanto comia seus ovos e conversava comigo: tive a sensação de que estava exaltado e exagerava, e tornava mais imoderado aquilo que estava escrevendo. E talvez, após uma vida inteira repudiando as coisas, o tom desabusado e contestador era o que despertava nele o que tinha de melhor como jornalista.

Toda sua vida, o sr. Jaffrey tivera o sonho da *jamé towhidi*, a sociedade de crentes. Era o sonho de recriar as coisas tal como foram dos primórdios do islã, quando o Profeta reinava, quando o espiritual e o secular constituíam uma coisa só, e tudo o que era feito pela ainda reduzida comunidade podia ser considerado como algo a serviço da fé.

Era como o sonho da antiga cidade-estado e, no mundo moderno, representava uma fantasia perigosa. Em seu aspecto mais simples, exprimia um desejo de segurança; continha também uma noção de exclusividade. Essas duas idéias, em proporções variadas, levaram o sr. Jaffrey a rejeitar a Índia em troca do Paquistão muçulmano, e depois o levaram a rejeitar o Paquistão em troca do Irã xiita. De outro lado, era o sonho de uma sociedade etnicamente purificada (para usar os termos de uma época posterior). Esse anseio havia levado à divisão do subcontinente indiano e à criação do Paquistão; e mesmo assim o estado muçulmano que fora alcançado, ao preço de tantas vidas humanas e de tanto sofrimento, não conseguira satisfazer o sr. Jaffrey e o seu sonho.

No Irã, agora, o aiatolá Khomeini governava em termos políticos e espirituais, quase por consenso universal. Uma figura semelhante não voltaria a surgir tão cedo; e era difícil imaginar um país em um estado de excitação religiosa mais forte. (Segundo uma nota no *Tehran Times*, agora existia até uma maneira islâmica de lavar os tapetes.) O Irã sob o poder do aiatolá deveria ser algo muito próximo do sonho do sr. Jaffrey, da *jamé towhidi*, a sociedade dos crentes, a unidade entre governo e fé.

Mas foi exatamente nesse ponto que a experiência e a educação indo-britânica do sr. Jaffrey entrou em cena, idéias de democracia, direito e instituições, a separação da Igreja em relação ao Estado, idéias que o faziam sentar-se diante de sua máquina de escrever na sala dos repórteres e bater com força irritados apelos para que os mulás voltassem para as mesquitas e os aiatolás voltassem para Qum.

O sonho do sr. Jaffrey de uma *jamé towhidi* era para ele tão puro e adorado que nem começara a enxergar suas contradições. Ele amava sua fé; tinha viajado de um país para outro por causa dela; achava que isso lhe dava o direito de julgar a fé dos outros. E foi exatamente ali, na verdade, em seu sonho de uma unidade arcaica e impossível, em sua consciência da própria devoção, que era semelhante ao orgulho, em sua firme rejeição do impuro, que a tirania do estado religioso começou. Outras pessoas tinham suas próprias idéias; elas também achavam que podiam julgar a fé dos outros. O sr. Jaffrey agora sofria por causa dos "fanáticos". Mas, ao seu modo, era como eles.

Seis meses depois, quando voltei a Teerã, era inverno, um inverno penoso, e aquele escritório estava vazio. Uma grande pasta sanfonada, com exemplares de arquivo do jornal, se rompera e os jornais haviam tombado em leque em cima de uma das mesas. A máquina de escrever do sr. Jaffrey estava lá, vazia, inofensiva.

A embaixada americana fora ocupada algumas semanas antes por um grupo iraniano e os funcionários foram tomados como reféns. Isso deu cabo dos negócios e da vida econômica de um só golpe. As oito páginas do *Tehran Times* encolheram para quatro, uma única folha de papel dobrada. A equipe de vinte pessoas se transformara em uma dupla, o sr. Parvez e uma outra pessoa. O sr. Parvez perdia trezentos dólares a cada número que publicava. E, no entanto, achava que devia persistir, porque pensava que, se parasse de publicá-lo por um dia, o jornal deixaria de ser uma empresa em atividade normal e a fortuna que investira estaria perdida. Estava com os nervos à flor da pele. Mal conseguia falar a respeito do seu grande temor: que os reféns americanos fossem assassinados.

Perguntei pelo sr. Jaffrey. "Isso é duro para ele?"

"É duro para todo o mundo."

Do lado de fora da embaixada, era como uma feira: tendas, barraquinhas, livros, comida, bebidas quentes. A calçada junto aos altos muros estava cercada por uma corda. Os portões estavam vigiados. Os estudantes que haviam ocupado a embaixada se intitulavam, em uma linguagem cautelosa que parecia ter o intuito de esconder aquilo que eram na verdade, "Estudantes Muçulmanos Seguidores da Linha do Aiatolá Khomeini". Vestiam farda de guerrilha; tinham tendas baixas, de cor cáqui, cravadas na terra. Estavam perfeitamente a salvo ali fora da embaixada na zona norte de Teerã. Só estavam brincando de guerra.

A guerra de verdade estava para vir mais cedo do que imaginavam, e iria durar oito anos.

Agora, quinze anos depois, mas sem muita esperança, saí em busca do sr. Parvez e do sr. Jaffrey. O *Tehran Times* ainda existia; por acaso, havia um exemplar no balcão do Hyatt. Mas perdera o lema, "Que a verdade prevaleça", do qual o sr. Parvez tanto se orgulhava; e em termos tipográficos era um pouco precário e irregular. Em espírito, era igual ao Hyatt. O sr. Parvez jamais permitiria a degradação do jornal; era um profissional; sabia como publicar um jornal. Seu nome, na verdade, não se achava no cabeçalho.

Mas ele sobrevivera. Perdera o *Tehran Times* mas trabalhava em outro jornal escrito em inglês, o *Iran News*. A redação ficava em um prédio pequeno na praça Vanaque, no centro de Teerã. Era mais bonita do que a redação do velho *Tehran Times* do sr. Parvez. O *Iran News* estava atualizado em todos os aspectos. Só de entrar na recepção, sentia-se que, apesar de seu longo isolamento e do aperto financeiro, e apesar da decadência revolucionária de lugares como o Hyatt, os iranianos, em um determinado nível, ainda conseguiam fazer coisas com um estilo que parecia uma reminiscência do — agora esplendoroso — tempo do xá.

Nada havia no rosto do sr. Parvez que indicasse as angústias que devia ter padecido; e apenas um ligeiro inchaço em torno dos olhos, como se tivesse dormido demais, lembrava sua idade. Eu não tinha certeza de que se lembrasse de mim. Nossos dois encontros foram breves; da primeira vez, ele estava preocupado e tímido, e da segunda, estava atormentado. Todavia não demonstrava agora nenhuma dúvida ou hesitação e me levou ao topo do prédio, onde iríamos almoçar e onde, disse ele, seria mais fácil conversar.

Era um salão amplo e bem iluminado no terraço. No chão, quase no meio, folhas de jornal tinham sido espalhadas na diagonal, como um substituto de um tapete de orações voltado para Meca. Na ponta desses jornais abertos havia um tablete de terra de algum lugar sagrado: os xiitas, quando rezam, encostam a testa nesses blocos de terra.

O sr. Parvez levou um pequeno susto quando viu o que estava no chão. Devia ter reservado o aposento para o nosso almoço. Mas se recuperou depressa. "Ah", disse ele, com um toque de aborrecimento, contornando as folhas de jornal, "esses xiitas...".

E então foi minha vez de ficar surpreso com esse aborrecimento e esse desacordo, porque sempre pensara que o sr. Parvez fosse um indiano xiita e que seu entusiasmo xiita o tivesse levado até o Irã, vindo de Bhopal e da Índia, e da sua antiga vida lá como poeta em urdu, o idioma persianizado dos muçulmanos indianos. Mas o sr. Parvez já vivera muitas coisas. Vivera o tempo do xá, sobrevivera a mais de quinze anos de revolução, só Deus sabe a que preço; e as certezas, se algum dia existiram, haviam se dissolvido.

Sentamos em cadeiras de plástico branco (do tipo que se pode empilhar) junto a uma mesa de plástico branco, com o tapete de folhas de jornal a nossas costas. A mesa estava coberta por um pano estampado com folhas de bambu de traços muito vistosos. Mensageiros trouxeram o almoço, dispondo os pratos de forma nem um pouco absurda, como se isso fosse parte do seu estilo pessoal: uma comida grosseira, confusa, com muita carne e óleo, à qual o sr. Parvez se atirou com o mesmo tipo de apetite que o sr. Jaffrey havia dedicado ao prato de ovos fritos, naquela tarde do ramadã, dezesseis anos antes. Enquanto comia um pouquinho disso e daquilo, e depois um bom bocado de outra coisa, enquanto saboreava com gosto sua comida, o sr. Parvez me contou a respeito do sr. Jaffrey.

O fim da linha para o sr. Jaffrey chegara não muito tempo depois da minha segunda visita ao *Tehran Times*, em fevereiro de 1980, quando encontrei o sr. Parvez em um escritório deserto, com os nervos à flor da pele por causa da invasão da embaixada americana e do seqüestro dos funcionários pelos "Estudantes Muçulmanos Seguidores da Linha do Aiatolá Khomeini".

Os estudantes reviraram os arquivos da embaixada e quase todo dia traziam à tona "revelações" sobre mais e mais pessoas. Tinham feito até "revelações" sobre o *Tehran Times*.

Certa noite, um estudante veio à redação do *Tehran Times* e perguntou ao sr. Parvez pelo sr. Jaffrey. O estudante não disse como se chamava, mas era do grupo que tinha a embaixada e os reféns sob seu poder. O sr. Parvez respondeu que o sr. Jaffrey estaria na redação no dia seguinte, às onze horas. O estudante foi embora.

O sr. Parvez ficou preocupado. Sabia que o sr. Jaffrey trabalhava eventualmente para a rádio Voz da América. O que não sabia, na ocasião, era que o pagamento do sr. Jaffrey pelo serviço prestado à Voz da América vinha diretamente da embaixada americana. Os recibos que o sr. Jaffrey dera (ou assinara) nunca indicavam a natureza do pagamento. Diziam apenas: "Recebido da Embaixada dos Estados Unidos".

O sr. Jaffrey era um velho. Tinha problemas cardíacos e outras doenças. O sr. Parvez telefonou para a casa dele.

O sr. Jaffrey disse: "Vou até a redação".

Quando chegou, o sr. Parvez disse: "Há alguma coisa errada? Você teve algum contato com a embaixada?".

O sr. Jaffrey respondeu: "Não. Exceto pela Voz da América. Eu mandava algumas notícias. Recebia o dinheiro por intermédio da embaixada americana".

Perguntei ao sr. Parvez: "O senhor sabe quanto ele recebia?".

"Creio que trezentos dólares por mês. Era um bom dinheiro, na época. Sete tomãos, setenta rials, equivaliam a um dólar."

Agora seria uma soma ainda mais valiosa: 4 mil rials equivaliam a um dólar.

O sr. Parvez disse: "Aconselhei-o a ir até a embaixada e conversar com os estudantes, explicar a eles a situação. Disse que pareciam muito simpáticos. Ele me prometeu que iria à embaixada".

No dia seguinte, o sr. Jaffrey não veio ao escritório. O sr. Parvez telefonou para a casa dele. O sr. Jaffrey não estava lá. O sr. Parvez ficou muito preocupado. Tentou se convencer de que o telefone do sr. Jaffrey na certa estava quebrado. Mandou seu motorista até a casa dele. Depois de mais ou menos uma hora, o motorista voltou e disse: "A casa está fechada". O motorista conversara com um vizinho e este tinha dito que, durante a noite, o sr. Jaffrey havia amontoado algumas de suas coisas na mala do carro. O sr. Jaffrey tinha um grande carro americano, um Chevrolet antigo.

O sr. Parvez entrou em contato com os amigos do sr. Jaffrey. Não conseguia acreditar que o sr. Jaffrey fosse um espião. Começou também a pensar que o sr. Jaffrey podia ter sido preso. Entrou em contato com os funcionários da segurança pública. Responderam que não tinham notícia do sr. Jaffrey.

De tarde, o estudante da embaixada veio de novo e perguntou pelo sr. Jaffrey. Ficou aborrecido quando o sr. Parvez disse que não sabia onde o sr. Jaffrey estava.

O estudante falou: "Por que me disse que ele estaria aqui às onze horas?".

Parvez respondeu: "Olhe. Ele é um homem bom, um homem idoso. Sei que não há nada errado com ele".

O estudante ficou muito irritado e o sr. Parvez veio a saber, depois, que aquele estudante e alguns outros invadiram a casa do sr. Jaffrey e tomaram algumas coisas dele.

No dia seguinte, o sr. Parvez recebeu um telefonema do Paquistão. Era o sr. Jaffrey. Ele disse: "Estou aqui com o meu Chevrolet".

O sr. Parvez perguntou: "Como conseguiu isso?".

"Tive de dar algum dinheiro aos guardas da fronteira", explicou o sr. Jaffrey. "Dos dois lados. No Irã e no Paquistão."

"Você cometeu um erro. Você é um homem correto. Não devia ter fugido."

"Não, não. Sou velho e estou doente."

O sr. Parvez, enquanto comia no terraço do *Tehran News*, sentado à mesa branca de plástico coberta com o pano estampado com grandes folhas de bambu, e recapitulava acontecimentos de quinze anos antes, disse: "Felizmente ele já tinha um filho e uma filha no Paquistão. Em seguida, começou a trabalhar lá, em Islamabad. E depois, em 1990, eu acho, recebi outro telefonema do Paquistão, do filho dele, para informar que ele havia falecido".

Foi assim que terminou, para o sr. Jaffrey, o sonho tão acalentado em Lucknow, na Índia, em 1948, de uma *jamé towhidi*, a pura sociedade de crentes, que parecia justificar que ele deixasse o seu país natal.

O sr. Parvez disse, em uma espécie de tributo final: "Ele gostava muito de jogar bridge. Naquela época, havia *tanta* gente aqui que jogava bridge".

A época a que o sr. Parvez se referia era o tempo do xá. Jogar cartas, agora, era julgado antiislâmico e proibido.

Na época da fuga do sr. Jaffrey, o sr. Parvez (segundo me dissera em 1880) perdia trezentos dólares por dia a cada novo número do *Tehran Times*. Sentia, não obstante, a absoluta necessidade de continuar e de algum modo estava conseguindo fazer isso. Mas revolução é revolução; a desordem tem um ímpeto próprio; não havia dias felizes à espera.

Alguns meses depois da fuga do sr. Jaffrey — e depois da guerra de mentira ao redor da embaixada americana, e do uniforme de batalha de mentira dos "Estudantes Muçulmanos Seguidores da Linha do Aiatolá Khomeini" — veio a guerra de verdade: a guerra de oito anos contra o Iraque, uma guerra tão terrível que os jornais iranianos, agora, se referiam a ela de algumas formas emblemáticas: "a guerra imposta", "a guerra imposta pelo Iraque", "a defesa sagrada", "a defesa sagrada de oito anos".

Em uma extensa frente de batalha, a oeste, um grande derramamento de sangue. E, logo depois, um derramamento de sangue revolucionário dentro do próprio país: a revolução começou a eliminar alguns de seus criadores.

O sr. Parvez disse: "Após 1982, todos os líderes bons começaram a ser assassinados. As pessoas de cima. Os assassinatos era cometidos por grupos distintos. Depois, pessoas de um segundo escalão começaram a aparecer. Só restou Beheshti. E depois também ele foi morto. Ele tinha suas idéias a respeito da república islâmica. Eram muito claras. Queria ter relações com todos os países, exceto Israel e África do Sul. E queria terminar a guerra". Depois de sua morte, e da morte de alguns outros, a oposição começou a ser "varrida".

O sr. Parvez disse: "Agora eles querem controlar o jeito que a gente fica aqui sentado" — e bateu com a mão na mesa de plástico coberta pelo pano estampado com folhas de bambu — "e o jeito que a gente fala. Tudo tem de ser islâmico".

Beheshti era o aiatolá que foi, ou se tornou, o protetor do sr. Parvez (embora o sr. Parvez não empregasse essa palavra), e tive a impressão de que foi Beheshti quem ajudou a manter o jornal em atividade durante os meses difíceis da crise dos reféns.

"Enquanto o doutor Beheshti estava vivo, ninguém podia tocar em mim. Ele me apoiava. Por favor, mencione Beheshti. Foi martirizado em 1981. Com uma bomba. Estava discursando em uma reunião de economistas do Partido da República Islâmica. Esse partido foi extinto, mais tarde."

A afeição e o carinho do sr. Parvez em relação a Beheshti, catorze anos depois de sua morte, se patenteava no emprego da palavra "martirizado". E ele tinha razões para chorar a morte de Beheshti, pois alguns meses depois seu jornal foi desapropriado pelas autoridades.

O sr. Parvez começara a publicar o *Tehran Times* em 1979, após a revolução. "*Tehran* 'Que a verdade prevaleça' *Times*" — disse ele, intercalando o título e o lema, tal como se lia no alto da primeira página. Sentado no terraço do *Iran Times*, almoçando, com o tapete de orações formado por folhas de jornal e o bloco de terra sagrada a nossas costas, os olhos do sr. Parvez brilharam com aquela lembrança adorada; e pronunciou as palavras do título e do lema mais uma vez. "Esse título estava registrado. Agora, o modificaram. Um dia, simplesmente chegaram na redação e me mandaram assinar uma folha em branco. Assinei. A pessoa que veio é hoje um embaixador importante. Agora ele é até um bom amigo meu. Mas naquele tempo eu não o conhecia."

Após alguns dias, esse homem disse ao sr. Parvez: "É melhor retirar o seu nome do jornal. É melhor para você. Você nunca foi um revolucionário. E trabalhou para um jornal que era próximo do xá". E era verdade que o sr. Parvez estivera ligado a um jornal em língua inglesa na época do xá.

Um dia, o sr. Parvez perguntou às novas pessoas que trabalhavam em seu jornal: "É possível que eu receba alguma indenização? Tudo o que ganhei aqui investi no *Tehran Times*".

Alguém do departamento de contabilidade respondeu: "Não peça dinheiro".

O sr. Parvez perguntou: "Por quê? Não tenho casa. Tenho um filho na América. Preciso mandar dinheiro para ele. Olhe, no tempo em que eu era jornalista, antes da revolução, não havia aqui nenhum jornalista. Ou tinham fugido ou estavam na prisão, ou então tinham sido executados".

O homem da contabilidade não reagiu a isso conforme o sr. Parvez esperava. Retrucou: "Graças a Deus que você ainda está vivo e trabalhando".

O sr. Parvez continuou como editor do jornal. Havia sempre um mulá na redação, então. Ajudava bastante o fato de o mulá ser um homem cordato, de mente aberta, segundo a opinião do sr. Parvez. O mulá dizia: "Seja moderado. Não seja extremista". E isso era tudo. Se não fosse um homem tão cordato, o sr. Parvez não teria permanecido. E, de fato, as autoridades tratavam o sr. Parvez com consideração. Em ocasiões oficiais, ele era apresentado como "o pai do jornalismo em língua inglesa no Irã". Certa vez, chegou até a ser levado para um encontro com o aiatolá Khomeini e o sr. Rafsanjani, o primeiro-ministro.

"Fui apresentado de uma maneira muito polida", disse o sr. Parvez. "Muito respeitável." Essas formalidades tinham muita importância no Irã.

E o sr. Parvez estava habituado à censura. No tempo do xá, até 1975, quatro anos antes da revolução, havia um agente da Savak, a polícia secreta do xá, na redação do *Tehran Journal*, que era o nome do jornal do sr. Parvez naquela época. O agente da Savak chegava às três da madrugada com uma equipe que sabia inglês, e verificavam o jornal inteiro, até os anúncios. Em suas matérias sobre manifestações ou passeatas contra o governo, o *Tehran Journal* não podia usar as palavras "estudante" ou "juventude". "Desordeiros" era o termo que devia ser empregado. Em 1975, essa censura cotidiana das páginas do jornal cessou. Mas o governo ainda mantinha o controle; as pessoas do primeiro escalão do jornal recebiam instruções de como agir.

Não havia, agora, nenhuma censura formal, disse o sr. Parvez; só havia autocensura. Os jornalistas agora sabiam até que ponto podiam ir. No tempo do xá, não sabiam. Hoje em dia, podiam ir surpreendentemente longe.

"Já criticamos presidentes, ministros etc. Mas sabemos que se tentarmos destruir ou sequer atingir o sistema básico, não seremos poupados."

"Sistema básico?" As palavras eram novas para mim.

"Trata-se da instituição da liderança e da obediência."

Também isso era novidade para mim. O sr. Parvez inclinou-se para a esquerda e apanhou um exemplar do *Iran News* daquele dia. Apontou duas matérias e disse: "Estas duas matérias podem explicar".

A primeira matéria, "Aiatolá Kani Ressalta Importância dos Ulemás", estava na "seção de política" do jornal. Os ulemás são os sacerdotes, os mestres religiosos, os homens de turbante e túnica. "[...] O aiatolá Mohammad Reza Mahdavi Kani, no domingo, insistiu em que os ulemás devem permanecer ativos como políticos e altos funcionários do governo, e nunca pensar em abandonar essas obrigações essenciais [...] Discursando por ocasião da abertura no novo ano acadêmico na Universidade de Imã Sadeq (AS), o aiatolá Kani [...]"

A segunda matéria era mais importante: "Obediência ao Líder: O Único Modo para a Ala Esquerda Sobreviver". Embora fosse apresentada como uma simples entrevista com um deputado da "ala esquerda", tratava-se de uma reafirmação explícita do princípio da liderança e da obediência. Primeiro, o autor definia o líder: "A mais alta autoridade na República Islâmica é o Líder — ou o Conselho de Liderança — que exerce o supremo poder político e religioso e, de fato, é uma manifestação da integração da política com a religião, em conformidade com o artigo 5 da Constituição do Irã". E eis como o deputado da ala esquerda definia sua obediência: "A ala esquerda acredita na obediência total ao Líder, sem termos ou condições, na execução das ordens do governo, na implementação do puro Islã Maometano (*Islam-e Nab*) conforme o falecido imã [Khomeini] desejava, na criação da justiça social, na implementação do artigo 49 da Constituição [...]".

O autor, então, citava o artigo 49: "O governo tem a responsabilidade de confiscar toda a riqueza acumulada por meio de usura, usurpação, suborno, fraude, roubo, jogo, mau uso de concessões, mau uso de contratos e transações com o governo, venda de terra cultivada e de outras riquezas sujeitas a propriedade pública, operação de centros de corrupção [...]".

A despeito do tom religioso e punitivo, os propósitos do artigo 49 devem ser encarados como um aspecto da atividade reguladora de qualquer governo responsável em toda parte e em todos os tempos. O que o tornava islâmico era "a integração da política com a religião", uma espécie de atalho institucional, uma vez que a integração era venerada na figura do Líder, a quem se devia prestar obediência absoluta. Islã significava "submissão", e em uma república islâmica, tal como a que o povo do Irã havia ardorosamente desejado e aprovado em um plebiscito, todos tinham de se submeter. Pode-se dizer que o xá também exigiu a submissão do povo; mas o xá comandava uma tirania secular e corrupta; ao passo que agora, em troca de sua rendição total, o povo recebia a dádiva da quase insuportável beleza do "puro Islã Maometano, *Islam-e Nab*", que o imã Khomeini desejara para eles.

Era como uma versão da *jamé towhidi* do sr. Jaffrey. O pobre sr. Jaffrey teve apenas o doce sonho. Este sonho governou toda sua vida: o sonho de ser um muçulmano entre muçulmanos somente, um xiita entre xiitas, vivendo em um mundo arcaico restabelecido, em que o Profeta reinava, a pequena comunidade obedecia e tudo servia à fé pura. Só um sonho; e então, como um homem que nunca tivesse querido realmente aquilo por que tanto se empenhara e sofrera, o sr. Jaffrey reagiu ao primeiro sinal de um governo religioso, o imanato de Khomeini, e por fim fugiu em seu Chevrolet, diante da realização pura e pujante do seu sonho, com o Líder e o Conselho de Liderança fazendo as vezes do Profeta.

Esse "sistema básico" — de uma liderança que se movimenta misteriosamente, e um povo que obedece — explicava as fotos oficiais dos três homens em postos mais elevados na hierarquia do poder, que apareciam em vários lugares. Isso explicava alguns retratos enormes, pintados, na lateral dos edifícios, que ligavam o atual líder espiritual ao imã Khomeini e faziam um franco apelo à obediência.

O sr. Parvez disse: "Nunca imaginei que seria assim, em 1979. Pensei que o regime do xá terminaria e teríamos um governo democrático no estilo ocidental, como tínhamos na

Índia. Nunca fui islâmico desse jeito". Seu jornal dava outra impressão, em 1979. "Isso criou muita dificuldade. Minha formação não é nem um pouco religiosa. Votei em 1980, no plebiscito. Votei a favor da República Islâmica. Era um plebiscito do tipo sim ou não. O povo votou oitenta e cinco por cento a favor da República Islâmica, sem saber como seria essa República Islâmica."

O sr. Parvez foi atraído por Khomeini porque ele falava dos oprimidos e dos países do Terceiro Mundo. Lembrava em especial o famoso discurso de Khomeini no cemitério, quando voltou do exílio. Muitas promessas foram feitas nesse discurso: o querosene seria levado a todas as casas, eletricidade grátis, água grátis.

"Ele prometeu empregos, dizendo que tomaria os empregos dos americanos. No tempo do xá, cerca de 1 ou 2 milhões de pessoas estavam desempregadas ou semi-empregadas. Hoje existem 10 milhões de desempregados. Mas vou lhe dizer uma coisa. O imã era muito sincero. Queria ter boas relações com o Terceiro Mundo. Mas não pôde implementar seu plano. Por causa da guerra."

E então o cemitério suscitava outras associações.

Quanto a ele mesmo e ao seu futuro, o sr. Parvez estava tentando reaver o *Tehran Times*. Tinha levado seu caso à justiça.

"Mas em termos financeiros, estarei sempre em apuros. A crise dos reféns... se não fosse isso, meu jornal não teria passado pelo que passou. Os homens de negócio e as empresas estrangeiras foram embora, e não havia mais anúncios."

Tantas coisas aconteceram no mundo. Tantas coisas aconteceram comigo. Ele revivia interminavelmente a crise dos reféns. Era estranho pensar no sr. Parvez — se a metáfora não for demasiado inconveniente — pregado àquela cruz agora, tal como estivera quinze anos antes. Passara por muitas dificuldades; havia feito muita coisa para sobreviver. Seria injusto ir longe demais na interpretação das ambigüidades que notei em sua narrativa.

Eles queriam controlar o jeito de sentar e o jeito de falar, disse o sr. Parvez. E Teerã, à noite, em algumas de suas ruas principais, era como uma cidade ocupada, ou como uma cidade em estado de insurreição, com Guardas Revolucionários e, às vezes, os mais temidos voluntários *Basiji*, em bloqueios montados na rua. Não estavam — nessas caçadas noturnas, quase particulares — tanto à cata de terroristas quanto de mulheres cujo cabelo não estivesse completamente coberto. Não estavam tanto em busca de armas quanto de álcool, CDs ou fitas cassete (a música era suspeita e mulheres cantoras eram proibidas).

As pessoas de Teerã conseguiam avistar essas barreiras policiais na rua antes de um visitante. Certa noite, quando passamos por algumas pessoas que tinham sido presas, a mulher que dirigia nosso carro disse que tudo era uma mera questão de saber como falar com os Guardas. Uma vez, quando foi detida, ela perguntou, como se quisesse mesmo saber: "O que está errado com o meu *hijab* [véu], meu filho?". E o rapaz, de origem simples, sem se sentir hostilizado ou desafiado pela senhora, mas julgando que era tratado corretamente, a deixou passar. Tais eram os hábitos de obediência e sobrevivência que as pessoas haviam aprendido, ali.

Mas, paralelamente a isso, havia a sensação de que esse tipo de humilhação não podia continuar. Conquanto toda capacidade de revolução ou mesmo de protesto tivesse sido erradicada após quarenta anos de esperança e desilusão, e as pessoas agora estivessem simplesmente esgotadas após todo o derramamento de sangue — primeiro, dos que protestavam na época do xá, depois, dos partidários do xá após a revolução, e dos comunistas, juntamente com a terrível carnificina da guerra —, havia agora a sensação, junto com esse esgotamento, de que algo teria de sobrevir no Irã. E, quase como uma parte do anseio por essa ruptura, corriam agora histórias de que Khomeini na verdade fora impingido ao povo iraniano pelas grandes potências; e que alguns mulás importantes estavam buscando se aproximar do povo a fim de pedir sua boa vontade quando as coisas então mudaram de rumo, e a República Islâmica foi abandonada.

* * *

De meu novo quarto, no Hyatt, eu tinha uma visão das montanhas ao norte. Em dias ensolarados, luz e sombras de nuvens modelavam e remodelavam o tempo todo os cumes e as encostas das montanhas nuas e de cor bege. Em dias nublados, o colorido das montanhas mais ao longe se desbotava, uma camada após a outra; e os morros baixos no primeiro plano pareciam vir para a frente, definidos pela palidez de trás, e se tornavam marrons, fulvos ou dourados. A vegetação ceifada, ou castigada pelo sol, às vezes parecia muito tênue. O verde das árvores subia pelas montanhas e parava de forma abrupta. Os morros mais baixos pareciam ter sido nivelados para futuras construções.

3

A GRANDE GUERRA

Simples cartazes preto-e-branco em postes de metal na beirada das ruas no centro de Teerã anunciavam o terceiro seminário sobre o pensamento do aiatolá Khomeini acerca da defesa. Os cartazes eram bastante corriqueiros, sem nada da fúria gráfica dos tempos revolucionários; em espírito, eram como o desativado chafariz de sangue no Cemitério dos Mártires. Uma notícia no *Iran News*, proveniente da Agência Iraniana de Notícias, dizia mais. O seminário era organizado por um alto sacerdote, Hojjatoleslam Qaemi, chefe do Departamento Ideológico e Político do Ministério de Logística da Defesa e das Forças Armadas. Agora, as pessoas religiosas estavam em toda parte e seus títulos políticos podiam ser tão retumbantes quanto seus títulos religiosos. Quinhentas "personalidades" estariam presentes no seminário e — os números provinham do mesmo departamento — catorze palestras seriam apresentadas, escolhidas entre as cento e trinta cujo texto tinha sido enviado. "Uma exposição de fotos da defesa sagrada de oito anos (1980-1988) e uma exposição de documentos da guerra imposta serão apresentadas durante o seminário."

Arash, que ia conversar comigo e com Mehrdad acerca de suas experiências de guerra, não tinha conhecimento do seminário. Assim como tantas outras coisas no governo, aquilo era algo muito distante.

Arash tinha vinte e sete anos de idade. Estivera no *front* nos últimos quatro anos da guerra. Durante os dois primeiros anos, quando tinha dezesseis e dezessete anos, foi voluntário; depois, foi conscrito. Agora era motorista de táxi, assim como o oficial que fora seu melhor amigo. E Mehrdad queria que eu anotasse as palavras especiais que Arash usava para motorista de táxi e o seu modo de pronunciá-las. O ex-oficial, a exemplo de Arash, não era motorista para uma empresa, o que lhe daria uma certa posição; dirigia seu próprio carro, ia e vinha por rotas determinadas, cobrava passagem, usava seu carro como um ônibus e é quase certo que não tinha licença para dirigir táxi.

Arash disse: "Essa guerra não trouxe nada para mim. Vamos ver se minhas lembranças sobre ela trazem alguma coisa para os outros".

Fomos a um café na zona norte de Teerã, um lugar de classe média, com paredes de vidro, em uma avenida movimentada, margeada por pés de *chenar*. O *chenar* é o plátano iraniano, estimado por sua beleza, ali e em Caxemira (onde se diz que até sua sombra é medicinal), e é representado muitas vezes de forma naturalista em pinturas persas e mongóis.

Estava no meio da tarde e o café — que servia sorvete, suco de frutas e chá — estava cheio de mulheres de xador preto, mulheres mães de família. (Àquela hora, no parque, deviam andar as moças de preto, e os Guardas de verde, que as vigiavam e caminhavam entre elas.) Em torno do café e das mulheres, havia um refinamento latente. Era como se a aspiração das mulheres por beleza e elegância não pudesse, agora, nesse estágio, ser suprimida no Irã; era como uma espécie de desobediência.

Sentamos em um reduto junto à janela, e era uma parte da civilidade do lugar o fato de que, embora ficássemos sentados ali um longo tempo e embora após um intervalo eu tenha começado a tomar notas, ninguém olhava para nós ou nos deixava incomodados.

A família de Arash estava em Teerã havia apenas duas gerações. Era uma família de lavradores e ainda havia um ramo afastado da família que trabalhava na terra, que ficava a oeste de Teerã. Criavam bois e ovelhas e tinham dois poços *ghanat*, sem os quais não podia haver agricultura no deserto. Esses poços acompanham antigos cursos de água subterrâneos, que descem das montanhas; Arash disse que os cursos de água tinham de ser reparados e limpos quatro vezes por ano.

O pai do pai de Arash, quando veio para Teerã, tornou-se militar a serviço do xá Reza, o pai do último xá. Isso foi em 1931. Mais tarde, quando seu serviço militar estava concluído, foi diretor de uma agência imobiliária em Teerã.

Mehrdad interrompeu sua própria tradução para dizer: "Eram pessoas *exatamente* de classe média".

E quando Arash foi voluntário para lutar em 1984, tornou-se o que era conhecido pelo nome de *Basiji*. Os *Basiji* eram reconhecidos pela fita que usavam na cabeça. Essas fitas podiam ser vermelhas, verdes, brancas ou pretas; no entanto aquilo que em geral se via na televisão, no Irã e no exterior, era a fita vermelha. Vermelho era o símbolo do sangue, do sacrifício e da fé.

Arash participou de onze ofensivas como *Basiji*. Em sete dessas ofensivas, estava no *front*. No início de seu serviço militar, em 1984, no momento central da guerra, ainda havia o costume de os cantores religiosos irem ao *front* antes de cada ofensiva e incentivar os soldados. Os cantores entoavam seus cânticos e os soldados batiam no peito ritmadamente com uma mão ou — se a situação da guerra fosse grave — com as duas mãos juntas. Às vezes os cantores podiam ser muito famosos, conhecidos em todo o Irã. Um cantor muito famoso veio ao setor de Arash antes da quarta ou quinta ofensiva de Arash.

Mesmo que nenhum cantor religioso viesse antes de uma ofensiva, sempre havia alguém entre os soldados capaz de entoar os cânticos e comandar os demais na cerimônia. A cantoria era executada com a voz mais melancólica possível. O que se cantava não era o Corão, mas canções de devoção, tornadas famosas por cantores afamados.

Mehrdad disse: "Se você vai a uma escola, há sempre alguém que conhece essas músicas, essas canções tristes. E ele pode comandar os demais no cântico". (Mais tarde, naquela noite, no quarto do hotel, quando eu revisava minhas anotações com Mehrdad, ele me deu uma demonstração do tipo de pancadas no peito a que Arash se referia. Em menos de meio minuto, e mesmo enquanto ele falava comigo e explicava o que era aquilo, fez o quarto parecer pequeno com suas hipnóticas percussões.)

A cerimônia cantada durava em geral duas horas. Quando um cantor famosíssimo veio ao setor de Arash, a cantoria durou seis horas, porque aquele homem afamado tinha voz, pulmões e vigor.

O cântico enchia os soldados com pensamentos de morte, martírio, ir para o paraíso e alcançar a liberdade. Depois, os soldados ficavam em silêncio por meia hora ou mais, porém nunca além de noventa minutos. E depois o ataque começava, em geral às duas e meia da madrugada. No período tranqüilo entre o fim dos cânticos e o início da ofensiva, os soldados escreviam cartas e testamentos, consertavam as botas e verificavam se as roupas de baixo estavam limpas.

Mehrdad disse: "Muita gente fazia abluções religiosas antes do ataque, porque achavam que um ataque era um ato sagrado e que a pessoa devia estar arrumada e limpa para isso. Como podia terminar em martírio, iriam ao encontro do seu Deus em um corpo limpo e com roupas limpas".

Havia oficiais entre os *Basiji*, mas não tinham insígnias, dragonas ou qualquer marca distintiva; no entanto, é claro, a vegetação cerrada da barba — diziam que o Profeta condenara o uso da navalha — indicava quem era o homem com o posto mais elevado. Os *Basiji*, explicou Arash, eram sempre informados sobre sua situação; suas perguntas eram sempre respondidas de forma honesta.

Após dois anos de serviço voluntário como *Basiji*, Arash voltou para casa, e depois, quase imediatamente, veio o tempo do serviço militar regular. Depois de dois meses de treinamento, foi para o *front* de novo.

Perguntei para Arash: "Você ia ter de prestar serviço militar de um jeito ou de outro. Por que se apresentou como voluntário para os *Basiji*?".

"Era o que meus amigos faziam; vinte e cinco por cento deles. Metiam isso em nossas cabeças."

"Quem?"

"A televisão e o rádio, e os alto-falantes do lado de fora das mesquitas. Revistas, jornais, tudo."

Faziam-no sentir que estava combatendo pelo islã, acima de tudo. E também pela nação e pela família, ao mesmo tempo.

Mehrdad disse: "A palavra que ele está usando é muito forte. É *namoos*. Sugere uma sensação protetora para as mulheres de uma família. É uma palavra que devia ser usada para os sentimentos de uma pessoa em relação ao seu país ou a seu fuzil. Há uma história engraçada. Vem do tempo do pai do xá, o xá Reza. Ele estava passando em revista alguns soldados. Perguntou a um deles, erguendo o fuzil do homem: 'O que é isso na sua mão?'. 'É um fuzil.' O xá Reza ficou irritado e disse: 'Akbar, isto não é um fuzil. É o seu *namoos*. É a sua mãe, sua esposa, sua filha. Você deve conservá-la e protegê-la'. O xá continua passando em revista a fileira de soldados e chega a Ahmed. Ahmed é um turco do Norte, ou algo assim. Os iranianos fazem piadas sobre os turcos. O xá Reza levanta o fuzil de Ahmed e pergunta: 'O que é isto?'. Ahmed responde: 'É o *namoos* de Akbar. É a mãe de Akbar, a esposa e a filha dele'".

Quando deixou os *Basiji* e entrou no exército para cumprir seu serviço militar, Arash foi escolhido, após dois meses de treinamento, para uma unidade especial de assalto do seu regimento. Foi para a linha de apoio, a uns vinte quilômetros do *front*. Dormiu naquela primeira noite ou primeiro dia, até o meio-dia. Estava em um monte. Acordou e começou a subir o monte até o "local de reunião". (Mehrdad teve dificuldades com a última expressão: sua primeira tradução foi "pátio".) Um foguete caiu uns seis metros abaixo do ponto em que ele estava, no monte, e Arash foi lançado a onze metros de distância. Ficou inconsciente por um dia, mais ou menos. Quando voltou a si, havia drenos espetados em seu braço e sentia um torpor na perna.

Ali no reduto junto à janela no café, com o trânsito agitado lá fora, e as senhoras de classe média com xador preto tomando sorvete e chá nas outras mesas, ele disse: "E ainda sinto alguma coisa". E — nove anos e meio após seu ferimento — passou uma mão perscrutadora e carinhosa na coxa esquerda.

Ficou no hospital de campanha durante dezessete dias. Não o deixaram voltar para Teerã. Arash lhes disse que os *Basiji* podiam voltar para sua cidade natal quando quisessem. Não lhe deram ouvidos. Mandaram-no de volta para o local de reunião. Logo no primeiro dia que chegou lá, achou que havia "o cheiro de um ataque sendo preparado". Resolveu fugir.

Conhecia a região do ano anterior. Sabia que as montanhas ficavam no Norte e sabia que havia uma aldeia ou uma cidadezinha atrás das montanhas. Calculou que ela ficasse a uns trinta quilômetros dali. De tarde, pegou seu dinheiro e suas coisas e se pôs a caminhar na direção daquela aldeia. Caminhou até o anoitecer. Chegou à tenda de um pastor de ovelhas. O pastor levava as ovelhas para o pasto. No inverno, as ovelhas eram levadas para baixo das montanhas; no verão, eram levadas para cima. Agora, as estavam levando para cima.

Na tenda, havia um velho, uma criança, uma mulher e seis moças. Deram a ele leite quente e algum ungüento tradicional, de gordura animal, para seus machucados. Contou a eles que havia se separado de seu regimento e se perdera nas montanhas, e agora estava caminhando para a aldeia ou cidadezinha que ficava do outro lado das montanhas. Eles lhe disseram: "É uma caminhada longa. Tem muitos lobos por aí. E você está andando na direção errada". Puseram-no para dormir ali na tenda, naquela noite, junto com todos os outros.

Às seis da manhã, ele os deixou. Caminhou até as duas da tarde. Chegou à aldeia. Fez parar uma caminhonete e se ofereceu para pagar em troca de uma carona. Tinha dinheiro porque — antes de o foguete cair e o ferir — havia acabado de voltar de uma folga de duas semanas. Chegou a uma cidade grande. Pegou um ônibus e veio para Teerã. Seu pai ficou chocado com o seu estado e não queria que ele voltasse para o *front*.

Foi catorze dias antes do Nowroz, o ano-novo persa, uma festa antiga, pré-islâmica, e Arash ficou com sua família até o final dos feriados.

Mehrdad me disse: "Provavelmente uma das razões por que ele resolveu fugir era que não queria ser convocado para o ataque, às vesperas do Nowroz. Todo o mundo aqui quer comemorar o Nowroz com a família, ao seu próprio modo. Digo isso porque agora ele está falando que, imediatamente após o feriado, voltou para o *front*".

E lá, Arash descobriu que, afinal, não tinha havido ataque nenhum. Mas ia acontecer um agora. Um bem grande, e começou quatro dias depois da sua volta.

No todo, Arash se afastou da guerra em três ocasiões, e parece não ter havido nenhum problema para ele quando voltou.

Uma recordação especial de Arash era da ocasião em que, por alguns dias, eles se viram bem diante das posições iraquianas. Viu um lampejo no lado iraquiano: o sol faiscou em um relógio de pulso, pensou. Viu o reflexo de novo, e concluiu que não era por acaso. Respondeu com um reflexo do seu próprio relógio; e veio um reflexo em resposta. Brincaram assim por um tempo. Nos últimos dias, usaram binóculos para trocar reflexos entre si.

Era igual às histórias da Primeira Guerra Mundial, a momentânea confraternização entre homens que lutavam uns contra os outros no *front* ocidental. Arash não conhecia isso. Sua história indicava o grande esgotamento de ambos os lados, no final da guerra. Mas ele não via importância naquilo; não via importância nenhuma. Contou a história simplesmente como uma curiosidade da guerra.

Quando seu serviço militar obrigatório terminou, ficou no exército voluntariamente por mais quatro meses. Fizera amigos ali, e foi embora com um deles. Partiram juntos para Shiraz. Dormiram em um parque. De manhã, souberam que o imã Khomeini tinha morrido. Foi o momento mais triste da guerra para Arash, bem como para outras pessoas.

Arash disse: "Lembro que meu amigo foi repreendido pela mãe por ter comido uma maçã. Como se a morte de Khomeini tivesse criado uma espécie de ramadã". Ramadã, o mês do jejum.

E Teerã, agora, no final da guerra, era uma grande decepção, como fora sempre, ao longo da guerra. "Em Teerã, havia festas de casamento. Dois amigos meus foram martirizados. E ali, na mesma ruazinha, com aquele funeral, ocorria um casamento. No *front*, era o islã e a guerra. Aqui em Teerã, as pessoas conversavam sobre moda e música. Na Voz da América, podíamos ouvir pessoas iranianas pedindo para tocar discos novos. Em Teerã, ninguém se importava com a guerra. Todo o mundo andava atrás de dinheiro."

Pior de tudo, Arash descobriu que em Teerã os *Basiji* tinham uma reputação ruim. Assediavam as pessoas por violar as regras islâmicas e extorquiam dinheiro delas.

Mehrdad disse: "São pessoas que acham que perderam alguma coisa. Acham que os ricos roubaram delas. Por isso podem ser agressivas".

Arash falara com grande franqueza. Mas algo estava faltando. A guerra de que ele nos falara era uma guerra sem morte, e com muito pouco sangue. Falara de seu próprio ferimento, causado pelo foguete; falara das ovelhas que eram conduzidas através de campos minados para detonar as minas. Mas só isso. Mesmo quando lhe perguntamos sobre os batalhões de mártires, apenas respondeu que durante os ataques os batalhões de mártires iam na frente, depois os batalhões comuns e em seguida os batalhões de apoio. Ele queria falar sobre a guerra, mas não queria falar sobre morte.

Mais tarde, quando saímos do café e estávamos no carro, e a luz do dia havia terminado, lhe perguntei de forma direta: "Você viu muita gente morrer?".

Arash não queria mesmo responder. Mas, depois de um tempo, disse: "Um regimento de 1400 homens lançou-se em um ataque. Só quatrocentos voltaram".

"O que você acha disso, agora?"

"Sou indiferente."

Era semelhante ao que Mehrdad me dissera; e, a exemplo de Mehrdad, Arash na verdade estava dizendo que não podia exprimir sua dor.

"Tenho a impressão de que você é um homem solitário."

"Prefiro ficar só." Pouco depois, disse: "Todo o mundo estava em busca da justiça de Ali. Mas depois de um tempo viram que não estava dando certo". Ali, o genro do Profeta, o quarto califa do islã, célebre pela sabedoria de seus julgamentos, assassinado a caminho da mesquita em 661 d. C., e desde então o foco da vingança e da dor dos xiitas.

Falei: "Você crê que seja possível conseguir algo como a justiça de Ali neste mundo, de novo?".

"Nunca. Mesmo naquele tempo, Ali teve muita dificuldade. Ele foi um grande homem e, em um período de tempo muito curto, já tinha muitos inimigos, e não pôde fazer justiça. É sempre a mesma coisa."

Arash tinha chegado a essa conclusão quando tinha vinte anos de idade. O sr. Jaffrey, o xiita indiano, tivera sugestões da mesma idéia no final de sua vida ativa; e seu doce sonho havia, indiretamente, causado uma desgraça nunca vista aos correligionários que deixara para trás.

Mehrdad, mais tarde, quando conversávamos a respeito de Arash, disse: "Não acha que é um homem simples?".

Eu não havia pensado em Arash, de modo algum, nesses termos, simples ou não simples; mas eu não tinha a visão iraniana de Mehrdad. Eu gostara da franqueza de Arash e o vira como um homem estóico, talvez até um homem bom, cuja bondade poderia ter sido usada de outras maneiras.

Era completamente distinto do outro homem com quem tentamos conversar a respeito das experiências de guerra. Esse homem nos foi indicado por um editor que publicava livros sobre a guerra. O veterano, se é que era mesmo tal coisa, era um homem pequeno, arrumado, com uma barba preta, bem tratada e brilhante, e uns olhos malandros. Achava que fora apresentado a nós a fim de mentir, e mentiu sem parar sobre tudo. Era arquiteto, era médico; segurara mártires moribundos nos braços. Não havia nenhum detalhe concreto em nada que ele dizia, e cheguei a duvidar de que ele tivesse mesmo estado no *front*.

Após um tempo, ele começou a fazer sinais religiosos para nós. Chamou nossa atenção para o fato de as mangas da sua camisa estarem abotoadas no pulso; isso era um sinal de piedade. Antes de beber seu chá, ele se curvava diante da mesa, os olhos astutos giravam para o lado e com toda clareza pronunciava a palavra de agradecimento, *Bismillah*. Perguntei-lhe sobre as canções de devoção que eram entoadas no *front*.

Respondeu que os iranianos eram um povo poético; a poesia lhes vinha com facilidade. Ele mesmo, quando estava no *front*, escrevera em versos o seu testamento. Um soldado no *front*, se estivesse sozinho, podia entoar cânticos religiosos o dia inteiro.

Ele interrompeu e, no mesmo tom de voz, perguntou para Mehrdad: "Ele está querendo saber de lavagem cerebral?".

Concluímos que o homem era um criador de caso e nos livramos dele.

Em seguida, Mehrdad e eu pegamos um táxi-lotação. Já tinha um passageiro, um rapaz gorducho e de aspecto muito limpo, bem vestido e de barba cerrada. Estava no banco de trás. Sem dizer nada, ele saiu do táxi e foi se sentar ao lado do motorista, assim Mehrdad e eu podíamos sentar juntos — era a etiqueta dos passageiros de táxi em Teerã.

Eu queria conversar sobre o homem que redigira em versos o seu testamento. Mehrdad franziu as sobrancelhas e acenou com a cabeça na direção das costas do rapaz barbado. Pouco depois, o rapaz desceu do táxi; e foi Mehrdad quem chamou minha atenção para o fato de que, tão logo o rapaz barbado havia saído do táxi, o motorista ligara os alto-falantes do carro; música saltitante. Ou de fita cassete ou do rádio, da Voz da América ou de Israel. Música era agora uma coisa antiislâmica e ilegal, e homens barbados estavam do lado da lei.

Certo dia, meu café da manhã foi trazido pela camareira. Ela era gorda e espalhafatosa, com um rosto lustroso, sujo, e um cheiro acentuado por usar tantas roupas, algumas talvez de tecido sintético. O queijo persa (da Dinamarca) vinha com uma torrada, um grosso pedaço de cebola púrpura, opaca, cortada já fazia algum tempo, e uma folha de alface, curiosamente virada para cima, que também devia ter sido posta ali já fazia algum tempo. A cebola e a folha de alface (o tifo andava à solta) imediatamente aniquilaram meu apetite; e o sachê de Nescafé só deu para uma xícara sem graça. Agressiva e de quadris sacolejantes em seus trajes de monja, a criada entrou de novo após um intervalo para levar a bandeja; e quando, não muito tempo depois, ela entrou pela terceira vez para perguntar se eu queria que arrumasse a cama, estava mascando uma torrada — tudo à mostra em sua boca, embora ela estivesse cobertíssima em todas as outras partes do corpo — e achei que a torrada era a do meu café da manhã.

No início da tarde — eu trabalhava em meu quarto — a roupa voltou da lavanderia, camisas lavadas e bonitas em sacos plásticos. As outras roupas vieram em uma curiosa caixa de papelão com o nome do hotel impresso. A caixa era novidade para mim. Julguei-a em desacordo com o estilo austero do hotel e da Fundação dos Oprimidos; e quando a abri, deparei com minhas roupas ainda sujas, exatamente do mesmo jeito que eu mandara para a lavanderia, de manhã. Telefonei para o funcionário da portaria. Ele mandou o chefe da lavanderia falar comigo. O chefe da lavanderia ficou sem graça. Levou as roupas e, com uma rapidez absurda, as trouxe de novo, passadas e quentes (mas não lavadas) em novos sacos plásticos.

Quando, afinal, desci para o saguão, vi que o cartaz ABAIXO OS EUA não estava mais acima dos relógios Omega. Após quinze anos, os caracteres estranhos, angulosos, tinham sido desaparafusados, deixando manchas espectrais ao longo das marcas dos parafusos. O momento me pareceu histórico; talvez significasse que as coisas iam mudar, de algum modo. Mas no dia seguinte uma fileira muito mais comprida de letras persas, elegantes, cor de cobre, foi instalada acima dos relógios, e pelo visto diziam a mesma coisa, com mais estilo.

Um sol instável e nuvens movediças modelavam e remodelavam as montanhas ao norte, iluminando uma área, depois a outra, descobrindo vãos entre as cadeias de montanhas, revelando aqui um insuspeitado cume, ali um vale, revelando um cume depois do outro, e a textura da rocha desgastada pela neve do inverno. Às vezes, uma nuvem de chuva, que se rasgava na ponta de um cume elevado e enchia as reentrâncias e os sulcos da rocha, parecia neve.

4

TERRA SALGADA

Ali, um homem de uns sessenta anos de idade fizera sua fortuna loteando terrenos na época do xá. A certa altura, no início da década de 70, antes do grande *boom* do petróleo, ele tivera a sorte — e a sabedoria e o dinheiro — de comprar uma grande extensão de terra salgada em Kerman. Comprou por um tomão o metro quadrado, dez rials, cerca de quinze centavos de dólar; três ou quatro anos depois, quando veio o *boom*, e as cidades por todo o Irã cresciam depressa, Ali vendeu uma parte dessa terra salgada como terreno para construção por quatrocentos tomãos o metro quadrado. Assim — só para brincar um pouco com cifras fantásticas — um investimento de não mais de 10 mil dólares, digamos, tornara-se, após três ou quatro anos, uma pequena fortuna de 4 milhões de dólares.

Uma fortuna dessas seria o bastante para deixar sossegada a maioria das pessoas. Mas Ali tomou outra direção. Tornou-se partidário da revolução. Disse ele: "Agora que tínhamos o dinheiro, a segurança financeira, queríamos a liberdade. Era aquilo que nos faltava". Como estudante, nos Estados Unidos, na década de 60, apaixonou-se por política, inclusive pela política interna americana; e começou a sentir vergonha de vir de um país que não era livre. Nunca perdera essa sensação. Assim, quando a revolução pareceu estar chegando ao Irã, Ali a apoiou moral e financeiramente. Fez isso por intermédio do aiatolá, que se tornou seu amigo.

As idéias de revolução de Ali provinham de suas leituras, sobretudo de história. Mas havia também — embora ele não o dissesse — uma pitada revigorante ou conveniente de religião. Disse ele: "Esperávamos uma revolução baseada em leis divinas e leis da natureza". Leis divinas: era como uma variante particular da *jamé towhidi* do sr. Jaffrey, e a busca de Arash pela justiça de Ali — Ali, o quarto califa, o herói-santo xiita.

Muitas idéias e impulsos diferentes parecem ter convergido para forjar a revolução. Desse modo, quando a revolução aconteceu, existiam — logo abaixo da aparente unanimidade, do sentimento geral de alívio — numerosos conflitos de interesses. E Ali, na condição de homem rico, havia sofrido; a revolução o tratara com rudeza durante três anos. Foi seqüestrado mais de uma vez; detido ou aprisionado muitas vezes; foi até processado. Foi extorquido em dezenas de milhões de dólares.

Após três anos, aprendeu como viver com a revolução, assim como, no tempo do xá, aprendera a viver com aquele regime. O negócio da sobrevivência, as relações com várias camadas e ramificações da autoridade agora tomavam uma boa parte do seu tempo. Agora ele conhecia o seu caminho; em quase todas as situações, sabia como se movimentar.

Era magro, de meia altura, tinha feições persas muito comuns. Em termos físicos, nada tinha de notável; devia ser parte de sua camuflagem. Sua personalidade era algo que conquistava a gente. Seu talhe esguio, por exemplo, parecia natural nele; na verdade, era o resultado de exercícios regulares. Seu trabalho, seu negócio, seu quase furioso desejo de sobreviver o haviam mantido saudável e alerta. As tensões da sobrevivência se patenteavam com mais clareza em sua esposa, agora compelida a levar uma vida artificial, enclausurada. Ela perdera boa parte do cabelo; ainda tinha um certo encanto, mas jazia por baixo de uma profunda e magoada melancolia.

As idéias de revolução de Ali, na época do xá, tinham um matiz de religião: um sonho de leis divinas e leis naturais. E ele provinha de uma família religiosa. Seu pai e seu avô paterno eram mulás; e havia mulás também na família do pai da sua mãe. A família da sua mãe era aquilo que Ali chamava de "gente da cidade".

O pai de Ali nasceu em 1895 (se bem que Ali não tivesse certeza quanto ao ano no calendário cristão). Quando tinha dezesseis anos, foi para a escola de teologia em Mashhad. Naquele tempo (e durante um longo tempo ainda, depois) muitos meninos das aldeias iam para escolas como as de Mashhad e Qum, porque lá recebiam um quarto só para eles, comida, e às vezes até um pequeno estipêndio dos aiatolás de quem se tornavam alunos. Os aiatolás não recebiam dinheiro nenhum das escolas; o dinheiro que possuíam, ou aquele que davam aos alunos, provinha dos seus seguidores. Portanto, havia uma justiça no sistema: o povo dava e o povo recebia algo de volta. Em 1911, quando o pai de Ali foi para Mashhad, as escolas teológicas eram, além de tudo, os únicos lugares do Irã que ofereciam uma instrução superior. Não existiam universidades ou escolas secundárias; o Irã, sob os reis Qajar, havia se atrasado muito, tornara-se um país quase esquecido do resto do mundo.

Após quatro anos em Mashhad, o pai de Ali se tornou mulá e partiu para a cidade de Kerman. Lá, se fez professor, e assim teria terminado a vida, a exemplo do próprio pai, antes dele. Mas os Qajar foram depostos; o pai do xá, o xá Reza, subiu ao poder (com a ajuda britânica); e em meados da década de 20 o sistema legal do Irã foi modificado pelo xá Reza. Foi criado um ministério da Justiça e o código francês foi incorporado, sem maiores problemas, ao sistema tradicional islâmico. O novo sistema era mais formal. Requeria tribunais, juízes, advogados.

Foi bastante fácil para o pai de Ali, com sua competência em jurisprudência islâmica, adaptar-se ao novo sistema. Primeiro, tornou-se juiz — ainda não tinha trinta anos — e depois advogado. Prosperou. Começou a especular com terras em várias partes do país. Como conhecia muito bem as leis antigas e as leis novas, e como muitos títulos de propriedade de terra eram confusos, solicitavam seus serviços com freqüência a fim de determinar a legalidade desses títulos; e seu pagamento, às vezes, era uma parte da terra em questão.

Desse modo, em uma inesperada reviravolta das circunstâncias, durante a ditadura do xá Reza, o mundo se abriu para o pai de Ali de um modo que os mulás das gerações anteriores de sua família não poderiam ter imaginado. E, ironicamente, quando o pai de Ali parecia ter se estabelecido de forma bem segura, o horizonte se tornou sombrio para o xá Reza. Em 1941 — enquanto o mundo exterior se fazia em pedaços, em todos os aspectos — as forças aliadas ocuparam o Irã para impedir que o país caísse sob a influência alemã. O xá Reza, considerado amistoso demais em relação aos alemães, foi deposto e levado pelos ingleses para a África do Sul, onde em pouco tempo viria a morrer: um estranho prenúncio da tragédia do próprio filho, trinta e cinco anos depois.

A ocupação não afetou a ascensão social do pai de Ali e não foi ruim para o país. Em onze anos, entre a deposição do xá Reza e a restauração do seu filho, o país conheceu uma semidemocracia. E também, disse Ali, um semicaos, porque o governo central não conseguia impor sua vontade em toda parte. Mas o Irã era livre de uma maneira que nunca fora antes. Portanto Ali, que tinha cinco ou seis anos quando o xá Reza foi deposto, cresceu sem conhecer nada senão a liberdade. E — na sucessão das gerações — Ali, na condição de filho de um pai rico, famoso e admirado, gozava de privilégios que o pai não conhecera, quando menino. Mas seu pai era rigoroso; e Ali, com um resquício dos costumes antigos, acatava esse rigor.

Quando Ali tinha dezoito anos, seu pai lhe disse: "Venho pagando suas despesas até hoje. Mas agora quero que você cuide de si mesmo. Vou lhe dar uma soma em dinheiro. Pode usá-la tanto para começar um negócio quanto para entrar em uma universidade".

Ali usou o dinheiro para ir aos Estados Unidos. Fez vários cursos técnicos; depois, quando o dinheiro terminou, fez um curso na área de ciências humanas, com a ajuda de uma bolsa de estudos de uma universidade. No todo, passou oito anos nos Estados Unidos.

Tinha quase trinta anos quando voltou para o Irã; e não havia conhecido nada senão a liberdade. Foi um choque voltar para o Irã, para o regime autocrático do xá, e para a Savak, a polícia secreta do xá.

Ali disse: "Com esse tipo de regime, você precisa saber como lidar. Se você tiver de enfrentar uma situação muito cru, desinformado, vai cometer todo tipo de erro, e pode vir a sofrer por isso".

Perguntei: "Que tipo de erros o senhor cometeu?".

"Um dia, eu tentava pegar um táxi. Um táxi parou. Havia dois homens no banco de trás, um no banco da frente. Eu também sentei atrás. Envolvi-me em uma intensa discussão política, critiquei o xá. Depois descobri que era uma armadilha. Queriam me testar. Começaram a discussão sobre política de propósito. Eu era muito ingênuo e expressava minhas idéias sem temor. Fiquei contente quando o carro parou. De outro modo, eu teria ido a um bar com eles e seria levado a falar muitas outras coisas e eles acabariam complicando minha vida. Quando fatos assim aconteciam, a gente se dava conta de que isto aqui não era a América; não dá para a gente se convencer logo de saída. Então aprendemos que temos de levar uma vida dupla. Por isso, quando a revolução ocorreu, aqui, já conhecíamos a experiência de levar uma vida dupla."

O que Ali aprendeu, sobretudo, e bem depressa, era que o xá era sagrado. Outras pessoas em cargos muito altos podiam ser criticadas, mas não o xá. "Havia um ditado: 'Se deixar o xá em paz, você pode fazer qualquer coisa neste país'."

O trabalho de Ali, no Irã, quando voltou, era no governo. Estava no departamento de planejamento. Sua primeira tarefa foi fazer um relatório sobre uma fábrica de cimento do governo que perdia 3 milhões de dólares por ano. Fez uma investigação ligeira e descobriu que uma fábrica de cimento privada bem-sucedida fora criada ao custo de 3 milhões de dólares. Recomendou o fechamento da fábrica de cimento do governo; afirmou que os 3 milhões de dólares que o governo gastava todos os anos na sua fábrica deviam ser dados a particulares, para criar fábricas novas. Isso fazia sentido, em termos econômicos; mas em todos os outros aspectos, como veio a descobrir, seu conselho estava equivocado. Ia pisar no calo de muita gente. Devia ter pensado nos gerentes da fábrica, em suas famílias, em suas ligações; devia ter pensado nos trabalhadores. Estas eram considerações que se esperava que ele levasse em conta.

Logo descobriu que o ministério do Planejamento era um engodo; descobriu que, quaisquer que fossem os objetivos declarados do ministério, se esperava que Ali não fizesse nada, ou que fizesse muito pouco; e que, como conselheiro, seu papel era se conformar a velhas regras tácitas, as antigas práticas do apadrinhamento, da amizade e da família. Constatou também que um dos objetivos principais do ministério era conservar sua equipe, de salários muito altos, livre das conseqüências de toda e qualquer mutreta em que eles pudessem ter se metido em outra parte.

Ali pediu demissão e se tornou tradutor. Não foi uma queda de posição. Em virtude do comércio do petróleo e do *boom* da importação e da exportação, havia muita tradução para fazer. Ali fazia suas traduções sobretudo para exportadores iranianos. Lidava com consulados e altos funcionários de muitos países. Veio a conhecer profundamente os meandros do negócio e ocorreu que seria um erro para ele continuar a ser tradutor quando podia fazia muito mais com o conhecimento acumulado. Estabeleceu-se como uma espécie de intermediário. Em troca de quinze por cento, ele se propunha a conseguir um comprador no exterior para os produtos de um exportador iraniano. Isso convinha a todo o mundo. A um custo extra muito reduzido, aquilo simplificava as coisas para o exportador; e capacitava Ali, que não possuía nenhum capital próprio, a entrar no negócio. Saiu-se tão bem que logo pôde criar uma empresa própria e adquirir armazéns nos portos do Sul. Isso lhe permitiu comprar diretamente dos exportadores e aumentar suas margens de lucro.

Em seguida, teve uma sorte ainda maior. Comprou a grande extensão de terra no estado de Kerman. Era uma terra pobre, salgada. Mas — Ali era um jovem do interior — ele sabia o seu potencial. Tornou-se fazendeiro. Recebeu orientação do instituto agrícola criado pelo xá. Começou a "lavar" o sal da terra; era um processo que levaria sete anos. Fez a lavagem do modo que indicaram. Cavava uma vala de um ou dois metros de profundidade em torno de um campo; as chuvas do inverno lavavam o sal da terra e o levavam para dentro da vala; essa vala ia dar em uma outra, a qual ia dar em um rio salgado. Enquanto a terra estava sendo lavada, Ali podia cultivar nela certas plantas. No primeiro ano, por exemplo, cultivou um melão doce que crescia bem em solo salgado. (Um melão desse tipo se achava sobre a mesa ao final do nosso jantar naquele dia: branco, consistente, suculento, doce, que dava uma sensação de terra e de verão.) Ali vendia o que cultivava quando ainda estava no pé; vendia por atacado e o preço incluía a entrega do produto ao comprador; assim, Ali vendeu muito. Mais tarde, cultivou alfafa e tornou-se criador de gado.

Então veio o *boom* do petróleo de 1973. A renda do governo, que fora de 300 milhões de dólares em 1961, pulou para 22 bilhões, em 1976. As cidades se expandiram. O preço da terra deu um salto e Ali pôde vender parcelas de sua terra salgada por um preço quatrocentas vezes maior do que aquele que pagara. Tornou-se também um empreiteiro, por conta própria. A título de um conforto adicional em um de seus conjuntos habitacionais, imaginou se não deveria construir também uma mesquita — a formação familiar religiosa de Ali se manifestava de várias formas. Ele não sabia como se devia construir uma mesquita e foi pedir orientação a um aiatolá, um homem muito instruído. O aiatolá apresentou Ali a um engenheiro especializado em construir mesquitas. A mesquita foi erguida e desenvolveu-se uma amizade entre Ali e o aiatolá. Um ou dois anos antes da revolução, o aiatolá, que trabalhava contra o governo, se meteu em apuros com a polícia secreta e foi preso. Os seguidores do aiatolá trouxeram a notícia para Ali, e Ali, por via de suas ligações e do seu dinheiro, pôde fazer muita coisa e conseguir a libertação do aiatolá alguns meses depois. A amizade desse aiatolá tornou-se muito importante para Ali, quando veio a revolução; sem essa amizade, as coisas teriam sido, de fato, muito difíceis para ele.

Algumas pessoas conhecidas de Ali, partidários da revolução, voltaram-se contra ela após o primeiro mês. Ali achou que devia dar um pouco mais de tempo. Porém, uns dois meses depois da revolução, quando começaram as execuções, ele teve sérias dúvidas. Pessoas que não haviam feito nada eram detidas e levadas para a cadeia. Muitas desapareciam. "Então começaram a invadir a casa das pessoas, confiscar suas propriedades. Não tínhamos nenhuma segurança para nossos bens, nossos filhos, nossas esposas." Tive a sensação de que a palavra que Ali tinha em mente era aquela que Mehrdad me ensinara: *namoos*.

Um Tribunal Revolucionário, o Tribunal de Justiça Islâmica, foi instalado cerca de um mês após a revolução. Um dos melhores amigos de Ali era o segundo homem na hierarquia desse tribunal, e Ali costumava ir todo dia ver o que podia fazer para salvar seus conhecidos.

"Esse tribunal funcionava quase vinte e quatro horas por dia. Khalkhalli era o presidente do tribunal." O aiatolá Khalkhalli, o famoso juiz implacável de Khomeini. "Ele usava o tribunal como um instrumento para suas execuções. Ficava na rua Shariati. Antes da revolução, era um tribunal militar. O xá criara esse tribunal a fim de processar seus oponentes. Quase as mesmas pessoas que haviam criado o tribunal eram agora julgadas nele, no mesmo prédio. Meus amigos fizeram parte do tribunal durante uns dois anos.

Mas muito antes disso, Ali havia perdido a esperança na revolução, e seu tormento era profundo.

"Esperávamos que acontecesse uma coisa divina, uma coisa comovente. Quando éramos crianças de doze e treze anos, líamos relatos sobre a Revolução Francesa, a Revolução Americana, a Revolução Gloriosa na Inglaterra. E sobre a Revolução Russa. Mas sempre ficávamos fascinados pela Revolução Francesa. Era uma coisa feita por *Deus*, entende? Na última geração, a maioria dos iranianos que estudou no exterior tinha uma cultura francesa. Vivíamos hipnotizados pelas histórias da Revolução Francesa. Todos achávamos que a revolução era algo maravilhoso, feito por Deus, algo como a música, como um concerto. Era como se estivéssemos em um teatro, vendo um concerto, e ficávamos felizes por fazer parte do teatro. Agora, nós éramos os atores. Durante anos, lemos sobre Danton e Robespierre. Mas agora nós éramos os atores. Nunca imaginamos que aquela matança fosse começar, em seguida."

Levou um ano para os comunistas e os islâmicos se afastarem uns dos outros. Mas o Tudeh, o Partido Comunista, havia se infiltrado em todas as ramificações do governo. Compareciam até às preces de sexta-feira nas mesquitas. Exibiam-se como homens de Deus. O Partido Comunista, naqueles primeiros tempos, se pôs inteiramente a serviço de Khomeini. Diziam, segundo Ali, que não almejavam o poder executivo; contentavam-se com a posição de conselheiros. E estavam por trás da nacionalização dos bancos, das companhias de seguro, das fábricas. Deram ao governo e ao seu comportamento uma feição soviética, que o visitante estrangeiro podia perceber ainda agora.

Após seis meses de revolução, Ali estava inseguro e triste. A vida não andava fácil. Era impossível trabalhar. Os novos funcionários do governo se mostravam hostis; encaravam Ali como parte do antigo regime. Algumas pessoas na empresa de Ali começaram a fazer agitação contra ele. Dois ou três foram ao seu escritório para "ponderar". Ali teve de suborná-los. E no final do primeiro ano, ele foi seqüestrado.

"Isso aconteceu em Kerman. Eu estava nas minhas terras. Estávamos construindo casas. Vieram em um carro, três ou quatro deles. Pediram que eu os ajudasse em um projeto de construção deles. Entrei no carro e aí me levaram embora. Mantiveram-me preso a quinze quilômetros dali, em um ponto do deserto, e me interrogaram como se fosse um tribunal. Era um barracão, um abrigo de pastores. Eram rapazes jovens. Tinham visto muito cinema. Agora tinham armas nas mãos e se sentiam muito importantes."

As armas eram do arsenal do exército do xá. Quando o exército desmoronou, e havia desmoronado de repente, muita gente correu para os arsenais para apanhar armas. Durante quatro meses após a revolução, as armas ficavam amontoadas na universidade e eram entregues a qualquer um que pedisse e mostrasse uma carteira de identidade. Muita gente vinha lhe oferecer armas, mas Ali se deu conta de que armas não tinham nenhuma utilidade para ele, pois não podia matar ninguém, nem mesmo para se proteger. E, talvez, se possuísse uma arma e houvesse tentado usá-la na época do seu seqüestro, acabasse ferido pelos jovens seqüestradores.

Resolveu usar de toda cautela com aqueles rapazes e assim descobrir quantos mais havia por trás deles. Talvez não houvesse mais ninguém. Talvez houvesse 4 mil, e planejassem pedir resgate por ele. Conversaram durante dez horas na choupana de pastores, no deserto. Por fim, disseram que iam soltá-lo, mas Ali teria de lhes dar dinheiro. Ele não queria pagar demais; não queria encorajar outros a fazer o mesmo. Prometeu quantias bem pequenas. Os rapazes ficaram enfurecidos. Ameaçaram matá-lo. Ameaçaram destruir sua empresa de construção. Mas Ali não lhes garantiu uma soma maior.

Disse ele: "Eu fui muito rigoroso".

E no final foi solto. Mas esse seqüestro aumentou sua insegurança. Havia 4 milhões de pessoas em Teerã; e parecia que quaisquer quatro pessoas entre aqueles 4 milhões poderiam aparecer diante dele com armas na mão e pedir dinheiro. E o tempo todo, agora, havia problemas com funcionários do governo. Começaram a ocupar suas terras e os condomínios de casas que estava construindo. Diziam que eram propriedade do governo e tinham de ser entregues ao povo.

"O chefe do governo local, de fato, havia confiscado muitas propriedades em Kerman, minhas e de outras pessoas."

"Como era ele? O senhor chegou a conhecê-lo?"

"Ele tinha ligações com o grupo dos *mujahidin*. Muito esquerdista, radicalmente contrário ao capitalismo."

"Como era fisicamente?"

"Tinha uns trinta e quatro anos de idade, baixo, gordo. Cheio de rancor. Um homem instruído, engenheiro. Tenho certeza de que foi espancado pela Savak. E vivia cheio de rancor. Causou muitos prejuízos para mim. Milhões. Muitos milhões. Encontrei-o alguns anos atrás. Veio ao meu escritório. Estava pobre. Tinha sido chutado do cargo. O governo o colocara na cadeia. Veio a mim e pediu um emprego. Ele me deu um beijo e pediu perdão. Na ocasião, ele tinha uns quarenta e cinco anos. Vestia um paletó velho. Eu lhe disse que toda criança tem brinquedos, mas há um brinquedo que é o seu brinquedo favorito: 'Eu também tenho brinquedos. Eu vivia bem, gozava a vida, e toda noite, a vida inteira, tive comida farta. Ainda sou assim. E esse é o meu brinquedo favorito. Se por causa daquilo que você fez eu não tivesse minha fartura por uma noite, eu nunca mais iria perdoá-lo. Mas o que você fez foi como uma mosca que andou em cima da minha pele. Não podia me ferir'."

Um advogado, amigo de Ali, havia entrado na sala onde estávamos e sentou-se conosco — era sexta-feira de manhã, o sabá muçulmano —, e achei que a presença dessa terceira pessoa estimulava o incomum entusiasmo de Ali.

Perguntei: "O senhor arranjou um emprego para o homem?".

"Não lhe dei um emprego. Porque gente desse tipo nunca se emenda. Se tiverem outra vez a oportunidade, vão me ferir de novo. Portanto, precisam ficar longe."

E então, após um ano de revolução, Ali era empurrado de um lado para o outro, por gente do governo, por comunistas dentro do governo e por simples agitadores. Foi seqüestrado mais três ou quatro vezes.

"Eu não tinha muito medo de ir com eles porque sabia que meu raciocínio era mais forte que o deles. Na primeira vez, a gente pensa que se trata de um animal selvagem, que vai nos estraçalhar. Mas quando a gente doma a fera, pode fazê-la rodar a nossa volta."

Havia agora, também, um assédio constante dos Guardas Revolucionários, que pulavam para o jardim e espiavam através das janelas para verificar se dentro de casa tinha alguém vendo tevê ou vídeos, ou invadiam mesmo a casa em busca de álcool, presunto, roupas de mulher ou gravatas, tudo coisas proibidas, agora.

"E se você estivesse com roupas muito arrumadas, eles não gostavam. Atacavam você. Era como Pol Pot, mas não tão radical. Dez por cento. Era uma revolução geral."

"Revolução geral?"

"As rédeas do governo fugiram totalmente das mãos do governo, fora de controle. Era a anarquia e o terror. O motivo era o próprio Khomeini. Cerca de três meses depois da revolução, fui levado pelo aiatolá meu amigo para encontrar Khomeini. O amigo aiatolá explicara a Khomeini que eu era um empresário da construção civil e um homem de conhecimentos técnicos e podia ajudar nos problemas relativos à construção de casas. Eu, meu amigo aiatolá e Khomeini nos sentamos juntos no chão, na casa de Khomeini. A porta abriu. Alguns mulás entraram. Khomeini começou a conversar com eles. Depois, outros mulás entraram. E isso continuou se repetindo, até que a sala ficou repleta de mulás, duzentos deles. E todos queriam dinheiro para levar a seus alunos e a suas organizações religiosas em suas cidades. Khomeini dizia que não tinha dinheiro para dar a todos. Khomeini então falou: 'Vão para suas cidades. Peguem o primeiro homem rico que encontrar, ou o primeiro homem que tiver uma fábrica ou uma grande fazenda. E obriguem-no a lhes dar dinheiro'."

Essa linguagem, partindo do chefe do governo, chocou Ali. E foi então que compreendeu que Khomeini estava conduzindo seu povo para o caos.

O advogado sentado conosco disse: "Sua disciplina mental era diferente das demais pessoas. Era um homem do povo. Compreendia a maioria do povo. A maioria não tinha instrução. Queriam ter dinheiro e bens. Não queriam revolução. Queriam dinheiro, e Khomeini sabia disso".

Ali comentou: "A maioria queria saquear".

O advogado disse: "Então Khomeini promoveu a desordem no país e deixou-os saquear. Fez aquilo que eles desejavam".

Ali comentou: "Quando ele dizia 'obedeçam à lei', não era a lei do país. Era a lei dele, a lei da sua própria cabeça. Antes da revolução, Khomeini disse que era antiislâmico pagar impostos ao governo. Depois, disse que era islâmico pagar impostos ao governo. Queria o caos completo. Naquele dia, em sua casa, compreendi que aquele não era um homem de governo. Era ainda um revolucionário. Não conseguia se controlar. Até o último dia, ele promoveu a desordem".

Imaginei se essa desordem, essa constante "revolução" (uma palavra com associações enganadoras), não representaria um aspecto do protesto xiita. Mas quando insinuei a idéia, nem Ali nem o advogado a compreenderam. Eram homem desiludidos; falavam movidos por um grande sofrimento, mas estavam impregnados de xiismo; era uma parte tão importante de sua vida emocional que não conseguiam dar esse passo atrás, por assim dizer, e examiná-lo de fora.

Em vez disso, se puseram a falar da lei islâmica da necessidade, em cujo nome Khomeini, sempre agindo em termos religiosos, dissera e desdissera muitas coisas.

Ali disse, acerca dessa lei da necessidade: "Para se proteger, você às vezes pode fazer algo errado. Os aiatolás podem ser os mediadores entre o primeiro nível de leis, aquelas que vêm da Alá, e o segundo nível. Quando surge a necessidade, os aiatolás podem, por um breve período, decretar ordens secundárias". O exemplo que deu era de algo próximo a ele. "No islã, a proteção da propriedade do povo diz respeito ao primeiro nível de leis. Mas durante o regime de Khomeini, enquanto ele estava vivo, havia escassez de terrenos para a construção de casas. Por isso, Khomeini disse: 'Lançando mão da minha prerrogativa de alterar a segunda ordem de leis, vou tomar terrenos de qualquer pessoa da cidade, sem pagar nenhuma indenização, e vou dividi-los e dar às pessoas que precisam. Porque existe necessidade'."

E agora, a fim de provar que essa ação de Khomeini constituía um excesso, o advogado começou, tal foi minha sensação, a me levar por becos e antigas ruas estreitas e túneis da jurisprudência islâmica, tal como era ensinada nas escolas teológicas de Mashhad e Qum.

O advogado — enquanto comia, com elegância, pequenos figos verdes inteiros e, nos intervalos, descascava e comia alguma outra fruta — disse: "Uns cem anos depois do nascimento do islã, um dos califas de Meca quis tomar as terras em torno do local sagrado. As pessoas moravam em casas ao redor desse local sagrado, a Caaba. Mas a lei não permitia o confisco de terras. Proteger a propriedade das pessoas era um dos deveres do califa. Assim, o califa convidou os grandes muftis para virem à sua casa, a fim de encontrar uma solução. A melhor sugestão veio de um descendente direto do profeta Maomé, o quinto imã xiita, Bagher. Ele propôs: 'O senhor pode tomar essas terras em torno da Caaba porque a Caaba veio primeiro. Avalie as casas, pague aos donos e mande-os embora'".

Disse Ali: "Khomeini deu um mau exemplo. Agora, todo aiatolá pode alegar a necessidade, como Khomeini fez com freqüência, e infringir a lei". E o Irã ainda vivia sob a Constituição islâmica de Khomeini, a qual lhe dava o poder supremo e instituía o princípio da liderança e da obediência. A Constituição previa uma assembléia eleita, mas havia também um conselho, que se sobrepunha à assembléia.

Concluiu Ali: "Ele tinha uma mente instintiva. Era instintivamente inteligente. Uma inteligência instintiva, animal. Por isso podia comandar o povo. Não tinha uma inteligência educada. Não se emocionava. Era muito frio".

Em nosso encontro seguinte, Ali tinha uma recordação para acrescentar à história da sua ida à casa de Khomeini, três meses depois da revolução. Os duzentos mulás se encontravam na sala, pedindo dinheiro para Khomeini, e ele lhes dissera para voltar para suas cidades e tomar o dinheiro do primeiro homem rico que encontrassem. Isso pareceu contentar a maioria dos mulás. Porém — como em um conto das *Mil e uma noites* — um dos mulás retrucou: "Minha cidade é muito pobre. Na minha cidade não há nenhum homem rico". Khomeini, em uma espécie de reflexo, tocou na manga da camisa de Ali, e por um instante terrível — longo o bastante para que Ali o lembrasse ainda dezesseis anos depois — Ali pensou que estava prestes a ser oferecido em sacrifício àquele mulá muito pobre.

E, de fato, algo parecido ocorreu quinze meses depois. Ali foi detido pelo tribunal revolucionário em Kerman. Uma série de acusações foram apresentadas contra ele: apoiar o regime monárquico, apropriar-se de milhões de metros quadrados de terras do povo, exportar bilhões de dólares, liderar um fracassado golpe de estado contra o governo, chefiar uma organização anti-revolucionária. As acusações não eram precisas; tratava-se de acusações formais, padronizadas, e eram apresentadas contra muitas pessoas.

Disse Ali: "Na região de Kerman, se você for um pouco mais ativo, todo o mundo conhece você. Eu era muito ativo antes da revolução. Eu era bem conhecido. Era um pequeno xá, o símbolo do poder, no local. Quando instalaram uma filial do Tribunal Revolucionário naquela cidade, logo vieram atrás de pessoas como eu. Os Guardas eram todos de famílias rurais. Tinham um sotaque próprio. Eram muito jovens, e estavam muito satisfeitos de estar armados. Muitos deles, depois, morreram na guerra. Eu diria que havia uma mistura: quarenta por cento de grupos *mujahidin* e sessenta por cento de grupos muçulmanos. Os *mujahidin*, marxistas, se infiltraram nos Tribunais Revolucionários desde o início. Não se identificavam; fingiam ser muçulmanos".

Ali sabia distinguir os *mujahidin* dos muçulmanos porque ele também estava fingindo: fingia ser um revolucionário muçulmano. "Minha vida estava em perigo e eu tinha de fazer amizade com eles, de todo jeito." Bem depressa, Ali descobriu um terceiro grupo que se infiltrara tanto nos *mujahidin* quanto nos grupos muçulmanos. "Eram pessoas que desejavam apenas meter a mão em algum dinheiro. Mas se comportavam à maneira islâmica." E eles, por sua vez, logo compreenderam que Ali também estava fingindo e não era um revolucionário muçulmano. "Esses homens se tornaram meus amigos porque sabiam que eu tinha dinheiro e aos poucos me informavam a respeito do que se passava no tribunal e quem era quem."

Ali foi detido várias vezes e preso por quatro ou cinco dias. Em certa ocasião, ficou preso por seis meses. A prisão revolucionária era um velho galpão de fábrica que foi dividido. Havia algumas celas para pessoas mantidas em solitárias; dois grandes blocos para presos comuns, gente como contrabandistas de ópio e ladrões; e uma cela grande para presos políticos. Ali, a princípio, foi posto em uma solitária, de um metro de largura por 2,5 m de comprimento, com direito a sair só meia hora por dia para ir ao banheiro e se lavar. No primeiro dia, leu uma frase na parede, escrita por alguém que estivera lá antes dele: "O prisioneiro no final será libertado, mas o carcereiro ficará para sempre na prisão".

"E essa era uma frase encorajadora porque me dizia que o prisioneiro antes de mim fora libertado. Mesmo agora, quinze anos depois, embora eu esteja solto há tantos anos e tenha tido liberdade bastante para viajar para qualquer lugar do mundo, e viajei e aproveitei muito, mesmo agora, quando tenho de fazer alguma coisa e passo pela prisão, naquela região, embora o lugar tenha mudado e a prisão não seja mais o galpão de fábrica, ainda vejo alguns dos mesmos carcereiros lá. Portanto, eles é que são os prisioneiros. Não nós. Eles eram os prisioneiros."

Alguns dos Guardas Revolucionários na prisão instalada no galpão da fábrica apresentaram-se a Ali. Veio a saber que eram filhos de operários que haviam trabalhado para ele em seus projetos imobiliários.

Disseram-lhe: "No passado, você nem olhava para nós. Era muito orgulhoso. Agora está atrás das grandes e nós é que temos de lhe dar comida. *Allah ho akbar!* Como Deus é grande!".

Contaram a seus pais a respeito de Ali e, para surpresa dos filhos, os pais disseram que eles tinham de fazer todo o possível para ajudá-lo, porque no passado Ali os ajudara e lhes dera emprego.

"E esses garotos me ajudaram muito. Não tinham muito poder, mas podiam me contar certas coisas. Podiam pôr minhas cartas no correio e trazer cartas da minha esposa. Eles me davam os melhores lugares da prisão e a melhor comida."

Por causa desse novos amigos, Ali foi retirado da solitária e colocado no setor de presos políticos. Todas as pessoas contrárias ao governo, na prisão, se achavam ali, quarenta e cinco ou cinqüenta detentos. Conversavam sobre política o tempo todo porque nada mais tinham para conversar e Ali descobriu que as pessoas tinham opiniões políticas em conformidade com a sua origem. Havia gente do Partido Comunista Tudeh, embora seus líderes colaborassem com o governo. Havia grupos *mujahidin*, embora os *mujahidin* ainda não houvessem iniciado sua guerra contra o governo. Havia maoístas radicais. O governo, na realidade, havia começado a destruir silenciosamente a esquerda. Havia também, no setor de presos políticos, alguns generais e coronéis do exército do xá; alguns grandes proprietários de terra ligados ao xá; e, curiosamente, dois mulás sexualmente corrompidos, que se haviam destacado na época do xá. Um desses mulás dizia que tinha um talismã para mulheres que não podiam ter filhos; costumava levar as mulheres para a sua casa e fazer sexo com elas. O outro adivinhava o futuro das pessoas.

"Os dois, na verdade, foram executados. Nós víamos as execuções de muito longe. Quando havia execuções, de algum modo acabávamos sabendo na noite anterior. Apagávamos as luzes bem cedo, de noite, e fingíamos dormir. Depois, por volta da meia-noite, as luzes eram acesas no jardim do pátio e podíamos ver as execuções de longe, sem que os guardas soubessem. Havia um mulá local investido desses altos poderes no Tribunal Revolucionário: confiscar, prender, ou executar."

"Qual o efeito das execuções nos prisioneiros?"

"Ninguém gostava, qualquer que fosse o grupo. Não encaravam as execuções como um ato de justiça."

De tempos em tempos, os inspetores revolucionários vinham à prisão e alguns dos presos políticos eram levados para ser "investigados" (Ali não usou nenhuma palavra mais forte). Essas investigações duravam de duas a cinco horas e depois os prisioneiros voltavam para a prisão. As investigações eram sem violência.

Alguns dos detentos ficavam enciumados dos privilégios que Ali parecia desfrutar em virtude de seus novos amigos entre os Guardas. Na verdade, esses amigos traziam para Ali tantas frutas e doces que ele os dividia com os demais em sua cela.

Chegou um dia em que alguns dos garotos comunistas não conseguiram mais se conter. Disseram para Ali: "Isto aqui é uma festa de casamento para você. Mas espere só. Espere só até a gente tomar o poder. Nós não levamos gente como você para a prisão e para o tribunal. Vamos levar o tribunal e o carrasco para a sua rua e para dentro da sua casa, e julgaremos você na frente da sua casa e executaremos você ali mesmo".

Ali respondeu: "Graças a Alá vocês estão na prisão, vão ficar na prisão e nada podem fazer contra mim".

Após algum tempo, foi anunciado o julgamento de Ali. As pessoas foram convidadas a fazer qualquer tipo de acusação que quisessem contra ele e apresentar qualquer documento incriminador que possuíssem. Houve sete sessões no tribunal do mulá e a acusação contra Ali foi retirada.

O mulá-juiz disse: "Não sou um homem da revolução islâmica. Mas fiz essa revolução para promover o islã. Existe uma diferença entre as duas coisas. Quero construir uma casa no céu. Não quero construir uma casa no inferno. Um homem rico não é necessariamente culpado, a menos que eu descubra alguma culpa nele. O senhor pode não ser um bom muçulmano, mas não o julgo culpado".

As coisas se acalmaram para Ali, após o julgamento. Ainda havia problemas, muitos problemas. A vida, agora, nunca era fácil e talvez nunca mais ele se sentisse seguro. Mas o tipo de revolucionário que o havia prejulgado por ser rico e o atormentara durante os primeiros três anos da revolução não era mais tão influente nos tribunais e no governo. O governo se livrara de muitos dos homens mais enfurecidos e aqueles que permaneceram em seus cargos se tornaram menos duros com o passar dos anos. O poder corrompera muitos deles. Alguns haviam ganhado muito dinheiro e tinham criado suas próprias empresas. As pessoas no poder ainda podiam criar obstáculos; mas agora eram mais fáceis de manobrar e havia sempre maneiras de lidar com elas.

Depois de tudo isso, havia melancolia na casa de Ali. Viase isso no rosto de sua esposa, que exprimia uma dor inextirpável pelo que fora, na verdade, uma vida perdida.

Nas montanhas ao norte, a luz da manhã lançava sombras nas encostas e nas ravinas. Toda irregularidade, da rocha desgastada, das pedras desmoronadas em uma vertente, era ressaltada. A luz da manhã também revelava a extensão em que as montanhas mais baixas se achavam ocupadas por casas; e, em vários locais, viam-se novos terrenos aplainados — cor de cimento, abaixo do tom bege — prontos para outras construções. À noite, podiam-se ver pequenas linhas de luz partidas no que devia ser a encosta da montanha. Pela manhã, essas luzes sumiam e tinha-se a impressão de não haver nada ali. Mais abaixo, álamos pareciam viçosos contra o verde mais escuro, ao fundo.

5

A PRISÃO

Paydar, crescido na pobreza na mísera região noroeste, vivia desde muito jovem dominado pela idéia de revolução. Atormentava-se com o que via, todo dia e toda noite, no sofrimento de sua mãe viúva. Ela costurava roupas, fazia meias curtas e compridas para ganhar a vida e muitas vezes ficava sentada na sua máquina de costura até duas horas da madrugada.

Em pouco tempo, Paydar ingressou no Partido Comunista Tudeh. O Tudeh esperava ser levado ao poder nas costas do movimento religioso, e a política do partido, nos primeiros dias da revolução, era assumir a camuflagem islâmica. Isso era bastante fácil: os temas da justiça, do castigo e da maldade dos governantes eram comuns a ambas as ideologias. Mas o partido Tudeh destruiu a si mesmo. Imprimiu à revolução islâmica uma organização de estilo soviético e depois acabou destruído por essa mesma forma de organização.

Em sua prisão provinciana, em um galpão de fábrica, entre 1980 e 1981, Ali Paydar vira o começo da derrocada da esquerda. Embora os comunistas enfurecidos da seção política da prisão de Ali ainda ameaçassem enforcá-lo diante da própria casa quando chegassem ao poder, os seus dias no Irã estavam, na verdade, terminados. Dois anos depois, em 1983, o partido Tudeh foi formalmente declarado ilegal pelo governo. E dois anos depois disso, Paydar, que estava na clandestinidade, a exemplo dos membros sobreviventes do partido, foi perseguido, preso e levado para uma prisão fora de Teerã.

Paydar, na ocasião, não sabia em que parte do Irã se situava a prisão; não sabia nem mesmo agora. Durante dois meses, segundo seus cálculos, foi mantido em algo semelhante a uma cova, sem janela, "sem uma migalha de luz", e era interrogado. Foi nessa escuridão e imensa solidão, nesse alheamento de tudo — primeiro, na cova, depois, em uma cela com outros catorze presos, onde passou mais um ano — que Paydar começou a refletir friamente sobre a idéia de revolução que guiara boa parte de sua vida adulta. E chegou a uma compreensão — especialmente penosa, nas circunstâncias — do motivo do seu engano e da razão "por que as revoluções estão fadadas ao fracasso".

"Concluí que as pessoas são complicadas demais, na sua natureza, para serem guiadas de uma forma simples, por meio de uns poucos *slogans*. Dentro de nós mesmos somos cheios de ganância, amor, medo, ódio. Todos levamos conosco nossa própria história e passado. Portanto, quando vamos fazer uma revolução, trazemos conosco todos esses fatores em proporções distintas. As revoluções têm sempre subestimado todas essas diferenças individuais."

Assim, na prisão, ele rejeitou a idéia de revolução. Tinha sido seu grande ponto de apoio, o equivalente à religião; e nenhuma outra idéia tão vital lhe veio, depois. Paydar era como um homem em quem algo se extinguira. Era um homem grande, do Noroeste. Eu podia imaginá-lo tomado pelo entusiasmo. Agora, se mostrava estranhamente pacífico; seu sofrimento, velho e novo, estava sempre ali para fazê-lo vigiar suas maneiras, ponderar suas palavras e atenuar a exaltação ou as queixas. Ele tentava, agora — exposto como se encontrava, e passível de ser preso de novo a qualquer momento —, ter seu ponto de apoio na vida privada, na sua família; no entanto o dia-a-dia era difícil e, na barafunda econômica do Irã revolucionário e com a queda do valor da moeda, seus proventos como professor caíam cada vez mais.

Ele disse: "Fui atraído pelo pensamento revolucionário quando tinha dezoito anos". Isso foi sete ou oito anos antes da revolução. "Havia um homem em nossa cidade que acabara de sair da prisão e adorávamos ir conversar com ele. Mas ele não queria conversar conosco, por questões de segurança. Enfim, ele deve ter tido uma boa impressão de mim, porque me escolheu para conversar. O homem tinha trinta e oito anos e era amigo íntimo de um escritor famoso, que se afogara no rio da nossa cidade. Confiou em mim e passou a conversar comigo."

"Onde ele morava? Como era a casa dele?", perguntei.

"Uma casa muito pequena e comum, como são as do Noroeste, com um quintalzinho e dois quartos. Ele morava com a mãe e duas irmãs. Contou-me muita coisa sobre a injustiça e como ele iria eliminá-la."

"Você trabalhava, na época?"

"Eu tinha acabado de sair da escola e trabalhava no mercado. Ao mesmo tempo escrevia contos para umas revistas. Escrevi uns trinta contos, e a maior parte deles foi publicada."

"Sobre o que você escrevia?"

"Sobre a pobreza, sobre o sofrimento do povo. Meu pai morreu quando eu tinha doze anos e depois disso vivi na pobreza. Minha mãe trabalhava dezesseis horas por dia para nos sustentar. Guardo dela uma imagem triste: acordei às duas horas da madrugada e a vi dormindo em cima da máquina de costura."

O novo amigo de Paydar, o ex-preso político, dava a ele livros de escritores russos. Paydar sentiu-se especialmente comovido com Máximo Górki; ficou fascinado com o romance *A mãe*. O amigo também apresentou Paydar a livros de escritores iranianos revolucionários, alguns dos quais estiveram na prisão. O amigo não queria conversar sobre o tempo em que ele mesmo estivera na prisão. Ficara lá três anos e Paydar gostaria de ouvi-lo falar a respeito. Mas o amigo preferia conversar sobre suas idéias políticas.

Disse que eram idéias marxistas. Paydar compreendeu mais tarde que se tratavam de idéias marxistas de um tipo bem grosseiro; mas na época ficou entusiasmado e aquelas idéias grosseiras tornaram-se suas. Mais tarde ainda, ficou claro para Paydar que aquelas eram as únicas idéias políticas do seu amigo; não tentara descobrir outras.

"E no entanto, aos seus olhos, ele tinha certa santidade?", perguntei a Paydar.

"Sim. O que eu sentia era pura emoção. Sentia, sim, que aquilo que o homem dizia sobre a revolução podia ser feito, mas exigia sacrifício. Assim, comecei a me preparar para a revolução. Comecei até a pensar que podia vir a perder a vida."

"Quanto tempo demorou para chegar a esse estágio?"

"Tudo demorou só um ano."

"E a sua mãe?"

"Ela sabia. Sabia que ele estava me ensinando seu modo de ver as coisas, e ela não dizia nada. Era o tipo de mãe que temos, por aqui. Acreditam nos filhos e acreditam no que eles estão fazendo. Isso em geral ocorre naquelas famílias em que o pai morreu e o filho o substituiu. A mãe não exatamente obedece, mas se submete ao filho."

"Vocês conversavam sobre revolução e sacrifício de uma forma quase religiosa."

"Não estou certo acerca de meus sentimentos religiosos. Meu pai era ateu. Não era um homem religioso. Nem minha mãe. Não podia ser encarado como um ambiente iraniano típico. Minha mãe acreditava em Deus, mas acreditava mais nas pessoas. Recordo uma coisa muito bonita que ela disse: 'Se você pedir a uma criancinha para não fazer uma coisa ruim e recompensá-la, se ela não fizer, está certo, porque é uma criança. Mas se o menino crescer e for responsável por si mesmo, e mesmo assim você recompensá-lo pelas coisas boas que fizer, o estará ofendendo'."

No final da década de 70, Paydar foi à Inglaterra para fazer um curso de pós-graduação em uma faculdade do interior. Foi com a esposa e os dois filhos e deve ter se mantido graças a uma bolsa de estudos, embora tivesse também suas economias. Na Inglaterra, moravam em um apartamento alugado. E — embora ele não o entendesse, na época, e não o dissesse, agora — esse curso na Inglaterra representava um tributo ao xá do Irã. Expressava a mobilidade adquirida por pessoas como Paydar, nascido na pobreza e em regiões remotas do interior; chamava a atenção para o sistema econômico que o mantivera empregado e ativo, e lhe permitira fazer uma poupança; e expressava a força e o poder de compra da moeda do país.

Eu quis saber qual foi a primeira coisa fora do comum que Paydar notou na Inglaterra.

"Na Inglaterra, eu olhava para as coisas com uma espécie de preconceito. Pensava que eles eram capitalistas. Eu era muito cínico. Pensava que eles eram responsáveis por nossas misérias, na história. O que eram, de fato, até certo ponto."

"Reparou nos prédios? Gostou de alguns deles?"

"Eu fechava meus olhos para muitas coisas. Os revolucionários que pensavam como eu agiam da mesma forma."

E em breve veio a revolução.

"Era 1978. As pessoas estavam nas ruas e eu tinha de tomar um partido. Como alguém que sempre desejara estar ao lado do povo, nas ruas, pela liberdade e igualdade, o meu lado já estava escolhido. Participei de passeatas na Inglaterra. Distribuí panfletos para as pessoas que passavam. Naquela época, Khomeini estava se tornando popular com a revolução."

Comentei: "Só soubemos dele, na Inglaterra, bem mais tarde. Tive a impressão de que os religiosos o estavam mantendo escondido".

"No início ele não aparecia, na revolução. Foi só em 1978 que as pessoas começaram a ouvir falar dele."

"Eles o mantiveram escondido até de vocês?"

"Até de nós, que estávamos lutando. E nessa época tive de tomar uma decisão difícil. Eu não era um homem religioso. Era um marxista. Mas Khomeini era um homem religioso que comandava a revolução. O único partido que se pôs do lado de Khomeini nessa época foi o Tudeh. E automaticamente fui atraído para esse partido. O qual, é claro, além de se pôr ao lado de Khomeini, contava também com muitos intelectuais populares em seus cargos de liderança. Alguns deles eram *adorados*, por sua obra intelectual, antes que soubéssemos o que eles eram em termos políticos. Nessa ocasião, me vi dividido por um conflito. Resolvi, enfim, ficar com Khomeini. Mas tinha uma série de receios. Dizia aos meus amigos: 'Podemos vencer a revolução, mas culturalmente vamos regredir mil anos'."

"O que sua mãe dizia?"

"Ela estava *muito* pessimista. Dizia: 'Vocês nunca vão ganhar nada seguindo esses religiosos. Nós os conhecemos. Nós já os vimos. São as pessoas que não me deixaram aprender a ler e escrever'. Minha mãe tinha razão, porque um sacerdote foi até a casa do meu avô e disse: 'Vocês nunca devem mandar sua filha para uma dessas escolas. Essas escolas são centros satânicos para mulheres'. Isso ocorreu em 1925, quando minha mãe tinha sete anos de idade. E ela nunca os perdoou porque minha mãe adorava os livros e a cultura."

Mas Paydar conseguiu convencê-la. Ele era seu filho e ela o amava. E então Paydar largou os estudos — achou que era uma perda de tempo estudar enquanto a revolução se desenrolava — e voltou para o Irã. Desejava estar na arena da luta, com o povo.

A revolução havia terminado quando ele voltou. O xá se encontrava no exílio e Khomeini, no poder. Paydar arranjou emprego como professor. Ele tinha suas dúvidas sobre os rumos da revolução e logo as coisas começaram a piorar. Havia regras religiosas. As mulheres tinham de vestir o xador e cobrir a cabeça toda; música e eventos culturais estavam proibidos. Havia restrições à imprensa. Em agosto de 1979, *Ayandegan*, um jornal de oposição, liberal, não religioso, foi fechado. E, após dois anos, o emprego de professor de Paydar terminou. Houve uma "revolução cultural", como foi chamada, e as universidades foram fechadas.

Ele arrumou uma série de empregos temporários em diferentes partes do país. Foi o início de uma vida errante para ele, a esposa e os dois filhos. Trabalhou sobretudo como tradutor para empresas particulares de exportação e importação.

Paydar disse: "O ponto trágico, aí, foi que entrei em conflito também com o Partido Tudeh".

"O que houve com o homem que conversava com você sobre revolução? Quando você tinha dezoito anos. O homem que lhe deu os livros de Górki."

"Ele não estava mais atuante, depois da revolução. E isso teria me parecido muito estranho, caso eu tivesse prestado atenção. Arrumou um emprego de professor. Ainda era professor. E agora entendo que ele foi muito sensato."

"Mas ele não deu conselhos para você?"

"Não fez isso. Talvez achasse que eu era jovem demais. Talvez tivesse também suas dúvidas. Talvez tivesse vergonha de não participar dos acontecimentos. Na verdade, o procurei muito tempo depois e disse: 'Você foi muito sensato. Por que não me aconselhou?'. E ele respondeu: 'Eu mesmo não estava seguro quanto ao que estava fazendo. Após o regime do xá, era um regime novo e eu não tinha idéia nenhuma sobre o regime, nenhuma certeza. Eu simplesmente vivia em meio a ele'."

"E o que você pensa disso agora?"

"Foi uma resposta honesta."

"E a sua mãe?"

"Ela se submetia ao que eu pensava. Acatava o que eu dizia."

O conflito que ele teve com o Partido Tudeh girava em torno do apoio incondicional deles ao governo de Khomeini. Quando Paydar questionou isso, retrucaram que Khomeini liderava um movimento popular; uma vez que o partido acreditava no povo, não podia ficar longe do povo. Assim, o partido tinha de se manter ao lado de Khomeini; em termos internacionais, essa sempre fora a sua estratégia. Isso se passou em 1983, o mesmo ano em que o Partido Tudeh foi declarado ilegal e as pessoas do partido começaram a ser presas.

"Eu me vi em uma grande confusão. Estava em perigo. Começaram a procurar onde eu morava. Na universidade, eu fizera algumas declarações. Afirmara que estava com o Partido Tudeh. Procuraram por mim na cidade onde eu estava e consegui escapar por um triz. Por um mero acaso. Alguém tinha sido preso lá e depois contou para a família que os Guardas conversavam a meu respeito. Aquela família me procurou para me avisar e então fugi, com a minha família. Que tempo! Puxa! A partir daí, vivi na clandestinidade. Costumava visitar minha família uma vez por mês, e trazia dinheiro. Arrumava diversos empregos. Eu me disfarçava. Trabalhava em restaurantes. Trabalhos braçais, empregos modestos. Sempre em um lugar distante. Meus conhecidos e amigos me ajudavam. Minha mãe era o centro de informações."

Após dois anos nessa vida, Paydar achou que as coisas tinham se acalmado e que podia sair da clandestinidade. Ninguém parecia seguir seus passos. Os jornais davam notícia de menos prisões. Portanto, passou a morar com a família e mais uma vez arranjou emprego de professor. Viveu desse modo durante um ano. Certa noite, houve um telefonema. Era dos Guardas Revolucionários. Disseram que queriam que Paydar fosse ao seu quartel-general por alguns minutos a fim de responder algumas perguntas. Mais tarde, descobriu que haviam vasculhado seus registros e descoberto onde estava morando.

Paydar perguntou ao homem no telefone: "Vão ser só alguns minutos mesmo?".

"Ah, sim", respondeu o Guarda. "Com toda certeza você não vai ficar aqui mais do que uma hora."

Paydar beijou a esposa e os filhos. Disse que estava se despedindo por um longo tempo. A esposa respondeu que ele estava enganado. Mas Paydar estava certo: não voltou durante um ano.

Foi ao quartel-general dos Guardas Revolucionários e se apresentou. Foi mandado para uma sala. O Guarda esperava Paydar ali. Entregou a ele um questionário e pediu que o preenchesse. Uma das perguntas era: "Esteve envolvido em alguma atividade política no passado?".

Perguntei a Paydar: "Como era o Guarda?".

"Muito forte, barbado, alto, de rosto cruel. Tinha mãos grandes com dedos muito grossos. Talvez eu estivesse imaginando que ele fosse me espancar."

"Que idade parecia ter? Vestia uniforme?"

"Uns trinta anos. De uniforme. Cáqui."

"Tinha instrução?"

"Não tinha instrução. De jeito nenhum. Isso era bastante óbvio, por causa do seu jeito de falar."

"E as instalações?"

"Era um desses incríveis *komitehs*. É como chamamos. Respondi àquela pergunta sobre atividades políticas: 'Não'. Ele perguntou: 'Tem certeza de que não tinha nenhum outro tipo de crença?'. E eu lhe expliquei em detalhes qual era minha maneira de pensar. Nenhuma outra informação. E ele sorriu. Falou: 'Nós já sabíamos disso'. Vendou meus olhos e me colocou em uma salinha. Eram nove horas da manhã." (Na narrativa de Paydar, o tempo dera um salto: a noite inteira parecia ter sido tomada por esse interrogatório. Mas só me dei conta desse salto bem mais tarde.) "E era a primavera. Abril ou maio. No dia seguinte, fui mandado para a prisão. Primeiro, para Evin." O grande presídio de Teerã. "Depois de uma semana, fui levado para outro lugar. Onde é, até hoje não descobri. E lá fui interrogado durante dois meses e condenado a um ano de prisão. Em Evin, era suportável. As instalações eram modernas. O outro lugar era terrível. Era muito velho. Não passava de um buraco. Depois, na prisão, correu tudo bem, durante o resto do ano. Era uma comunidade de quinze pessoas na cela. Naquele ano foi melhor porque não havia tantos prisioneiros. Antes, era muito pior. E a situação do lado de fora havia acalmado um pouco."

Foi então que Paydar começou a refletir, no isolamento e à distância, sobre revolução. Acha que foi o ano mais importante de toda sua vida.

"E sua mãe?"

"Ela havia morrido dois anos antes. Felizmente, bem depressa. Comecei a refletir sobre a questão revolucionária e sobre todas as minhas crenças. Agora era a hora de pensar sozinho, e pensar em assuntos que, até certo ponto, eram proibidos para mim."

"Você os proibiu para si mesmo."

"Eu mesmo me proibi. Por exemplo, para mim Arthur Koestler era um reacionário. Portanto, não lia nada dele. Era assim. Muito simples. E George Orwell era um reacionário. As pessoas, para mim, se dividiam apenas em dois grupos. Revolucionários e reacionários. Agora eu pensava especialmente em minha mãe e no que ela fizera sem ter consciência dessas ideologias. Para mim, ela era o símbolo do verdadeiro ser humano.

Era adorada por todos. Qualquer um que a conhecesse, a adorava. Era uma coisa muito estranha. Quando minha mãe morreu, no hospital, todas as enfermeiras e o médico choraram. A razão era que ela se interessava por todo o mundo ali. Dizia: 'Enfermeira, o que aconteceu com o cavalheiro que visita você? Ele não veio?'. E perguntava para a outra enfermeira: 'Como vai a sua mãe? Está melhorando?'. O tempo todo ela estava ocupada com eles, ajudando todos, embora estivesse doente.

"Concluí que as ideologias são apenas uma pequena parte de nosso intelecto que pode ajudar, em nossa vida. A fonte principal repousa em nossa maneira cultural de pensar. E no comportamento natural de pessoas como minha mãe. A revolução pela qual eu trabalhava não me compreendia como um intelectual nem compreendia minha mãe como uma pessoa."

Não houve maus-tratos físicos sistemáticos, na prisão. Só duas vezes Paydar foi tratado com brutalidade. A primeira, quando Khomeini morreu, e havia um nervosismo entre os Guardas Revolucionários acerca de uma possível tentativa de libertar os prisioneiros. Vendaram os olhos de todos os quinze presos, levaram-nos até um microônibus e mandaram ficar abaixados e em silêncio. O homem ao lado de Paydar perguntou, em um sussurro: "Para onde estão nos levando?". Paydar pôs o dedos nos lábios e disse: "Não sei". Mas o guarda ouviu. Aproximou-se e bateu com seu fuzil na nuca de Paydar; depois, começou a espancá-lo com tamanha fúria que Paydar pensou que fosse morrer. Ficou uma semana doente. Permaneceu deitado na cela sem receber nenhum cuidado. Apenas lhe traziam comida. De algum modo, conseguiu sobreviver.

Em outra ocasião, levou uma bofetada. Tinha dito algo sobre os *mujahidin*, os religiosos de esquerda que em outros tempos foram aliados dos Guardas Revolucionários (e se achavam entre aqueles que atormentavam Ali, no início). Um Guarda esbofeteou Paydar e disse para nunca mais usar aquela palavra, *mujahidin*. Deveria dizer *monafegheen*, que era uma palavra rude e significava "hipócritas".

Paydar disse: "Dedico-me ao meu trabalho de professor e assim sou mais útil ao meu povo, simplesmente tentando instruí-lo. Quem dera eu tivesse pensado assim desde o princípio. Mas estávamos no meio de um monte de coisas, a poeira subia à nossa volta. E o regime anterior é responsável pelo que aconteceu depois. Eles nos privaram da liberdade e da educação e permitiram que esses outros subissem ao poder".

Nos morros mais baixos ao norte, fulvos sob certo tipo de luz, e com uma textura suave, havia terraços, às vezes com pontinhos verdes de árvores recém-plantadas, e com muros de contenção, que assinalavam os terrenos de futuras construções, conforme eu pensava. E um dia, quando caminhava pela região, eu soube que um dos morros baixos e fulvos, à esquerda da janela do meu quarto de hotel, era a prisão de Evin, local de muitas execuções. O endereço do hotel Azady Hyatt era travessa Evin.

Eu notara os vestígios de terraços em determinado ponto, vira um caminho sinuoso que subia até outro caminho; uma espécie de grande muro que se elevava e desaparecia na borda do morro; e reaparecia bem adiante, do outro lado. Tive a impressão de que os paredões de ambos os lados estavam ligados, mas não sabia o que eu estava procurando. Isso ocorria, em parte, por causa do efeito da luz nas montanhas, que tanto me encantara.

Foi só de manhã (quando o sol do leste enchia de sombras os vales e as depressões) que a muralha da direita — sua altura agora posta a nu — lançou uma sombra larga e diagonal, que subia em forma de cone e depois desaparecia. Em outras ocasiões, quando não se via nenhuma sombra de onde eu olhava, a alta muralha tinha a mesma cor do morro, só se destacava na ponta, como uma levíssima linha serrilhada, justamente o que me levara a crer que se tratava de um muro de contenção, para evitar deslizamentos de terra e deslocamentos do solo.

Se a muralha da direita só se mostrava com nitidez na sombra do início da manhã, era apenas depois da metade do dia que a muralha da esquerda, por sua vez, se tornava um muro de sombras e se revelava uma grande curva denteada, onde antes eu não vira muro nenhum.

E agora que eu tinha visto, via sempre; e a linha serrilhada da muralha da direita e da esquerda, e as pontas semi-ocultas do serrilhado em determinados pontos no meio eram para mim como os dentes de ferro da armadilha de um velho caçador gigante.

Agora que eu sabia ser uma prisão, fiquei surpreso de que, embora a tivesse visto durante vários dias, a houvesse encarado simplesmente como uma parte da paisagem e não me houvesse interessado em saber o que era: um monstruoso prédio de concreto em forma de hangar, cor de areia, que se erguia acima dos choupos e plátanos verdes. Durante os dois ou três dias seguintes, o desenho e a área da prisão se tornaram mais nítidos, ponto por ponto. A estrada de asfalto que subia sinuosa através do verde enganoso da casa de guarda, na entrada; os prédios compridos e baixos, como galpões de ferrovia — talvez oficinas — na base do hangar; e, um pouco mais embaixo, blocos de apartamentos de concreto, sem dúvida os alojamentos dos funcionários, não tão residenciais quanto me haviam parecido anteriormente. Eu imaginara que aqueles blocos fossem prédios residenciais amontoados de forma desordenada em uma linda encosta; eles — ou a idéia que eu tivera a respeito deles — ajudaram a camuflar a prisão.

De noite, tive outros esclarecimentos acerca da paisagem da montanha, e eles me pareceram mais sinistros, uma vez que coisas sinistras aconteciam nas prisões, de noite: o grande ziguezague de luzes azuis nos postes da estrada, que assinalavam a subida da estrada de asfalto até a prisão; as altas luzes brancas, muito grandes, da prisão, acima do prédio semelhante a um hangar; e, em toda parte, luzes.

A prisão era tão vasta, ocupava uma área tão grande ao norte de Teerã, que levava um longo tempo para se olhar.

Certa tarde, ao permitir que meu olhar acompanhasse o muro sombreado que descia pelo morro, à esquerda, vi que ia dar em outro muro, entre as árvores, e este muro, por sua vez, dava em outro muro que corria na transversal, da esquerda para a direita, no pé do morro. Esse muro no pé do morro era muito elevado; e nele havia portões azuis e altos, pelos quais, sem dúvida, após a revolução, saíam os caminhões, de noite, com os corpos dos executados. Contra o verde, a cor de tijolo e de concreto, o azul dos portões se destacava; fazia pensar no motivo de terem escolhido aquela cor.

Abaixo das lindas montanhas, de desenhos variados, aquela presença: o grande presídio de Teerã, mais terrível e assustador do que o castelo de Praga. O que me veio à mente, quando eu soube, foi semelhante àquilo que me ocorrera na embaixada britânica, em Dacar, na África Ocidental, quando descobri que a parede da quadra de tênis da embaixada era a parede do necrotério, ao lado, o que explicava a multidão diária de africanos aflitos, com túnicas e gorros muçulmanos.

O aiatolá Khalkhalli, o juiz implacável de Khomeini, costumava comparecer aos julgamentos no Tribunal Revolucionário, o antigo tribunal militar do xá, na rua Shariati, dissera Ali. Nos primeiros tempos após a revolução, aquele tribunal costumava funcionar quase 24 horas por dia, e Ali ia até lá todo dia a fim de tentar salvar seus conhecidos. Os prisioneiros eram, provavelmente, levados de Evin para a rua Shariati.

Em agosto de 1979, quando fui pela primeira vez para Teerã, o tribunal ainda funcionava a todo vapor. Khalkhalli, em uma entrevista ao *Tehran Times* — o sr. Parvez ainda era o dono e o editor, e o sr. Jaffrey sentava-se diante de sua excelente máquina de escrever e batucava apelos veementes para os aiatolás voltarem a Qum —, Khalkhalli, naquela entrevista em agosto de 1979, disse que ele "provavelmente" condenara à morte trezentas ou quatrocentas pessoas. Em certas noites, disse ele, os caminhões levavam trinta ou quarenta corpos para fora da prisão.

Eles saíam através dos portões azuis.

6

O MÁRTIR

Mehrdad e eu encontramos Abbas no escritório de um editor. Abbas tinha vinte e sete anos de idade e era veterano de guerra. Fora voluntário — largou a escola para lutar — quando tinha catorze anos, no segundo ano da guerra, e depois serviu até o fim. Agora, não parecia ter uma vocação profissional definida. Após a guerra, levado pela carência espiritual, fizera estudos teológicos em Qum durante três anos; mas sentiu-se decepcionado com Qum. Depois, para agradar a família de sua namorada, tirou o diploma do segundo grau e entrou na universidade. Agora estudava cinema; fazia filmes muito curtos, poéticos, iguais a poemas *haiku*, que não duravam mais de um minuto. Também viajava pelo país e colhia entrevistas com veteranos de guerra como ele, para o editor em cujo escritório estávamos reunidos. O editor, pelo visto, publicava uma coleção de livros sobre a guerra.

Havia inúmeros veteranos, e Abbas, com seu treinamento militar, criara técnicas próprias para obter muitas entrevistas ao mesmo tempo. Quando chegava a um lugar novo, chamava os veteranos para algo parecido com uma assembléia pública, distribuía questionários impressos e contava suas próprias histórias da guerra, propositadamente simples, sobre coisas simples, a fim de estimular os veteranos a perder a timidez ou a desconfiança e escreverem suas próprias recordações.

Abbas relatou, então, uma das histórias que contava para os veteranos. Mehrdad, ainda próximo da sua experiência militar, sentiu-se tão fascinado que não traduziu para mim a história. Os olhos de Mehrdad brilhavam; não os desviou de Abbas por um só minuto.

Abbas era um homem cativante, pequeno, de braços e pernas esbeltos, de uma beleza clássica, de barba bem aparada e a cabeça tomada por uma cabeleira espessa e bem tratada, com cabelos que batiam no pescoço. Havia se vestido com esmero para essa reunião conosco, no escritório do editor. Vestia uma camisa verde com brilhantes listras largas e verticais sobre um fundo estampado em tom claro-escuro. Sua caixinha de óculos, presa à cintura, era parte do seu estilo. O estilo era comovente, pois o homem fora ferido na cabeça e estava claro que tivera de superar muita coisa para, ainda assim, ser alguém importante. Seus olhos estavam injetados, sem emoção, olhavam fixamente de um modo estranho; mexia a cabeça devagar; disse que as pernas ainda doíam.

E, no entanto, após uma hora comendo frutas, tomando chá e conversando, eu não obtivera nada de novo com Abbas, não conseguira ir além do seu olhar fixo e daquilo que parecia sua formalidade e seu orgulho; ele não me levara a fazer qualquer anotação, nem sequer a tirar do bolso do paletó meu caderninho de notas. E quando faltou luz no bairro e de repente tudo em volta ficou escuro, me pareceu que estava na hora de ir embora.

Levantamo-nos para nos despedir. Ocorreu-me, no escuro, perguntar se, no curso de suas entrevistas, ele encontrara alguém de um batalhão de mártires que tivesse sobrevivido. Respondeu que poucos tinham sobrevivido. Quando perguntamos se poderíamos conversar com um deles, Abbas não disse nada. E então — deve ter sido efeito da escuridão, que parecia abafar a vida no bairro e nos levava a falar em tom suave, enquanto as vozes de crianças que ainda brincavam na rua, lá embaixo, de repente se tornaram muito nítidas contra o rugir dos bulevares, não muito longe — talvez tenha sido o drama do corte de luz que fez Abbas dizer, hesitante: "Eu não deveria dizê-lo, mas fui um deles".

E então nos sentamos e ficamos ali um longo tempo. Abbas falou, a princípio, no escuro, e depois à luz de velas. A editora tinha um estoque de velas para esses cortes de energia.

Não tomei notas. Mais tarde, naquela noite, no hotel, Mehrdad e eu reconstruímos o que ouvimos. Então, fiz minhas anotações.

Quando Abbas disse que havia estado em um dos batalhões de mártires, muito do que dissera antes passou a fazer sentido. Apresentara-se como voluntário com catorze anos de idade. Foi levado para bem perto da guerra e aí, por iniciativa própria, tomou o rumo do sanguinolento *front* de Dezful — a cidade fronteira de Dezful fora totalmente destruída pelos combates. O que o levou a ser voluntário? Respondeu que uma organização do governo destinada a fomentar o desenvolvimento enviara oradores para sua escola (e Mehrdad me contou, depois, no hotel, que aquela era uma das melhores escolas de Teerã). Os oradores disseram que queriam levar rapazes para o *front* a fim de lhes mostrar a guerra, e pediram voluntários. Assim, Abbas se apresentou como voluntário.

Ele não tinha nenhum direito, mesmo como um *Basiji*, de permanecer por conta própria em Dezful. Os soldados quiseram mandá-lo embora, mas Abbas implorou, fez coisas para eles e acabaram permitindo que ficasse.

Abbas esteve em Dezful na época de um grande ataque iraniano. Durante vinte e dois dias, ouviu-se o som da artilharia e dos aviões. E foi nessa ocasião que Abbas teve a primeira visão da morte, ou do martírio, no campo de batalha.

Uma ambulância voltava do *front* — um relance, aí, da organização iraniana — e os soldados correram em sua direção. Abbas correu com eles. A princípio, pensou que as pessoas na ambulância estivessem apenas feridas. Quando foram colocadas no solo, viu que estavam mortas. Dois dos homens mortos, Abbas os vira vivos apenas duas horas antes. E pensou: "Eu estava à procura de meus amigos. Mas estes não são meus amigos. Meus amigos estão em outra parte". Teve, aí, a impressão de que a morte era uma coisa enobrecedora e maravilhosa, e sabia que um dia haveria de ter a mesma experiência e ir aonde seus amigos estavam.

Foi um momento espiritual intenso, depois ainda mais reforçado quando lavava os cinturões de cartuchos e as correias de couro do equipamento dos mortos. Era uma das coisas que costumava fazer, no *front*. Todo dia, ia ao necrotério — oficialmente chamado *Meradj*, o lugar da ascensão — e apanhava o equipamento de uns quarenta mortos. Limpava o material de noite. Havia escassez de equipamentos, na época, porque uma enorme quantidade de soldados participava daquele grande ataque. Havia também falta de sapatos. Outra coisa que fazia durante o dia era ajudar a descarregar os caminhões de suprimentos quando chegavam ao *front*. Fazia isso com muita dedicação; foi um dos motivos pelos quais os soldados não o mandaram embora.

A limpeza do equipamento dos mortos constituía um exercício espiritual para ele, porque pensava que as peças que limpava pertenciam a homens que tinham ido para um lugar que não conheciam. E talvez — as palavras de Abbas, nesse ponto, se tornaram ambíguas — ele também quisesse dizer que, embora os homens não soubessem aonde estavam indo, haviam ido direto para lá, e com determinação.

Um ano depois, Abbas entrou oficialmente no exército e tornou-se membro de um dos batalhões de mártires. As pessoas que se apresentavam como mártires voluntários declaravam-se prontas para qualquer tarefa. Não vestiam roupas especiais quando estavam em batalhões comuns; faziam-se conhecer aos oficiais por sua dedicação extraordinária. Um batalhão de mártires lutava literalmente até a morte; ninguém sobrevivia.

Antes de um ataque, havia uma "cerimônia de adeus". Alguém podia cantar; um homem respeitado no batalhão, alguém como um sacerdote, um comandante, um velho, ou um homem popular, dirigia um discurso aos soldados. Esse homem se colocava em um palanque ou em cima de uma cadeira e dizia: "Amanhã teremos um ataque".

Era assim que a cerimônia de adeus começava. Alguns se punham a chorar na mesma hora; outros choravam depois. No geral, havia muitos lamentos e gritos de dor. Os oradores diziam: "Alguns de vocês talvez não retornem amanhã. Talvez não nos vejamos outra vez. Alguns de vocês irão ver Deus amanhã".

Então, havia música e cânticos. Abbas escutava tudo isso como algo que soasse ao fundo. Ninguém conseguia se concentrar. Todos estavam se esvaziando de todas as emoções, derramavam as emoções em um poço comum. Nesse poço, havia um acúmulo de desgraças, complicações mundanas e problemas familiares, talvez uma esposa grávida, um filho doente, problemas financeiros, discussões com os pais. Tudo corria para esse poço comum e estava desaparecendo. Participar dessa cerimônia era como entrar na tripulação de um navio. Gostasse ou não, você tinha de partir com eles.

Abbas foi ferido duas vezes. Ou melhor, seria mais exato dizer que ele falou das duas ocasiões em que foi ferido. A primeira vez foi durante um contra-ataque iraquiano, por volta do meio-dia (os iranianos haviam atacado de manhã cedo). As pessoas atingidas por aquele contra-ataque foram os feridos, os mártires e alguns outros poucos combatentes que queriam atrasar o avanço inimigo. Um foguete explodiu perto de Abbas. Foi atingido nas duas pernas e caiu sem sentidos. Era noite quando acordou. Escutou vozes em árabe e viu soldados iraquianos aparentemente montando guarda a intervalos de vinte metros. Faziam parte de uma linha de piquete, à testa do avanço iraquiano. Abbas achou uma granada de mão e uma metralhadora. Jogou a granada nos iraquianos e matou quatro soldados, e depois correu os cinqüenta metros que o separavam do lado iraniano. Atiraram nele, mas corria em ziguezague e não foi alvejado.

O segundo ferimento foi mais sério. Aconteceu um ano depois, de noite, durante um dos maiores ataques iranianos: um ataque depois do outro, durante mais de um mês. De novo, um foguete explodiu perto dele. Um estilhaço atingiu-o na parte de trás da cabeça e Abbas foi atirado no chão. Caiu de cabeça e se feriu com gravidade. Perdia e ganhava consciência muitas vezes. Por fim, foi levado de avião para o grande hospital militar em Chiraz.

Lá, enxertaram um pedaço de osso artificial em sua cabeça. Depois de um tempo, perdeu o sentido do equilíbrio; mais tarde, não conseguia enxergar. Formou-se um coágulo na retina e havia o risco de perder totalmente a visão. Um dia, as autoridades quiseram levar alguns pacientes para o santuário do xá Cheragh, um dos santuários mais famosos do Irã. Abbas queria ir. Agora, estava em uma cadeira de rodas. O médico disse que ele não se achava recuperado o bastante para ir, e Abbas gritou e começou a discutir com o médico. O médico teve pena dele e Abbas foi empurrado na cadeira de rodas para o santuário, às oito horas da manhã.

Houve cantoria e reza, como no campo de batalha, e Abbas fez uma promessa: "Alá, aceito o que você quiser, e gosto do que você gostar. Mas não posso mentir para você. Preciso de meus olhos. Se me devolver meus olhos, vou usá-los para voltar ao *front*".

Ao meio-dia, Abbas deixou o santuário com o resto dos pacientes e voltou para o hospital. Às duas horas, a enfermeira entrou no seu quarto; ele tomava doze pílulas a cada seis horas. Quando a enfermeira abriu a porta, Abbas viu a luz e gritou. Médicos e enfermeiras acorreram. Viram que o coágulo na retina tinha sumido e não o deixaram dormir. Chamaram outros médicos para olhar. Nenhum deles acreditava que esse tipo de milagre religioso pudesse acontecer. A notícia se espalhou. Alguma coisa saiu nos jornais. Mas Abbas temia que se falasse muito sobre o assunto.

O assistente do editor, que nos servia chá o tempo todo, falou: "Era bom mesmo pensar nisso. Se as pessoas viessem a saber da sua cura no santuário, teriam corrido para cima de você e rasgado suas roupas, para levar um pedaço como relíquia, para fins mágicos".

Eu ouvira falar de algo assim, em 1979, acerca de pessoas que eram mortas a tiros pela polícia do xá, durante as manifestações antes da revolução. Até mesmo um ferimento leve podia ser fatal porque, quando um homem tombava, seus companheiros manifestantes corriam em sua direção a fim de apertar as mãos sobre a ferida, com o intuito de tingi-las com o sangue quente de um mártir.

Algum tempo depois daquela noite no escritório do editor, eu estava em Chiraz. Fui ao santuário do xá Cheragh, ao anoitecer. Nas ruas detrás, parecia um parque de diversões, com luzes, barraquinhas e a multidão que perambulava, e também havia algo dessa atmosfera no lado de dentro, com as pessoas a vagar na luz difusa e sob as sombras tênues do pátio, enquanto na mesquita propriamente dita, sob a luz mais forte em volta do túmulo do santo, cercado por um parapeito, outras pessoas rezavam e pediam graças.

Para ver o que Abbas tinha visto, entrar no poço comum de emoções, aqui, era preciso trazer alguma emoção pessoal. Era preciso trazer a fé, a teologia, a paixão e a carência.

Um indiano alto, na rua, pedia esmolas ao seu modo. Ele me avistou quando eu ia entrar, e largou todos os demais a fim de se concentrar em mim. "*Bhaiya, bhaiya*, irmão, irmão", dizia ele, contraindo os lábios moles e revirando os olhinhos como um ator de cinema que finge sofrer.

Era jovem e gordo, de sapatos brancos que sobressaíam na luz do crepúsculo, e com uma roupa folgada de cor creme, que destacava sua barriga protuberante. Embalava um bebê que chorava e parecia estar em companhia de uma mulher com muitas crianças em volta. Disse que era de Dubai. Viera a Chiraz para render homenagem ao santo, mas gente ruim roubara todo seu dinheiro, muitos *lakhs*, e todos seus documentos. Enquanto falava, embalava o bebê de encontro a suas roupas de cor creme e, a cada impulso e oscilação de sua barriga, ele beliscava os fundilhos do coitado do bebê com o polegar e o indicador, e a criança berrava.

Depois que circulei pelo pátio do santuário, saí em busca do mendigo para saber se tinha faturado bem naquela noite. Mas ele e seu bebê haviam sumido, bem como a mulher que o acompanhava e as crianças.

* * *

No escritório do editor, agora sob a luz de velas, Abbas falou acerca do efeito da sua experiência na sua fé. Eu havia perguntado.

"Aquilo me fez olhar para o fundo de mim mesmo. Tenho algumas descobertas no terreno espiritual que acho que ninguém mais tem." Essa foi a tradução de Mehrdad para uma noção difícil, mais tarde, no hotel, e no final de um longo dia: que fique escrito tal como foi dito. "No campo de batalha, podíamos ver uma porção de coisas que não podem ser descritas de forma materialista. Quando vi uma pessoa correndo com um braço estraçalhado, foi inacreditável. Existe um monte de pessoas aqui mesmo na rua com algum pequeno ferimento no braço, e por isso se deitam no meio da calçada. Mas lá, o inimigo vinha em perseguição, e aquele rapaz corria do inimigo com o braço estraçalhado. Isso me mostrou o que era possível fazer. E por ora eu não me importava nem um pouco com minhas dores. Não dava atenção nenhuma a elas."

Depois da guerra, Abbas queria se manter próximo da espiritualidade que havia descoberto em si mesmo. Para ele, essa espiritualidade era como um tesouro. Não havia muita gente, na rua, que possuísse um tesouro. "Gente na rua", *mardom to khiyabom*: era a segunda vez, ao falar de espiritualidade, que ele usava essas palavras; como se a espiritualidade fosse o verdadeiro divisor e diferencial dos homens. Sem dúvida, essas pessoas na rua não eram menos do que ele era, mas davam importância a coisas com que ele não se importava. A noção de religião deles limitava-se a não permitir que as mulheres ficassem sem o véu ou sem o *hijab* na cabeça, algo a que Abbas não dava importância.

"O Corão diz que fazemos coisas conforme a nossa capacidade. Portanto, farei tudo o que for capaz e eles farão tudo o que forem capazes."

Achou que devia aprimorar seus sentimentos religiosos e pensou que poderia fazê-lo mediante o estudo e o saber. Desde menino, gostara de estudar. Então partiu para a cidade sagrada de Qum e matriculou-se em um curso de cinco anos. Completou-o em três. E então já estava farto de estudar. Não sentiu que tivesse adquirido, em Qum, aquilo que — talvez de forma inocente — esperava obter. O estudo era o estudo; a espiritualidade com a qual estava preocupado era mais pessoal; não vinha por meio do estudo. Havia muitos exemplos de pessoas com muita instrução religiosa mas sem espiritualidade.

No mundo exterior, um ou dois anos depois, ocorreu um outro teste para ele. Apaixonou-se por uma moça e quis casar. Procurou a família dela e pediu a sua mão. Responderam que primeiro ele teria de entrar na universidade; a filha deles era uma estudante universitária. Era uma coisa dura de se pedir para Abbas, disse Mehrdad, porque, no Irã, não se pode entrar na universidade sem o diploma do segundo grau; e Abbas deixara sua ótima escola em Teerã com catorze anos para ir para a guerra.

Mas Abbas, agora sempre imbuído da sua idéia espiritual a respeito daquilo que os homens eram capazes de fazer, sempre com aquela imagem do rapaz semimorto, com o braço estraçalhado, correndo do inimigo, Abbas pôs mãos à obra. Isso fora dois anos antes, e Abbas já conseguira seu diploma e sua vaga na universidade; e sua família e a família da moça se preparavam para o casamento.

Só então me ocorreu perguntar a respeito da sua família: Abbas sempre parecia muito auto-suficiente, seguro, elegante e bonito.

"Meu pai trabalhava na empresa de ônibus aqui em Teerã."

"O que ele fazia?"

"Era um trabalhador comum."

Mehrdad, com sua sensibilidade para os níveis sociais do Irã, disse: "Um mecânico?".

E Mehrdad estava certo. Disse, mais tarde, que a empresa de ônibus na qual o pai de Abbas trabalhara era uma empresa pobre, muito pobre; e ser mecânico ali significava ter um emprego bem baixo. Mas o mecânico educara todos os filhos. Agora, um era diretor de uma fábrica; outro, professor na universidade; o caçula era engenheiro. Portanto, a família de Abbas era uma das histórias de sucesso da revolução.

Eu quis saber como Abbas descobrira a espiritualidade em si mesmo.

Contou que começou com o seu nome. Seu nome sempre foi algo precioso para ele. O primeiro Abbas na história islâmica foi o primo e o comandante supremo do imã Hussain, filho do grande Ali; e esse Abbas foi um dos setenta e dois que permaneceram e morreram ao lado do imã Hussain, na batalha de Kerbala. Esse Abbas fora, literalmente, o porta-estandarte do imã Hussain.

Assim, na comemoração do *mohurram*, quando era criança — *mohurram*, o mês do sangue, o mês de luto dos xiitas, dedicado ao martírio em Kerbala —, o jovem Abbas, mesmo com seis anos de idade, desejara viver em conformidade com o seu nome. Queria segurar a bandeira ou estandarte na procissão do *mohurram*. Depois, não queria mais colocá-la no chão; para ele, isso era uma espécie de sacrilégio.

Isso era tudo? Seu pai ou alguém não lhe dissera alguma coisa? Ele não tinha lido algum livro?

Abbas respondeu que não podia explicar mais do que isso. Sua família só era religiosa de uma maneira comum. Havia livros na sua casa, mas não pertenciam ao seu pai.

Perguntei: "Se não tivesse havido guerra nenhuma, o que acha que teria acontecido com você?".

O assistente do editor disse: "Essa é a pergunta que todos nós fazemos. Sem a guerra, podíamos ter ido ao encontro de Alá por um caminho maior, um desvio muito mais longo. Alguns de nós talvez nem mesmo tivessem encontrado Alá, no final".

Abbas disse: "Eu teria continuado meus estudos. Adoro física *pura*. Tem ligação com filosofia. O estudo da matéria".

E isso era interessante para mim, porque mostrava como, mesmo no âmbito rígido de uma fé revelada, uma sensibilidade para o espiritual podia atiçar a vontade de saber; e a ciência e a busca do conhecimento teriam um ponto de partida. Era semelhante à compreensão que me viera alguns anos antes, na Índia, no Sul daquele país, acerca das maneiras pelas quais algumas famílias de brâmanes, defensores zelosos de antigos rituais e tabus, haviam, no intervalo de duas gerações no século XX, alcançado a alta ciência, e se haviam preparado para essa jornada intelectual por meio das próprias complicações e exigências de sua teologia e de sua pureza escrupulosa e isolada.

Falei a Abbas um pouco sobre isso.

Ele não deve ter compreendido. Mas disse (ainda com aquela imagem do campo de batalha na mente, o rapaz que corria com o braço estraçalhado): "Eu queria ver como as coisas eram feitas. E do que eram feitas. Queria conhecer a essência das coisas".

A luz tinha voltado no escritório e nas ruas. Passava das oito horas e estávamos no escritório do editor desde as quatro e meia. O assistente do editor queria retirar as travessas de frutas e fechar o escritório. As crianças tinham parado de brincar nas ruas já fazia muito tempo; através da janela, enquanto a luz do dia perdurara, eu as vira batendo e açoitando um plátano pequeno, galgando o tronco fino e puxando os galhos para baixo.

Os olhos injetados de Abbas se mostravam, agora, quase amistosos. Disse ele: "Falei mais do que devia. Falei como um bêbado". (Essa foi a primeira tradução de Mehrdad, quando estávamos no hotel. Mas logo depois ele disse: "Não, isso é forte demais. Não ficaria bem para Abbas". Pensou melhor e disse: "'Um bêbado não sabe o que diz e eu sinto que agi dessa forma'. Assim fica melhor". Eu não via a diferença, mas Mehrdad garantiu: "A segunda forma é mais branda".)

O assistente do editor estava apagando as luzes, usava essa nova escuridão para nos pôr para fora. Abbas falava sobre os dois filmes de um minuto que tinha feito. Cada filme tinha três seqüências. O primeiro começava com um homem que deixava pegadas na neve; outro homem caminha naquelas mesmas pegadas; um terceiro homem começa a fazer o mesmo, mas então hesita e por fim se desvia para outra direção, e deixa suas próprias pegadas na neve. No segundo filme, um homem se casa; depois um lavrador está arando a terra; e no fim há um trigal ondulante.

Mehrdad disse: "No Irã, o trigo é o símbolo da procriação".

Os filmes eram reveladores, de uma forma que o próprio Abbas talvez não se desse conta. A idéia que ele tinha de si mesmo transparecia nos filmes: era o homem que abrira seu próprio caminho, e o homem para quem a vida havia começado de novo.

No táxi, Mehrdad perguntou: "Você notou? Ele não mencionou Khomeini uma única vez".

Eu disse: "Quando Abbas falou a respeito de Qum, disse que existiam muitos exemplos de grande saber religioso sem nenhum contato com a espiritualidade. Eu gostaria de fazer a ele mais algumas perguntas sobre isso".

Mas Mehrdad não achava uma boa idéia — queria dizer que havia certo perigo nessa idéia — e não comentei mais o assunto.

Mehrdad disse, um pouco depois: "Para mim, Abbas é um verdadeiro herói. Na guerra e na vida civil. O seu jeito de fazer as coisas".

Mehrdad pensava especialmente no fato de Abbas ter voltado à escola com mais de vinte anos de idade para tirar seu diploma de segundo grau e depois entrar na universidade, para casar com sua namorada.

Em um muro de uma rua transversal, vimos em letras bem grandes as palavras inglesas FAITH NO MORE [fé nunca mais]. Mehrdad explicou que se tratava de um disco de música *heavy metal* americana. Mas o pichador sabia bem o inglês, e seus caracteres ingleses ou latinos eram traçados de uma forma que ninguém, a não ser alguém que dominasse a caligrafia persa, seria capaz. (Mesmo Mehrdad grafava os caracteres do inglês com dificuldade.) A despeito do que Mehrdad falou, pensei que as palavras representavam uma espécie de protesto, a exemplo da música popular na época do xá, que se podia ouvir com freqüência nos táxis e vindo de dentro dos apartamentos.

Depois, no pilar de um viaduto, havia uma grande pichação vermelha e verde, em caracteres persas: OS MÁRTIRES DIZEM (em vermelho): (em verde) O QUE VOCÊS FIZERAM DESDE QUE PARTIMOS? Isto representava uma crítica, disse Mehrdad. Mas os *Basiji* tinham esse privilégio. Podiam pichar o que bem entendessem nas ruas; ninguém os detinha.

No quarto do hotel — com a grande janela que proporcionava uma visão ampla das luzes espalhadas da prisão de Evin, azuis, brancas e laranja — reconstituímos a conversa daquela noite. Perguntei a Mehrdad, quando chegamos àquele estágio da história de Abbas, se Abbas e seus irmãos, os filhos de mecânico, não teriam prosperado de um jeito ou de outro, mesmo que a revolução não tivesse ocorrido; e se a revolução não representara, na verdade, um desperdício de talentos.

Mehrdad respondeu: "As pessoas são como navios". (Abbas também usara a metáfora do navio, mas de uma forma diferente, quando falou sobre a cerimônia de adeus, no campo de batalha.) "Quando o primeiro navio parte em uma direção, os outros o seguem. É como o pelotão de fuzilamento, quando executam um ladrão." (Havia nisso recordações do recente serviço militar de Mehrdad.) "O primeiro tiro é que é importante. Os outros apenas vão atrás. Escutam o barulho e todos puxam o gatilho. Vi isso muitas vezes. Por exemplo, na piscina. No serviço militar, fui salva-vidas em uma piscina. Os meninos que vinham ficavam todos nervosos, mas assim que o primeiro pulava na água, todo o resto pulava também, sem pensar se a piscina era funda ou se sabiam nadar. E na universidade. Um professor ensina mal, fica conhecido por ser um professor ruim. Ninguém faz nada. Mas um dia um aluno se levanta e apresenta uma objeção a alguma coisa, e depois é o caos. Todo o mundo passa a contestar o professor.

"Essa é minha impressão quanto à revolução. Meus pais participaram de quatro ou cinco manifestações. Mas não sabiam por quê. Não sabiam o que estavam fazendo. Meu pai não é corajoso. Não é nada corajoso. Hoje, quando a gente pergunta, ele diz que não foi às manifestações. Mas eu lembro. Tínhamos uma porção de livros em casa. Havia um livro ilustrado, muito colorido. Foi publicado pelo xá. Era sobre a família real. Foi um prêmio que minha irmã ganhou na escola. Meu pai, e eu disse que ele não era um homem corajoso, rasgou o livro todo e jogou no lixo. Ele disse: 'Talvez, quando vier a revolução, eles não queiram ver essas coisas em minha casa'. Eu observei: 'Ninguém está ligando para sua casa'. Meu pai estava fazendo o mesmo que todo o mundo fazia. Era inocente, e estava assustado. Outros tinham muitos pecados, mas ele era inocente." Mehrdad se julgava um iconoclasta, mas sua linguagem ainda podia ser religiosa.

Comentei: "Houve uma coisa que você não traduziu. A história que Abbas contava para os veteranos quando distribuía os questionários sobre suas experiências de guerra".

"Havia dois amigos no *front*. Um deles sempre falava de esporte e dos empregos que tivera na cidade. Não tinha a sensação de estar no *front*. O outro era um homem espiritual. Não queria que seu amigo perdesse o contato com o lado espiritual. Refletia muito sobre como desviar o amigo da conversa sobre a cidade e voltá-lo para a concentração espiritual. Enfim, arranjou um caderninho de anotações em um dos postos telefônicos do *front*. Durante dez dias, anotou tudo o que seu amigo dizia. No final do décimo dia, as sessenta páginas do caderninho estavam cheias. Entregou o caderninho ao amigo e disse: 'Aqui está você. Aqui está o que você falou em dez dias. Anotei tudo. Leia e veja se você está fazendo uma coisa boa, uma coisa ruim ou uma coisa indiferente'. Dois dias depois, os amigos se encontraram. O esportista levou o homem espiritual para um lugar escondido e silencioso, apanhou um saco plástico cheio de papel queimado e disse: 'Isto é o meu passado. Entendi o que você queria dizer e não vou repetir o mesmo erro'. Após um tempo, toda vez que começava a contar uma de suas velhas histórias, ele se detinha e dizia: 'Ah, esqueça'. E ficou famoso como o 'senhor Ah, Esqueça'."

"Essa história fascinou você", observei.

"Abbas disse que toda vez que contava essa história aos veteranos, eles começavam a rir, mas esse riso virava choro à medida que recordavam a guerra e suas próprias amizades. Essa história, disse Abbas, era só para mostrar aos veteranos que uma história simples podia ser muito importante, quando estivessem preenchendo seus questionários sobre suas experiências de guerra."

Falei: "E o que você acha dessa história, agora?".

"Não sinto nada, no momento."

Um pouco depois, ele disse: "É uma história iraniana, por causa da afeição entre os dois soldados. É difícil falar a um amigo sobre as falhas dele. Essa é a história de um amigo que encontra uma boa maneira de fazer isso".

7

QUM: O FLAGELADOR

Quando estive em Teerã, em agosto de 1979, o aiatolá Khalkhalli, o juiz implacável da revolução, era um astro. O Tribunal Revolucionário Islâmico na rua Sharati funcionava praticamente dia e noite, conforme Ali tinha dito. As pessoas eram mortas o tempo todo na prisão de Evin e caminhões transportavam os cadáveres através dos portões azuis, durante a noite.

Nada havia de secreto ou embaraçoso nesse morticínio. Alguns oficiais revolucionários faziam a contagem e regularmente, no *Tehran Times*, havia uma atualização dos números. No início, a contagem servia para mostrar como a revolução era clemente; depois, quando a matança cresceu demais, a contagem parou. Naqueles primeiros tempos, tiravam fotos oficiais das pessoas antes e depois de serem executadas — executadas e, por assim dizer, arquivadas, nuas, na grande e escorregadia mesa mortuária, no gigantesco fichário do necrotério. Essas fotos estavam à venda nas ruas.

O aiatolá Khalkhalli, o presidente do Tribunal Revolucionário Islâmico, estava sempre à disposição da imprensa. Dava muitas entrevistas arrogantes. Em companhia de um intérprete, fui vê-lo em Qum. Era o ramadã, o mês de jejum; e Qum era o local onde o aiatolá se recolhia temporariamente a fim de jejuar e orar. Era agosto e estava muito quente no deserto. Quando chegamos a Qum, tivemos de esperar mais de cinco horas até que o aiatolá terminasse suas preces e quebrasse seu jejum. Eram nove horas da noite. Nós o encontramos sentado no chão da varanda da sua casa modesta, no centro de uma pequena corte, também sentada no chão: seus guardas, alguns admiradores iranianos e um respeitável casal de africanos, vestidos de maneira formal (o homem de terno cinza-claro, a mulher com uma espécie de sári, feito de algo parecido com crepe), que estava ali de visita.

O aiatolá era branco, careca e muito baixo, um gnomo clerical, vestido com desleixo. Talvez em virtude de sua baixa estatura, ele gostava de brincar. Suas piadas eram sobre as execuções e, depois que as contava, sua corte rolava de rir. Também gostava — e esse maneirismo podia ter advindo de suas atribuições de verdugo — de parar de brincar de repente e, sem nenhum motivo, franzir o rosto e mostrar um ar severo.

Era do Azerbaijão, no noroeste. Disse que era filho de um lavrador e, quando menino, foi pastor. Assim, segundo o que Ali me contara, Khalkhalli devia ter sido apenas o tipo de menino do interior para quem, uns cinqüenta anos antes, as escolas teológicas representavam a única maneira de ascender: um quarto, comida e um pouco de dinheiro. Mas Khalkhalli não tinha quase nada a dizer a respeito dos seus primeiros anos de vida. Tudo o que disse, com um riso sufocado, entalado na garganta, foi que sabia como cortar a cabeça de um carneiro; e isso era mais uma de suas piadas sobre as execuções, algo para sua pequena corte desfrutar. Talvez, como jamais tivesse aprendido a refletir e tirar proveito de suas experiências, nunca tendo lido o bastante ou meditado o suficiente, sua experiência houvesse apenas passado por ele em brancas nuvens, e boa parte inclusive se perdera. Talvez os trinta e cinco anos (conforme disse Khalkhalli) de estudos teológicos em Qum tivessem apodrecido sua mente, arrastado a realidade para muito longe, talvez tivessem lhe oferecido apenas leis, e agora, com a revolução, o submergiam no rigor e na vaidade. Só estava interessado no presente, na sua autoridade e reputação, e em seu trabalho de carrasco.

Ele disse: "Os mulás agora vão governar. Teremos 10 mil anos de República Islâmica. Os marxistas vão continuar com o seu Lênin. E nós vamos prosseguir no caminho de Khomeini".

Revolução como sangue e castigo, religião como sangue e castigo: na mente de Khalkhalli, as duas idéias pareciam ter se tornado uma só.

E, de fato, essa idéia dupla, de sangue, se coadunava com o Irã revolucionário. Behzad, meu intérprete, era comunista, e filho de um comunista. Behzad tinha vinte e quatro anos; com toda sua graça iraniana, sua formação científica e suas ambições sociais, ele tinha seu próprio sonho de sangue. Seu herói era Stálin. Behzad dizia: "O que ele fez na Rússia, nós temos de fazer no Irã. Também temos de matar muita gente. Muita mesmo".

No caminho de volta para Teerã, pelo deserto, sob o luar, ligamos o rádio do carro. As notícias tratavam do fechamento, por ordem do governo, do jornal liberal ou não religioso *Ayandegan*. As notícias deixaram Behzad com ar sombrio. O que quer que os comunistas da cúpula dissessem, por mais que continuassem, durante mais um ano aproximadamente, a afirmar que a revolução religiosa era também a sua, Behzad entendera naquela noite que o jogo havia terminado.

Agora, dezesseis anos depois, eu pensava que devia ir a Qum de novo, para procurar Khalkhalli e, se possível, obter dele algum novo ponto de vista a respeito do passado. Também me ocorreu, depois do que ouvira de Abbas e de Ali, que quando estivesse em Qum eu devia tentar conversar com um estudante, um *talebeh*, para compreender o tipo de pessoa que hoje em dia, após a revolução, freqüentava as escolas de teologia.

Mehrdad achava que eu não devia procurar Khalkhalli. Até então, eu não metera meu nariz onde não devia; encontrar Khalkhalli, ou tentar me encontrar com ele, seria algo político demais, intrometido demais, e podia haver encrenca. De fato, quando saí perguntando a respeito, me disseram que Khalkhalli, por várias razões, talvez não gostasse de ser incomodado. Ele fora posto de lado pela revolução muito tempo antes, como um elemento da velha-guarda, e vivia retirado; recentemente tivera também algum problema cardíaco.

Apesar de Mehrdad, pus em campo alguns batedores. E as notícias que obtive, em resposta, foram boas. Pode ter havido algum desestímulo oficial, mas Khalkhalli fora contatado. Estava disposto a me encontrar na sua casa às onze horas em um determinado dia. Sua casa ficava em uma ruazinha em Qum, a Kucheh Abshar; e a pessoa que me levaria até lá seria um *telebeh*. O *telebeh* fora estudante em Qum por muitos anos e, além de tudo, estava disposto a conversar comigo sobre sua vida. Eu devia encontrar o *telebeh* na Biblioteca Marashi, em Qum; não era longe de onde Khalkhalli morava. Eu não teria dificuldade para achar a Biblioteca Marashi. Era muito famosa e todo o mundo em Qum sabia onde ficava.

Era uma combinação muito complicada; muitas peças tinham de se encaixar. Como viajante, eu sabia que combinações muito mais simples, em lugares mais simples, podiam desandar. Por isso fui para Qum com uma certa incredulidade.

Havia uma estrada nova para Qum. Passava pelo santuário de Khomeini: a cúpula cor de cobre, os minaretes ornamentados. Kamran, o motorista, que anteriormente levara a mim e Mehrdad ao santuário e ao Cemitério dos Mártires, perguntou ironicamente: "Que ir lá de novo?".

Estávamos no deserto, mas, onde havia irrigação, existiam plantações verdejantes. A terra era plana. Depois, chegamos ao deserto de verdade e aí a terra, marrom-avermelhada e nua, se mostrava mais irregular: ora uma série de pequenos morros de lama rachada, ora uma fila de pequenas elevações, em certos pontos erodidas até a pedra, a rocha despontando em camadas retorcidas e fendidas. Era maravilhoso, visto do carro. Mas Mehrdad disse: "Para nós, é uma terra muito ruim. É terra salgada".

À esquerda, bem distante, ficava o grande lago salgado. Em 1979, Behzad, meu guia e intérprete, me dissera que a Savak jogava pessoas, de helicópteros, dentro do lago. Agora Mehrdad me disse que o lago era tão salgado que nada afundava na água. Mehrdad falou mais a respeito do petróleo que, segundo diziam, se encontrava embaixo da terra. Oficialmente, explicou Mehrdad, divulgava-se que o petróleo nessa terra salgada era de má qualidade; mas, entre os iranianos, corria a história de que havia ali muito petróleo e era para ser mantido como reserva. Portanto, embora a terra fosse salgada e nua, era fabulosa, como Qum mesma era fabulosa, em um local sem dúvida muito antigo, uma vez que todos os locais sagrados remontam a um passado distante e a religiões anteriores.

Às vezes, agora, à esquerda, podíamos ver a antiga, lenta e sinuosa estrada para Qum. A terra inóspita se suavizou, estendeu-se em uma planície; surgiram moitas esparsas. Ao longe, uma cadeia de montanhas denteadas resplandecia em uma cor marrom-ametista. Duas ou três vezes, na vastidão descampada, surgiram oficinas de carros, manchas negras no deserto: o negror dos pneus empilhados uns sobre os outros, o negror do óleo na terra nua.

Abrigos semelhantes a galpões de fábrica ao longo de uma estrada local anunciaram a proximidade de Qum; e logo a cúpula e os minaretes do famoso santuário de Qum começaram a se mostrar acima da confusa aglomeração de casas de tijolos, cor de terra. Em 1979, Qum era uma cidade pequena; agora, após a revolução, estava três vezes maior e tinha uma população de 1,5 milhão de pessoas.

Chegamos a uma praça, bem irrigada, verde, onde a estrada fazia um balão. Era o fim do deserto e o começo da cidade.

Kamran disse, no seu jeito irônico: “Estamos entrando no Vaticano”.

Ao lado da estrada, havia um grande letreiro que parecia um cartaz de boas-vindas da prefeitura. Mas não dava as boas-vindas. O que o letreiro proclamava havia provocado muito sofrimento, disse Mehrdad. Ele traduziu da seguinte forma o que estava escrito nos arrojados e fluentes caracteres persas: “Toda a filosofia prática do direito está no governo”. A palavra usada para “direito” era *fiqha*; significava “jurisprudência”, de uma forma bem ampla, e constituía um dos principais temas de estudo em Qum. A exemplo de muitas outras coisas na língua persa, explicou Mehrdad, a afirmação no cartaz era ambígua. O significado mais suave era: "Nossa lei é baseada no estudo e na religião". O sentido verdadeiro era mais brutal: "Nós, em Qum, estamos aqui para mandar em vocês".

Não muito tempo após a revolução, o povo do Irã votou em um plebiscito a favor da República Islâmica. Isso foi em 1979. Os princípios da República Islâmica ainda não tinham sido formulados, e a maioria das pessoas achava que estava apenas votando a favor da liberdade e da justiça. Os princípios da República Islâmica, agora, tinham sido estabelecidos pelos sábios, e essa autoridade de Qum constituía um dos princípios. Representava um dos aspectos da noção fundamental do estado islâmico, a noção do líder e da obediência ao líder, que a partir de então nunca mais deveria ser contestada, nem mesmo de forma indireta.

Um cartaz mais adiante, em três idiomas, era mais suave. Tratava do santuário da adoradíssima santa Masumeh, "a inocente", a irmã do oitavo imã.

E agora, depois do deserto, e na cidade sagrada, as mulheres de xadores pretos, nas ruas, criavam uma impressão adicional. Tinham um ar vivaz, solitário, eram muito baixas. Algumas traziam o xador sobre o rosto, com a ajuda das mãos, ou então prendiam a ponta do pano entre os dentes; pareciam pessoas que amordaçavam a si mesmas. Não faziam a gente pensar na adorada santa de Qum; faziam pensar no princípio da obediência.

Sem o opaco dourado da cúpula do santuário, a cidade seria um lugar muito comum; mas a cúpula estava sempre lá. E agora, ao entrar mais fundo na cidade, começamos a ver os estudantes com seus turbantes e suas túnicas de várias cores e seus mantos negros. Vimos cada vez mais estudantes, e Qum se tornou mais do que uma cidade no meio do deserto, mais do que um lugar onde se usam trajes típicos.

Era como se tivéssemos trocado de século. Como se, mediante algum artifício cinematográfico ou de informática, tivéssemos sido lançados no meio de uma peça de Marlowe (digamos), passássemos a caminhar por ruas antigas, a viver com crenças antigas, e tivéssemos retrocedido a uma noção arcaica de instrução, com todos seus ocos emblemas de cores e roupas.

(Ocos, mas estranhamente familiares: fragmentos daquela noção acadêmica, originalmente importada do mundo islâmico, sobreviveram na Oxford em que entrei, daquela mesma forma, em uma tarde de 1950, e logo me habituei a ver como uma coisa natural: as becas compridas e pretas dos professores adjuntos e estudantes monitores, as becas mais curtas dos estudantes comuns, sem bolsa de estudo.)

A Biblioteca Marashi não era tão conhecida das pessoas comuns conforme nos haviam dito. Pessoas diferentes davam indicações diferentes. Começamos a parar quase em cada esquina. Havíamos viajado em alta velocidade pelo deserto em uma estrada nova; agora estávamos perdendo tempo; íamos nos atrasar para o encontro com Khalkhalli.

Enfim chegamos à biblioteca. E pude ver por que tivemos tanta dificuldade para encontrá-la. Havíamos perguntado sobre ela como se fosse um ponto de referência. Não era. Tratava-se de um prédio novo, de tijolos marrons, um pouco islâmico demais com seus arcos, janelas e ornamentos; e não era nada grande nem vistoso. A parte de cima da fachada tinha uma camuflagem típica de Qum, feita de cordões de lâmpadas coloridas e, na parede de pedra da parte de baixo, havia cartazes novos bem como remanescentes dos antigos. O grande letreiro, que pendia muito alto acima da rua movimentada, era igual ao de uma loja comum.

Deixamos Kamran no carro e fomos em busca do homem que ia nos levar até Khalkhalli. Já passavam das onze horas, e onze horas era a nossa hora marcada com Khalkhalli.

Assim que passamos pelas arcadas da entrada da biblioteca, percebi que estávamos em apuros.

O túmulo do aiatolá Marashi, fundador da biblioteca, ficava logo à esquerda, depois da entrada. Estava dentro de uma delicada gaiola de alumínio, com uma coberta verde, semelhante a uma grande gaiola de papagaio. (E o alumínio era um toque moderno, disse Mehrdad, depois; o material mais comum seria prata.) Quando entramos afobados, vindos da rua agitada e cheia de luz, alguns devotos muito pobres, e alguns bastante doentes, debruçavam-se em silêncio de encontro à gaiola. Ao lado, e um pouco acima do piso de mármore, havia uma área atapetada e aberta, e outras pessoas se sentavam ou rezavam ali, abaixo de uma grande foto colorida do aiatolá Marashi, muito idoso.

A Biblioteca Marashi parecia ser também o santuário de Marashi, com seus devotos e suas ocupações. E não me surpreendeu que, no pequeno escritório no fundo do salão, nada soubessem a nosso respeito nem de nosso encontro com o aiatolá Khalkhalli.

Fomos levados a outro escritório e lá também não sabiam de nada. Dali, fomos conduzidos ao escritório do filho do grande aiatolá Marashi.

Ele — o diretor da biblioteca do pai e também guardião do movimentado santuário do pai — era um homem grande, efusivo, com uma enorme barba preta bem tratada, com duas faixas grisalhas. Usava um turbante preto, uma túnica e um manto, e seu escritório era imponente, cheio de livros, arquivos e papéis. Ele disse que não sabia quem éramos nem por que estávamos ali. Nada sabia a respeito do *talebeh* nem do aiatolá Khalkhalli. Falei que eu tinha o endereço do aiatolá Khalkhalli: era na rua Kucheh Abshar. Mostrei-lhe meu caderninho de anotações, no caso de eu ter pronunciado de forma incorreta. Ele respondeu que aquilo não era um endereço, não havia um número. Retruquei que a rua devia ser muito curta e lá as pessoas, com toda certeza, saberiam dizer onde Khalkhalli morava.

Ele não deu ouvidos a nada disso. Passou a disparar uma série de perguntas. "Qual o seu nome? Onde mora? Quantos livros escreveu? Que tipo de livros? A que empresa está ligado? É da SOAS?" Eu nem sabia o que era a SOAS. Ele não gostou disso; não gostou de nada que eu falei. Ele disse que eu tinha de deixar por escrito meu nome e meu endereço. Estranhamente educado, depois disso, ele me fez sentar, enquanto Mehrdad saiu para telefonar para as pessoas em Teerã e ligar para Emami, o *talebeh* que devia estar à nossa espera na biblioteca.

Mehrdad não demorou muito. Quando voltou, disse que Emami ia ligar de volta. Achei que aquilo era um mau sinal. Mas Mehrdad — agora ansioso para me consolar — disse que, enquanto esperávamos por Emami, podíamos dar uma olhada nos manuscritos da biblioteca. Íamos nos atrasar muito para o encontro com Khalkhalli, mas Mehrdad não pareceu importar-se com isso.

Enquanto subíamos a escada até a sala dos manuscritos, Mehrdad disse que o diretor da biblioteca havia se colocado de pé quando entramos em seu gabinete. Isso era um gesto de respeito no Irã; o diretor não teria feito isso se já não soubesse de nós.

E então, atrás de uma porta com barras de ferro, nos vimos no silêncio da sala dos manuscritos, e cercados de coisas antigas de enorme beleza. De tal modo que, de repente, após a confusão das ruas, depois do meu nervosismo e dos obstáculos enfrentados no térreo, estávamos de novo em um mundo diferente.

Já eram onze e meia. Mesmo que Emami viesse agora, estaríamos uma hora atrasados para o encontro com Khalkhalli. Comecei a riscar mentalmente aquele encontro de minhas anotações e refleti que, assim como as pessoas, no térreo, que se debruçavam na gaiola de alumínio a fim de obter a cura nas emanações do santo morto, podia ser bom para mim, no final das contas, me demorar ali por meia hora, mais ou menos, sob as emanações mais serenas de um mundo mais antigo. Pensei na biblioteca da Universidade de Salamanca, na Espanha, outro amontoado de saber ocioso, ou sua imagem especular, quase do mesmo período. Mas, sem nenhum aviso, o guia e intérprete designado para nos mostrar o local foi levado embora e entrou um jovem sacerdote, de túnica e toga, que, pequeno e de rosto franzido, sem nada dizer, nos conduziu de um escrínio a outro, enquanto a saia da sua toga ondulava acima das suas sandálias pequenas e de cor suave, e por fim levou-nos para fora da sala dos manuscritos, fechando às nossas costas, com estrépito, a porta com barras de ferro.

Então nos conduziu, sem dizer uma palavra ou fazer nenhum gesto de simpatia, a outras seções da biblioteca: livros impressos, conservação, fumigação, reprodução. E depois a salas com cada vez mais livros impressos: a interminável torrente da teologia islâmica, urdida sem pressa em lugares como Qum e publicada em "coleções" de muitos volumes, encadernados de maneira uniforme e espalhafatosa: coleções tão numerosas que faziam a gente se perguntar até que ponto tinham sido conferidas e revisadas, e se de fato se destinavam a ir ao encontro de leitores ou se seu propósito não era apenas o de se constituir em objetos sagrados, as emanações de um aiatolá venerado, se sua edição ou produção não representariam, na realidade, um ato de devoção ou de caridade de alguém.

Havia tantas coleções para ver, agora, na companhia de nosso mal-humorado assistente, que por fim eu disse não, e parei. Achei que nos devíamos contentar com a aventura que havíamos tido, devíamos ir visitar o santuário de Hazrat Masumeh, almoçar alguma coisa e voltar para Teerã. Mehrdad concordou. Ele achava que tínhamos atraído demasiada atenção para nós. Mostrou-se preocupado por eu ter escrito meu nome e endereço; e não achava boa idéia ficar vagando por ali.

Separamo-nos de nosso guia, descemos dois andares de escada para o local onde a biblioteca, propriamente dita, começava. E então encontramos Emami, o *talebeh*.

Ele estava tranqüilo e à vontade, um homem alto e magro de uns trinta anos, e não parecia saber que nos mantivera esperando por uma hora. Não usava túnica nem manto nem turbante, mas sim calça e uma camisa branca, sedosa ou brilhante, cuja textura formava desenhos. Emami não disse nenhuma palavra — ou Mehrdad não traduziu — a respeito de como ele apareceu ali, de repente, ou por que não telefonou, ou ao menos por que não estivera ali uma hora antes. Tudo o que disse, no seu jeito calmo, suave, foi que sim, ele sabia onde Khalkhalli morava e nos levaria até lá.

Indaguei a respeito de suas roupas. Emami respondeu que tinha o direito de usar a túnica, o manto e o turbante do *talebeh*, mas não gostava de vesti-los. Apresentou isso — ou pelo menos assim ficou sugerido na tradução de Mehrdad — como um aspecto da sua modernidade; encarava a si mesmo como um homem moderno.

Fomos ao gabinete do diretor para nos despedir. O homem grande de turbante preto mostrou-se cortês, porém distante; seu assunto conosco estava encerrado. O bloquinho branco com meu nome e endereço anotados ainda estava onde eu o deixara, na sua escrivaninha, em uma pilha de papéis e livros velhos. Parecia brilhante e bem visível; eu pude entender a preocupação de Mehrdad.

No térreo, passamos pelos visitantes do santuário, sentados ou rezando sobre o tapete, abaixo da foto do aiatolá Marashi, ou comprimindo os rostos de encontro à gaiola de alumínio do seu túmulo. Do lado de fora, na agitada rua ensolarada, passamos por uma barraquinha de livros ou uma livraria: livros persas em uma caixa, dois estudantes muito jovens, de turbante, túnica e toga, compravam com entusiasmo o que parecia ser um conciso livro didático e davam a impressão de serem pessoas que haviam encontrado um tesouro. Talvez o livrinho fosse um simples volume de perguntas e respostas. A cena parecia algo representado em um palco, com os elementos acessórios — livros novos e um saber antigo, uma loja que vendia esses livros — que cessaram de ser acessórios, e com atores caracterizados — livreiros, estudantes — que se haviam convertido em seus papéis. Seria bom parar e ver, e se entreter com algumas das fantasias que a cena sugeria. Mas já estávamos uma hora atrasados para o encontro com Khalkhalli.

Encontramos Kamran e o carro a certa distância, no lado ensolarado da rua. Quando estávamos todos no carro, o motor não pegou.

Todos empurramos o carro, mesmo Emami, na sua camisa branca e lustrosa, enquanto Kamran demonstrava, mesmo naquela velocidade, sua capacidade de dirigir de forma imprudente, ora virando sem avisar em direção ao fluxo dos carros, ora cortando em sentido contrário ao tráfego. Ele tinha uma sorte iraniana; ninguém bateu em nós. Após cerca de cem ou 150 metros, o carro escoiceou e o motor pegou. Então Kamran, Mehrdad e Emami — a despeito do que dissera, ele não sabia absolutamente onde Khalkhalli morava — perguntavam o tempo todo qual o caminho, fazendo aquilo que devíamos ter feito por conta própria, mais cedo, de manhã. Todo o mundo sabia onde ficava a casa do aiatolá e sempre diziam que estava muito perto. Mas levamos um bom tempo para encontrá-la.

Enfim, chegamos a uma pequena rua residencial: casas brancas, novinhas, casas com cercas altas ou muros ao estilo iraniano. Emami apertou a campainha da casa. Nada aconteceu. Emami apertou a campainha de uma outra casa e falou um pouco pelo interfone. O portão da primeira casa abriu e uma mulher muito idosa, que não usava o xador preto de Qum, mas um xale (que ela usava amarrado atrás da cabeça) com uma estamparia discreta, veio até a calçada e apontou para uma terceira casa.

Emami apertou a campainha. Mehrdad apertou também e, após um intervalo, um homem abriu. Não estava de uniforme, mas Mehrdad observou — e mais tarde me disse — que o homem tinha uma arma na cintura, embaixo da camisa. Ele disse que nada sabia a respeito do nosso encontro, mas ia lá dentro perguntar ao aiatolá. O aiatolá estava lendo. O homem voltou um tempo depois e disse: "O aiatolá estava à espera de vocês. Esperava vocês às onze horas". Mas Mehrdad não me contou isso senão no final do dia.

Passamos pelo portão alto e encontramos mais um guarda. Vestia calça e camisa verde-escura, o antigo uniforme do *komiteh* da Guarda Revolucionária.

Um pequeno pátio na frente, um curto lance de escada, uma varanda: lembrei-me de uma coisa semelhante que vira em abril de 1979, mas não pude ter certeza de que se tratava da mesma casa porque os arredores pareciam ter mudado muito. Em 1979, a casa de Khalkhalli ficava nas cercanias da cidade, em uma rua nova, com árvores novas; sentia-se a presença do deserto ali perto. Esta rua, agora, parecia bem estabelecida e se situava no meio da cidade.

Tiramos os sapatos e entramos no vestíbulo. À direita, ficava a biblioteca ou estúdio, com estantes abarrotadas de livros dispostos em coleções. À esquerda, ficava a sala de estar, um aposento formal, quase vazio, coberto com tapetes. As paredes eram de um verde-claro. Almofadas retangulares com listras verdes estavam escoradas junto aos radiadores embutidos em uma das paredes. Uma fina esteira sobre o tapete, estranhamente aconchegante, indicava em que local, à certa altura, o aiatolá talvez estivesse repousando (ou à nossa espera). Do outro lado da sala, havia quatro ou cinco poltronas escuras. No paninho rendado em cima da mesa de canto junto a uma das poltronas, havia três ou quatro palitos de dente: o senhor da casa, sem dúvida. Deve ter sido ali que estava lendo quando tocamos a campainha.

Pendurado na parede com os radiadores, havia um turbante preto, já enrolado, com um aspecto um tanto murcho, amassado e patético; e, mais acima, havia fotografias do aiatolá ao lado de Khomeini. As fotos estavam bem altas, na parede — talvez para evitar que fossem surrupiadas —, e não era fácil enxergar os detalhes. Uma das fotos era um instantâneo, preto-e-branco, de Khalkhalli e Khomeini, ambos de rostos franzidos, caminhando resolutos sobre a neve, perto da traseira de um carro: uma cena de rua, sem dúvida. O manto de Khalkhalli batia quase nos tornozelos, delineava o contorno de sua barriga e não salientava sua baixa estatura; de fato, ao lado de Khomeini, ele não parecia muito mais baixo. Um retrato formal de grupo, à esquerda, mostrava Khomeini, seu filho e Khalkhalli; Khalkhalli fora o professor do filho de Khomeini e tinha orgulho dessa distinção. Perto desse retrato, havia uma foto colorida de Khomeini e Khalkhalli, ambos rindo, dessa vez: Khomeini à direita, reclinado no que parecia uma *chaise longue*; Khalkhalli, curvado com ar conspiratório acima dele, à esquerda, de turbante e toga preta, com seus óculos de lentes grossas e aros pretos. A toga preta de Khalkhalli — como uma asa protetora sobre Khomeini — ocupava boa parte do lado esquerdo da fotografia. A foto não estava muito bem focada, ou fora ampliada de forma incorreta: havia uma espécie de halo branco-azulado em torno do assento de Khomeini. Era uma foto perturbadora: Khalkhalli, o bufão, fazendo seu senhor rir. Era a única foto que eu conhecia em que Khomeini ria, e o riso alterava o rosto, sublinhava a sensualidade.

Khalkhalli, agora, estava afastado de tudo, diziam; fora posto de lado. As fotos na parede eram como provas do seu poder em outros tempos, sua proximidade em relação ao imã, o líder da revolução. Mas, no futuro, as fotos na parede poderiam significar outra coisa: os líderes atarefados da revolução franzem o rosto na rua e riem em particular.

Então ele entrou. E foi uma entrada e tanto. Estava descalço, simplesmente de branco, como um penitente, e andava bem devagar. Uma túnica branca de manga curta, molhada de suor no meio do peito, pendia folgada sobre uma roupa branca, por baixo. A passos arrastados, entrou, muito baixo, totalmente careca, cara de bebê sem o seu turbante, a cabeça tombada sobre o peito, olhando para cima por debaixo da testa, olhos sem malícia, agora, e aparentemente à beira das lágrimas, como se quisesse dramatizar sua situação e precisasse de piedade.

Convidou-me a sentar em uma poltrona. Sentou-se a meu lado. Estávamos separados pela mesinha com o pano rendado e os palitos.

Eu não sabia como começar. Queria muito ouvi-lo falar sobre seu trabalho de juiz e saber o que ele tinha a dizer, agora, sobre a revolução. Mas eu não sabia como chegar a isso. Imaginei que uma abordagem indireta, com questões sobre sua infância ou o início de sua carreira, começasse a nos levar naquela direção. Porém, tal como em 1979, ele não queria falar sobre a sua vida.

Se fôssemos recuar tanto assim, disse ele, acabaria cansado. Sofrera uma cirurgia de coração, três pontes de safena. E, ou porque era difícil para Khalkhalli sentar-se na poltrona, ou porque desejava mostrar que não gostava de minhas perguntas, ergueu-se da poltrona ao lado da minha e mudou-se para a esteira sobre o tapete.

Perguntei quando ele se tornara um revolucionário. Respondeu que sempre fora revolucionário, desde quando se conhecia por gente; sempre detestara reis.

Os guardas trouxeram chá em copinhos. Sentaram-se e ouviram nossa conversa. Percebi que gostaram daquela quebra na sua rotina.

E Khalkhalli fez gestos de cortesia. Disse que aprendeu muito com Nehru. Isso representava uma gentileza comigo: ele me tratava como alguém da Índia. Havia apreciado em especial o livro de Nehru, *Visões da história do mundo*; na tradução persa, tinha três volumes. Recordei Khalkhalli a respeito do seu interesse, em 1979, pelo movimento Polisario, e perguntei qual seria, no seu ponto de vista, o futuro das sociedades que hoje eram revolucionárias. Na tradução de Mehrdad, ele disse: "A realidade vai sempre prevalecer".

Realidade, para ele, significava verdade. Devia ser contraposta aos sistemas falsos, aos deuses falsos, à fraude. Era muito difícil fazê-lo falar de maneira concreta; conduzia tudo para a abstração. Na condição de aiatolá, este foi o seu grande talento. Gostava de estar frustrando minhas intenções; e, enquanto falava no seu jeito de aiatolá acerca da realidade e da fraude, seus olhos — aparentemente tão à beira das lágrimas, quando havia entrado — se tornaram radiantes, começaram a cintilar: aqui e ali, um lampejo da antiga malícia, com algo do homem de 1979 transparecendo.

Ele me disse: "O senhor vai ver o aiatolá Montazeri?".

"Creio que não", respondi.

Quando Mehrdad traduziu isso, Khalkhalli olhou para ele e retrucou: "Ele devia ver Montazeri".

Mehrdad manteve-se impassível e traduziu. E só mais tarde, ao pôr em ordem várias coisas que eu ouvira, compreendi que essa pergunta sobre o aiatolá Montazeri era uma pergunta política, e talvez até uma tentativa de Khalkhalli me envolver na defesa da sua causa. Khalkhalli e Montazeri foram ambos importantes nos primeiros tempos da revolução (Montazeri, a certa altura, fora mesmo o segundo homem na hierarquia de comando de Khomeini); e ambos se tornaram conhecidos por sua virulência. Se Khalkhalli era o juiz implacável, Montazeri, como o segundo homem na hierarquia de comando de Khomeini, às vezes se mostrara ainda mais zeloso do que o seu mestre. Quando Khomeini falou que a revolução devia se concentrar nos jovens, que as pessoas com mais de quarenta anos eram inúteis, Montazeri foi um passo além. Aposentadorias e pensões eram inúteis, disse ele; árvores mortas tinham de ser cortadas. As pessoas ainda se lembravam disso. Esses dois homens, Khalkhalli e Montazeri, foram postos de lado por uma geração posterior, que chegou ao poder; ambos agora eram mantidos calados e inofensivos.

Mas quase tudo isso eu só vim a saber mais tarde. Portanto, quando Khalkhalli perguntou se eu ia falar com Montazeri, não vi o sentido do que ele estava dizendo e não pude entender. Em vez disso — e deve ter sido algo decepcionante para ele —, perguntei o que estava lendo quando chegamos: expliquei que o guarda que abrira a porta dissera que ele estava lendo. Tratava-se de um livro religioso?

Era só o jornal. Disse ele, no seu jeito professoral: "O mundo não pára. Está sempre acontecendo alguma coisa nova. É por isso que leio jornais".

As palavras que usava não significavam grande coisa. Elas nada denunciavam a respeito dele e permitiam que Khalkhalli me avaliasse. Sentado na esteira sobre o tapete, ele olhava de baixo para mim, por baixo da testa, e me dei conta, então, do seu intuito de me pôr à prova, em meio à sua fala abstrata e sem rumo. Quantos anos eu tinha? Tinha filhos? Respondi que não. Ele perguntou por quê. Respondi que, se tivesse filhos, seria difícil me dedicar ao meu trabalho. Ele retrucou que muitos escritores persas tiveram cem filhos e escreveram cem livros. Quantos livros eu havia escrito? Dava para ganhar a vida como escritor? Era difícil para um escritor persa ganhar a vida com seus livros. Eu estava ligado a alguma agência de notícias? Qual era a minha religião? Perguntou-me sobre a Índia e Caxemira, e não prestava a menor atenção ao que eu dizia.

Khalkhalli ficara descontente comigo. Estava habituado a outro tipo de entrevista, algo mais político e imediato (e talvez algo que oferecesse uma publicidade mais imediata). Ele não entendia o que eu buscava. E talvez eu mesmo tivesse perdido meu rumo. Talvez o contratempo na Biblioteca Marashi tivesse me deixado cauteloso demais.

Teria sido melhor se eu lhe perguntasse diretamente acerca da sua reputação como o juiz implacável da revolução. Mas eu não queria fazer isso; achei que uma pergunta como essa o levaria a dar por encerrada a conversa, ou dar uma resposta-padrão, ou se tornar hostil, e eu não obteria nada senão o óbvio. Eu podia perguntar sobre as fotografias na parede. As fotos me interessavam e eram importantes para ele; Khalkhalli podia ter vontade de falar sobre elas, e isso talvez levasse a outros assuntos. Mas essa idéia, em relação às fotos, só me veio muitas semanas depois, quando eu refletia a respeito de minhas anotações.

Prossegui no meu jeito tateante. Perguntei como ele avaliava a revolução agora. Khalkhalli discorreu durante certo tempo, usando nitidamente uma porção de palavras vazias, e a breve tradução de Mehrdad daquilo que era dito exprimia que fora dado um primeiro passo. Até que ponto? Trinta por cento. Vislumbrei uma brecha; e ele deve ter percebido o que viria a seguir. Porque, antes que eu pudesse perguntar a respeito dos setenta por cento que ainda estavam para vir, Khalkhalli avisou que estava cansado. Os olhos que cintilavam enquanto ele falava, ou fazia sua preleção, se apagaram, a expressão se tornou melancólica, vazia. Tombou a cabeça, empurrou o queixo contra o peito, ergueu-se devagar, o suor visível na frente e nas costas da sua túnica de mangas curtas. Passo a passo, ele se deslocou para um aposento lateral.

A entrevista estava terminada. E agora estávamos diante de um problema. Não tínhamos carro. Kamran partira em busca de uma oficina para consertar a ignição. Disse que voltaria em meia hora, mas isso não devia ser tomado ao pé da letra. Só podíamos esperar por ele. Estávamos no meio do dia e fazia calor demais para esperar lá fora, na rua. Portanto, à espera de Kamran, Emami, Mehrdad e eu continuamos sentados na sala de visitas de Khalkhalli, em companhia de seus guardas, e conversamos.

Conversar com Emami era parte de meu propósito ao vir a Qum, me informar sobre os *talebeh*, os estudantes que vinham a Qum, hoje em dia. Emami já estudava havia catorze anos. Começara em uma escola teológica de Teerã, quando tinha dezesseis anos, e mudara para Qum após ser aceito por um aiatolá. Agora, estava casado, tinha um filho de dois anos de idade. A subvenção que recebia do seu aiatolá era de 2 mil tomãos por mês, mais ou menos cinqüenta dólares. Ganhava um pouco mais por fora, dando aulas por conta própria e fazendo traduções do árabe. Não era uma vida fácil. Qum era quente e poeirenta. Emami a suportava porque, desde pequeno, quisera ser um propagador da fé. Não era um *talebeh* clássico, disse ele, o filho de uma família pobre que vem a Qum em busca de comida e abrigo grátis. Seu pai era um negociante; eram gente de classe média.

Mas quando todo esse estudo ia terminar? Quando ele sairia pelo mundo? Não era assim, retrucou ele. Algumas pessoas podiam permanecer na condição de estudantes durante cinqüenta anos. Khomeini costumava dizer que todo dia estava aprendendo alguma coisa. Mas isso não explicava de que modo a vida de um sacerdote podia começar a ter algum movimento. Como as pessoas começavam a se destacar? Emami respondeu que as pessoas se destacavam em virtude do seu saber e da sua personalidade. O estudo nunca cessava. E tendo em vista todos os comentários já escritos, e os comentários sobre os comentários, acerca de filosofia, teologia e jurisprudência, todas aquelas coleções de livros na Biblioteca Marashi, era possível entender muito bem o que Emami queria dizer. As pessoas também podiam se destacar em função de sua capacidade para formular, no meio daquela selva de conhecimentos, interpretações ou juízos novos. Khomeini, por exemplo, fez isso com sua decisão de que o jogo de xadrez não era contra a lei, contanto que não houvesse aposta no tocante ao resultado da partida. Este era um julgamento do qual as pessoas em Qum ainda falavam.

Ele mesmo não era famoso, disse Emami. Estava satisfeito de ser o que era, um dos soldados rasos da fé, por assim dizer, um dos propagadores. Essa era sua vocação. Não era rico, mas não se importava com isso. Não se importava muito com comida. Comentei que ele estava exagerando. Não me parecia que Emami fosse tão destituído de qualidades. Tinha um bom porte físico; eu tinha certeza de que praticava algum esporte. Emami sorriu; disse que fazia exercícios todas as manhãs.

Havia mais um pouco para extrair de Emami. Ele tinha aquela noção de vocação; representava uma explicação suficiente para os seus catorze anos de estudos; ele não conseguia se afastar de si mesmo para examinar sua vida e suas motivações. Seu mundo tinha limites rígidos. O que ele tomava por estudo era, na verdade, apenas uma forma de aprender os regulamentos. Conhecer os regulamentos significava simplificar a vida, e Emami era um homem profundamente obediente. Era o que a fé e a revolução requeriam; todos os dias, nos jornais, vinha uma mensagem desse tipo.

Conversávamos já havia meia hora ou 45 minutos na sala do aiatolá, embaixo do turbante e das fotos do aiatolá, à espera de Kamran, atentos a qualquer sinal do barulho de um carro, e de vez quando saíamos até a varanda para dar uma olhada. E então Khalkhalli veio a nós de novo, devagar, triste, sua folgada túnica molhada de suor até a metade. Mehrdad explicou o problema do carro e do motorista. Khalkhalli perguntou se queríamos mais pão e queijo, pão persa, queijo persa.

Essa parecia uma boa idéia; podia me dar uma oportunidade de conversar de outro modo com o aiatolá. Mas Mehrdad falou com certa firmeza que a oferta de pão e queijo era uma simples formalidade verbal, uma cortesia, e que na realidade o aiatolá estava pedindo para sairmos.

Levantamo-nos para nos despedir. Se quiséssemos vê-lo de novo, disse Khalkhalli, teríamos de marcar um encontro. Teria de ser na semana seguinte, na quinta-feira; este era o dia em que ele não dava aula. E dessa vez teríamos de chegar na hora. Seu rosto melancólico começou a se alternar com uma irritação. E devíamos fazer anotações. Ninguém conseguia lembrar tudo. Conversar sem fazer anotações era uma perda de tempo. Nós tínhamos apenas brincado com ele. Respondi que eu tomava notas, mas não na mesma hora; não tive a impressão de que nossa conversa anterior houvesse chegado ao estágio de tomar notas, expliquei. Na semana seguinte, então, disse ele, enquanto sua irritação começava a se dissipar; e devíamos telefonar antes. Deu o número do telefone e apontou para um dos guardas: ele iria atender o telefone.

Comecei a achar que, se não nos tivéssemos atrasado tanto e se as coisas houvessem corrido melhor, ele não se importaria de falar mais. Porém a oportunidade passara. Saímos para a varanda, calçamos nossos sapatos e atravessamos o portão do muro alto. Atravessamos a rua até a pequena faixa de sombra perto da esquina e ficamos ali, de pé, à espera de Kamran.

Mehrdad disse: "Você viu a arma?".

Emami disse: "Ele agora tem muitos inimigos".

"Eles são como inimigos uns dos outros", disse Mehrdad. "Os dos velhos tempos e os novos." Em seguida, Mehrdad falou para mim: "Ele lhe perguntou sobre Montazeri. Espero que não tente vê-lo. Esse é o caminho para a morte".

Falou com genuíno terror. Fiz o que pude para acalmá-lo. Falei: "Mas esses homens são cartas fora do baralho. Estão velhos demais e não podem mais representar perigo para ninguém".

"Nessa situação", retrucou ele, "até os mortos são perigosos."

E ali de pé, diante da casa de Khalkhalli, pensei que, mesmo que eu viesse na quinta-feira seguinte — e se todo o mundo ainda lembrasse e acontecesse de fato o encontro combinado —, talvez houvesse pouco a acrescentar ao que eu vira naquele início de tarde: o grande magistrado da revolução, velho, doente e receoso, agora submetido a diversas restrições, sentado ao pé de suas fotografias, que eram mais sinistras e condenatórias do que ele supunha, entre guardas e armas, um dos guardas trajando o antigo uniforme verde-escuro dos primeiros *komiteh* e fazendo com que parecesse apenas uma roupa velha.

Houvera guardas em 1979. Eu ainda podia lembrar — o pôr-do-sol no deserto, a nossa volta, no final do longo dia de agosto — o homem corpulento com uma arma no portão de baixo, na frente da casa bem visível, na rua traçada apenas até a metade, e as pesadas mãos de punhos cerrados daquele homem, e seu rosto fechado, tolo, arrogante. A revolução ainda abarcava o país em sua totalidade, e aquela história de guardas e revistas servia sobretudo para criar um efeito dramático: a idéia fingida de que a revolução estava em perigo, uma parte da excitação e da festa dos primeiros tempos da revolução. Agora — embora também fosse parte de seu isolamento — Khalkhalli necessitava realmente do muro alto e do homem com a arma.

Mehrdad falou, de forma inesperada: "Foi muito gentil da parte dele dizer que estava cansado. Iranianos não fazem isso. Não dizem as coisas tão francamente. Ele está muito velho. Mas é muito esperto".

Esperamos na sombra, na esquina. Mehrdad achou melhor andarmos para onde pudéssemos apanhar um táxi, fazer o que tínhamos de fazer com Emami e combinar um encontro com Kamran às quatro e meia, em uma das pontes de Qum, muito conhecidas na cidade. Podíamos deixar um recado para ele com os guardas de Khalkhalli. Tocamos a campainha de Khalkhalli de novo e o guarda que saiu, o homem maior, de bigode, não se mostrou nem um pouco aborrecido de ser incomodado outra vez.

Começamos a andar pelas ruas brancas fulgurantes; Emami nos guiava e ao mesmo tempo falava acerca do que julgava errado no curso de filosofia em Qum: filosofia antiga demais, pouca atenção a questões contemporâneas, muito tempo para Farrabi e Avicena — um nome mágico para mim: era estranho ouvi-lo pronunciado de forma tão depreciativa —, os quais haviam tomado suas idéias, idéias equivocadas, de pensadores antigos como Ptolomeu e Aristóteles. Essa crítica a Qum era um pensamento aceito; Emami, embora se considerasse um homem moderno, pronto para se vestir de maneira moderna, não era um rebelde.

De maneira surreal, como em um sonho, após alguns minutos de caminhada, vimos o carro de Kamran descendo pela rua branca e vazia em nossa direção. Ele tivera problemas com a ignição; fora de uma oficina para outra, e depois de uma loja de carros para outra, atrás de uma peça para reposição.

Agora que não precisávamos mais caminhar, Emami queria que todos fôssemos almoçar com ele, em seu apartamento. Ele insistiu. Mehrdad concordou e paramos em duas ou três lojas em ruas poeirentas para comprar frutas e outras coisas para almoçar. O ar estava quente e parado. Havia 25 mil estudantes em Qum, disse Emami. Mostrou-nos o grande alojamento para estudantes estrangeiros; eram sobretudo indianos, paquistaneses e africanos; havia poucos europeus. Havia também um bom número de árabes. Um pouco mais tarde, como se estivesse se desculpando da poeira da cidade, ele disse que os árabes sujavam tudo. Falou com naturalidade, sem malícia, como um homem que diz uma coisa admitida por todo o mundo: sempre, entre os iranianos, e de formas inesperadas, aquele mesmo mal-estar em relação aos árabes, que foram tanto quem conquistou os iranianos quanto quem lhes outorgou sua própria religião.

Passamos pela casa de Khomeini, a casa onde viveu quando era professor em Qum. Ficava em uma curva, em uma rua movimentada. Um policial vigiava o tráfego; a rua devia ser menos movimentada quando Khomeini morava ali. A casa era baixa, despretensiosa, cor de terra, em parte oculta pelo muro da rua. Porém, como era bastante comum nas casas iranianas, aquele muro inexpressivo, quase nulo, escondia um jardim com uma agradável variação de luz e sombra, isolado da algazarra e do fulgor da rua.

Emami morava bem no limite da cidade em expansão, em um novo bairro residencial cujo terreno parecia ter sido preparado da mesma forma que aquele que eu vira no deserto e na poeira. As ruas ainda não estavam prontas. Durante certo tempo, avançamos aos solavancos sobre cascalho e cacos de tijolo, e comecei a me preocupar com o carro de Kamran, que acabara de ser consertado. Por fim, paramos. Um ou dois restos de plástico na rua, um saco vazio preso entre pedras e tijolos quebrados: a impressão já era de negligência civil. Mas atrás da inexpressiva porta da casa de Emami havia, mesmo ali, um pequeno jardim: sombra, ordem, depois das ruas inacabadas, e uma escada do jardim para os dois aposentos que Emami alugava: sua casa nos últimos quatro anos.

O concreto do aposento da frente não tinha revestimento, exceto pelas estantes de livros em uma das paredes. Emami se afastou e pegou emprestado com um vizinho uma cadeira para mim. A nudez do aposento — que indicava menos a pobreza do que a simplicidade do estudante de teologia, voltado unicamente para a propagação da fé — assombrou Mehrdad de tal modo que ele fez uma anotação a respeito em seu caderninho. Nas prateleiras, havia diversas coleções de livros sobre teologia, filosofia e jurisprudência, entre eles os cinco volumes (em uma encadernação de cor creme e verde) da grande obra de jurisprudência de Khomeini, a respeito de tudo o que concerne a comprar e vender (desconhecida para mim até aquele momento). Os livros de filosofia incluíam uma tradução persa de *Problemas da filosofia*, de Bertrand Russell. (Porém, nenhum direito autoral para os herdeiros de Russell: o Irã não participa da convenção internacional de direitos autorais.) Quando perguntei, Emami disse que os livros usados por estudantes como ele eram publicados por várias fundações e os preços eram razoáveis. Mas sua biblioteca, ainda assim, consumia uma boa parte do estipêndio que recebia do seu aiatolá.

Emami, agora nosso anfitrião, e em sua própria residência, se mostrava mais gentil e atencioso. O filho de dois anos do qual ele nos falara estava dormindo; se não, disse Emami, o menino já estaria conosco. Emami era dedicado, porém discreto em suas gentilezas comigo, Mehrdad e Kamran, e nas orientações que dirigia à esposa, oculta, em algum ponto nos fundos, enquanto preparava os ovos fritos e o tomate que Emami e Mehrdad haviam escolhido como nosso prato único, acompanhado de pão persa e queijo branco (importado da Dinamarca, mas fabricado segundo os preceitos muçulmanos — o *halal*) para mim.

Emami trouxe e estendeu no assoalho um oleado. Esse oleado era um objeto sagrado, disse Mehrdad, porque o pão ficava embrulhado nele. Tinha de ser limpo e guardado em um lugar alto. Em seguida, passou a trazer pratos e outras coisas. De vez em quando, ele parava e conversava conosco, agachado sobre os joelhos e os calcanhares, a calça apertada em volta das coxas musculosas, a camisa prateada salientando os ombros desenhados por exercícios físicos e sua barriga reta. Emami estava contente, disse ele outra vez, quando começamos a comer. Estava fazendo o trabalho que desejava fazer, a difusão da fé.

Indaguei se conhecia algum caso de perda da fé, entre os jovens, conforme se contava. Respondeu que isso não era segredo. "Nossos inimigos conhecem nossas fraquezas."

Uma leve batida na porta, como de alguém que não quisesse incomodar. Dessa vez, não era comida que a oculta esposa de Emami vinha trazer, mas sim seu filho, descansado e sereno, um pouco trôpego depois do sono profundo que ainda se estampava no rosto.

Aos ovos e aos tomates, seguiu-se o melão. Perguntei a Emami quem eram os inimigos que ele mencionara antes. Disse que eram os países do Ocidente; eles desejavam aniquilar o islã. Disse isso com a mesma delicadeza com que dissera tudo o mais.

Nosso almoço estava encerrado. Os pratos foram retirados e Emami dobrou o oleado com vagar, unindo os quatro cantos, duas vezes seguidas, antes de levá-lo embora. Em seguida, devolveu o filho à esposa. Depois disso — todas as distrações agora eliminadas — ele e Kamran começaram a conversar. Falaram sobre a guerra. Emami disse que, no último ano da guerra, foi fazer propaganda islâmica no *front*. Quantas vezes? Respondeu que esteve lá em quatro ocasiões; no todo, esteve no *front* por dois ou três meses. Deu algumas palestras. Kamran perguntou se era só isso que os sacerdotes faziam, dar palestras. Emami disse que não, conhecia alguns sacerdotes que haviam entrado em combate. Mas ele mesmo não lutara. Para Emami, a guerra era uma experiência espiritual.

Ele estava contente, mas sabia que não fizera o bastante. Sua casa ficava longe dos centros de estudo, e as viagens, bem como os afazeres domésticos, tomavam uma parte grande demais do seu tempo. Porém, pouco antes, arranjara uma bicicleta; isso era de grande ajuda.

Depois do almoço, Emami queria nos levar para uma das escolas de teologia. Não tínhamos ninguém para dizer até logo — sua esposa permanecera oculta e o menino fora levado para dentro — e assim descemos, sem maior cerimônia, para o jardinzinho e depois, quase de imediato, nos vimos de novo na rua pedregosa e no deserto. Voltamos de carro em direção ao centro da cidade, para a escola que Emami tinha em mente. O diretor não estava lá e o guarda não podia nos dar permissão para conhecer o local. Emami conduziu Kamran a outra escola. Era um prédio moderno, de tijolos amarelos, em uma rua larga, margeada por árvores e por um canal. Alguns estudantes — um rebuliço de togas, túnicas e turbantes, no pátio, além do canal — tinham chegado para uma aula; alguns outros vinham montados em motonetas. Pareciam limpos, saudáveis e — não existia outra palavra — prósperos. Emami voltou. Falara com o diretor: podíamos dar uma volta pela escola.

Tiramos os sapatos no vestíbulo, os colocamos em um grande pombal para guardar sapatos e subimos, sobre tapetes cortados sob medida para forrar a escada, rumo ao segundo andar. Estudantes entravam o tempo todo. Alguns deles tomavam um gole de água gelada no bebedouro antes de descalçar os sapatos. Logo se tornaram uma verdadeira multidão. Não falavam; alguns pareciam inquietos. O som que vinha deles, enquanto galgavam de meias a larga escada atapetada, era o ruído de suas roupas. Na área livre, forrada de tapete, no alto da escada, os estudantes que tinham sido reprovados em determinada matéria sentavam-se no chão e faziam suas provas de novo. Havia um componente de punição e de vergonha pública nessa repetição do exame em público. Os estudantes não tinham mesas nem pranchetas e alguns adotavam posições fantásticas para escrever: sentados de pernas cruzadas e tão debruçados para a frente, a fim de escrever no chão, que toda a parte de cima do corpo parecia se alongar.

O diretor era um homem idoso e gentil, imponente com seu turbante e sua barba tingida, uma imagem da antiga sabedoria. Apresentou-nos, em seu pequeno gabinete, a três de seus professores, sentados formalmente um ao lado do outro. Um professor lecionava cristianismo (e falava inglês), outro, lecionava seitas islâmicas e o terceiro lecionava teologia islâmica. Mehrdad disse que "teologia" não era a tradução correta da palavra árabe e seguiu-se um pequeno debate cordial em torno do assunto entre Mehrdad e os três professores, enquanto o diretor apenas acompanhava com ar benevolente. Aquela matéria, a rigor, disse Mehrdad, consistia em uma análise das tradições relacionadas com o Profeta: o saber antigo, se robustecendo século após século, comentário após comentário, até se configurar no que podia ou não ser considerado como as tradições verdadeiras, importantes porque podiam ser utilizadas a fim de estabelecer ou contestar leis.

O diretor então nos levou para uma visita pelo prédio novo de sua escola. Era suntuoso e deslumbrante. Nas salas de aula, as cadeiras e mesas eram novas e de boa qualidade. Na biblioteca, havia coleções e mais coleções, filas inteiras de livros novos, aqui e ali um estudante, sentado no chão, ao lado das estantes.

O andar de baixo se destinava àquilo que o diretor chamou de projetos especiais. Um pesquisador e um projeto especial em cada sala. Depois de passarmos por todas as salas de aula, uma a uma, achei que eu não ia agüentar as salas de projetos especiais. Expliquei isso, mas Mehrdad deve ter suavizado minhas palavras, pois o diretor pareceu não prestar nenhuma atenção.

Ele abriu uma porta, a primeira do corredor. Surpreendemos o pesquisador repousando ou cochilando no chão, com uma manta e um travesseiro. Havia livros e folhas soltas de papel por toda parte, no chão, na mesa, nas estantes. O diretor disse que o pesquisador daquela sala era um historiador de renome (e alguém com quem conversei, mais tarde, em Teerã, confirmou que isso era verdade). O historiador, horrivelmente surpreso, esticou o braço para apanhar o barrete branco e apertou-o de encontro à cabeça. Era um homem de meia-idade, até mais velho. Aprumou-se o melhor que pôde, envolveu-se em sua manta marrom e, ligeiramente curvado, veio até a porta. Tinha um rosto bonito e velho; sua pele era morena e lustrosa. Segurava a manta marrom em torno da cintura do mesmo modo que as mulheres, nas ruas, seguravam seus xadores pretos embaixo do queixo.

O diretor disse que o historiador estava escrevendo um livro chamado *A história política do mundo.*

O historiador, se recuperando rapidamente da surpresa, me disse: "O senhor conhece um livro sobre Gandhi e os muçulmanos?".

Eu não conhecia. Mas, para estimular o historiador, respondi: "É um tema interessante. O homem que, pela primeira vez, chamou Ghandi para a África do Sul na década de 1890 foi um mercador indiano muçulmano. Portanto, pode-se dizer que ele introduziu Ghandi na vida política".

O historiador não me deu atenção. E disse: "Mande-me o livro". Recuou alguns passos e pegou uma folha de papel no alto de uma pilha de livros. "Tome. Pegue meu nome e endereço. Mande-me o livro."

Comentei que ele podia solicitar ajuda à embaixada da Índia, em Teerã.

Ele pareceu não me ouvir. Aproximando-se de novo da porta, ele disse: "Aceite isso como uma lembrança. Aceite como um presente. Sabe, tenho pesquisado bastante a respeito do sionismo para a minha história do mundo. Comecei a achar que, assim como os sionistas fizeram dos Estados Unidos seu primeiro ídolo ou seu falso deus, estão convertendo a Índia no seu segundo ídolo. Não sei se o senhor sabe que a coroa da Índia foi entregue aos britânicos por um judeu, Disraeli. O fato não é tão amplamente conhecido como deveria. A espada britânica foi afiada na Índia pelos judeus. Receio muito que os sionistas venham a ferir a Índia outra vez. Vão matar Ghandi de novo e exilar seu pensamento mais uma vez".

Mehrdad, ao traduzir, se deteve a fim de me perguntar: "Ghandi foi exilado?".

"Talvez ele esteja falando simbolicamente", respondi.

O historiador, ajeitando sua manta e seu barrete, e polidamente recuando durante a troca de palavras entre mim e Mehrdad, avançou de novo, no final, e pareceu pronto para prosseguir. Mas resolvemos — para o alívio evidente, embora educado, do diretor — nos afastar e deixar o historiador no seu repouso.

Fomos para o santuário de Hazrat Masumeh. Kamran, apesar de seu cinismo sobre as coisas em geral, começara a resmungar que, de manhã, no início da viagem, nada pusera em alguma caixa de esmolas, não fizera essa dádiva, como convinha fazer. Por isso teve problemas com a ignição e teve de passar por toda aquela correria, de uma oficina para outra. Agora, fazendo disso o maior alarde possível, espremeu uma velha nota dobrada através da fenda de uma das caixas de esmolas, na rua, diante do santuário. E, como se isso não fosse o suficiente, quando estávamos no pátio do santuário, ele nos deixou e se dirigiu ao túmulo para rezar e pedir por um regresso tranqüilo.

Enquanto Kamran fazia isso, um homem levou Mehrdad para um canto e perguntou a meu respeito: "Ele é muçulmano?". (Devem ter sido meus óculos escuros e meu chapéu de feltro tipo República das Bananas.) Mehrdad respondeu que sim, a fim de evitar problemas; e o homem ficou satisfeito. Mas podia ter havido problemas. Tecnicamente, o santuário era uma mesquita e não-muçulmanos não podiam ficar ali, nem sequer no pátio. Ninguém perguntara nada desse tipo em 1979; Behzad, meu guia e intérprete, me levara a toda parte. Senti-me desconfortável no pátio, depois disso. Os Guardas Revolucionários rondavam por ali e eu não queria ser interrogado.

Não ficamos muito tempo. Kamran saiu do túmulo iluminado, suas preces ditas, seu semblante firme e aplacado. Partimos para Teerã. O sol se pôs redondo e vermelho atrás dos penhascos da terra salgada. Quando estávamos mais perto de Teerã do que de Qum, Kamran começou a falar sobre Emami e suas viagens ao *front*. Disse Kamran: "Eles" — os sacerdotes — "não entenderam o sentido verdadeiro da guerra. Digamos até que Emami tenha ido seis vezes para o *front*. Dois dias para ir, dois dias para voltar. Portanto ele teria gasto vinte e quatro dias viajando. O resto do tempo ele passava preparando as pessoas para lutar. Ficava falando. Simplesmente cumpria o seu papel". Quando chegamos mais perto de Teerã, Kamran se tornou mais irreverente em relação a Emami. Disse: "Emami até que está se dando muito bem, com aquele seu apartamentozinho, por mais que ele diga o contrário. Vive ali por conta própria. Eu ainda tenho de morar com meus pais".

Um pouco adiante, quando as luzes do santuário de Khomeini começavam a despontar, Kamran levantou a questão do seu pagamento pelo longo dia de viagem. Pensei que Mehrdad havia acertado isso de antemão, mas Mehrdad então me explicou que não havia combinado o preço. Disse em inglês: "É melhor resolver essas coisas de forma amigável".

Mehrdad falou algo em persa para Kamran. Este não respondeu. Em vez disso, acendeu a luz do teto do carro, arregaçou a manga esquerda e ergueu o antebraço a fim de exibir uma longa e denteada cicatriz provocada por um estilhaço de granada.

Mehrdad me disse em inglês: "Temos de acertar isso de forma amigável".

Fizemos uns cálculos, com base no preço de cada quilômetro, depois no preço das horas, somamos as duas cifras e em seguida baixamos um pouco a importância bastante elevada que obtivemos. Por um tempo — o santuário de Khomeini já atrás de nós — Mehrdad manteve a quantia em segredo, deixou Kamran hesitante. Quando as luzes de Teerã começaram a despontar, ele revelou o valor para Kamran. Foi imediatamente aceito. Contei as notas e as coloquei em um envelope. Mehrdad entregou o envelope para Kamran. Este guardou o envelope no painel do carro e não falou mais de dinheiro.

8

CÂNCER

Mehrdad tinha um amigo chamado Feyredoun. Feyredoun, que tinha vinte e poucos anos, como Mehrdad, prestava o serviço militar na força aérea. Vinha para casa, em Teerã, nos finais de semana. Era alto e magro, com traços finos. Seu inglês (como o de Mehrdad, totalmente aprendido no Irã) era fluente, depois que pegava embalo, e capaz de alcançar uma grande complexidade. Feyredoun, havendo crescido no isolamento do Irã revolucionário, tinha fome de livros, idéias, discussões filosóficas.

Após uma dessas discussões, comentei com Mehrdad, de passagem, quando conversávamos sobre outro assunto, que seu amigo Feyredoun era um homem religioso. Quis dizer apenas que era um homem de fé; mas a palavra "religioso" inflama os ânimos de Mehrdad. Ele voltou ao assunto, dias depois, quando andávamos de carro por Teerã; e foi uma das coisas sobre as quais achei que deveríamos conversar mais demoradamente quando fôssemos à sua casa.

Fomos lá, um dia, no final da tarde. Surpreendemos sua mãe. Da sala de estar, quando entramos, podíamos olhar através de uma porta aberta para um aposento lateral onde ela se achava deitada em uma cama. Ela sabia que viríamos, mas deve ter se enganado quanto ao horário. Ergueu metade do corpo, rolou para fora da cama. Sua cabeça estava descoberta e ela mordia a ponta do seu lenço de cabeça, que parecia feito de gaze. Era baixa, gorducha e com jeito de matrona, embora devesse ter apenas quarenta e poucos anos; irradiava cortesia. Viera do Noroeste e tinha olhos muito vivos.

O pai de Mehrdad esteve presente, também, por um breve intervalo, a fim de ser apresentado ao convidado de seu filho. Era alto, de pele mais escura do que a esposa, tão bonito quanto o filho, porém um pouco mais frágil, e até mais esguio. Eu podia supor que se tratava de um homem de pouco vigor, talvez com algum problema de sáude. Mas o filho dissera por duas vezes que o pai não era um homem corajoso, era um homem que sempre pensava primeiro na segurança e seguia os passos da multidão (ora pendurava na parede retratos do xá, ora destruía um livro da filha, um prêmio da escola, que tinha fotos da família real). E era esse o homem que eu via, o homem que não era corajoso; porém, na verdade, ele havia demonstrado para si mesmo ser um homem dotado de talento, depois que a revolução pôs fim a seu emprego seguro no banco. Ele se refez e entrou no ramo comercial de uma maneira discreta, comprando e vendendo, e se saíra bem o bastante para dar à família uma casa de classe média em um bairro nos arredores de Teerã. Mas as coisas difíceis do dia-a-dia que as pessoas realizam podem às vezes ser consideradas bagatelas pelos filhos.

A sala de estar era grande, com tapetes espalhados lado a lado — uma confusão de cores e desenhos, como ocorre em certas pinturas persas — para cobrir todo o piso. A mesa de jantar, com flores e frutas, ficava no canto, e foi lá, até vir o jantar, que eu e Mehrdad nos sentamos e conversamos.

Mehrdad disse: "O que você entende por uma pessoa religiosa? Tenho dificuldade com a palavra que você emprega. Você chamou Feyredoun de religioso, e ele mesmo se considera pagão".

"O que ele entende por pagão?", perguntei.

"Pagão é alguém que se afasta das religiões públicas. Aqui, temos maneiras de julgar se uma pessoa é religiosa. A primeira é sua aparência. A barba. No islã, se recomenda que o homem use barba. Existem regras especiais no tocante a se barbear e aparar o bigode. Pode-se cortar a barba com tesoura, mas não com lâmina de barbear."

"Está no Corão?"

"Não. *Hadith*, as tradições ligadas ao Profeta."

"Vocês aprendem isso quando estão crescendo?"

"Sim. Mas a recomendação se tornou mais conhecida após a revolução. Conheço gente que, quando precisa mandar fotos para se candidatar a um emprego, deixa crescer a barba. Existem outras regras. Se eles deixam crescer o bigode, não precisa ser comprido a ponto de ficar molhado quando bebem água. Isso também é um *hadith*. Todas essas coisas estão escritas em *Bahar-al-Anvar* e outros livros de *hadith*. Antigamente, as pessoas religiosas usavam cabelo comprido. Mas agora não usam."

"Por quê?"

"Ninguém sabe. Existe uma outra coisa. Não é geral. Quando a pessoa se curva para rezar, apóia a testa em um tablete ou bloco de terra vindo de um dos locais sagrados da fé. Mesmo em Qum, fabricam muitos desses tabletes de terra. Depois de um tempo, sua pele escurece ou muda de cor no ponto onde repousa ou se prostra sobre esses tabletes de terra. Eles dizem suas orações cinco vezes por dia e às vezes há preces noturnas especiais. Essas preces noturnas especiais implicam abaixar o corpo muitas vezes e esfregar a testa uma porção de vezes nessa terra."

Tratava-se de algo para o que ele chamara minha atenção em Qum, a respeito de Emami, a parte central e mais escura de sua testa, outro sinal da devoção de Emami na condição de *talebeh*, bem como o aposento de concreto sem reboco na parte da frente do seu apartamento. Mas era preciso conhecer aquele costume antes de procurar sinais de sua prática. Uma vez conhecido, era fácil identificar. Algumas pessoas muito devotas tinham uma espécie de marca de queimadura na testa; isso porque aqueciam os tabletes de terra para dizer suas orações.

Prosseguiu Mehrdad: "Há mais uma coisa. Pessoas religiosas usam água de rosas no corpo. Têm esse cheiro, sobretudo durante o *moharram*". *Moharram*, o mês do luto entre os xiitas. "E são pessoas tímidas — em nome das aparências. Quando conversam com uma mulher, abaixam a cabeça. É claro, existem regras especiais para se olhar uma mulher. Deixe-me ver quantas regras existem sobre isso no livro de Khomeini."

Saiu e trouxe um grande volume de capa mole: mais um livro de regras de Khomeini, além dos cinco volumes que eu vira na biblioteca de Emami sobre comprar e vender.

Disse Mehrdad: "Este aqui se chama *Raseleh* ou *Tozi-al Masa-el. Reescrito* ou *Explicação de problemas*. Existem dez regras básicas para se olhar uma mulher, neste livro de Khomeini. O livro todo trata de 3 mil problemas".

"Será que as pessoas ficam o tempo todo procurando coisas neste livro? Estas regras ajudam de fato as pessoas?"

"Para mim, as regras sobre a barba não têm lógica nenhuma. Não explicam por quê. Só dizem: 'Faça assim'. E não posso ser uma pessoa religiosa porque ouço muitos tipos proibidos de música. Já perguntamos a eles muitas vezes sobre isso. Respondem que a música é proibida se ela muda nosso estado de ânimo e nossos sentimentos. Isso é absurdo. Porque não se pode ouvir música nenhuma sem mudar o estado de ânimo."

"Que tipo de música é proibida?"

"Música para dançar. Músicas de amor. Música ocidental é proibida, exceto os clássicos. Música popular indiana também é proibida. Houve uma época em que era proibido comprar instrumentos musicais. Deixe-me procurar. Aqui está. É o problema número 2067 de Khomeini. E eu não faço orações. Portanto não sou uma pessoa religiosa. Nunca jejuo. Nunca vou a uma mesquita. E não obedeço a nenhuma das regras, embora conheça a maioria delas. Estudei direito e conheço a maioria das regras. De algumas, eu zombo. Por exemplo, existe a regra sobre o dinheiro com que se indeniza a família de uma pessoa assassinada. É a seguinte: se você mata alguém, indeniza com dinheiro a família do morto. A regra agora diz que uma mulher vale a metade de um homem. Se você matar um homem, paga o valor integral. Hoje, esse valor é de 2 milhões de tomãos, 20 milhões de rials. Cerca de 5 mil dólares. Você paga metade disso se matar uma mulher."

"Você acha que as pessoas precisam dessas regras?"

"Vou chegar lá. Depois de conhecer os problemas da vida, começamos a pensar nas coisas. Tentamos nos apoiar em nossos próprios pés e chegar a algum tipo de decisão. As pessoas religiosas não gostam disso. Porque significa que estamos repudiando o sistema todo. Acreditamos em Deus, a maioria de nós, mas pensamos como Voltaire."

Era isso que eu queria dizer quando falei que Feyredoun era um homem religioso. Mas no Irã, conforme agora eu constatava, palavras como "religioso" e "pagão" têm sentidos iranianos.

Disse Mehrdad: "Deus é necessário à vida. Mas não essas regras absurdas. As pessoas não ligam para isso. Temos regras para quando pessoas jovens ficam juntas. É ilegal, mas as pessoas fazem. Eu tenho uma amiga. Ela tem tido problemas com o namorado. Ela já não é virgem. E foi esse mesmo sujeito. Agora ele está indo embora; vai deixá-la. E ela reza regularmente. Quando a pressão aumenta, as pessoas se voltam para a religião. Precisamos de Deus. Em um país pobre, com uma porção de problemas, precisamos de alguém lá em cima".

"Por que você acha que as pessoas religiosas enfatizam tanto as regras?"

"Eles são os fazedores de regras. Se você nega as regras, nega também quem as faz. Se você contraria os fazedores de regras, se coloca também contra o Líder. Se você se opõe ao Líder, se coloca contra o Santo Profeta. Se você se opõe ao Santo Profeta, se coloca contra o Livro Sagrado, e o Livro Sagrado emana de Deus. Alguém que é contra Deus tem de ser morto. Mas quem vai matar? Só o fazedor de regras. Não Deus."

Havia regras; tudo era controlado. Não era só o xador e o lenço de cabeça das mulheres; ou impedir que rapazes e moças andassem juntos; ou não deixar mulheres cantar no rádio e na tevê; ou não tocar certos tipos de música. Existia uma censura completa nas revistas, jornais, livros, televisão. E helicópteros sobrevoavam o Norte de Teerã em busca de antenas parabólicas; da mesma forma como os guardas caminhavam pelo parque para vigiar moças e rapazes; ou entravam nas casas à procura de álcool e ópio; ou, como eu veria na distante Chiraz, a polícia moral da cidade fazia rondas até nos hotéis de turistas para fazer sentir sua presença.

Em 1979 e 1980, os missionários da ressurreição islâmica, ecoando uns aos outros, como se suas palavras proviessem de uma fonte central, repetiam sem parar que o islã era um modo completo de vida; e no Irã, agora, era possível ver o islã político como uma forma completa de controle. O sr. Parvez, editor e fundador do *Tehran Times*, me dissera, pouco depois de minha chegada: "Eles querem controlar até o nosso jeito de sentar, o nosso jeito de falar". Não creio que eu tivesse compreendido o que ele dizia, então. Levei tempo para entender a que ponto as restrições haviam chegado, embora fosse bem fácil declarar quais eram elas; e levei tempo para compreender de que modo as restrições estavam deformando a vida das pessoas.

A irmã de Mehrdad era solteira e tinha pouca chance de vir a casar, uma vez que muitos homens em idade própria para o casamento tinham sido mortos na guerra de oito anos. Ela simplesmente ficava em casa depois que saía do trabalho: calada, cheia de uma raiva interior, sua infelicidade era uma sombra a encobrir a casa e uma fonte de preocupação para os pais, que não conseguiam vislumbrar um futuro para a filha. Para ela, era muito difícil sair; e agora perdera a vontade. Nisso, era igual à filha de quinze anos de um professor que eu conhecera. Essa moça já aprendera que a qualquer momento podia ser detida pelos Guardas e interrogada para saber se estava sozinha na rua. Ela odiava essa humilhação e agora não tinha mais vontade de sair de casa. O mundo se estreitara para ela, justamente na época da vida em que devia se ampliar.

Em fevereiro de 1980, eu vira mulheres jovens em uniforme de guerrilha, entre os estudantes acampados em torno da embaixada americana ocupada: a fantasia de Che Guevara, o teatro da revolução. Recordo uma moça gorducha, de uniforme cáqui, saindo de uma barraca baixa, naquela tarde gélida, com uma caneca de chá fumegante para um dos homens: o rosto radiante com a idéia de servir à revolução e aos guerreiros da revolução. A maioria desses jovens, "Estudantes Muçulmanos

Seguidores da Linha do Aiatolá Khomeini", agora estavam mortos ou subjugados, a exemplo de todos os demais grupos comunistas ou de esquerda. Não creio que aquela moça com a caneca na mão pudesse ter sonhado que a revolução para a qual contribuía — cartazes no muro da embaixada comparavam a revolução iraniana com a nicaragüense, mostrando ambas como parte de um movimento de progresso universal — iria terminar desse modo, com esse arcaico suplício imposto às mulheres e com helicópteros no céu, à cata de antenas parabólicas.

O próprio uniforme e estilo da revolução tinham, agora, um outro significado. A barba não era a de Che Guevara, mas a boa barba islâmica, jamais cortada por navalha; e a indumentária verde de guerrilha era agora o uniforme dos patrulheiros da lei religiosa.

Ninguém que conheci falou da possibilidade de alguma revolução. Essa idéia, tão adorada pelos iranianos de uma geração anterior, fora corrompida, como na antiga União Soviética; "revolução" era uma palavra que fora apropriada pelo estado religioso. Ninguém jamais falava da possibilidade de alguma ação política. Não havia meios, e nenhum líder à vista. Nenhuma idéia nova podia circular. O aparato de controle era completo. Os governantes efetivos, embora suas fotos aparecessem em toda parte, se encontravam longe; o governo, aqui, conforme alguém me disse, era "oculto". E, no entanto, em meio à inanição generalizada, havia a sensação de que algo estava prestes a acontecer. Isso deixava as pessoas nervosas.

Certa tarde, quando subíamos de carro as montanhas acima de Teerã, Mehrdad, depois de aparentemente ter dito que as pessoas haviam aprendido a viver com as restrições, de repente afirmou o contrário. Disse: "Todo o mundo vive assustado. Eu vivo assustado. Meu pai e minha mãe vivem assustados". De novo, o coitado do pai. "Eles não sabem com segurança o que o futuro trará para eles ou para nós, seus filhos. Não estão muito preocupados comigo. Sou adulto, agora, e posso cuidar de mim mesmo. Mas meu irmão é muito novo. Os oito anos, mais ou menos, que faltam para ele se tornar um adulto serão anos muito perigosos."

Por causa dessa insegurança, certas fantasias adquiriram força. A mais incrível era a de que Khomeini tinha sido um agente britânico ou europeu. Ouvi isso do sr. Parvez e imaginei que fosse parte da sua paranóia. Mas depois vim a ouvir a mesma coisa de muita gente. Houve uma reunião na ilha de Guadalupe, nas Antilhas Francesas, segundo essa história, e lá os Poderes decidiram impingir Khomeini ao povo iraniano. Os iranianos eram um povo simples; podiam ser persuadidos, por meio de uma propaganda competente, a fazer manifestações a favor de qualquer coisa; as pessoas se aglomeraram em manifestações contra o xá não por convicção, mas apenas para fazer o que todos os demais estavam fazendo. A criação de um estado islâmico no Irã era uma conspiração antiislâmica forjada pelos Poderes para dar uma lição aos muçulmanos e, sobretudo, castigar o povo do Irã. E, como em resposta a essas fantasias, havia até sinais de que se contestava a fé em certos aspectos.

O sr. Parvez dissera: "A guerra [contra o Iraque] foi travada em nome do islã. Foi uma bênção disfarçada. Sem a guerra, o povo não ficaria tão farto do islã". Isso me parecera exagerado. Mas depois detectei vestígios e sombras de insegurança religiosa ao conversar com algumas pessoas. Do mesmo modo — nessas fantasias engendradas por um povo tensionado até o limite pela revolução, pela guerra, pelo arrocho financeiro e pelo estado religioso — que diziam não serem os iranianos os verdadeiros responsáveis pela revolução iraniana, ouvi também afirmarem que os iranianos não eram na verdade os responsáveis pelos aspectos mais dramáticos da fé xiita. As sangrentas flagelações do *moharram*, o mês do luto: a idéia, na realidade, fora importada da Europa, dos católicos; nada tinha a ver com a fé original.

Conversei sobre isso com Mehrdad. Ele disse: "É uma coisa freqüente. Nossos inimigos são sempre os responsáveis. Culpar os outros em vez de nós mesmos".

Indicaram-me o nome da sra. Seghir. Ela agora vivia no exterior, parte da debandada iraniana. Ela voltou para ver os pais já idosos e ficou em Teerã por um tempo. Quando telefonei, me convidou para almoçar; ela e uma amiga vieram ao hotel para me levar ao seu apartamento. Isso estava de acordo com as regras: não seria correto que a sra. Seghir, ou a amiga, viesse sozinha encontrar um desconhecido.

O apartamento ficava em um edifício de estilo americano que entrara em decadência. A porta do elevador abria para um corredor estreito que levava a dois apartamentos. O corredor estava mais do que malcuidado; estava sujo, forrado por um sórdido resto de tapete. A escuridão persistia do lado de dentro. Naquela sala sem divisões, um canapé e velhas imitações de cadeiras no estilo Luís XVI pareciam coisas totalmente deslocadas. Em uma parede, sulcada por velhas marcas de fios elétricos, estavam penduradas miniaturas européias sem nenhum valor, flores ou paisagens, emolduradas, em duas fileiras desniveladas e com intervalos muito largos. Uma comprida mesa de jantar ficava na outra extremidade da sala, perto da cozinha. A cozinha parecia mal conservada.

Em um pequeno cômodo ao lado da cozinha havia um homem sentado a uma mesa, logo depois da porta aberta. Era bastante velho — velho mesmo — e a cor da pele se apagara em manchas irregulares no seu rosto. Sentava-se enviesado, junto à mesa, com as costas meio voltadas para a porta e com o lado do rosto à mostra. Era o pai da sra. Seghir; tinha noventa e um anos de idade. A mãe da sra. Seghir, na sala de estar, me contou isso; ela, por sua vez, tinha oitenta anos.

A amiga da sra. Seghir, que viera com ela ao meu hotel, agora estava ocupada na cozinha, junto com a sra. Seghir. A amiga era divorciada. Era simpática e gorda, estourando por baixo da saia comprida, tinha lábios grossos e gulosos, feitos só para a comida. Estava encantada de poder ajudar na cozinha e movia-se ligeira em seus saltos altos.

Na sala, havia uma janela de sacada. Estava aberta pela metade e o barulho do trânsito soava muito alto. Olhei para fora. Um dos lados da sacada era uma mixórdia de velhas caixas de papelão, vassouras e material de limpeza, e no outro lado havia, coberto, um cavalete ou uma arca, ou pelo menos assim me pareceu. Era a antena parabólica. A sra. Seghir precisava dela para ver as notícias; se sentiria perdida no Irã, sem as notícias do mundo. A camuflagem servia para proteger a antena parabólica dos helicópteros; eles estavam fazendo sua busca naquele exato instante.

A comida foi servida, em meio ao aroma de azeite quente: *coo-coo*, que era um tipo de quiche iraniano, arroz, pasta de berinjela. O velho — o rosto terrivelmente maltratado pela idade, os olhos muito escuros e sombreados abaixo da testa descorada e ao lado das faces manchadas — veio à mesa, um cinto em torno da calça, algumas polegadas abaixo da cintura e das passadeiras. Foi ajudado pela esposa, a mãe da sra. Seghir. Ela, muito pequena e magra, os olhos débeis por trás dos óculos, ainda se mostrava uma esposa solícita e delicada: esses sentimentos continuam até o fim: era comovente.

A senhora gorda falou sobre o Norte da Inglaterra. Uma conhecida dela morava lá, uma mulher formada, casada com um homem formado, de Bangladesh. Ela fora visitar o casal e se admirou com os bons modos dos ingleses. Falou como se de fato conhecesse o país; contudo, tive a sensação de que o que ela dizia sobre a Inglaterra vinha menos de sua própria experiência do que da televisão que devia ter visto enquanto esteve lá.

O *coo-coo* do velho foi servido pela esposa. Quanto ao resto, ele se serviu sozinho; mas, no final, perdeu o controle e, com a cabeça bem baixa sobre o prato, pareceu ter uma crise, estar se sentindo um pouco mal. Levantou-se depois disso — não falou em nenhum momento — e voltou para o seu quarto. Com cuidado, acomodou-se em sua cadeira, sentando-se de novo enviesado diante da mesa, com as costas voltadas para a porta aberta. Ele se tornara muito lento; o mal-estar o esgotara; e agora, com uma morosidade penosa — seu mundo reduzido àquelas ações minúsculas — apanhou uma caneta, apanhou um jornal dobrado, desdobrou-o uma vez, satisfez-se com isso, baixou o jornal sobre a mesa e pareceu pronto para retomar o jogo de palavras cruzadas.

Reparei, então, em um tapete de seda de Qum sobre o chão e um veludo púrpura sobre a mesinha de café com um antigo e trabalhoso bordado, três fileiras de rosas e vinhas, em fios prateados de mistura com fios dourados: algo tecido muito tempo antes, a julgar pela extravagância, pelo luxo, pela despesa. A sra. Seghir disse que o veludo bordado fora um presente dela mesma para a mãe. Havia tigelas de cristal lapidado em cima do veludo, com jujubas açucaradas e balas da cor de açafrão fabricadas em Qum.

Depois, quando a sra. Seghir estava de novo na cozinha, ajudando a senhora gorda com a sobremesa, a mãe apontou para o candelabro, no teto, e disse: "O brasão de Cajar". Eu vira o candelabro e, por assim dizer, não o vira, julgando-o opressivo demais. A mãe da sra. Seghir falou de novo: "O brasão de Cajar". Os Cajar, a dinastia destronada na década de 20 pelo pai do falecido xá. Levantei-me e olhei o entalhe do brasão de Cajar, bem difícil de enxergar, nas numerosas chaminés de vidro do candelabro. Elas formavam um círculo e pareciam chaminés de antigas lamparinas de querosene; e, dentro e abaixo desse círculo, havia tilintantes pingentes de vidro lapidado, de diversos tamanhos, trabalhados com requinte. A mãe da sra. Seghir comentou: "Baccarat". Notei pela primeira vez — naquela salinha baixa, que precisava de uma pintura e de uma boa arrumação na sacada, além de ser muito barulhenta — que havia dois candelabros daquele tipo. Ocupavam todo o espaço no alto. Ter consciência dos dois significava sentir-se sufocado.

A sra. Seghir, o avental balançando sobre os quadris fartos e a saia preta, encerrou afinal seus trabalhos na cozinha e veio sentar-se ao meu lado. Perguntei a respeito do marido. Tinha morrido de câncer, disse ela. Eu tocara uma ferida ainda aberta. Ele ficou assustado depois da revolução, disse a sra. Seghir. Era engenheiro, altamente qualificado, com um emprego importante no governo. Não perdeu o emprego, mas a tensão o destruiu. Mais ou menos cinco anos após a revolução, ele se queixou, um dia, de não se sentir bem, e foram ao médico, como teriam feito para um mal-estar corriqueiro. Foi diagnosticado câncer no cólon. Era necessária uma cirurgia imediata. Fez-se a operação alguns dias depois, e com sucesso. Porém, mais tarde, uma radiografia mostrou que havia câncer também no pulmão.

Sobre uma mesinha oval, uma peça de imitação, colocada não longe da janela de sacada aberta pela metade, havia fotos da família: a sra. Seghir em várias idades, suas filhas e, em uma moldura grande, uma fotografia do marido tirada algum tempo antes de sua doença (ele não queria que as filhas o vissem depois que ficou muito doente). A foto era de um homem bonito, agradável, que atrai simpatia de imediato. As fotos, em molduras variadas, estavam muito próximas umas das outras, sobre a mesinha oval, como os porta-retratos entre os olmos, pinheiros, oleandros e as bandeiras desbotadas no Cemitério dos Mártires. E eles também, de certo modo, eram mártires da revolução.

Feyredoun estaria em casa, de folga, naquela tarde, e Mehrdad e eu fomos ao apartamento de sua família. O apartamento, em uma rua do centro, era muito menor do que o da sra. Seghir. Era mais escuro, muito menos preocupado em mostrar opulência, e agora nitidamente carente de fundos; mas tinha algo da mesma atmosfera. Tinha mobília demais, vestígios de um antigo estilo familiar. O apartamento ficava no primeiro andar e vivia tomado pelo barulho do trânsito, não o rugido que subia até o alto do edifício da sra. Seghir e atravessava sua janela de sacada, mas sim um barulho mais imediato e mais incisivo que entrava o tempo todo pelas janelas de metal abertas. Havia duas mesas de jantar na pequena sala. A mais comprida, que ficava em ângulo reto com a outra, estava preparada para nós. Tinha chocolates em uma tigela de vidro, frutas em uma tigela maior, e chá em copinhos com ornamentos dourados, providos de alças.

A mãe de Feyredoun estava na cozinha. Ela chamou Mehrdad. Ele foi até ela e os dois conversaram um pouco. Quando Mehrdad voltou para a sala, estava aflito. Disse: "Não paro de ouvir desgraças. Às vezes acho que não posso mais suportar".

A mãe de Feyredoun trabalhava como farmacêutica em um hospital. Havia, lá, um jardineiro cujo filho fora para a guerra. O rapaz não voltara, mas o jardineiro nunca acreditou que o filho estivesse morto. Sempre dizia que o filho ia voltar. O jardineiro era um homem devoto, e barbado, tão devoto e tão barbado que as pessoas no hospital pensavam que podia ser um espião ideológico, sempre de olho nos funcionários. A guerra, enfim, terminou. Os prisioneiros começaram a voltar. Listas de prisioneiros de regresso eram impressas, e o jardineiro sempre vinha perguntar à mãe de Feyredoun se o nome do filho estava entre eles. O nome nunca estava lá.

Cerca de três meses antes, houvera um enterro em massa para 3 mil mártires desconhecidos cujos restos mortais foram recuperados nos velhos campos de batalha. A força aérea levara os caixões de avião para o Cemitério dos Mártires. Cada caixão estava coberto com a bandeira do Irã (verde, branca e vermelha, com o emblema de Alá no centro). Os caixões foram empilhados na forma de pirâmides. Mehrdad vira a cerimônia pela tevê e ficara arrasado. Os homens cujos restos mortais estavam sendo sepultados haviam morrido com o uniforme do exército; Mehrdad, quando servira o exército, tinha usado esse uniforme; sentira-se ligado aos mortos. Ao contar a história, na sala, ele puxava com os dedos a ponta da camisa querendo indicar o quanto o uniforme significava para ele.

Um dos caixões continha os restos — "dois ossos", como disse Mehrdad — do filho do jardineiro. Até aquele momento, o jardineiro se sentira fortalecido por sua fé. Agora começava a sofrer. Apenas uma ou duas semanas antes o jardineiro havia morrido. Fizeram uma autópsia no hospital, havia poucos dias; viu-se que o estômago dele fora devorado pelo câncer. Era isso que a mãe de Feyredoun quisera falar com Mehrdad. Foi isso que fez Mehrdad me dizer: "Não paro de ouvir desgraças".

Quando, muitos dias antes (tempo que para mim, agora, parecia corresponder a muitas semanas antes), eu perguntara a Mehrdad o que ele sentia em relação à guerra, ele havia respondido: "Não sinto nada". Mehrdad não tinha falado a sério. O que ele sentia era o que acabara de me dizer: "Às vezes acho que não posso mais suportar".

* * *

Havia uma porção de regras. Mas os jovens, aqueles que nada conheceram senão o estado religioso, estavam aprendendo suas próprias maneiras de desobediência. Possuíam seus corpos; seus corpos lhes pertenciam. Havia comentários sobre uma revolução sexual entre os jovens; e havia outras formas de desobediência.

O irmão de Feyredoun tinha dezenove anos. Era só cinco ou seis anos mais novo do que Feyredoun, mas pertencia a uma geração diferente. Feyredoun era um filósofo, um indagador, dotado de curiosidade intelectual. Apenas uma parede, disse ele, o separava do irmão. Mas enquanto, no lado da parede de Feyredoun, havia livros sérios, no lado do irmão havia fotos de times de futebol, de um conjunto *heavy metal* e uma suástica. O irmão de Feyredoun era nazista. Dizia que, como iraniano, era ariano; portanto era nazista. E levava a sério ser nazista.

Sentado à grande mesa na sala principal do apartamento, Feyredoun me contou que o irmão e seus amigos expulsaram a família de judeus que morava ao lado. Rasgaram os pneus do carro da família e quebraram suas janelas. A família não só deixara Teerã, como saíra do país.

O Irã não era a Europa ou os Estados Unidos. O Irã tinha tensões próprias, e a história que Feyredoun me contava, com sua estranha e peculiar inocência, não era só um caso de jovens nazistas iranianos. Sua história ressaltava sobretudo a diferença que existia agora entre as gerações, a diferença que cinco ou seis anos haviam produzido. Havia um outro aspecto dessa diferença: o irmão nazista de Feyredoun e seus amigos não tinham medo. Seu esporte favorito, agora, era escarnecer dos Guardas, desafiá-los para que os prendessem. Havia conseqüências: o irmão de Feyredoun várias vezes passou um ou dois dias na cadeia.

O irmão estava na sala quando eu e Mehrdad chegamos. Era pálido e muito magro. Eu não sabia nada sobre ele, então, e não imaginei o sentido de suas roupas pretas. Ele se mostrou polido mas reservado, e eu o tomei por mais uma pessoa pobre, desorientada e que passava privações, sem nenhuma idéia de um futuro e mais desesperado do que seu irmão e Mehrdad. Agora que soubera do seu caso, eu queria conversar com ele. Porém — e isso, conforme disse Feyredoun, era outro sinal de mudança cultural, uma ruptura com o passado —, o rapaz saíra do apartamento sem falar com ninguém.

A revolução havia gerado filhos estranhos.

Feyredoun e Mehrdad levaram-me a uma parte nova de Teerã que estava crescendo muito. Era como uma outra cidade. Atendia os novos-ricos, pessoas que se haviam dado bem com a revolução. Ficava no nordeste de Teerã e tinha cerca de dez anos. Havia um novo centro comercial com lojas caras para atender os novos condomínios que cresciam em volta. As pessoas que moravam ali eram intermediários e atravessadores, disse Mehrdad; não eram gente produtiva. Mas, no centro comercial, suas filhas movimentavam-se com uma desenvoltura e uma pose que logo se fazia notar: saltos altos, pernas compridas em jeans *stonewashed*, xadores curtos e de estilo moderno.

"E a pele", disse Mehrdad, com sua sensibilidade especial para a beleza das moças. A pele boa que vinha com o ar bom, a boa comida e uma noção de futuro: a pele que sua irmã não tinha.

Outro tipo de pessoa, outro tipo de desobediência. Na alta e bem iluminada guarita na entrada do centro comercial, uma jovem se mantinha de pé, fria, imperturbável, diante do Guarda. "Ele a pegou", disse Feyredoun. Um comportamento não islâmico; algo contrário às regras, talvez algo relacionado a deixar os cabelos muito à mostra. Mehrdad disse: "Ele vai falar com a moça e depois vai deixar que ela vá embora".

Quando estávamos no café, Mehrdad mostrou uma moça no reflexo de uma vidraça. Disse: "Está drogada". Os olhos da moça estavam embaçados, turvos; seu xale havia escorregado muito para baixo, atrás da cabeça. No canto, um Guarda de uniforme cáqui falou com o proprietário. Foi o garçom grande, de paletó amarelo, que se aproximou da moça e lhe disse para arrumar seu xador. Ela limitou-se a tocar o alto da cabeça; e, depois de um tempo, o Guarda, talvez sem ânimo de fazer uma cena, ou de dar a impressão de ter sido desafiado, afastou-se. Um pouco depois, quando a moça se foi, cambaleante, vi que seu comprido cabelo castanho pendia para fora do xale, nas costas. Era a moda, me explicara Mehrdad alguns dias antes, e também uma demonstração de desobediência.

Mais tarde, na rua, já fora do centro comercial, vimos um grupo de jovens que tinha acabado de ser revistado pelos Guardas de motocicleta — à cata de vídeos, CDs, drogas ou outras coisas proibidas.

9

AS DUAS TRIBOS

Isfahan e Chiraz, cidades famosas, com nomes românticos, estavam novamente recebendo turistas estrangeiros. Fui primeiro a Isfahan. Não tinha idéia do que esperar. Nenhum tema turístico ou cultural específico se associava ao nome. Java, já muito distante, tinha a mística pirâmide budista de Borobudur e as torres hindus de Prambanam; a Índia tinha o Taj Mahal e as torres esculpidas do templo do Sul. Mas Isfahan, como Samarcanda, era apenas um nome romântico. As idéias que eu tinha de sua glória me vieram de forma indireta, por intermédio da pintura indiana. Graças a algumas floreadas pinturas do império mongol, eu sabia que, para o imperador Jehangir (que reinou de 1605 a 1627), a Índia do seu império e a Pérsia do xá Abbas (que reinou entre 1587 e 1629) eram as potências centrais do globo; nenhum outro país importava, na verdade. A Grã-Bretanha (mesmo depois da rainha Elizabeth, da derrota da Armada Espanhola e de Shakespeare) se encontrava muito longe, à margem do mundo; o embaixador enviado pelo rei Jaime, em 1618, teve muito trabalho para conseguir receber a atenção de Jehangir.

Um artista hindu da corte de Jehangir passou seis anos com uma embaixada mongol em Isfahan fazendo retratos do xá Abbas, a fim de que Jehangir compreendesse seu grande rival e, ao mesmo tempo, se sentisse à vontade a seu lado. Eram aqueles retratos — por vezes propositadamente minguados — de um xá Abbas de pernas curtas (com uma espada curva quase grande demais para ele), mais do que qualquer idéia concreta de sua grande cidade, que eu trazia na mente. Portanto — tal é o poder da caricatura —, eu não estava pronto para o esplendor e para a dimensão do cosmopolitismo de Isfahan, sua confiança e criatividade avassaladoras, e sempre a exatidão das proporções: a imensa praça principal (maior do que a de São Marcos, em Veneza), as pontes, as cúpulas das mesquitas e das igrejas, os requintados azulejos coloridos em cujas cores, padrões e efeitos, grandes e pequenos, a pessoa podia se perder, os imponentes auditórios públicos. Era possível compreender a inquietação de Jehangir: aqui, na Isfahan do xá Abbas, havia uma enorme porção de arquitetura mongol indiana, além de tantas outras coisas.

Um enorme esplendor, aqui; um esplendor aparentado ao da Índia. Porém, menos de cem anos após Jehangir, o esplendor mongol estava terminado, na Índia; e cem anos mais tarde, a Índia era uma colônia britânica. O Irã jamais se tornou formalmente uma colônia. Seu destino, em certos aspectos, foi pior. Quando a Europa, antes tão distante, fez sentir sua presença, o Irã se apagou. Seus grandiosos monumentos entraram em decadência (e jamais se tornaram tão conhecidos quanto os monumentos indianos). No final do século XIX, seus governantes estavam prontos para entregar o país e seu povo a concessionárias estrangeiras.

A Índia, quase ao mesmo tempo em que se tornou uma colônia britânica, começou a se regenerar, começou a receber o Novo Saber da Europa, começou a receber as instituições que acompanhavam esse saber. O primeiro grande reformador indiano, o rajá Rammohun Roy, nasceu em 1772, antes da Revolução Francesa; Ghandi nasceu em 1869. O Irã ia começar o século XX apenas com uma noção de monarquia oriental e o antiquado saber teológico de lugares como Qum. O Irã ia começar o século XX apenas com uma aptidão para a dor e para o niilismo.

Havia esplendor na Pérsia do xá Abbas, mas o esplendor tinha uma rachadura. Isso, contudo, era uma idéia que eu não podia formular para meu guia e anfitrião em Isfahan. Tratava-se de um diplomata aposentado; estava imbuído do sofrimento do seu país. Sua vida pendia entre dois pólos. Na década de 60, seu pai quisera transformá-lo em um homem de educação inglesa. Na década de 80, após a revolução, e depois de ter se aposentado do serviço diplomático, ele recusou a idéia de ir para o exterior: no mundo, as humilhações decorrentes de possuir um passaporte iraniano eram grandes demais. Vivia graças aos remanescentes de uma renda particular e também dava umas aulas. A revolução e a guerra o haviam abalado e exaurido seu país; o velho diplomata sabia disso. Mas ainda era um homem dividido; via a revolução e a guerra como necessárias e suas histórias de dor eram ambíguas.

Tinha um amigo, um professor. O professor era um iraniano europeizado de classe média, do tempo do xá. Quando veio a revolução, o professor estava com quase quarenta anos; e o filho do professor tinha onze anos. O nome do menino era Farhad; era o tipo de nome iraniano antigo — mais do que árabe ou islâmico — que as pessoas de classe média davam aos filhos, desde o tempo das reformas promovidas pelo pai do xá.

Após a revolução, o professor começou a sentir que seu filho estava se afastando dele. No segundo ano da guerra, quando tinha catorze anos, o garoto afinal repudiou a família e seus hábitos. Abandonou o nome de Farhad e deu a si mesmo o nome árabe de Maissam. Maissam foi um dos primeiros seguidores do Profeta: morreu como mártir. Era essa a estrada que o filho do professor desejava percorrer.

Khomeini dissera que a revolução devia concentrar-se nas crianças e na geração mais jovem. Pessoas com mais de quarenta anos (como o professor) não tinham utilidade. (E o aiatolá Montazeri, o segundo na hierarquia de comando, foi ainda mais longe e declarou, em uma metáfora poética, que árvores secas deviam ser derrubadas.) As palavras não eram casuais. Muita energia foi despendida na doutrinação dos jovens; com a guerra, as necessidades da revolução eram enormes.

Disse o velho diplomata: "Garotos gostam de brincar com armas. Portanto, os levavam para as mesquitas e lhes mostravam a submetralhadora Uzi israelense e outras armas. Esses meninos ficavam fascinados e ao mesmo tempo entoavam *slogans* e preces, enquanto alguém relatava a história dos mártires de Kerbala". A batalha desigual de Kerbala, a tragédia e a paixão dos xiitas, eternamente reencenada. "A vitória do sangue contra a espada. Porque o mártir vence no fim. E alguns daqueles garotos denunciavam seus amigos que eram *mujahidin* ou pertenciam aos grupos comunistas. Pediam aos garotos que trouxessem informações sobre a casa deles e sobre a casa de seus amigos, como uma espécie de gesto revolucionário."

E então, um dia, sem contar nada aos pais, o filho do professor foi à mesquita e se apresentou como voluntário, e foi enviado para o *front*.

"Pelo que eu soube, depois, ele se tornou comandante de um pequeno grupo que desarmava as minas terrestres. Era um *Basiji*. No início, não sabiam como desarmar as minas e assim mandavam centenas de *Basiji* para desarmá-las. Apresentavam espetáculos especiais para eles, antes de partirem. Recobriam um homem com algum material fosforescente para sugerir que o imã Mehdi fora visto no *front*, galopando em um cavalo branco, ao longe." O imã Mehdi: o décimo segundo imã dos xiitas, havia séculos oculto em algum lugar, à espera da hora de voltar para os seus fiéis. "E davam aos *Basiji* uma chave para pendurar em seus pescoços, que era a chave para o paraíso. Naquele tempo, corriam piadas sobre as chaves do paraíso terem sido fabricadas no Japão, produzidas em massa e depois importadas. Mas devo dizer ao senhor que aqueles garotos *queriam* ir. Eu tive alguns alunos que foram voluntários. Lembro-me do dia em que o ônibus veio buscá-los. O ônibus estava à espera e um dos meninos tremia em meus braços. Eu lhe disse: 'Se você não tem certeza, não precisa ir'. E ele respondeu: 'Tenho de ir, mas estou apavorado'. Eram colocados em ônibus e levados por toda a cidade, eram os heróis que iam lutar contra Satã e abrir caminho para Kerbala." Kerbala, que dera seu nome à antiga batalha sacrificial dos xiitas, mas ainda o nome de um lugar real, no Iraque.

"É um costume, no Irã, quando alguém parte em viagem, passar duas ou três vezes embaixo do Corão. O Corão é beijado pelo chefe da família e seguro acima da cabeça da pessoa que vai partir. Mas no caso daqueles *Basiji*, quando eram enviados para o *front*, um mulá fazia isso, beijava o Corão e o segurava acima da cabeça. Depois lhes davam a faixa vermelha ou verde para pôr na cabeça. Claro, é uma bela cerimônia de despedida. Quando eu era novo e tinha de viajar, minha mãe executava essa cerimônia com o Corão acima de mim. Quando eu entrava no vagão do trem, ela punha uma vasilha de água atrás de mim, no chão. Diziam-se preces sobre a água antes que ela vazasse e depois a sopravam. A água é um elemento sagrado no Irã, e a cerimônia, com quase toda certeza, é pré-islâmica."

Após um tempo, o professor soube que o filho fora ferido e estava em um hospital em Tabriz. Foi até lá, trouxe o filho para casa e tratou dele. Quando o rapaz estava bem, voltou novamente para o *front*. Isso aconteceu muitas vezes.

"Depois de seis anos, ele enfim voltou para casa. A guerra tinha terminado. Ele estava muito deprimido. Seus pais não sabiam o que fazer com ele. Passava a maior parte do tempo no quarto. Não queria ver outras pessoas. Enfim, um dia, o professor entrou no quarto do filho. Viu o rapaz sentado, de pernas cruzadas, no meio do quarto, e o tapete coberto de fotografias de grupo. 'Todas essas pessoas estão mortas.' Eram seus amigos no *front*."

A guerra estava em declínio; as coisas estavam esfriando; havia menos daquele antigo ardor ou frenesi. Lentamente, rendendo-se ao amor dos pais, o rapaz se recuperou. Mudou o corte de cabelo, voltou a vestir roupas européias ou internacionais. Entrou para a universidade. Os *Basiji* eram privilegiados; podiam entrar nas universidades mesmo que não tivessem passado nas provas. Pedaço por pedaço, então, a personalidade que ele havia abandonado seis ou sete anos antes, quando garoto, lhe foi restituída, quando homem. Voltou a ouvir música *pop*. Desfez-se do nome árabe que ele mesmo se atribuíra e tornou-se de novo Farhad.

O diplomata disse: “Ele agora pensa em ser médico. Tudo foi um sonho. Não fala sobre a guerra. Sei que muitos deles, meninos como ele, ficaram decepcionados. Mas como existiam privilégios especiais para eles, na condição de *Basiji*, agora possuem uma personalidade dividida”.

Uma personalidade dividida para Maissam-Farhad; e uma personalidade dividida, também, para o diplomata, porque ser iraniano era ter uma fé especial, uma versão especial da fé árabe; e o velho diplomata sabia, até os ossos — e isso era parte da sua dor —, que, por extenuante, inconclusiva e terrível que tivesse sido a guerra, ela precisava ser travada.

Disse ele: “Se aqueles garotos não tivessem feito aqueles sacrifícios, Saddam e os iraquianos teriam devorado uma quarta parte do Irã. De certo modo, Khomeini pode ser encarado como um dos criadores do nacionalismo iraniano. Ele ressuscitou o antigo confronto árabe-iraniano, depois de tantos anos. Um dos nomes que Saddam deu a si mesmo foi ‘Vencedor de Ghadessiah’. Essa foi a grande derrota iraniana contra os árabes, nos primórdios da invasão muçulmana. Na época do califa Omar, dez anos depois de Maomé. E Saddam chamava os iranianos de ‘magos’, quer dizer, zoroastristas”. Adoradores do templo do fogo, adeptos da principal religião pré-islâmica do Irã.

O velho diplomata era um homem sensato e culto; no entanto, os insultos iraquianos — que pareciam xingamentos em um pátio de recreio de escola — ainda tinham o poder de magoá-lo: o insulto acerca do passado pagão iraniano, o passado do culto ao fogo e da descrença, o passado anterior ao islã, e o outro insulto, acerca da maneira pela qual o islã chegou ao Irã, com a conquista pelos árabes, que propagavam vigorosamente sua nova fé. A batalha de Ghadessiah teve lugar no ano de 637, mas estava tão viva na memória quanto a derrota em Kerbala. A Pérsia tinha uma longa história; por quase mil anos, antes de Ghadessiah, a Pérsia foi uma potência; desafiou a Grécia e feriu Roma. Mas esse passado estava morto; podia pertencer a um outro povo; não compensava a derrota em Ghadessiah. O Irã, na consciência do povo, começava com a chegada do islã, começava com aquela derrota.

Isso conferia um cunho especial à fé no Irã e uma paixão especial ao seu povo.

O filho do professor vivenciou as contradições daquela paixão. Ao rejeitar os hábitos europeizados de sua família, inspirados pelo xá, ao abraçar a fé, ele deu a si mesmo o nome de um mártir árabe muito antigo. Isso o levou à faixa para pôr na cabeça, usada pelos *Basiji*, à chave do paraíso pendurada no pescoço e à guerra contra o árabe que chamava a si mesmo de vencedor de Ghadessiah.

As crianças também tinham uma personalidade dividida, disse o diplomata. Era seu modo de resistir a tudo o que fosse demasiado opressivo e seu modo de preservar uma parte de si mesmas.

Contou-me a história de um casal conhecido seu, pessoas como ele, que sofriam, descontentes, mas ainda nacionalistas. Tinham uma filha de nove anos de idade, em uma escola *hizbullah*. Um dia, receberam uma convocação do diretor da escola. Quando foram até lá, souberam que sua filha se tornara a melhor recitadora do Corão, entre os alunos. Era tão boa que a escola resolvera lhe dar um prêmio na presença dos pais. Os pais nada sabiam a respeito desse talento da filha. De fato, quando receberam a convocação, ficaram assustados. Não tinham a menor idéia do que a filha podia ter falado sobre eles.

Disse o diplomata: "Vive-se de um jeito estranho, hoje em dia".

Eram essas histórias que ouvia enquanto caminhava e andava de carro por Isfahan, ao mesmo tempo que observava cúpulas e azulejos, arcadas e abóbadas, e, de noite, as luzes das pontes de arcos sobre o rio. Muita coisa fora restaurada; mas muitas outras pareciam perecíveis. Tijolos eram perecíveis; e, em algumas ruazinhas sujas, o tijolo nu dos fundos de belas construções parecia a ponto de voltar a ser barro. De uma forma igualmente instável, uma grande dor, física e mental, se alojava por trás da civilidade do velho diplomata. A dor constituía a verdadeira matéria de suas histórias; e às vezes uma história, embora apresentada como a experiência de um conhecido seu, tinha os atributos de um mito folclórico, algo forjado a partir da necessidade geral, assim como, em certas épocas das comunidades, as piadas surgem e se espalham por toda parte, criadas por ninguém, mas marcadas pelas contribuições de todos. Assim era a história do "pedaço de carne".

Uma mulher de meia-idade que vestia xador pediu a um oculista para examinar os olhos de um paciente, um rapaz, que estava no hospital. Quando o oculista foi levado ao paciente, viu que o rapaz não passava de um "pedaço de carne", mutilado de forma irrecuperável, sem mãos, sem pés. Todo dia, a senhora de xador vinha ao oculista e o levava para ver esse paciente. O oculista se perguntava se fazia algum sentido restaurar a visão de uma pessoa que nunca mais ficaria boa nem poderia de novo ter uma vida propriamente dita. Mas não quis magoar a senhora de xador. Ela vivia o tempo todo na enfermaria do hospital. Como ela, só existiam duas ou três mulheres, não mais.

O oculista buscou informações. Soube que a mulher de xador não era a mãe do rapaz; era apenas uma vizinha. A mãe vinha ao hospital todos os dias, mas não demorava muito. Após certo tempo, o oculista ganhou a confiança da senhora de xador e um dia perguntou por que ela desejava tanto que o rapaz, que não era seu filho, enxergasse outra vez.

A senhora de xador respondeu: "O meu garoto, o meu filho, foi executado porque pertencia a um grupo anti-revolucionário. A pessoa que o denunciou foi este rapaz aqui, o filho do vizinho. Fico feliz de meu filho estar morto. Foi executado, e acabou. Quero manter este pedaço de carne vivo para me vingar. Quero que a mãe sofra por causa dele todos os dias".

O xá exaltava as glórias do passado pré-islâmico, em parte para se associar aos grandes soberanos daquele passado. Como Alexandre, 2 mil anos antes, ele fez uma peregrinação cerimonial ao túmulo de Ciro, em Passárgada. Depois da revolução, gangues de revolucionários foram ao túmulo e aos palácios (e ao templo do fogo), nos arredores, mas fizeram pouco estrago. Conta-se também (não sei com que dose de verdade) que o aiatolá Khalkhalli, o juiz implacável de Khomeini, foi nomeado para uma comissão cujo propósito era determinar o melhor modo de destruir (ou apenas desfigurar) as ruínas de Persépolis, e alguns poucos adeptos fizeram o mesmo que já haviam feito em Passárgada.

A fase revolucionária niilista tinha passado. A revolução tomara as rédeas da sociedade; não existiam mais inimigos; o mundo fora refeito (embora o aiatolá Khalkhalli julgasse que só trinta por cento da tarefa a ser cumprida havia sido terminada).

Havia uma prova islâmica para entrar na universidade. Mehrdad disse que ela estava ficando mais difícil. Cinco anos antes, os estudantes não precisavam memorizar trechos do Corão; agora precisavam. Em todas as repartições do governo, havia agora uma organização islâmica; e todos os candidatos a vagas no serviço público eram entrevistados por essa organização. Faziam perguntas políticas, mas também estavam interessados em saber até que ponto as pessoas seguiam as regras islâmicas.

Disse Mehrdad: "Não as regras corriqueiras, mas aquelas muito específicas. Dizem que todos os muçulmanos devem saber essas regras. Perguntam sobre as orações. Temos cinco orações diárias regulares. Mas temos também outro tipo de oração — a oração do medo, para se rezar em caso de emergência. Ou as preces de sexta-feira. Ou as preces dos mortos. Para todas elas existem regras. E um homem como eu, que não faz suas orações ordinárias, não pode conhecer as orações extraordinárias".

Nas universidades, uma disciplina especial era o Testamento de Khomeini. Valia créditos e era obrigatória, mesmo para não-muçulmanos; tinha de ser cumprida, qualquer que fosse o curso.

Disse Mehrdad: "A disciplina se chama 'O Testamento do Imã'. Fiz vinte pontos, em um total de vinte. Nosso professor nos entregou um resumo em dez páginas manuscritas. A maneira de

Khomeini se expressar é complicada. Mesmo uma frase simples tem uma gramática complexa. Um menino de dez anos é capaz de ver uma frase escrita em uma parede e reconhecer logo que se trata de uma frase do imã Khomeini. No geral, é bonito, mas ler quarenta páginas se torna penoso. O resumo do professor facilitava as coisas. O texto só falava de manter viva a revolução. Advertia contra a América e o imperialismo, e explicava como manter a salvo as mesquitas e o islã".

O mundo fora reconstruído. Onde, antes, o pai de Mehrdad tinha fotografias da família real na parede, agora havia uma silhueta de Khomeini (feita por Mehrdad: ele gostava de ocupar as mãos). O país fora virado pelo avesso, eviscerado pela guerra e pela revolução. Algumas pessoas se mantiveram à tona; outras, em número bem maior, foram destruídas; e ninguém pode afirmar com certeza que o país tenha servido a alguma causa maior. Tudo o que se podia dizer era que o país recebera um conhecimento quase universal da dor. Não havia, agora, nenhum desejo geral de agir; com a exaustão que viera com a dor, as pessoas simplesmente aguardavam que alguma coisa acontecesse. Pessoas como Mehrdad e sua família viviam com os nervos à flor da pele. Devia ser assim também no tempo do xá. Portanto, talvez a história, aqui, se mostre estranhamente circular. Toda grande ação — a guerra, a revolução — tinha de acontecer. E toda grande ação refluía, em uma cadeia, de volta para si mesma.

Em meu último dia em Teerã, conversei com Ali sobre a revolução contra o xá. Alguma outra coisa podia ter acontecido?

Pessoas como ele precisavam de liberdade, disse Ali. Saíram-se bem sob o domínio do xá, mas eram forçadas a viver como camundongos. Quando se comparavam com seus equivalentes em outros países, sentiam-se humilhados. Ninguém podia se sentir à vontade com esse tipo de humilhação. Eram pessoas como ele, não os pobres, que fizeram a revolução. E havia o aspecto cultural, o aspecto islâmico.

Disse Ali: "Preciso voltar atrás. Na década de 40, quando o Irã foi ocupado pelos aliados, muita gente começou a migrar das aldeias para as cidades. E muitos pequenos negociantes em cidades pequenas mudaram-se para cidades grandes".

Nas cidades, os migrantes superavam em número a população original. Essa população anterior das cidades era secular. Os migrantes tinham costumes islâmicos arraigados. Não gostaram do que viram nas cidades: lojas de bebidas, cabarés, mulheres de saia curta, cinema que passavam filmes indecentes, mulheres seminuas cantando e dançando na tevê. Ao longo das décadas de 40 e 50, ocorreu esse movimento de gente que vinha das aldeias para as cidades.

Na década de 60, o xá deu início a sua reforma agrária. "A terra fértil foi deixada nas mãos dos antigos proprietários. A terra infértil ou semifértil foi dividida entre os lavradores, pessoas que sempre haviam trabalhado o solo. Tradicionalmente, os lavradores tinham um senhor de terras a quem prestavam contas. Ele sugava seu sangue, mas era o seu senhor. Ele lhes dava dinheiro, lhes dava sementes e ajudava quando acontecia uma calamidade. Quando ocorreu a distribuição da terra, os lavradores perderam seu senhor e o governo não tentou substituí-lo por um sistema bancário. Os lavradores não conseguiram pagar suas contas. Deixaram suas terras e se mudaram para as cidades."

Essas pessoas também eram conservadoras e religiosas. Seus filhos cresceram nas cidades e receberam instrução. Foram para as universidades; tiraram proveito de bolsas de estudo dadas pelo governo do xá. Mas essa segunda geração ainda se achava sob a influência islâmica dos pais. Ali julgava que os hábitos mentais da aldeia levariam duas ou três gerações para mudar. O Irã não tinha tempo para isso. As coisas andavam depressa demais. Essa segunda geração não tinha nenhuma geração anterior com a qual competir e, como grupo, se tornou muito poderosa. Conseguiram empregos no governo; tornaram-se professores. Muitos deles voltaram-se para o comércio e se tornaram homens de negócio.

"Mentalmente, são muçulmanos. E uma vez que provinham de famílias pobres, tinham a mentalidade do socialismo esquerdista. É por isso que os *mujahidin* exerciam um grande apelo: o marxismo e o islã eram a sua ideologia. Uma ironia: materialismo e Alá. Essa gente, a primeira e a segunda geração de pessoas que haviam migrado para as cidades, tinham vínculos com famílias de lavradores que eram a esquerda nas fazendas, aldeias e cidadezinhas. Essas pessoas eram os líderes do novo movimento. Conheci muitas delas, em Kerman. Assim, quando a revolução começou, os líderes já estavam nas cidades e as massas de que precisavam para a revolta e as manifestações de rua estavam nas aldeias e nas cidades pequenas."

Longe disso, e como que em um outro mundo, estavam as pessoas favoráveis ao xá. Eram os filhos e filhas da antiga população das cidades. Muitos deles eram ricos e tinham sido educados em escolas européias ou americanas. Falavam várias línguas; podiam conversar sobre a filosofia ocidental e a política européia. Conheciam a história da França, Espanha e Alemanha melhor do que a história do Irã.

"Constituíam mais ou menos cinco por cento da população do país. No máximo. Os outros, os noventa e cinco por cento abaixo, liam o Corão, eram arabizados: o povo verdadeiro, as massas. Não tinham comunicação com os cinco por cento acima deles. Eram duas tribos vivendo em um mesmo país. O xá vivia rodeado por esses cinco por cento. Sobretudo mais tarde, quando se casou com a última rainha, educada na França, com uma cultura totalmente francesa. Ressentiam-se com a tradição islâmica, exatamente como o outro grupo ressentia-se com a tradição ocidental que lhe era imposta."

Na década de 70, ocorreu o *boom* do petróleo. A renda do Irã se tornou cinqüenta vezes maior do que era. Tratava-se de uma riqueza muito além de tudo o que se podia imaginar, e isso piorou ainda mais a situação.

"Essa nova riqueza veio para as cidades, e a maioria do povo vivia na região rural. A geração mais jovem de lavradores que havia migrado para as cidades entendeu que estava sendo enganada. Cada vez mais, a partir de 1970, organizações islâmicas começaram a proliferar nas universidades e em todas as cidades. Sobretudo no comércio. As organizações islâmicas agiam como substitutas dos partidos políticos. O xá não permitia que os partidos políticos criassem raízes. E esses grupos islâmicos também expressavam as idéias do povo sobre o xá e o seu grupo, que para eles não eram islâmicos. O xá, a rainha e o grupo dela começaram a promover festivais de arte. Convidavam músicos, poetas, dançarinos e todo tipo de artistas do exterior. Houve um grupo que ficou completamente nu, e dançou. Houve muitas situações como essa. Era o mesmo que lançar gás no fogo."

Agora, quase duas décadas depois, o xá e seu grupo haviam desaparecido. As fotos coloridas dos líderes religiosos estavam em toda parte. Eles também exigiam obediência absoluta. O país estava repleto de regras islâmicas e os Guardas e os *Basiji* estavam ali para impor essas regras, à tarde, no parque, à noite, nas estradas. Jovens, como o irmão de Feyredoun, não haviam conhecido nada senão o regime religioso. Ele se tornou nazista, ao seu modo inocente, perigoso; ele e seus amigos saíam certas noites a fim de zombar dos Guardas. Havia uma revolução sexual entre os jovens e uma fuga da fé demasiado estreita, demasiado invasiva. Sobre essa fuga, Emami, o *talebeh*, dissera em Qum: "Nossos inimigos conhecem nossa fraqueza". Depois de toda a dor, um novo niilismo parecia estar em gestação.

Disse Ali: "As duas tribos do Irã ainda existem. Se não houver um casamento entre elas, não sei aonde iremos parar".

III

PAQUISTÃO
Fora do mapa

1

UMA EMPRESA CRIMINOSA

Havia muito o que ver em Persépolis, mais do que se podia contemplar em um só dia. E não eram muitos os visitantes dispostos a, depois disso, percorrer os mais ou menos quarenta quilômetros suplementares até Passárgada, onde havia comparativamente pouco o que ver, e o que havia estava desgastado, disperso e depredado: a torre de um templo do fogo posta abaixo, o palácio de Ciro, o túmulo de Ciro. Mehrdad e eu dispúnhamos do lugar inteiro só para nós. O velho guia queimado de sol na entrada do sítio histórico (talvez, também, um dos vigias), pequeno, magro e de barba por fazer, vestindo um casaco velho e um pulôver para se proteger do vento e da poeira, montou em sua motoneta e, sem dizer nada, começou a se comportar como nosso batedor naquela devastação, gaguejando alguns metros à nossa frente, levantando poeira e fumaça azul, e — como uma figura burlesca em uma versão moderna de algum velho mito — sorrindo e acenando toda vez que nosso motorista hesitava.

Assim chegamos aos restos do palácio de Ciro. Largos trechos do piso branco, feito de grandes e irregulares blocos de mármore interligados, haviam permanecido tão nivelados e bem unidos quanto no tempo em que foram instalados ali, 2500 anos antes. Em certa época, o palácio foi depredado para se roubar as pedras. Algumas delas — usadas em uma mesquita em outro local — foram recuperadas no tempo do xá e trazidas de volta para o terreno original. Esses blocos, entalhados com caracteres árabes, não serviam para nada agora; simplesmente ficavam ali como relíquias sagradas, no que outrora fora o centro do poder mundial, um século antes de Heródoto, mais de mil anos antes do islã. A terra plana em redor estava repleta de capim e flores silvestres, secas e quebradiças após o verão, e vivas com o canto de pássaros invisíveis.

Um pouco antes, disse o guia, umas trinta ou quarenta pessoas da Índia tinham vindo ali em um ônibus. Detiveram-se diante de uma coluna com uma inscrição cuneiforme, no alto — "Eu sou Ciro, filho de Cambises, e este é meu palácio" — e fizeram orações de algum tipo. Depois, por uns vinte minutos, entoaram lamentações. Quando isso terminou, voltaram para o ônibus e se foram.

O guia não sabia quem eram as pessoas no ônibus. Mas era fácil adivinhar que eram parses, zoroastristas, seguidores da religião pré-islâmica da Pérsia e descendentes das pessoas que fugiram da Pérsia após a conquista árabe e a chegada do islã. Encontraram refúgio em Gujarat, na Índia; sua língua passou a ser o gujarati. Formavam uma pequena comunidade e haviam sobrevivido mais ou menos intactos até o século XX. Agora, em virtude dos casamentos mistos que advieram com a abertura generalizada do mundo, eles estavam se desagregando. O fato de alguns deles virem ali recordar a antiga glória, manifestar essa mágoa ritual nas ruínas do palácio de Ciro, era como um milagre, ainda que as antigas preces talvez não fossem lembradas de forma correta e o ritual todo talvez fosse uma invenção.

Poucos dias depois, fui para o Paquistão, para Lahore. Instalei-me no hotel Avari. Os Avari eram parses, parte da diáspora; a divisão do subcontinente indiano, em 1947, deixara alguns parses na Índia e outros no Paquistão. No saguão do hotel, havia grandes fotos coloridas do sr. e da sra. Avari, os fundadores. Na entrada, uma placa rendia homenagem à sra. Avari. Falava de sua vida e de sua obra. Encerrava assim: "Ela morreu no dia 25 de novembro de 1977, em Boston (EUA). Que o todo-poderoso Ahura Masda dê à sua alma a paz eterna no céu".

Isso transformava o zoroastrismo em uma versão do cristianismo ou do islã. A antiga religião do Irã teria sido assim?

Talvez isso não importasse. O que importava era aquilo que permanecia nos corações das pessoas que haviam colocado a placa ali. O mundo clássico fora demolido e reconstruído pelo cristianismo e pelo islã. Estas eram religiões universais, e não regionais; suas idéias religiosas e sociais tocavam a todos e podiam parecer familiares àqueles que as desconheciam.

No Irã, o passado pré-islâmico era irrecuperável. No Paquistão não era assim. Fragmentos essenciais do passado sobreviviam nas roupas, nos costumes, nas cerimônias, nas festas populares e, o que é muito importante, nas idéias de casta. O islã só chegou ao Irã depois do tempo do Profeta. Foi quase quatrocentos anos mais tarde que o Noroeste da Índia começou a ser invadido (a conquista do Sind, no Sudoeste, é uma coisa à parte). Por volta de 1200 (as datas são muito aproximadas), os muçulmanos constituíam um poder no Norte do subcontinente; em 1600, esse poder se achava no auge; por volta de 1700, com o declínio do império mongol, o poder dos muçulmanos na Índia foi mais ou menos destruído.

Nunca houve algo semelhante a uma conquista completa, consolidada, como no Irã. De fato, os povos estrangeiros que vieram após o declínio do império mongol — os mahrattas, os sikhs — estavam, em parte, preconizando sua fé contra os muçulmanos. Foram os britânicos, alheios a essa esfera religiosa, que terminaram por subjugar ambos os povos e se tornaram, por meio de uma mistura de controle direto e indireto, o poder supremo no subcontinente.

O período britânico — duzentos anos em alguns lugares, menos de cem em outros — foi uma época de regeneração hinduísta. Os hinduístas, sobretudo em Bengala, deram boas-vindas ao Novo Saber da Europa e às instituições trazidas pelos britânicos. Os muçulmanos, feridos pela perda do poder e movidos por velhos escrúpulos religiosos, mantiveram-se à parte. Foi o início do distanciamento intelectual entre as duas comunidades. Essa distância cresceu com a independência, e foi isso — mais até do que a religião, agora — que, no final do século xx, tornou a Índia e o Paquistão países muito distintos. A Índia, com uma *intelligentsia* que cresce aos saltos e a passos largos, se expande em todas as direções. O Paquistão, exaltando a fé e sempre e somente exaltando a fé, encolhe mais e mais.

Foi a insegurança muçulmana que ergueu o clamor pela criação do Paquistão. Ao mesmo tempo veio à tona uma idéia da antiga glória, a imagem dos invasores que desciam do Noroeste varrendo tudo, saqueando os templos do Industão e impondo a fé aos infiéis. A fantasia ainda sobrevive; e, para os muçulmanos convertidos do subcontinente, representa o início de sua neurose, porque nessa fantasia o convertido esquece quem ou o que ele é e se torna o profanador. É como se — trocando de continente — os povos indígenas do México e do Peru se pusessem ao lado de Cortés, de Pizarro e dos espanhóis, vistos como portadores da fé verdadeira.

Um advogado me contou a respeito dos *slogans* muçulmanos que ouvira quando tinha três anos de idade, em uma cidadezinha do Punjab, na época da agitação a favor da criação do Paquistão. Eles o emocionaram quando criança; ainda o emocionavam agora. O advogado (cujo pai fora um famoso liberal nos tempos anteriores à divisão do país) queria se apresentar a mim como alguém exatamente tão liberal quanto o pai. Se as pessoas lá, disse o advogado, erguendo o queixo (de forma um pouco hesitante) na direção da rua, soubessem o quanto ele era liberal, seria "enforcado em meia hora".

Mas na verdade ele era um velho fanático. Não se contentava em possuir sua fé; almejava triunfar de um modo bastante antiquado. Pude adivinhar isso tão logo começou a recitar os *slogans* de 1947. Sua voz tremia, seus olhos brilhavam: era de novo uma criança, em Lyallpur, brincando com visões de mandar os infiéis para o inferno.

> *Darté naheen dunya mayu Musalman kissee sé—*
> *Ja poochh Ali-sé.*
> Os maometanos não conhecem o medo neste mundo —
> vá e pergunte para Ali.

A tradução — do líquido urdu, palavra por palavra, para o inglês de pedra — esfriou seus ânimos. Meio para se desculpar, retomando seu ar de advogado, ele disse: "Como poesia, não é muito boa, talvez. Mas arrebata meu coração".

Estávamos sentados na sala de jantar da casa do advogado. Estava bem gasta e estranhamente escura, como se tivesse afundado um pouco demais abaixo do nível do chão, lá fora. Um cheiro ruim vinha da sarjeta, na rua: talvez algum defeito em um cano de esgoto. O advogado pediu desculpas por isso; mas parecia ser algo a que ele se havia habituado. A geladeira ficava em um canto da sala, talvez uma forma de controlar os criados. O alto e mal-humorado criado patane, com as roupas muito sujas que os criados são obrigados a vestir no Paquistão, entrava de dois em dois minutos para pegar alguma coisa na geladeira ou para pôr alguma coisa de volta lá dentro. Isso me perturbava, mas não ao advogado. Seus olhos brilhavam, distantes dali. Os *slogans* do Paquistão de 1947 o deixaram extasiado; eu sentia que eles ainda cantavam na sua cabeça.

Por fim, começamos a sorver o café ruim que o criado de roupa suja nos serviu e — a exemplo de tantas outras casas em que eu estive — meditamos sobre a ruína do estado.

O novo estado fora criado às pressas e não tinha nenhum programa autêntico. Não podia constituir uma pátria para todos os muçulmanos do subcontinente; isso seria impossível. A rigor, mais muçulmanos ficaram na Índia do que no novo estado muçulmano. Na verdade, parecia que, acima e além de qualquer objetivo político, o novo estado almejava ser um triunfo da fé, uma estaca cravada no coração do velho Industão. Alguns (não o advogado) lembravam esse *slogan* sarcástico de 1947:

> *But kay rahé ga Hindustan,*
> *Bun kay rahé ga Pakistan.*
> Assim como o Industão será dividido,
> O Paquistão há de ser fundado.

Em Lahore, em 1979, conheci um homem que tentou me explicar o que a criação do Paquistão significara para ele, quando criança, do outro lado da fronteira, na Índia. Ele precisou procurar as palavras com cautela. Enfim, disse: "Para mim, foi como Deus". Para muitos muçulmanos do subcontinente, ou para a sua maioria, o estado que fora conquistado à Índia vinha como uma espécie de êxtase religioso, algo além da razão, além do palavrório sobre fronteiras, constituições e planos econômicos.

E então, quase no momento da separação, algumas pessoas perceberam que havia uma certa importância em dinheiro a ser negociada também em função do novo estado. Todo o território no Oeste — antigas terras, ou nem tão antigas assim, do hinduísmo, bramanismo e sikhismo — iriam enfim perder, ou expurgar, suas populações hindus e sikhs. Eles iriam partir para a Índia. Em termos de comunidade, os hindus e os sikhs eram ricos; dizia-se que detinham quarenta por cento da riqueza da região. Quando partiram, muitas dívidas foram esquecidas; e por todo o Paquistão, nas aldeias e nas cidades, grandes e pequenas, uma enorme quantidade de propriedades precisava de novos donos. Fortunas se fizeram ou aumentaram da noite para o dia. Portanto, desde o início, o novo estado religioso foi afetado pela antiga idéia de saque. A idéia do estado como Deus foi modificada.

O país não precisou pagar a conta do próprio bolso. Tornou-se um satélite dos Estados Unidos; seus vários regimes foram amparados ao longo de toda a Guerra Fria. Não desenvolveu uma economia moderna; não sentiu essa necessidade. Em vez disso, começou a exportar seu povo; tornou-se, em parte, uma economia que vive das remessas de dinheiro dos emigrantes.

Trinta e dois anos depois da separação, veio a guerra do Afeganistão contra a ocupação russa. Ela podia ser encarada como uma espécie de guerra religiosa; e, mais uma vez, o saque foi descomunal. Armas americanas e drogas afegãs seguiram a mesma rota durante oito anos; centenas de milhões de dólares afluíram para as mãos dos fiéis em todo esse período. A corrupção era farta demais; o estado foi, enfim, solapado. A fé pública e a pilhagem privada criaram um círculo. Agora, não fazia mais sentido saber em que ponto esse círculo podia ser rompido para se recomeçar tudo de novo, do zero. Depois do cinismo e do ócio intelectual de quatro décadas, o estado, que no início havia sido, para alguns, como Deus, tornara-se uma empresa criminosa.

Nenhum pensamento genuíno jamais fora adotado pelos governantes do novo país. Esperava-se que tudo decorresse naturalmente do triunfo da fé. Mas a identidade islâmica, conquanto fosse uma causa poderosa para os protestos anteriores à separação ("um fator evocativo muito poderoso", conforme disse o advogado), não poderia por si só manter coeso o estado bipartido e desconjuntado. Bangladesh, com língua e cultura próprias, logo se separou; e, mesmo então, todos aqueles que visavam ao poder político no que restava do Paquistão prometiam ser mais islâmicos do que seus rivais.

As leis processuais herdadas dos britânicos, mestres legisladores do subcontinente, foram adulteradas de uma forma ineficaz e destituída de qualquer sentido prático. Alguns apêndices islâmicos foram acrescentados. Os advogados nem sempre conseguiam colocá-los em prática; e o sistema legal, já deteriorado em virtude da manipulação política, tornou-se ainda mais desengonçado. Os direitos das mulheres deixaram de ser protegidos. O adultério tornou-se um crime; isso significava que o homem que desejasse se livrar da esposa podia acusá-la de adultério e mandá-la para a prisão. Em 1979, tomaram-se medidas para a aplicação de castigos corânicos; e embora nunca tenha havido amputações (os médicos se recusavam), o povo adorava as flagelações públicas e acorria para vê-las.

O islã definido segundo essas leis era restritivo, severo e simples. As leis talvez nem sempre fossem implementadas. Assim como as flagelações públicas em 1986, elas podiam ser suspensas (a despeito do clamor público); ou, como as leis sobre bebida e jogo, podiam ser contornadas. Mas todas as leis permaneciam nos livros, e elas alteravam a natureza do estado. Estimulavam a hesitação. Reforçavam a insegurança. Esboçavam o tipo de tirania que, em uma crise, o povo pode se persuadir a desejar.

Foi por um mero acidente que, no rompimento de Bangladesh, a parte do subcontinente que agora constituía o Paquistão fosse a menos instruída. Ela caíra sob o domínio britânico em uma época tardia e tivera menos de um século de governo britânico, de meados ou do final da década de 1840 até 1947, com a perturbação da Rebelião Indiana (1857-1860) perto do início do período, e o movimento de independência, no final. (O *Raj* britânico, aqui, por um outro acidente, coincidiu aproximadamente com a vida de seu mais famoso cronista, Rudyard Kipling, nascido em 1865 e morto em 1936.)

As instituições britânicas se assentavam ligeiramente em antigos sistemas locais, os sistemas tribais no Noroeste, as lideranças feudais no Sul semi-escravista. Após menos de cinqüenta anos de existência do Paquistão, aqueles sistemas informais antigos começaram a se manifestar de novo. O estado moderno herdado podia ser visto como um fardo recente e desnecessário.

Agora, sempre por trás, estavam os fundamentalistas que — alimentados pelo entusiasmo com a criação do Paquistão e, depois, estimulados pela islamização parcial das leis — queriam fazer o país regredir mais e mais, para o século VII, a época do Profeta. Havia um programa muito nebuloso com esse propósito, assim como houvera algo semelhante para o próprio Paquistão: apenas algumas idéias acerca de preces regulares, castigos corânicos, amputação de mãos e pés, uso do véu e aprisionamento efetivo de mulheres, e a concessão aos homens do direito de tomar mais de quatro mulheres ao mesmo tempo, para usar e descartar quando quisessem. E de algum modo supunham que de tudo isso, dessa sociedade enclausurada e devota, com homens sem instrução religiosamente tomando mulheres à força o tempo todo, o estado viria a se ajustar sozinho e o poder viria por si só, assim como viera para o islã, no início.

A idéia da criação do Paquistão foi levantada a sério, pela primeira vez, em 1930, por um poeta, Mohammed Iqbal, em um discurso proferido na conferência preparatória da Liga Muçulmana. O tom do discurso é mais cordato e aparentemente ponderado do que os *slogans* de rua de 1947; mas os impulsos são os mesmos. Iqbal provinha de uma família hinduísta recentemente convertida; e talvez só alguém que se sentisse um recém-convertido seria capaz de falar como ele falou.

O islã não é como o cristianismo, disse Iqbal. Não é uma religião de consciência pessoal e de prática pessoal. O islã vem acompanhado de certos "conceitos legais". Esses conceitos têm uma "significação cívica" e criam determinado tipo de ordem social. "Portanto, a construção de um sistema político de fronteiras nacionais, se isso significa um desvio do princípio da solidariedade islâmica, é algo simplesmente inconcebível para um muçulmano." Em 1930, um sistema político nacional significava um estado pan-indiano.

Trata-se de um discurso extraordinário para um pensador do século XX. O que Iqbal diz, de uma forma tortuosa, é que os muçulmanos só podem viver com outros muçulmanos. Se isso foi dito a sério, significava que o mundo bom, aquele a que se aspira, era simplesmente um mundo tribal, nitidamente dividido, cada tribo no seu canto. Isso devia parecer extravagante.

O que se encontra, na verdade, por trás desse clamor pela criação do Paquistão e por uma política muçulmana, e não é mencionado, é a rejeição de Iqbal da Índia hinduísta. Seus ouvintes haviam compreendido isso; e tanto eles quanto Iqbal tinham uma idéia concreta do que estava sendo rejeitado. A idéia se achava em toda parte, ao redor deles; só precisavam olhar; era um aspecto do mundo real. O que não existia, e que a proposta de Iqbal sequer tentava definir, era o novo sistema político muçulmano que viria com o novo estado. No discurso de Iqbal — que foi momentoso — esse sistema político é uma abstração, é poético. Precisa ser aceito com base na confiança. O nome do Profeta é inclusive usado de forma indireta, a fim de lhe conferir autoridade.

O discurso está cheio de ironias, visto de hoje. O Paquistão, quando surgiu, cassou os direitos civis dos muçulmanos que ficaram para trás, na Índia. Bangladesh tomou um rumo próprio. Mesmo dentro do Paquistão, fala-se em dissolução. O novo sistema político muçulmano, lá, revelou-se igual ao antigo, aquele que Iqbal conhecia: não se precisa ir muito longe para encontrar pessoas tão privadas de voz e de representação quanto na época em que Iqbal fez seu discurso, em 1930.

2

O SISTEMA POLÍTICO

Um dia, seis meses antes, o marido daquela mulher e seu sobrinho, ambos trabalhadores, a pegaram e "massacraram seu nariz". O marido, na ocasião, a acorrentou. De algum jeito, ela conseguiu se soltar e depois fugiu. Foi para a grande cidade de Karachi. Tinha uma amiga lá. A amiga entrou em contato com um grupo de direitos humanos em Lahore que — subsidiado do exterior — oferecia abrigo para mulheres maltratadas.

Foi no escritório desse grupo, na sala de espera, que a vi. Entre as mulheres muito caladas que ali estavam — rostos passivos, semimortos, de mulheres levadas pelo sofrimento para além da vergonha e talvez até além do sentimento —, ela se destacava. Um véu de um tecido semelhante a gaze estava puxado bem reto diante da parte de baixo do rosto, para esconder o ferimento. Por cima do véu, só se viam os olhos e as sobrancelhas. Achei que pareciam os olhos de uma criança; isso me levou a julgar mais penosa ainda sua desfiguração.

Mas ela não era uma criança. Tinha trinta e cinco anos. Eu soube disso quando voltei ao escritório, alguns dias depois, para vê-la. Seu rosto, dessa vez, estava descoberto. A ponta do seu nariz não fora cortada, como eu temera; parecia, antes, que tinha sido espremido com uma tenaz quente. Nas duas narinas, havia uma ferida, um cor-de-rosa esfolado, rodeado por um vermelho-escuro; mas ela agora estava habituada àquilo e não tentava esconder.

Era pequena, magra e de pele morena. Casara-se com dezenove anos. Seu pai estava doente, na época, e sua mãe achou que ela devia casar. Era contrário ao islã que uma jovem não se casasse. Ela se casara sem um dote, "só por Deus"; isso significava que o único dote que ela podia trazer para o marido era a proteção de Deus. Casara-se com um homem que não tinha um trabalho constante. Não conhecia o homem e não sabia por que seus pais o haviam escolhido. Ela apenas fizera o que tinham ordenado; estava indefesa.

Farzana, o advogado de direitos humanos que traduzia para mim, disse: "É uma vítima da sociedade feudal".

A mulher mesma não conseguia ver isso com tanta clareza. Só sabia que o marido que arranjaram para ela trabalhava para o mesmo patrão para quem seu pai trabalhava. O marido era cozinheiro. Ganhava trezentas ou quatrocentas rupias por mês, dez ou doze libras. Também ganhava alimento do patrão. O patrão possuía muitas terras. Ela conhecia o patrão, sabia quem era, porque tanto sua mãe quanto seu pai trabalhavam para ele. Era um homem respeitável, e muito bom.

Havia uma escola na aldeia, uma escola primária, mas ela não tinha ido à escola. Os pais não deixaram. Eram analfabetos, os dois. O pai não deixou dinheiro nenhum quando morreu. Morreu sem um tostão. Era criado do senhor de terras, quer dizer, o servia sempre que ele precisava de seu serviço. Quando o patrão ia caçar, usava os serviços do seu pai. Ele matava pássaros para o patrão e cuidava dos cães. Morava em uma choupana de barro no terreiro da casa do patrão. Ela não sabia ao certo quantas pessoas viviam ali. Devia haver umas vinte e cinco famílias, mas ela não sabe. Todos eram empregados do senhor de terras. Havia uma mesquita na aldeia e todos iam lá com freqüência.

Ao falar da mesquita, a mulher sorriu. Ela pensou que a pergunta a respeito da mesquita fosse uma armadilha e estava feliz por ter conseguido se safar. Ela achava, também, que era a única coisa boa que dissera sobre si mesma até então.

Não havia móveis na choupana dos pais. Havia uma caixa, alguns poucos utensílios, um ventilador elétrico. Portanto, tinha eletricidade na choupana; e o ventilador, por extravagante que pareça, indicava como eram duros os verões. Que ela lembrasse, não havia mais nada.

Seu casamento correra bem, por um tempo. Teve três filhos, dois meninos e uma menina. Ela trabalhava como criada na casa dos outros. Mas então, dois anos antes, seu marido se tornara viciado em heroína. Ele queria que ela trouxesse mais dinheiro para casa. Havia problemas quando a mulher não conseguia. Um dia, houve uma discussão entre os filhos dela e os filhos do sobrinho do seu marido. O sobrinho do marido também era um trabalhador sem qualificação, mas em outra fazenda. Ela bateu em todas as crianças. Os filhos do sobrinho do marido reclamaram e, quando o marido voltou, bateu muito nela. A mulher, com um de seus filhos, foi para a casa de seu cunhado. O marido foi atrás. Ela queria ir à polícia, mas um dos conhecidos do marido lhe disse para não fazer isso. Convenceu-a a voltar para o marido. Esse foi seu erro. A discussão sobre as crianças foi só um pretexto. O marido estava furioso e o sobrinho também, e os dois se juntaram e massacraram seu nariz.

Ela sorriu quando disse que conhecia a família do patrão. Isto foi, claramente, segundo seu próprio juízo, a segunda coisa boa que falou a respeito de si mesma.

Seus filhos, os dois meninos e a menina, iam à escola. Mas depois saíram da escola e esqueceram como ler e escrever. Esqueceram "tudo, tudo". Mas iam todos os dias à mesquita; a mulher mandava que fizessem isso. Ela agora achava que seus filhos eram tratados com muita crueldade. O pai e a mãe do marido não gostavam dos seus filhos.

O patrão não a ajudou quando ela se viu em apuros. A mulher não pediu nada a ele. Nem pensou em pedir. O patrão não sabia nada do seu problema. Não havia ninguém para contar a ele. A mulher não tinha mais ninguém da família naquela aldeia. Seus irmãos e irmãs não estavam mais interessados nela.

Vivia no abrigo do grupo de direitos humanos. Encontraram um emprego para ela, trabalhando dois dias por semana em uma fábrica de ataduras.

Calçava sapatos de plástico; seus pés pareciam nervosos dentro dos sapatos. O tempo todo, ela ajeitava a saia cor-de-rosa com flores estampadas. Um lenço de cabeça com estampas de xilogravura era o único toque de elegância.

Ela disse que nada lhe dava prazer, agora. Tudo o que desejava era ter seus filhos de volta. Mas algo havia ocorrido depois que ela fugiu da casa do marido: agora não estava mais assustada.

Farzana disse: "Está calosa".

Uma palavra estranha. Talvez Farzana quisesse dizer "calejada".

Mas "calosa" também podia ser a palavra correta, porque, quando Farzana perguntou de novo, a mulher respondeu: "Não devo mais sentir prazer nem felicidade".

E de repente começou a rir. Ria de mim, de minhas perguntas esquisitas, de minhas roupas, do fato de eu precisar de um intérprete para conversar com ela. O riso fora se armando dentro dela e, quando deflagrou, a mulher não conseguiu controlar, lembrando-se apenas, em nome dos bons modos, de virar para o lado e cobrir a boca e o nariz dilacerado com a palma da mão.

Os mongóis construíram fortalezas, palácios, mesquitas e túmulos. Os britânicos, na segunda metade do século XIX, ergueram prédios para abrigar instituições. Lahore era rica em monumentos de ambos os períodos. Por ironia, para um país que falava tanto em identidade islâmica e até reivindicava ser um sucessor do poderio mongol, eram justamente os monumentos mongóis que se achavam em decadência: a fortaleza, a mesquita do xá Jehan, os Jardins de Xalimar, os túmulos tanto do imperador Jehangir como de sua formidável consorte Noor-Jehan. Era como se dois Versalhes, no mínimo, apodrecessem abandonados. Em parte, isso era devido a uma falta de instrução generalizada, uma idéia rotineira em séculos anteriores segundo a qual aquilo que já não tinha mais uma finalidade não necessitava também de cuidados. Mas havia além disso a atitude dos muçulmanos convertidos em relação à terra onde viviam. Para o convertido, sua terra não tem nenhuma importância religiosa ou histórica; suas relíquias não têm qualquer interesse; só as dunas da Arábia são sagradas.

Os prédios administrativos dos britânicos sobrevivem. As instituições que deveriam abrigar são ainda, mais ou menos, as instituições em que o país se apóia. Na Alameda, a via pública central de Lahore, esses grandes prédios se mantêm de pé, um pouco artificialmente, um depois do outro, cada um em seu esplêndido lote de terra, como se os britânicos aqui, longe de suas experiências em outras partes do subcontinente, soubessem desde o início o que precisavam instalar no centro de Lahore: a academia do serviço público, a hospedaria estatal, o colégio para os filhos dos chefes locais, a casa do governador, o clube britânico, os jardins públicos, o fórum, o correio, o museu.

Os tribunais estavam sempre atarefados. Mas, com todo seu aparato, não proferiam sentenças, diziam os advogados. Havia interferência política demais, litígios demais; havia falsos testemunhos demais; os juízes viviam sobrecarregados. Mas não existia nenhum sistema jurídico local anterior que pudesse ser restaurado. Havia uma história camponesa de justiça, do tempo dos imperadores mongóis. Nessa história, dia e noite, uma corda pendia do lado de fora do muro do palácio. O pobre que desejasse justiça tinha apenas de ir até essa corda e puxá-la (se não houvesse uma multidão grande demais, ou se ele não fosse detido no caminho ou derrubado). A corda fazia soar um sino; o imperador surgia em sua janela e oferecia justiça ao camponês. Essa história — a rigor, uma fantasia de servos a respeito da misericórdia do senhor — entrara nos livros escolares paquistaneses como um fato e era utilizada para exaltar a grandeza dos antigos soberanos muçulmanos. Porém, segundo Waleed Iqbal, um professor de direito (e neto do poeta que propôs a idéia da criação do Paquistão), a lei aqui, antes dos britânicos, no tempo dos sikhs, era "vaga"; e recuando ainda mais, aos tempos dos mongóis (a época da corda e do sino), a lei era simplesmente ditatorial. Os tribunais outorgados pelos britânicos, bem como as leis processuais britânicas de 1898 e 1908, eram ainda tudo de que o país dispunha. Elas atendiam uma necessidade; por isso haviam durado.

Fui ver o fórum com Rana, um advogado iniciante com uma clientela importante. Rana tinha vinte e nove anos e era do Punjab. Era filho de um pequeno senhor de terras que vendera suas propriedades, perdera seu dinheiro e sua posição. Rana resolvera, um tanto tarde, se tornar advogado. Desejava poder; queria se proteger. Ao mesmo tempo — e isso era seu tributo involuntário à instituição — Rana pensava que, no direito e no exercício da advocacia, ele fosse encontrar algo como a pureza, algo distinto da desordem e da iniqüidade do país, algo em que um homem era julgado como um homem.

O direito foi, para ele, uma dupla decepção. A decepção se manifestava em seu jeito de ser; era um homem taciturno. Era esguio e elegante; tinha muitos amigos entre os advogados jovens. Eles gostavam de vê-lo no jardim e nos corredores góticos vitorianos do fórum e na sala de chá dos advogados (semelhante a um bufê de estação ferroviária). Rana vestia-se de modo mais informal do que seus colegas. Não creio que gostasse de usar o terno preto de sua profissão; acho que, na condição de iniciante, Rana passara a considerar aquela roupa uma espécie de uniforme da servidão.

Na rua semidestruída nos fundos do fórum havia uma floresta de cartazes ou placas, na sofisticada escrita urdu, preto sobre branco, ou vermelho sobre branco, e pendurados como tabuletas de lojas nas grades e nos postes de luz feitos de cimento ou de metal. A multidão no pátio do fórum vivia em movimento constante, como um pátio de escola no intervalo das aulas; à parte do torvelinho, e quase despercebido, um preso era levado em uma corrente por um policial. Nas arcadas da varanda do prédio principal, no andar de baixo e no de cima, as pessoas descansavam de pé, envoltas nos folgados trajes do Punjab.

Aposentos pequenos, maltratados; talvez pequenos tribunais, alguns com poucas pessoas, outros quase vazios. Eu não sabia ao certo o que estava vendo; Rana não falava muito. Mas então chegamos ao salão principal e Rana tornou-se respeitoso. Encontrou uma cadeira para mim e me fez sentar; se pôs de pé atrás de mim, perto da porta. O teto era alto, com vigas curtas laterais, sustentando o teto em ogiva; o chão era de mármore. Havia livros em tabuleiros ou cestos no chão, e tiras de papel dentro dos livros. Advogados de paletó preto se achavam de pé junto aos leitoris diante da grade que separa a platéia dos magistrados, e serventes traziam livros e pastas o tempo todo. Dois juízes sentavam-se embaixo de um dossel de pano marrom com franjas; era como um emblema de majestade. "Qual é o número da ordem?", perguntou um deles, enquanto virava as páginas de um livro volumoso. Atrás dos juízes e do dossel havia janelas góticas com cortinas; acima dos portais havia arcos góticos. E mais uma vez, ao contemplar a requintada decoração gótica vitoriana do salão, os desenhos mongóis das portas laterais, a balança da justiça acima da lareira (agora com aquecedores elétricos ou a gás), me ocorreu, tal como me ocorrera em outros locais do subcontinente, que os arquitetos que trabalharam sob o domínio britânico sempre se encontravam em sua melhor forma na construção desses prédios públicos, se esmeravam em detalhes que talvez não fossem percebidos isoladamente, mas que aumentavam o efeito do conjunto. Os ventiladores de pás grandes não pendiam do teto; estavam fixos nas paredes, na vertical; naquela estação outonal, os ventiladores se achavam desligados.

O juiz começou a ler sua sentença. Falou em inglês e em um tom de resmungo que achei difícil entender. Ele repetia algumas palavras enquanto lia. O juiz se pronunciava contra um comissário distrital que determinara que os alto-falantes de uma mesquita ficassem em silêncio. "...Não pode ser encorajado. Não é de sua jurisdição..."

Era possível entender — naquele salão bonito, os juízes embaixo de um dossel e os advogados de preto em seus leitoris, com a formalidade de um debate e de um julgamento, e as leis todas impressas em livros volumosos — como, mesmo com as coisas correndo muito mal no país, Rana ainda podia nutrir aquela idéia (conforme eu interpretara, com base em suas palavras) da pureza do direito.

Durante alguns anos, ele quis ser policial. Isto em nome da segurança, a fim de se proteger no Punjab, onde a polícia tinha muito poder sobre as pessoas comuns. Rana tinha dez ou onze anos quando descobriu esse poder da polícia. Costumava andar de bicicleta de forma descuidada, na via pública, e provocou um acidente entre um riquixá e um automóvel. A polícia veio apanhá-lo em casa e o levou para a delegacia. Isso aconteceu na cidadezinha onde a família de Rana vivia antes de se mudar para Lahore. O pai e a mãe não estavam em casa; tinham ido à aldeia natal do pai de Rana; um parente estava muito enfermo ou havia morrido. Assim Rana teve de procurar um tio. O tio respondeu que ia direto para lá. Rana disse isso para o sargento e o sargento retrucou de modo muito rude: "Fique sentado ali". Um pouco depois, ainda à espera do tio, o sargento disse para Rana: "Vá lavar meus pratos e minha colher. Rana, sem pensar nas conseqüências, respondeu: "Não vou. Eu sou um Rajput".

Era o orgulho de sua família e do clã serem eles Rajput, descendentes da casta do guerreiro hindu. A linhagem estava em seu nome, Rana; o orgulho lhe viera na aldeia do pai. Rana ia muito lá com o pai. Seu pai, naquele tempo, ainda possuía suas terras e em toda parte a que Rana e o pai chegavam as pessoas os tratavam com reverência. Diziam ao pai de Rana: "Rana Sahib, que gentileza do senhor vir aqui nos fazer uma visita". As pessoas que diziam isso eram camponeses que trabalhavam nas terras do pai de Rana. Rana ficava emocionado com o respeito deles; passou a gostar daquilo; desse modo, aprendeu o que significava ser um Rajput.

Foi por isso que, quando o sargento na delegacia de polícia na cidade pediu a Rana que lavasse seus pratos e sua colher, ele foi capaz de encarar o sargento e dizer: "Não gosto desse trabalho. Não quero fazê-lo".

O sargento nada fez a ele. Podia ter feito; podia ter sido bruto. Talvez fossem as maneiras de Rana, ou o fato de o tio de Rana estar para chegar. O tio teve de pagar, quando chegou: quinhentas rupias para o sargento acelerar a solução do caso e outras quinhentas rupias para o dono do riquixá.

Quando saíam da delegacia, o sargento disse para o tio de Rana: "Espere um instante". Contou a história dos pratos e da colher e falou: "Esse menino só tem dez anos, mas já é um *goonda*". Um valentão. O tio, embora aprovasse o comportamento de Rana, disse para o sobrinho: "É assim que a polícia se comporta. No futuro, é melhor você tomar cuidado".

Foi esse incidente que levou Rana a desejar ser policial. Um pouco depois, alguns policiais deram uma batida na casa de um vizinho. Isso aumentou mais ainda sua vontade de ser da polícia. Como policial, ele poderia estar protegido, sua família estaria protegida; e, é claro, era um emprego público. Um emprego público deixava um homem seguro. Quando tinha treze ou catorze anos de idade, começou a pensar, de forma bastante séria, em si mesmo como um futuro membro da polícia. Sentia em si o instinto do poder. Então, um dia, isso mudou.

Rana tinha um primo que era policial, um ASI, ou seja, subinspetor assistente, em uma aldeiazinha a uns 65 quilômetros de Lahore. ASI era um posto baixo na hierarquia, mas Rana sempre se orgulhou do primo, o via como um homem de sucesso. Assim como, na aldeia do pai, Rana passara a sentir orgulho de ser um Rajput e filho do senhor de terras, do mesmo modo ter um primo ASI, quando ele começou a entender essas coisas, o fazia sentir-se "superior". Tinha cerca de dezesseis ou dezessete anos quando, um dia, pensou em visitar seu primo. Não havia motivo algum; Rana apenas queria cumprimentar aquele homem bem-sucedido, estar em sua presença. Na delegacia do primo, Rana viu homens algemados, homens acorrentados. Viu que a polícia era treinada para tratar gente comum como criminosos. Lembrava que, embora seu primo fosse muito simpático com os amigos, era muito rude com sua família. Rana não gostou do que viu; resolveu que não queria aquele tipo de poder. Renunciou ao sonho de ser policial. Alimentara aquele sonho durante muito tempo; nada tinha para pôr em seu lugar.

Foi pouco depois disso que o pai de Rana vendeu suas terras na aldeia para tentar outros negócios. Os negócios fracassaram quase de imediato; tudo se perdeu. E Rana descobriu, então, que o respeito que aprendera a desfrutar na aldeia na condição de filho do senhor de terras já não existia mais; até os familiares próximos se afastaram. Ele não queria ver as pessoas. Sentiu que seu sonho de poder sobre as pessoas estava errado.

Seu pai o retirou dessa melancolia. Insistiu para que Rana fizesse um curso superior. O pai de Rana sempre acreditara na educação em si mesma. Costumava dizer a Rana, quando o filho era pequeno: "Vou matar você ou atirar você fora de casa se não for à escola". Outra coisa que costumava dizer era: "Analfabetismo é morte. Saber ler é vida".

Sugeriu que Rana entrasse para uma faculdade de direito. Das ruínas da sua fortuna, ele conseguiu tirar quinhentas rupias por mês para pagar a faculdade. Aos poucos, no estudo do direito, Rana encontrou uma espécie de consolo filosófico. Isso lhe trouxe uma outra noção de poder.

Falou sobre isso quando veio, com um amigo, conversar comigo alguns dias depois de nossa visita ao fórum. Disse ele: "Quanto mais eu estudava direito, mais sentia que o poder não se encontrava no policial. Qualquer pessoa com capacidade, boa instrução e noção de seus direitos pode ser um homem estável, um homem capaz de enfrentar quaisquer conseqüências".

Seus estudos de direito duraram três anos. Perto do final desse período, Rana se envolveu com uma moça e, depois das provas, achou que devia passar um breve tempo longe da família. Foi para Islamabad e para diversos lugares nas montanhas, Muree, Kagan, Naran. A moça não se casou com ele. Casou-se com um homem de dinheiro. Rana não estava ressentido com ela por isso; ainda se orgulhava por ela ter gostado dele. E, mais uma vez, foi seu pai quem veio retirá-lo da melancolia. Encontrou Rana em um daqueles lugares nas montanhas e disse: "Já chega. Volte e dê entrada nos documentos para tirar uma licença de advogado".

E então Rana, que estudara direito, começou a aprender como era a vida na justiça. Aos seus olhos, fizera de si mesmo um homem instruído e sensível; esperava que as pessoas o respeitassem por isso, respeitassem sua sensibilidade. Descobriu, quando começou seus seis meses de estágio, que não existia o menor respeito por ele. Os advogados mais velhos que trabalhavam com ele o tratavam como um escriturário ou mensageiro, um serviçal. Mudou de firma. Seu chefe na nova firma disse: "Vou pagar a você 1500 rupias, no começo. Depois de quinze dias, lhe pago 2 mil rupias. E depois de quatro ou seis meses, não haverá por que se preocupar com dinheiro". Rana nem sequer recebeu as 1500 rupias iniciais. Não é que o chefe não gostasse de Rana; gostava muito; só que não achava que devia pagar-lhe.

Disse Rana: "De fato, não havia por que me preocupar com dinheiro!".

Sohail, o amigo que viera com Rana, comentou: "O problema com Rana é que não se faz de capacho para os outros".

Disse Rana: "Agora vivo como se fosse um capacho. Sou oitenta por cento um capacho". Mas ele sorriu. Estava fora do horário de serviço e sem o terno preto de advogado; estava mais à vontade. Podia fazer pequenas brincadeiras.

Os advogados mais velhos eram a chave de tudo. Havia também os funcionários da justiça, a quem era preciso dar pequenos subornos antes de fazer aquilo que, segundo a lei, era sua obrigação. O chefe de Rana dizia: "Faz parte do trabalho"; mas Rana não concordava. Depois, havia os clientes. Queriam advogados com experiência ou reputação. Os melhores clientes queriam advogados que soubessem falar inglês melhor do que Rana; no Paquistão, tudo o que tinha a ver com a justiça era em inglês. E por último havia os juízes. Rana achava que eles não se preocupavam com as palavras e com seu significado como deveriam; preocupavam-se com as pessoas.

Na primeira vez que Rana se apresentou a um tribunal por conta própria, tratava-se de um pedido de liberdade sob fiança. A lei, Rana refletiu, dizia que, quando os ferimentos não atingiam partes vitais e não eram graves, a fiança devia ser concedida. Começou a defesa. O juiz disse: "Jovem, já terminou?". "Sim, senhor", respondeu Rana. "Darei a decisão dentro de alguns minutos", anunciou o juiz. Rana virou-se e fez menção de descer do palanque. O juiz falou com rispidez: "Escute". Rana virou-se e olhou para o juiz. O juiz disse: "Rejeitei sua petição".

Rana voltou ao escritório abatido. Falou com seus amigos que estava disposto a abandonar a profissão. Não se sentiu nem um pouco melhor quando, no dia seguinte, um advogado mais experiente de uma outra firma se apresentou diante do mesmo juiz e o pedido de fiança foi concedido.

Quando era menino e pensava no poder, pensava em exercê-lo. Agora, ele via o poder do outro lado, de baixo. Um dia, estava em um tribunal distrital. Dois meninos, de dez e doze anos, e sua mãe eram acusados de tráfico de drogas. A mãe chorava. Rana aproximou-se e falou com ela. A mulher contou que o policial que fizera a acusação contra ela e seus filhos a vinha importunando para dormir com ele. Rana acreditou na mulher.

Disse Sohail: "Existem dois tipos de gente que vivem bem no Paquistão. Gente com nome importante e gente com dinheiro. Todas as outras pessoas são como insetos, vermes. Não têm poder nenhum. Não têm acesso a nada. O poder se encontra em poucas mãos e o dinheiro também está em poucas mãos".

Veio o dia em que Rana achou que não conseguia mais agüentar. Quis sair do Paquistão, ir embora. Pensou — com um curioso e proposital desconhecimento das leis de imigração — que iria para Inglaterra, arranjaria um emprego lá, melhoraria seu inglês, aprenderia mais sobre direito. Quando buscou o consulado britânico a fim de obter um visto, o homem no balcão não permitiu que ele concluísse sua história. Jogou o passaporte de Rana de volta para ele. Rana lembrava-se do insulto; ao contar a história, repetia o gesto do funcionário, de jogar o passaporte de volta. Mas Rana não podia fazer nada. Tinha de ficar onde estava e se estabelecer como advogado.

Às vezes, agora, dizia ao pai que daria à carreira da advocacia só mais um ano de prazo. Aí seu pai respondia: "Você já gastou muito tempo na advocacia. É melhor ficar nisso mesmo, porque ao menos está ganhando alguma coisa".

Rana agora vivia em constante tensão nervosa. Havia todas as pressões da profissão e mais as dificuldades da vida diária.

No passado, havia muito transporte em Lahore, disse Sohail. Havia os ônibus Volvo. Então, eles — os desconhecidos "eles", responsáveis por tanta coisa — roubaram os aparelhos de ar-condicionado, tapetes e bancos estofados. Depois começaram a roubar pedaços dos motores. Agora o depósito estava repleto de ônibus imprestáveis. E só havia microônibus nas ruas. Esses microônibus só tinham quinze assentos e havia vinte ou trinta pessoas na parada de ônibus.

Disse Rana: "Às vezes, espero uma hora. Como se pode culpar as pessoas se querem tomar as leis nas próprias mãos? Se querem pegar as Kalashnikov? Existem alguns requisitos básicos para a vida. As pessoas devem ter uma chance de conseguir alimentos, de se locomover com facilidade, de ter outras oportunidades".

"O povo desconhece seus direitos", disse Sohail.

Rana fechou os olhos e fez que sim com a cabeça. Havia dez pessoas na sua família. Ele era o filho mais velho. Uma vez, em nome da própria segurança e da segurança da sua família, Rana sonhara ter poder sobre as outras pessoas. Agora ele falava dos direitos delas.

Perguntei sobre sua mãe.

"É uma mulher simples. Do interior." Tinha sido um casamento arranjado, um assunto interno da casta Rajput. "Ela apenas me diz para esperar. E esperar."

Foi um dos maiores advogados de Lahore que me sugeriu ir ao Hira Mandi, o Mercado do Diamante, a zona das cantoras e dançarinas, a zona das prostitutas. O escritório do advogado tinha algo da formalidade dos tribunais superiores. Toda vez que o advogado entrava, todos os escreventes e ajudantes se punham de pé e fixavam os olhos nele. Essa importância atribuída à posição e à pessoa, no terreno do direito, era aquilo que

Rana não contava encontrar e era a causa de seus sofrimentos; mas comigo aquilo atuava de outro modo. Compreendi, de saída, em função de tudo o que cercava esse advogado e do que eu via nos olhos das pessoas, que o advogado era um homem de peso. O advogado tinha um guia muito bom para me levar ao Mercado do Diamante. Um de seus clientes, disse ele, conhecia bem a região. E o cliente estava ali, dentro do escritório: um homem de camisa folgada, cor de pêssego e de aba comprida.

A dança e o canto começavam tarde. Meu guia chegaria ao hotel às onze horas daquela noite. Chegou quinze minutos atrasado. Era mais gordo do que parecia, sentado no escritório do advogado. Vinha em companhia de um homem musculoso e, quando chegamos ao furgão na frente do hotel, havia mais dois homens dentro do veículo, um escuro com marcas de varíola no rosto e boné de beisebol e outro também musculoso, com uma camisa de malha com listras vermelhas e azuis, e barba por fazer, como a barba de um conspirador.

O Mercado do Diamante ficava na antiga parte murada da cidade, um pouco depois do final da alameda e atrás da mesquita do xá Jehan. Era estranho — no final de uma breve viagem de furgão — ver as moças dentro das salas iluminadas, enquanto os homens passavam nas ruas escuras o tempo todo, com entulho e poeira em toda parte, além de lojas de comida e de doces.

Meu guia, com a camisa de aba comprida, caminhava com autoridade. As pessoas o conheciam. Era a sua área; o advogado tinha razão. O homem de camiseta vermelha e azul disse: "Ele é o terrorista desta área". Quando meu guia, de camisa comprida cor de pêssego, cumprimentou alguém, o homem de camiseta comentou a respeito do homem que o cumprimentara de volta: "Ele é um terrorista pequeno".

Assim fomos, passando pelas salas iluminadas, com os músicos sentados no chão, as moças em grupos ou isoladas, com expressões cautelosas, preocupadas, nulas. Sempre acima das salas iluminadas, havia sacadas, às vezes com moças, às vezes com rapazes. O guia disse: "Os agentes delas". Ele me oferecia tudo o que passava: doces, comida, até as moças. Sempre, em meio a isso, relances de gente estropiada, leprosos, homens debilitados a ponto de se tornarem quase nada.

Queriam que eu provasse um doce de leite. Pegaram a coisa que tinham em mente em um balcão diante de uma loja, sem pagar; não houve nenhuma objeção, só subserviência e um sorriso. Experimentei o doce junto com eles, aflito. E depois houve uma refeição em um famoso restaurante ou taberna. Era um lugar bem grande. Carne de galinha e de cabra borbulhavam nas panelas, do lado de fora. Uma mesa e cadeiras foram limpas para nós, em uma sala nos fundos. Como na Roma antiga — onde um famoso mosaico foi formado por restos de comida jogados no piso —, eles atiravam os ossos no chão quando terminavam de mastigá-los. O grandalhão de camisa comprida usava pedacinhos de pão *naan* para raspar o caldo do cozido de cabra ou galinha. Em seguida, como que para demonstrar seu poder, ele foi apanhar mais comida nas panelas lá fora.

Quando voltou, perguntei: "Quantos terroristas há nessa área?". O amigo dele, de camiseta listrada, piscou para mim e disse: "Só um". O grandalhão falou dos seus tempos em Londres, em Whitechapel. Lá, conhecera dois terroristas africanos ou negros, disse ele.

No final, lavaram as mãos em uma torneira em cima de uma pia e enxugaram os dedos em uma toalha. O grandalhão apontou para a fotografia da moça no calendário ao lado da pia. "Gosta dela? Quer f... com ela?" A comida o deixara expansivo. "Vem comigo. Você vai f... Tenho dinheiro." Deu um tapa no lado do corpo.

Caminhamos de novo, passamos pelas hipnóticas salas iluminadas. Era difícil não ficar preocupado ou com medo, com todas as histórias de seqüestros e torturas de mulheres e meninas.

Pela primeira vez naquela noite, vi um jipe da polícia passando com cautela na ruazinha estreita.

O grandalhão comentou: "A polícia é uma besteira".

Todos concordaram.

O grandalhão disse: "Eles vêm à meia-noite e meia, quando tudo está fechado".

Ele estava em apuros com a polícia. Foi acusado de assassinato e passou um ano na prisão antes de ser solto sob fiança. Por isso estivera naquela manhã no escritório do advogado.

"A justiça é uma besteira", disse ele. "A lei é uma besteira. A lei é só para os pobres, não para os ricos."

Subimos a escada até o saguão de um cinema. O saguão estava vazio; o cinema parecia fechado. O grandalhão mostrou as fotos nos expositores, e seu amigo de camiseta disse: "Todas essas moças são profissionais". De novo, como se estivessem sendo oferecidas a mim. Falei que estava constrangido. O amigo — um repentino e inesperado sentimento de camaradagem surgiu entre nós — falou: "Sei muito bem o que quer dizer".

Voltamos para o furgão. Um homem em absoluta indigência vigiava o veículo para nós. Saiu da escuridão e, franzino, só pele e osso, mal chegava a ser um homem, pediu dinheiro, que, sem dizer nada, mas sem indelicadeza, os homens lhe deram.

Disse o grandalhão: "Última volta".

Seguimos devagar para cima e para baixo pelas ruazinhas de novo. Homens ricos chegavam e levavam as moças, disseram eles. Bem no final de nossa última volta, apontando para um homem magro e de pele escura, em um escuro *shalwar-kameez*, com aparência de drogado, pegando um cigarro, o grandalhão disse: "Um intermediário. Aquelas três". Indicou as moças na sala iluminada. O homem de pele escura estava de pé, na rua sombria, bem diante da sala.

O grandalhão perguntou: "E agora aonde quer ir?". "De volta para o hotel", respondi. Todos ficaram decepcionados.

Nos velhos tempos, ali, eu teria vertigens de excitação. Quando tinha trinta e poucos anos, eu sentia atração por prostitutas e as procurava. Minhas lembranças dessa época no entanto não eram, na verdade, de prazer; eram antes da fraqueza que vinha depois da vertigem. Os homens no furgão talvez pensassem que eu estava fingindo — as prostitutas no Paquistão possuíam um lugar reconhecido na vida da classe média baixa e da classe alta: não seria nenhuma desonra para mim —, mas agora eu não tinha nenhum desejo de ir a bordéis. Minhas idéias de satisfação sexual haviam mudado.

O grandalhão apontou, no pára-brisa, para uma silhueta em feitio de garrafa, que estava de pé. Era Nawaz Sharif, o líder da oposição, de cintura larga, camisa comprida e colete desabotoado. Disse o grandalhão: "Ele é o meu líder". A silhueta era, na verdade, o líder de todos os homens no furgão. Para minha surpresa, eu me achava entre componentes de algum grupo político.

A repressão política e sexual, a crueldade, as mulheres prisioneiras, a música, a fuligem, os leprosos caindo aos pedaços e a comida ao ar livre: muitas idéias e sensações estavam em conflito naquela zona do prazer. Era melhor desconfiar de tudo; abolir tudo.

O grandalhão não estava mentindo, eu soube depois. Era tão importante quanto dizia ser. Fizera as coisas que homens importantes nesse tipo de ambiente costumavam fazer, e algumas pessoas queriam mesmo pôr as mãos nele. Podíamos facilmente ter sido alvejados naquela noite, de uma daquelas janelas escuras, no alto.

3

RANA EM SUA ALDEIA

Na sexta-feira, o sabá — o dia só foi declarado repouso religioso em 1977, como parte de um leilão político de demonstrações islâmicas travado entre um primeiro-ministro e seus contendores, do qual se podia dizer que o primeiro-ministro havia saído vencedor e derrotado: foi deposto pouco depois, julgado e enforcado, mas o sabá na sexta-feira permaneceu —, na sexta-feira, quando Rana não precisava vestir o terno preto e a gravata preta de advogado, levou-me à aldeia ancestral de seu pai.

O pai de Rana não possuía, agora, terra nenhuma ali. Mas a aldeia era repleta de parentes, e Rana pediu a um tio que nos recebesse. Cinco tios de Rana ainda possuíam terras. Tinham o mesmo avô; eram irmãos ou primos. Havia quatrocentas ou quinhentas casas na aldeia, disse Rana. Cada casa tinha entre oito e dez pessoas e, tempos atrás, a maioria das pessoas trabalhava na terra para os proprietários. Agora alguns tinham ido para o exterior, para a Arábia Saudita, o Kuwait e outros países; e uns poucos haviam começado negócios por conta própria, pequenas criações de galinha, lojinhas, uma fábrica de gelo. A vida, lá, ainda seguia os antigos padrões. Todos acordavam antes do nascer do sol, em qualquer estação e com qualquer tempo. Trabalhavam até o meio-dia. Os lavradores levavam a comida para os campos; não voltavam para casa até o final do dia de trabalho.

Era esse antigo e magnífico modo de vida que Rana desejava me mostrar. Ele arranjou um carro por conta própria. Era o carro de um amigo, que por sua vez serviu de motorista. O amigo era mais baixo e mais forte do que Rana. Era tão jovem quanto Rana, mas as coisas para ele já estavam tomando rumo. Possuía seu próprio negócio em uma cidadezinha. Fazia e exportava peças de vestuário, ainda em pequena escala, mas tinha sonhos. Esses sonhos o tornaram falante, até topar com as estradas ruins e a viagem se tornar uma provação.

O caminho, durante certo tempo, passava ao lado de um canal margeado por árvores e depois entramos na vasta planície do Punjab. Era a região de Raiwind, disse Rana; todo verão, os sábios religiosos se reuniam ali. Eram mais do que sábios; eram missionários. Recordei a reunião de 1979: como uma imensa feira armada na terra plana: as estradas e os carros reluzentes vistos de longe e diminuindo com a distância; o saliente aglomerado de tendas; a terra empoçada, tão fofa como um colchão, e que se rompia a cada passo em diminutas rachaduras que se soldavam de novo assim que o pé se levantava; e depois, na área cercada das tendas, a realçada visão em perspectiva das estacas das tendas inclinado-se para um lado e outro, indo e voltando, cada vez menores; uma vasta e inquieta multidão sentada sob a aquosa luz semi-encoberta, com oscilantes e brancos talhos em cima, no ponto onde os toldos das tendas não se encaixavam de maneira alguma, e o céu aparecia.

A reunião de Raiwind daquele ano ocorrera em um momento em que o país provava pela primeira vez o gosto do terror religioso, sob o general Zia. Ele havia enforcado o sr. Bhutto, o homem do sabá de sexta-feira; fora em seguida para Meca fazer a pequena peregrinação, não a peregrinação completa, mas mesmo assim voltara de lá com 100 milhões de dólares dos sauditas. Funcionários públicos do Paquistão eram obrigados a parar, onde estivessem, para fazer todas as orações devidas; destacamentos de açoitadores eram enviados para cuidar dos delinqüentes. As pessoas viviam intimidadas. Algumas achavam que não conseguiam ser boas o bastante; achavam que precisavam fazer cada vez mais; e em todo Raiwind, mesmo depois do entusiasmo das tendas dos missionários, podia-se ver, na beira da estrada, pessoas fazendo mais orações ainda.

A terra — nessa manhã de sexta-feira, quando seguíamos de carro para a aldeia de Rana — era tão plana e o ar tão claro que as pessoas podiam ser vistas de muito longe, duas ou três aldeias ao mesmo tempo: figuras muito pequenas, alguns jogando críquete nessa manhã de feriado, alguns correndo ou andando: a nitidez dos detalhes e o tamanho diminuto das figuras proporcionavam aos olhos uma espécie de prazer. As casas eram de tijolos de barro e tinham a mesma cor da terra. De vez em quando, havia as gordas e cônicas chaminés dos fornos de tijolos, com desordenadas ou desmoronadas pilhas de tijolos em volta.

Havia um atalho, disse Rana. Se conseguíssemos descobrir onde era, chegaríamos à aldeia em uma hora. Ele não conseguia lembrar onde ficava o atalho e não sabia em que condições estaria depois das enchentes. Começamos a perguntar. Rana tinha razão. Havia um atalho, e duas ou três pessoas nos disseram que as enchentes não o haviam danificado muito. Mas o atalho, quando chegamos lá, em nada se parecia com uma estrada de verdade. Estava cheio de valas e poças largas e em cada aldeia havia um engarrafamento. Nos cruzamentos da estrada com as aldeias, as lojas ficavam instaladas bem no fundo de seus terrenos; na área esburacada e enlameada diante das lojas, os produtos ficavam expostos. Essa ilusão de espaço extra encorajava os motoristas a fazer manobras amplas e aumentava ainda mais a confusão. A certa altura, durante uns dez minutos, não conseguimos sair do lugar, tamanho era o emaranhado de charretes, carroças, carros, bicicletas, ônibus.

Muitas carroças eram conduzidas por meninos bem pequenos, sentados na beiradinha do veículo e fumando como homens, se deixando sacudir para cima e para baixo um pouco mais do que era necessário e manejando as rédeas com certa ostentação: o trabalho ainda era uma novidade excitante, uma prova de masculinidade. Em um tenebroso trecho pedregoso e inacabado da estrada, vimos um menino de costas estreitas, de uns dez anos de idade, empurrando com força uma carrocinha atrás da carroça do pai, puxada por um cavalo. O menino tinha dificuldades. Inclinava-se para um lado e depois para o outro, fazendo a carrocinha pender para lá e para cá, na estrada pedregosa.

Perguntei a Rana: "O que vai ser desse garoto?".

"Seu futuro está perdido", respondeu Rana.

Depois de duas horas no atalho — sempre aldeias, sempre engarrafamentos —, Rana disse que voltaríamos pela outra estrada.

Enfim chegamos à cidadezinha que supria a aldeia. E um pouco depois chegamos à aldeia propriamente dita. Terrenos cercados por muros de tijolos; escoadouro de esgoto dos dois lados da rua; muitas poças de dejetos. Rana mostrou um prédio que disse ser a escola das meninas, mas não paramos. Seguimos até a casa do tio.

Estava à nossa espera e, quando entramos no pátio da frente, onde ele recebia as pessoas, nós o vimos. Era um homem magro, de rosto delicado, todo de branco, exceto pelos sapatos pretos — turbante branco, *dhoti* branco e *koortah*: roupas rurais —, e com uma barba branca bem aparada.

A casinha ficava no fundo do pátio: uma varanda de chão empoeirado, com colunas de tijolos para sustentar o telhado e uma sala ampla, de chão empoeirado, com paredes de concreto e portas de madeira. Havia uma esteira de bambu na poeira do chão da varanda e uma cama de cordas dentro da casa. Um ventilador estava preso no teto de madeira; as vigas cruzadas em que o teto se amparava pareciam trilhos de ferro. Um novo arcabouço de cama, ainda com as cordas frouxas, se achava recostado, de pé, de encontro à parede. Pregos grandes em uma parede para pendurar roupas; dois nichos embutidos na parede, um acima do outro.

Mais duas camas de cordas foram trazidas para nós, por homens que apareceram de repente. Uma cadeira de cordas foi trazida para Rana. Um primo, de *dhoti* e camiseta sem manga, e com uma toalha sobre o ombro nu, entrou e ofereceu *lassi* salgado, leitelho. Esse primo era muito mais baixo do que Rana e do que o tio de branco.

Um menino, vestido cuidadosamente com sandálias pretas e *shalwar-kameez* cáqui, ligou o ventilador. Estava frio demais para usar o ventilador. Nós o desligamos. O menino que ligara o ventilador era outro primo. Era deficiente mental. Rana contou a história. Quando o garoto tinha um mês de vida, outro primo, por acidente, deixou cair um bloco de gelo em cima dele; o menino ficou assim desde então. E talvez o gelo tenha vindo daquela fábrica de gelo que Rana havia mencionado.

O menino tinha uma voz retumbante, que ele não conseguia controlar. Dava muita atenção aos visitantes e, quando tentava falar com sua voz retumbante, tornava-se o centro das atenções, enquanto Rana olhava para ele com carinho e o tio também.

Outras pessoas começaram a chegar para cumprimentar Rana. O *patwari*, o homem que cuidava dos registros de terra da aldeia, veio na sua motocicleta. Vestia-se formalmente, com um *shalwar-kameez* cinza-oliva. Era, ao seu modo, um funcionário importante; sua posição e suas obrigações foram definidas nos tempos dos mongóis. Os impostos pagos por um proprietário de terras dependiam dos registros do *patwari*. Mas ele não me foi devidamente apresentado e manteve-se completamente calado; apenas ficou ali conosco.

Um grande muro de tijolos separava o pátio da casa da família, aonde os visitantes não podiam ir. Uma menina, de vestido comprido e verde com flores estampadas, veio espiar pela beirada do muro, como que para descobrir se os visitantes tinham mesmo chegado, conforme lhe haviam dito. Quando nos viu, recuou de um salto, como se estivesse assustada. Uma amargoseira crescia no outro lado daquele muro, e uma fumaça subia de uma fogueira no pátio interno.

Uma voz num alto-falante se aproximava cada vez mais, pela rua principal da aldeia. O alto-falante estava no teto de um furgão que vendia cobertores para o inverno.

Nosso motorista, o fabricante de roupas, estava estirado em uma das camas de corda, totalmente à vontade agora, após a dura viagem. Era como se conhecesse a aldeia, o tio de Rana, a casa, a própria cama. Conversou com Rana sobre seu negócio de roupas e seu sonho de exportar. Depois, por intermédio de Rana, falou comigo: achava que eu podia ajudar, fazer propaganda dele. Seu urdu era salpicado de inesperadas palavras inglesas: *designs, latest designs, fashion design, total design, models.*

Podia-se ouvir o alto-falante voltando pelo mesmo caminho. Agora, nenhuma palavra, só músicas de cinema.

Trouxeram um narguilé. O vaso de metal trabalhado, achatado no fundo, repousava em cima de uns pezinhos.

Entre todos aqueles primos aflitos para atender e servir, Rana era de fato como um príncipe. Ele não esnobava seus parentes. Os modos de Rana eram perfeitos. Estava um ou dois degraus acima deles, ou talvez quatro ou cinco degraus.

Um primo trouxe uma arma e cartuchos e sugeriu dar uns tiros. Rana explicou o que o primo tinha em mente. Havia uma "jângal" nos arredores, "jângal", aqui, como em outras partes do subcontinente, não significava uma espessa floresta tropical, e sim a mata comum. A arma e os cartuchos eram como artefatos sofisticados no aposento sem móveis e de chão empoeirado, um toque de luxo, a exemplo do narguilé, algo especial para as visitas. Mas representavam também um tributo ao tio de Rana. Ele cultivava duzentos acres de terra, tudo cana-de-açúcar, e quatrocentas pessoas trabalhavam para ele. Assim, disse Rana, ele indicava que essas pessoas se achavam à sua disposição; podia usá-las o quanto fosse necessário.

Galos começaram a cantar lá fora, embora passasse do meio-dia, e ouvia-se o rumor de vozes de crianças. Um menino de preto, já empoeirado, veio e ficou de pé no vão da porta.

Nosso almoço agora estava pronto. A cama de cordas do meio foi virada e colocada com a ponta junto da parede. Da casa no pátio interno, trouxeram almofadas vivamente coloridas e duas boas cadeiras, além de uma mesa baixa com tampo de fórmica desenhado. Quando o homem ou rapaz entrou carregando a mesa, a simples moldura de madeira deixou ver, por baixo, o bonito tampo de fórmica, e alguns dos grandes pregos novos martelados direto através do tampo de fórmica e da moldura de madeira. E de repente havia uma porção de mãos extras, um monte de gente fazendo coisas diferentes. Uma toalha de mesa — borrifos de flores amarelas contra um fundo vermelho-escuro — foi estendida sobre a mesa de fórmica; tentaram alisar o pano, mas os picos e depressões das dobras continuaram. Disse Rana: "Costurado à mão". E quando trouxeram a louça e as travessas, e cada vez mais mãos apareceram na medida da necessidade, Rana comentou: "Essas coisas estão sendo trazidas especialmente para nós". Como se ele não quisesse que a cortesia de sua família passasse despercebida ou fosse tomada como algo corriqueiro.

Ovos estrelados, cada um em um pires de porcelana; um prato de picles de manga; uma cesta de pão integral *paratha*, embrulhado em um pano para manter-se quente; chá com leite, já adoçado, em um bule de porcelana. O pão *paratha* era feito com manteiga de leite de búfala fabricada na própria aldeia; o trigo, embora moído em um moinho em outro lugar, provinha das plantações à nossa volta.

Rana disse: "Você deve estar querendo lavar as mãos".

Fizemos isso lá fora, de pé, perto do muro de tijolos. Um primo verteu água de um jarro para nós. Só as visitas comeram. Os demais ficaram sentados ou serviram a comida para nós. Os mais importantes entre nossos anfitriões sentaram-se. Um homem apenas ficou de pé segurando o jarro de água.

A comida era tão boa quanto parecia. Lavamos as mãos de novo. E então era hora de ir para os campos, dar os tiros que nos foram prometidos. Surgiu outra arma, tão bem carregada quanto a primeira.

A casa de tijolos vizinha, de parede sem janelas, com uma porta que dava para a rua, era de um parente de Rana. Em frente, ficava a casa de barro dos trabalhadores. Era mais aberta, e duas ou três pessoas jaziam estiradas em camas de corda, na sombra. Em outros tempos, essas pessoas seriam os trabalhadores do senhor de terras; agora, trabalhavam por conta própria.

Na rua, a poeira era espessa. As valas de esgoto, dos dois lados, estavam verdes com os dejetos de currais de búfalos ou de vacas. Em um terreno, uma mulher limpava um esgoto com as mãos; a imundície aderia espessa e verde às mãos dela, até a altura do pulso.

As plantações começavam logo no fim da aldeia. De vez em quando víamos, vindos de longe, grupinhos de mulheres, três ou quatro juntas, voltando das plantações para a aldeia. Pareciam alegres, à distância, como parte de uma procissão de casamento. Suas roupas eram vermelhas e amarelas e os cestos sobre suas cabeças vinham cobertos de roupas muito vermelhas: podiam ser cestos de flores ou de oferendas cerimoniais. De perto, as mulheres eram miúdas, magras, queimadas de sol: nenhuma ligação, pelo visto, entre elas e as cores que vestiam. Às vezes ocultavam a parte de baixo do rosto com o lenço de cabeça. Não faziam parte de uma procissão de casamento; eram apenas trabalhadoras braçais de volta das plantações. Cores vivas eram usadas por mulheres solteiras, explicou Rana; mulheres casadas vestiam cores mais opacas.

Vimos uma casa nova de tijolos um pouco à frente, no meio das plantações. Era uma escola. Um dos tios de Rana doara o terreno. Mas não havia professor para aquela escola, nem para as outras três escolas na aldeia, inclusive a escola de meninas que Rana apontara para mim quando chegamos. Nenhum homem queria ser professor na aldeia, explicou Rana, por causa do "ambiente". A vida na aldeia só oferecia prazeres para quem nascia lá; não dava nada para gente de fora. Quanto às professoras, elas não queriam dar aula na aldeia porque tinham medo de serem raptadas pelos grandes senhores de terra; contudo, conforme eu tinha visto, disse Rana, os senhores de terra dessa aldeia, que eram seus parentes, eram bons e gentis. E o prédio da escola, quando chegamos mais perto, revelou-se menos do que uma casca vazia. Não tinha telhado nem parede nos fundos.

Caminhamos passando por cima das barreiras ou muretas, entre os campos alagados. Às vezes, pulávamos sobre pequenos fossos. Era início de novembro, fazia frio e havia uma brisa. As plantações eram variadas: cana quase madura, alta, mas ainda não no ponto de colher; plantações de milho novo. Trigais ceifados. Os algodoais, vistos de longe, pareciam campos de rosas brancas e cor-de-rosa, por causa do cor-de-rosa das flores do algodão e do branco do próprio algodão. Alguns campos ainda tinham restolho; outros haviam sido arados e inundados. Por quanto tempo continuariam inundados? Rana perguntou a alguém do grupo, e a resposta foi que o campo ficaria inundado durante três ou quatro dias, depois a água do canal de irrigação seria fechada. Rana perguntou: "Como se faz a irrigação na Inglaterra?". Se essa parte plana do Punjab fosse tudo o que a pessoa conhecesse, seria difícil imaginar um país onde a agricultura dependia exclusivamente da chuva.

Agora estávamos longe da aldeia. Contudo, os campos nunca se achavam inteiramente vazios. Havia trabalhadores voltando para casa. Burrinhos, semi-ocultos por sua enorme carga de capim, andavam com segurança sobre as barreiras muito pisadas e secas. Às vezes cães vira-latas surgiam uma ou duas plantações à nossa frente e ficavam nos olhando. Não estavam tranqüilos e os assobios de nosso grupo os deixavam mais nervosos. Farejavam as crueldades associadas a esses assobios; mantinham-se à distância.

A certa altura, passamos pelo que parecia uma aldeiazinha: um aglomerado de habitações de barro ou de tijolos, com bolos de esterco nas paredes. Não era uma aldeia, disse Rana. Eram a casa, os anexos e os currais de um ramo da família. Haviam brigado com o ramo principal; agora preferiam não "se falar" e viviam ali sozinhos. Um motor de dois tempos matraqueava na varanda: uma máquina picava capim para os animais. Disse Rana: "O mundo moderno". E, apesar da briga na família, ele acenou para o homem e o menino que cuidavam da máquina de cortar capim.

Pensei que estávamos caminhando para a "jângal" para caçar. Mas a certa altura Rana enviou dois homens de nosso grupo para uma plantação de cana-de-açúcar e começaram a cortar cana. Deixamos os dois nessa tarefa e seguimos adiante. Rana apontou para uma casa embaixo das árvores, a alguma distância, e disse que íamos para lá. Havia um moedor ali. Íamos moer a cana e tomar caldo de cana fresco.

Andamos muito tempo, sempre vendo gente. Uma vez, encontramos uma família inteira, cinco ou seis pessoas, agachadas em um campo, cortando capim alto. Um garotinho de costas nuas estava entre os cortadores de capim; tinha uns cinco anos de idade e, com jeito de criança, se pôs de pé no meio do capim para olhar para nós. O resto da família manteve a cabeça abaixada, cortando.

Falei para Rana: "Eles precisam mesmo do trabalho do menino?".

"É difícil cortar capim", respondeu Rana.

Estávamos, agora, perto da casa e das árvores que Rana apontara. Deixamos para trás a barreira do sistema de irrigação e atravessamos um campo vazio, molhado nas depressões, mas, no restante, endurecido e rachado. Os cães da casa começaram a ladrar. Mas não apareceram e passou certo tempo antes que eu os visse entre os búfalos.

A máquina de moer cana ficava em uma ligeira elevação, perto de uma árvore que fazia sombra. Uma pequena pilha de bagaço de cana, esbranquiçado e seco pelo sol, indicava que alguém estivera ali, talvez uma ou duas semanas antes. A água de irrigação formara uma lagoa e nos separava da casa com os búfalos, os cães e as árvores que faziam sombra; bolos de excrementos secavam no alto do muro de barro.

Os dois cortadores de cana se aproximaram, o chefe com o facão, o ajudante com as compridas canas cortadas sobre o ombro. Uma cama de cordas foi trazida de dentro da casa. Nós, os visitantes, devíamos sentar ali, na sombra magra e dispersa da árvore, e ver os outros prepararem a máquina de moer cana. Um dos homens que traziam as armas apontou para um pássaro cinzento, tingido de amarelo, em uma árvore a uns dez ou quinze metros de nós. O pássaro estava bem na pontinha de um galho, como se quisesse olhar para nós e ver o que estávamos fazendo. O homem fez pontaria, um estrondo apavorante, mas o pássaro voou ileso, e nenhum outro tiro foi disparado. As armas foram esquecidas. Toda energia agora estava concentrada no preparo do caldo de cana.

A máquina de moer foi limpa com água da lagoa. O comprido galho descascado que servia para movimentar o moedor foi encontrado; uma ponta foi encaixada na fenda apropriada. O galho podia também servir de canga, preso ao pescoço de dois bois, e os bois, então, andariam em um pequeno círculo e poriam o moedor em movimento. Mas agora eram alguns homens de nosso grupo que iam empurrar, enquanto dois outros sentariam junto à máquina e alimentariam o moedor com as canas cortadas. Alguém saiu da casa para ajudar e a moedura teve início. Para o grupo, aquilo era motivo de brincadeiras; três homens empurravam a canga como se fossem bois, enquanto os dois que enfiavam cana na máquina tinham de se abaixar mais ainda, mesmo já estando agachados, toda vez que a canga completava uma volta.

Enfim, um jarro cheio de caldo de cana ficou pronto. Era cinzento, quente, sem nenhum aroma pronunciado; talvez um aroma mais perceptível se formasse depois de um tempo. Rana bebeu um copo cheio de uma só vez, enquanto um primo aguardava, de pé, com o jarro de caldo de cana, como estivera antes, com o mesmo jarro cheio de água, enquanto almoçávamos. O fabricante de roupas bebeu. Depois os demais beberam.

Nossa distração havia terminado. Não houve tiros. Começamos a voltar. Nas cidades do subcontinente se podia beber caldo de cana, em barraquinhas, extraído por simples moedores manuais. Para desfrutar uma variante desse prazer corriqueiro, simplesmente para beber caldo de cana fresco nos campos, todo um grupo de pessoas se pôs a serviço de Rana; e talvez uma parte do prazer residisse na cerimônia, no agrupamento de pessoas, na recordação dos velhos tempos. Perguntei a Rana se ele saía para caçar com o pai quando vinham para a aldeia e ele era criança. Respondeu que não; ele era pequeno demais. Seus prazeres na aldeia restringiam-se aos prazeres da observação. Saía pelos campos sozinho e olhava.

Ele vestia *jama* branco ou calça folgada, e um casaco comprido marrom-ouro. O estilo era principesco. Ficava mais visível nos campos. Aos meus olhos, sua elegância e requinte cresciam. Rana não possuía terra nenhuma agora, mas as pessoas ainda o serviam de bom grado. Foi uma solicitude como essa que, ao longo de muitos anos, dera a ele a noção e o orgulho de ser um Rajput.

Era possível compreender o que Rana dissera sobre a personalidade dupla que ele tinha na cidade. O advogado de Lahore, de terno e gravata preta, sentia a prática do direito como uma humilhação diária; esperava, em sua nobre profissão, encontrar uma forma mais elevada das atenções que recebia em sua aldeia. O homem dividido desse modo se mostrava impaciente com tudo o que não funcionava direito em seu país. Sempre dizia "em meu país"; nunca dizia "no Paquistão". Em sua melancolia, ele tornara-se parte de um vasta raiva subterrânea que ainda só poucos políticos haviam compreendido.

De longe, podíamos escutar os alto-falantes na aldeia. Não estavam vendendo cobertores, agora. Eram os alto-falantes da mesquita e o pregador falava, disse Rana, sobre as virtudes que podiam advir para as pessoas que levavam uma vida simples, como o povo da aldeia; entretanto, para as crianças da aldeia, Rana podia ter dito, o futuro era algo já perdido.

Quando entramos na aldeia, um menino de roupa ocre atirava terra em um burro acorrentado e o animal atormentado escoiceava.

Rana entrou no pátio interno da casa do seu tio para se despedir das mulheres da família do tio. Nada vimos dessas mulheres, exceto a menina de vestido verde, no início, que havia espiado os estranhos de uma distância segura, e depois fugiu depressa.

Partimos, então, para Lahore e para as duas faces da personalidade de Rana. Voltamos pela outra estrada, não pelo atalho. Havia, nessa estrada, tantas aldeias quantas no atalho. Mas havia um trecho asfaltado. Tinha largura para apenas um veículo e isso provocava atrasos. Mas era o caminho mais fácil. Rana disse que ia levar uma hora e meia. Levamos duas horas.

4

GUERRILHEIRO

Em 1945, no final da guerra, quando o pai de Shahbaz foi dispensado do exército indo-britânico, ele pensou em se estabelecer na Inglaterra. Era o tipo de coisa que alguns príncipes indianos faziam antes da guerra; seu dinheiro e seus títulos lhes conferiam uma espécie de dignidade exótica, embora a Índia fosse uma colônia. Estava, talvez, no pensamento do pai de Shahbaz a idéia de que a futura independência da Índia e do Paquistão viesse a atribuir uma dignidade equivalente a um colono muçulmano na Inglaterra. Outros muçulmanos do subcontinente também pensavam da mesma forma; receavam a independência por várias razões e viam a mudança para a Inglaterra, um país governado pela lei, como uma saída.

Portanto, embora Shahbaz tenha nascido no ano anterior à independência, ele não cresceu livre da pressão colonial e racial. Freqüentara tanto a escola primária quanto a escola secundária interna na Inglaterra e sofrera especialmente na escola secundária. Era o único asiático, o único muçulmano, o único que não comia carne de porco nem ia à igreja. Piorou ainda mais quando seu pai ficou insolvente. Durante três períodos, a mensalidade de Shahbaz na escola não foi paga e pareceu, a certa altura, que o mandariam embora. Isso não aconteceu, mas fez Shahbaz sentir-se separado de seus colegas.

O pai de Shahbaz abandonou a idéia de se estabelecer na Inglaterra. Começou a preparar o retorno para o Paquistão. Criou uma empresa no interior do Punjab. Quando tinha doze ou treze anos, Shahbaz ia visitar a empresa do pai nos feriados escolares. Visitavam algumas famílias feudais na região. Esses "feudais" eram grandes senhores de terra que possuíam aldeias inteiras. Os filhos de algumas dessas famílias haviam estudado na Inglaterra e os pais de Shahbaz tinham cuidado deles, lá. Agora, Shahbaz via que, em sua terra natal, os filhos desses senhores feudais não se comportavam como pessoas formadas em Oxford ou Cambridge. Tratavam seus trabalhadores e camponeses como servos. Os camponeses tocavam os pés de seus senhores em sinal de saudação e submissão; mais submissão do que saudação; e o senhor de terra não pedia ao camponês para se levantar. Shahbaz, recém-chegado da Inglaterra, tinha vontade de chorar.

Seus três últimos anos na escola secundária interna, na Inglaterra, foram muito felizes. Ele estava sozinho, sem a família. Nas férias de meio de ano e nos feriados, ficava com os amigos ou em alojamentos pagos. Certa vez, ficou na casa de um diretor em Oxfordshire e teve um romance platônico com a filha do diretor. A vida era boa para ele; e conquanto fosse então mais inglês do que paquistanês ou muçulmano, conquanto mal conhecesse o Paquistão, a poesia que começava a escrever era só sobre pobreza, mendigos, aleijados e gente nas ruas.

Quando terminou a escola secundária, voltou para o Paquistão, para Lahore, a fim de tirar seu diploma. Interessou-se pela política local; era contra o regime dos generais; era um homem de esquerda. Mas sua verdadeira vida política começou quando voltou para a Inglaterra. Foi para uma conhecida universidade do interior para fazer o curso de literatura inglesa. O lugar fervia de agitação política. Era 1968, a época do movimento contra a guerra no Vietnã; e, conforme se lembrava vinte e sete anos depois, uma época "muito emocional". Todo o mundo dizia que o "sistema" estava podre e tinha de ser mudado. Ele também dizia isso; moças sensuais da América Latina diziam isso. Havia "muita gente se beijando". A vida na universidade era "uma espécie de carnaval".

Ele tinha amigos paquistaneses na universidade. Muitos cursavam literatura inglesa, como Shahbaz; era um dos cursos mais leves, talvez o mais leve de todos e, naquele tempo, muito politizado e restrito. Estimulava mais o marxismo e a revolução do que uma vasta leitura. Assim, Shahbaz e seus amigos paquistaneses, em seu grupo de estudos marxistas, liam (e por alto) os textos revolucionários canônicos: Frantz Fanon, Che Guevara. E, enquanto liam certos autores russos recomendados, não leram nem tomaram conhecimento dos romances *Pais e filhos* (1862) e *Terra virgem* (1877), de Turguêniev, que tratavam de circunstâncias sociais parecidas com aquelas do Paquistão feudal, e em vez disso debatiam as banalidades da revolução.

Quando indaguei acerca de Turguêniev, Shahbaz respondeu: "Eu não incorporava a ficção ao meu desenvolvimento político", como se suas idéias sobre o marxismo e a revolução, embora esquemáticas, fossem algo pessoal, uma parte do seu desenvolvimento particular.

Existiam grupos de estudos de paquistaneses desse tipo em outras universidades na Inglaterra. Eles se juntaram e começaram a se reunir a cada duas semanas em Londres ou em Cambridge. Em Londres, se uniam a grupos esquerdistas indianos. Earl's Court, em Londres, era o bairro esquerdista, com bares e restaurantes de esquerda. Esquerdistas de todo o mundo se reuniam ali e, nessa atmosfera internacional, ocorriam debates e festas que entravam pela noite adentro. Era "empolgante".

Uma prima de Shahbaz fazia parte do maior grupo de estudos de Londres. Ela estivera em Cuba, cortara cana por seis semanas e tivera um encontro com "Fidel". Shahbaz estava meio apaixonado por essa prima. Era uma moça bonita e suas histórias sobre a igualdade em Cuba e os serviços médicos o levaram a amar ainda mais a idéia do coletivo. Ele ficou ansioso para fazer a revolução. Mas então, depois da universidade, a linda prima começou a regredir. Voltou não só a fazer os camponeses cortar sua cana no Punjab; regrediu, além disso, a um ardor pelo islã semelhante ao de um mulá. Como se falasse a respeito de um caso médico, Shahbaz disse: "Ela sofreu um retrocesso completo". Para rematar esse retrocesso, ela se casou com um "canalha". Agora, em Lahore, nos eventos sociais em que os dois estavam na mesma sala ou local, a prima não reconhecia Shahbaz.

Mas havia outra pessoa importante para Shahbaz, outra moça paquistanesa de sua própria universidade. Em relação a essa moça, ele se apaixonou inteiramente, e ela, pelo visto, estava também apaixonada por ele. Shahbaz, como se estivesse falando de fazer amor ou de assar um bolo, disse: "Queríamos voltar para o Paquistão e fazer a revolução juntos. Era maravilhoso". Essa idéia do futuro amparou Shahbaz durante o tempo que passou na universidade. Mas depois, no final, quando veio a hora de fazer as malas, voltar para casa e partir para a guerrilha, a moça achou que não podia acompanhar Shahbaz.

"Ela não conseguiu levar a cabo o rompimento político com a família", disse Shahbaz.

A idéia de seu amor manteve Shahbaz entusiasmado nos dez longos anos de guerrilha, nos desertos e nas montanhas do Beluchistão e do Afeganistão, com os quais, um pouco para sua surpresa, Shahbaz descobriu que se comprometera naquelas empolgantes discussões e festas noite adentro em Earl's Court, em Cambridge e em sua própria universidade. Dez longos anos de celibato, porque, embora um homem pudesse estar no Beluchistão lutando pelos beluchis, tinha de se manter afastado das mulheres. O adultério entre os nômades era uma questão de morte. Quando um homem pensava em adultério, tinha de ir à tenda da mulher, acordá-la sem acordar o marido, passar com ela pelos parentes e pela multidão de familiares em redor, fazer amor com a mulher e depois trazê-la de volta, tudo isso sem ser visto. Esse tipo de adultério era semelhante a uma guerrilha dentro da guerrilha, disse Shahbaz; e, embora os adúlteros mais bem-sucedidos se revelassem também os melhores combatentes, Shahbaz se contentava em observar essas coisas de longe. Tudo isso, porém, e seu longo celibato, estavam no futuro.

Uma das coisas que seu grupo de estudantes marxistas costumava discutir era a "questão da nacionalidade" no Paquistão. O Punjab era a província dominante; as pessoas de outras províncias se sentiam abandonadas. Iqbal, o poeta que propusera a idéia do Paquistão, pensava, com seu zelo de convertido, que o islã proporcionaria uma identidade suficiente e uma causa suficiente para todo o povo no novo estado; e aquelas noções históricas de clã e casta (como o orgulho de Rana por ser Rajput) iriam desaparecer. Iqbal estava enganado. O sentimento regional se encontrava em ebulição, sobretudo na parte oriental; Bangladesh em breve se separaria.

O grupo marxista de Shahbaz acreditava que o marxismo e a revolução iam fazer aquilo que o islã não conseguira. Shahbaz explicava a idéia do seguinte modo: "Era preciso uma revolução que viesse de baixo. Do interior de todas as nacionalidades. E o processo revolucionário cimentaria as diferentes nacionalidades".

Shahbaz não achava a idéia abstrata demais; foi extraída da literatura marxista e o grupo passara um ano e meio a elaborá-la. Eles também sabiam onde a revolução devia começar. Seria no Beluchistão, uma província vasta, desértica, quase despovoada, a oeste. A população era pequena e atrasada, em boa parte nômade. Tinham ocorrido três revoltas desde a independência e o povo ainda estava descontente. Era uma região difícil de policiar. Em suma, era o lugar onde, na linguagem revolucionária mais abstrata e de tom mais científico, "a contradição entre o estado e o povo se verificava de forma mais clara".

O grupo era comandado por um indiano da África do Sul. Sua família se mudara para Karachi e tinham uma loja ali. Ele conheceu o grupo quando esteve em Londres, de visita. Era muito jovem, dezenove ou vinte anos de idade, mas dizia que fora marxista a vida toda e estava impregnado por histórias de guerrilha e de revolução. Dizia que ele e toda sua família pertenciam ao Congresso Nacional Africano; ele mesmo agira na clandestinidade na África do Sul. Fizera ainda mais, embora fosse muito jovem: agira na clandestinidade no próprio Paquistão, no Beluchistão. Isso deixava os marxistas paquistaneses muito abaixo dele. O sul-africano não tinha nenhuma educação formal, e os outros gostavam quando ele os insultava por causa de sua procedência social privilegiada.

Shahbaz o achava estimulante e "carismático" (uma das palavras favoritas de Shahbaz). Era um homem de boa aparência, baixo e muito forte, com olhos penetrantes. Não tinha tempo para os problemas particulares das pessoas. Para ele, a causa era tudo. Esse foi outro relacionamento que iria terminar mal para Shahbaz. O sul-africano, mais tarde, tentou matar Shahbaz. O olhar penetrante que atraía Shahbaz revelou-se o olhar de um paranóico. Vinte e cinco anos depois, quando a guerrilha para o sul-africano estava totalmente encerrada e ele se encontrava de volta na África, no Zimbábue, cometeu suicídio, depois de tentar matar o filho. Mas isso era outra coisa que estava no futuro.

Um dia, em Londres, em 1969, o sul-africano mostrou-se especialmente ofensivo em relação aos universitários marxistas de Shahbaz. Era o seu jeito de exortá-los. Depois disse: "Vocês deviam parar de falar e começar a agir. Se são mesmo sérios, deviam abandonar tudo e transformar o Beluchistão no foco de uma revolução no Paquistão".

Isso era algo semelhante à revolução a partir do interior das nacionalidades, que o grupo havia discutido. O objetivo fundamental era cimentar as diferentes nacionalidades. O sul-africano era muito mais ambicioso. Almejava a revolução total e disse que seguia o preceito de Lin-Piao, o segundo homem de Mao durante a revolução cultural. O campo, dissera Lin-Piao, podia ser usado para subjugar as cidades; o campo era onde se podia começar a guerrilha contra as cidades, que era o lugar em que se encontrava o estado.

Todos ficaram boquiabertos com as opiniões do sul-africano. Che Guevara da Argentina, de Cuba e da Bolívia, Frantz Fanon das Antilhas Francesas, o Congresso Nacional Africano e agora Lin-Piao: para o grupo de estudo de Shahbaz, parecia que, ainda que tivessem chegado tardiamente à revolução, todas as grandes e experimentadas forças da revolução haviam começado a se congregar, de forma invencível, para eles e neles. Todos passaram a sonhar com o Beluchistão e com a guerrilha.

No ano seguinte, Shahbaz se formou. Disse aos pais que ia para uma escola de cinema na Iugoslávia. Em segredo, voltou para Karachi, passou uma noite ali e seguiu de trem e ônibus para uma cidadezinha no Beluchistão. Um membro de uma tribo beluchi foi ao encontro deles. Levou-os para um campo de treinamento nas montanhas. O sul-africano estava lá e também uma outra pessoa do grupo de Londres.

O Beluchistão, ali, era igual ao Irã, uma planície deserta e montanhas nuas, muito pouca água, muito pouca vegetação e temperatura inclemente. Nesse lugar, Shahbaz iria passar dez anos. Nos primeiros três anos, ele e outros aprendiam o idioma e tentavam prestar serviços sociais para os beluchis.

Mas achei que nesse ponto a narrativa havia começado a andar depressa demais. Quando examinei minhas anotações, achei que certas coisas tinham sido omitidas. Telefonei para Shahbaz; ele não criou dificuldade nenhuma. Fui vê-lo de novo. Queria saber mais a respeito daqueles primeiros anos no Beluchistão. Queria saber mais sobre o primeiro dia.

Disse Shabaz: "Peguei o trem para Karachi. Dois membros de uma tribo do Beluchistão me receberam na plataforma. Eram mais cordiais do que o homem que encontrei depois. Viajamos de ônibus por dezesseis quilômetros. Saltamos do ônibus e caminhamos durante dois dias. Foi minha primeira caminhada através das montanhas. Um terreno muito acidentado. Eu vestia um *shalwar-kameez* e sapatos, e também um turbante com o qual não estava habituado. Carregava uma mochila com que também não estava acostumado. No caminho, fizemos pão e comemos pão seco, e passei minha primeira noite a céu aberto. Era o verão. Deitamos na terra nua. Era fatigante. Fiquei com bolhas. Cheio de dores. Meu corpo todo doía. Quando cheguei ao acampamento, estava exausto.

"Cinco dias antes, eu estava na universidade na Inglaterra. Agora, de repente, me vi jogado no meio do acampamento de trinta ou quarenta membros de tribos beluchis, completamente armados, falando um idioma que eu não entendia. Era como ir ao cinema. Era como encontrar-se com marcianos. Eu não havia me preparado mentalmente para o impacto desse encontro. Naquela primeira noite, me deram uma arma e me puseram de sentinela. Cinco dias antes, eu estava na universidade na Inglaterra. Eles mataram uma cabra para comemorar minha chegada. Comemos, naquela noite, carne com muita gordura, carne muito carregada. Embrulhou meu estômago. E ir para o banheiro no meio do mato, digamos assim, era também uma dificuldade, no início".

A leitura de Turguêniev não o teria preparado para o Beluchistão, mas talvez o tivesse preparado, imaginariamente, como um revolucionário, para esse encontro com marcianos.

O local onde Shahbaz tinha chegado era um campo de treinamento. Ainda não havia nenhuma guerra; isso viria três anos mais tarde, após o treinamento. O líder beluchi na região, o comandante de Shahbaz, era um chefe de clã. Existiam tribos entre os beluchis e clãs entre as tribos; as rivalidades entre clãs e tribos tornavam difícil, para Shahbaz e os outros, ter uma imagem abrangente do que se passava. Havia cinco forasteiros no campo de treinamento. Alguns outros estavam nas cidades, para cuidar dos suprimentos e do dinheiro.

Durante os três primeiros anos, Shahbaz e os outros estavam "se integrando". (Parecia existir um termo técnico para tudo o que um guerrilheiro fazia. Isso era uma fonte de segurança para alguns iniciantes que, agora que estavam em campanha na vastidão do Beluchistão, podiam começar a sentir-se pequenos e talvez até inúteis.) Portanto, eles se integraram durante três anos. Aprenderam a língua e organizaram serviços sociais para os membros das tribos. Essas tribos eram nômades. A vida não era fácil para Shabaz quando eles estavam em trânsito. Vivia de pão seco e dormia no chão, em um xale estendido sobre a relva. No verão, construíam abrigos e dormiam a céu aberto. No inverno, viviam em cavernas com uma saliência rochosa. No inverno, os forasteiros dormiam em sacos de dormir. Shahbaz também tinha um rádio, uma máquina de escrever e livros. Ele e os outros haviam estocado uma porção de livros dentro de cavernas, mas quando o acampamento se achava em trânsito ele só podia levar dois volumes consigo.

A vida era dura, mas Shahbaz e seus amigos sentiam-se "incrivelmente criativos". Estavam entre nômades. Na Inglaterra, quando conversavam sobre a revolução, falavam de operários e camponeses. Aqueles beluchis, sem dúvida, não eram operários e nada tinham de parecido com os camponeses do Punjab, que eram os camponeses que Shahbaz conhecia. Aqueles nômades eram gente jamais tocada pelo mundo moderno. Por isso, no início, pareceram marcianos aos olhos de Shahbaz. Ele sabia que não era assim que um revolucionário devia se sentir. Mas, naquela fase de integração, pensava no que Mao havia dito: os camponeses eram uma página em branco e se tornariam o que quer que a pessoa escrevesse nessa página. Foi desse modo que Shahbaz passou a pensar em seus nômades; entretanto, como um homem inteligente e justo, preocupava-se com a idéia de que, na condição de revolucionário, estivesse sendo presunçoso e talvez até cruel, ao imaginar que pudesse conduzir essa gente a qualquer direção que desejasse.

Vinte anos depois, Shahbaz se desculpava. Disse ele: "A gente tinha de fato a impressão de que estava dando a arrancada para a transformação da vida de uma nação".

Shahbaz era um homem de espírito generoso. Dizia-se, no Paquistão, que os paquistaneses, em virtude de sua insegurança em relação ao exterior, sempre tentavam depreciar seus conterrâneos. Shahbaz não era assim; prontamente oferecia sua admiração aos paquistaneses, bem como aos outros povos. Talvez seu isolamento na Inglaterra e sua passagem pela escola pública interna inglesa lhe tivessem dado tanto a necessidade de obter a aprovação de outras pessoas quanto a capacidade de cultuar um herói. Assim como se rendera ao sul-africano em Londres, também ali no Beluchistão rendeu-se ao chefe de clã que era seu comandante direto.

O chefe de clã era analfabeto, um pastor oriundo de uma família de nômades. Combatera na revolta beluchi de 1963 contra o governo militar do Paquistão. Shahbaz ficou fascinado por sua humildade, sua frugalidade, sua calma, seu dom para falar. O chefe de clã possuía o límpido instinto do analfabeto para adivinhar o caráter e o jeito das pessoas, e em cada circunstância sabia qual o melhor modo de falar com elas. Era um líder natural, e Shahbaz e os outros tinham esperança de que ele fosse o Mao ou o Ho Chi Minh da revolução beluchi e talvez também da revolução paquistanesa.

Portanto começaram, no seu modo de ver, a educá-lo politicamente, conforme Shahbaz diria vinte e cinco anos depois, no que se refere à situação do mundo e à política revolucionária. Sua reação foi a melhor que eles podiam esperar. Era mais uma prova — dessa vez, no remoto Beluchistão — da verdade e da universalidade da revolução marxista. Aniquilava em definitivo qualquer dúvida que pudessem ter sobre sua missão. Shahbaz achou que o líder de clã beluchi recebeu sua educação política "como um pato entra na água"; no entanto Shahbaz, se não estivesse tão desejoso de ver o homem que admirava reagir bem e ser aprovado naquele teste crucial, talvez tivesse prestado um pouco mais de atenção na sensibilidade do analfabeto para perceber logo aquilo que os outros esperavam que ele fizesse.

Disse Shahbaz: "Nós não nos víamos como líderes. Víamonos como criadores de líderes para o povo".

O marxismo de Shahbaz e seu anseio de revolução era "emocional". O sul-africano era diferente. Ele queria o poder, pensava Shahbaz. Talvez ele quisesse (esta idéia é mais minha do que de Shahbaz) ser no Beluchistão aquilo que, como um indiano, não pôde ser na África do Sul, dentro ou fora do Congresso Nacional Africano. E Shahbaz, no seu jeito generoso, parecia pensar que o desejo de poder do sul-africano era algo positivo, porque ele tinha o "estofo da liderança". O poder, de acordo com esse argumento, era algo que o mundo deveria entregar ao sul-africano.

Havia um outro forasteiro que Shahbaz admirava e a quem se sentia especialmente ligado. Era um rapaz cristão de Karachi, filho de um oficial veterano da força aérea. Tinha sido um membro do grupo de Londres e abandonara seus estudos de contabilidade para se unir aos revolucionários. Era emocional como Shahbaz; era inteligente e muito lido; chorava com facilidade, como Shahbaz. Chorava por causa da pobreza e da injustiça que via. Esse rapaz, na condição de cristão no Paquistão, passara boa parte da vida como um intruso; talvez tivesse sido (embora Shahbaz não fizesse essa comparação) tão intruso quanto Shahbaz fora por muitos anos na Inglaterra. O rapaz tinha um grande senso de humor, e Shahbaz recordava sua "risada incrivelmente alta". Shahbaz lembrava-se dele como um rapaz muito magro, muito moreno, com uma aparência muito bengali.

Shahbaz, quando falava desse rapaz, tomava ares de uma elegia. O rapaz foi morto seis anos depois de chegar ao Beluchistão, no terceiro ano da revolta. Tinha ido a uma cidadezinha encontrar alguém em quem confiava e essa pessoa o traiu para o exército. Foi capturado com seu auxiliar, um membro de uma tribo. O exército nada disse a respeito da sua captura; portanto, os revoltosos não souberam de nada. Só depois vieram a saber que ele foi interrogado e torturado por muitas semanas e depois lançado de um helicóptero. Atormentava-os não saber quando ele foi morto. Shahbaz, embora falasse desse rapaz em tom de elegia, nunca pensou, depois disso, em procurar sua família.

A revolução começou, após três anos de preparativos, com dúzias de insurreições espalhadas pelo deserto do Beluchistão. E, de forma deveras miraculosa (para alguém tão emocionalmente ligado à idéia da revolução), a região em que Shahbaz circulava (e onde passava maus bocados) tornara-se, na linguagem técnica dos guerrilheiros, uma região liberada. Os líderes da revolução eram chefes de clã, como o que Shahbaz admirava, que se haviam tornado comandantes de guerrilha. A guerra era dispersa, refletindo as divisões de tribo e de clã. Havia cinco ou seis grupos de combate distintos na tribo a que Shahbaz estava ligado. Ele dirigia um acampamento para um desses grupos. Seu acampamento tinha entre cinqüenta e duzentos combatentes. O papel de Shabaz não era combater. Tratava-se de educar as pessoas na região, treiná-las em prática médica, julgar suas desavenças e (curiosamente, para um homem que estudara em uma escola pública interna) resolver questões relativas à lavoura e aos rebanhos.

Mas a guerra tinha duas faces. Logo tornou-se claro que, depois da separação de Bangladesh, o governo do Paquistão, sob o comando do sr. Bhutto, ia lidar com os beluchis e seus chefes tribais com extrema severidade. Shahbaz estimava que, a certa altura, 100 mil soldados se encontravam no Beluchistão. Em Londres, o sul-africano os deslumbrara com o nome de Lin-Piao e sua teoria, oriunda da revolução cultural chinesa, de que a guerrilha no campo invadiria as cidades. O que não esperavam, o que nenhuma cartilha marxista ou manual revolucionário previa, era aquilo: um exército profissional bem treinado movimentando-se com força avassaladora para arrasar as frágeis estruturas sociais de um povo nômade.

A apreensão ou o assombro de Shahbaz logo no primeiro dia, ao deparar com os "marcianos" do Beluchistão, fazia afinal algum sentido, por mais que, depois, com a ajuda dos pensamentos de Mao, ele tivesse racionalizado aquilo. Os nômades não eram os operários ou camponeses da literatura marxista, gente com raízes. Os nômades eram errantes, viajavam com facilidade, podiam sumir de uma hora para outra.

Shahbaz, ao contar a história, não falou muito sobre isso. Senti que havia mais a dizer acerca do caráter errante dos nômades e, quando fui vê-lo alguns dias depois, perguntei a respeito.

Disse ele: "As pessoas morriam à nossa volta o tempo todo. Tinham perdido seu meio de vida e suas famílias. A economia de uma família nômade é muito frágil. Depende dos rebanhos. Tudo o que se precisa fazer é destruir os animais. Foi o que fizeram. Atiravam nos animais, cercavam-nos em grandes arrastões, milhares e milhares de ovelhas e cabras e tudo o mais. Feito isso, as pessoas não tinham mais como viver".

O exército não se movimentava no verão; o calor era grande demais. O exército se movimentava no inverno e, no final do segundo inverno, a revolução no Beluchistão estava mais ou menos acabada. Todas as festas e os namoros em Londres, todas as discussões sobre textos revolucionários sagrados com moças sensuais da América Latina, toda a preparação e a educação no Beluchistão, muito depressa tudo isso dera em nada.

Shahbaz resistiu por algum tempo em uma das poucas regiões liberadas. Logo, como administrador, ele se viu sozinho. O sul-africano fora embora pouco depois que os combates de verdade começaram. Isso não preocupou Shahbaz. Ainda tinha fé no sul-africano e sabia que fora à Europa com o objetivo de realizar uma tarefa importante: levantar fundos (da Rússia, da Alemanha e da Índia, embora Shahbaz não o dissesse), e espalhar histórias sobre o Beluchistão na imprensa de esquerda. O sul-africano se manteve em contato com eles, mas nunca mais voltou.

A divulgação que os beluchis conseguiram no exterior foi por causa do sul-africano, mas foi muito pouca. O Beluchistão nunca se tornou uma das grandes causas esquerdistas internacionais. Um motivo talvez tenha sido o rápido colapso da revolução; outra razão seria o silêncio no Paquistão acerca da revolta e das operações do exército. O governo não dizia nada; nenhum jornal paquistanês publicava nada; e os jornalistas que escrevessem sobre o Beluchistão eram presos. Os revolucionários nas cidades publicavam, de fato, um pequeno boletim clandestino, elegantemente denominado *Jabal* (uma palavra beluchi que significa "montanha"), mas era rústico, rodado com estêncil e só saía uma vez por mês. Parecia demais aquilo que, na verdade, era mesmo uma voz clamando no deserto, e sua mensagem não empolgava.

No final do segundo inverno de operações do exército, o chefe de clã beluchi — em quem Shahbaz e os demais tinham visto um possível Ho Chi Minh ou Mao da revolução beluchi — resolveu sair do Beluchistão e levar alguns de seus exauridos e estropiados nômades em uma marcha invulgarmente longa, através da fronteira do Afeganistão. Havia, a certa altura, 25 mil desses nômades refugiados, disse Shahbaz; muitos deles, mulheres e crianças que não tinham mais homens que as sustentassem.

No inverno seguinte, o rapaz cristão de Karachi, que tinha "o sorriso enorme e a risada enorme", que chorava pelos pobres e estudara em Londres para ser um contador diplomado, foi capturado, torturado e lançado do alto de um helicóptero.

O exército, nessa altura, exercia uma enorme pressão. Disse Shahbaz: "Era terrível. Massacres. Fome. Bombardeios. Ver muita gente que eu tinha educado e treinado morrer na minha frente". Mas ele nunca punha a causa em dúvida. "Não. As desgraças me tornavam mais sábio."

O tempo todo, Shahbaz precisava decidir o que fazer com vários grupos de não-combatentes, se os mandava para o Norte, rumo ao Afeganistão, ou para o Leste, em direção ao Sind, ou se os mantinha onde estavam. Era importante não mandar todo o mundo embora porque uma região despovoada deixaria, talvez, de ser uma região liberada.

O exército vigiava todas essas rotas. Shahbaz se encontrava firmemente cercado em sua região liberada. De forma insólita — após todo o planejamento para uma guerrilha no campo —, os alimentos tinham de ser contrabandeados das cidades.

Shahbaz ainda estava pronto para o que desse e viesse, ainda estava entusiasmado, apesar do fracasso e da tragédia a seu redor, ainda via a revolução como parte de seu desenvolvimento pessoal. Disse ele: "Era uma época intensamente criativa".

Trigo era do que mais precisavam. Os hindus, em outros tempos, se haviam incumbido do comércio no Beluchistão, mas depois da separação eles tinham sido expulsos de todas as cidades. Membros de tribos ocuparam seu lugar e eram parentes, próximos ou distantes, dos revoltosos. Organizavam caravanas de camelos. Essas caravanas de camelos, às vezes com escolta de guerrilheiros, tinham de passar por várias barreiras do exército. Aconteciam reveses, sobretudo no inverno, a época das ofensivas do exército. Os guerrilheiros eram presos pelo exército; comerciantes eram presos; perdiam-se preciosas cargas de alimentos. Havia momentos em que Shahbaz e sua gente comiam uma refeição a cada dois dias. Viajavam com pedaços de pão nos bolsos; isso os mantinha em atividade.

O exército, em um certo inverno, subiu as montanhas onde Shahbaz e seu grupo se encontravam. Tiveram de fugir às pressas. Deslocavam-se à noite, para evitar que os helicópteros do exército os localizassem. Deslocavam-se com muita comida, estoques de reserva. Não podiam perder isso. Durante um dia inteiro, Shahbaz e seu grupo se ocultaram em uma comunidade de nômades. Receberam alimentos e cuidados e, de noite, partiram. O exército, nesse estágio, não usava só helicópteros; também usava rastreadores, membros do exército ou rastreadores beluchis da própria região. Esses rastreadores levaram os soldados à comunidade nômade. Fizeram perguntas. "Quem esteve aqui na noite passada? Quem deixou todos esses rastros em volta, na direção de suas casas?" Todos na comunidade foram mortos, dezesseis pessoas.

Shahbaz ficou abatido durante semanas, quando soube. Os beluchis que o acompanhavam eram mais estóicos; eles o consolavam.

Disse Shahbaz: "Como a vida nômade é dura, eles têm uma grande capacidade de absorver as calamidades. Aprendi com eles esse estoicismo e essa paciência".

Três anos depois — enquanto as engrenagens de todas as tragédias gregas e de todas as tragédias de vingança do Paquistão moíam sem parar —, o sr. Bhutto, que desencadeara a fúria do exército contra os beluchis, foi deposto por um general, julgado e enforcado. Esse general declarou uma anistia e a guerra no Beluchistão terminou.

Shahbaz estava no Afeganistão com outros refugiados. Fora a pé do Beluchistão até lá, por cima das montanhas. Existiam dois acampamentos para refugiados no Sul do Afeganistão. O chefe do clã que levara os refugiados para o Afeganistão ainda estava lá, ainda era um homem influente. O movimento revolucionário também dispunha de vários apartamentos em Kabul. Durante as muitas semanas que Shahbaz esteve no Afeganistão, transitava entre os acampamentos de refugiados e os apartamentos em Kabul.

Foi em Kabul que Shahbaz encontrou de novo o sul-africano, depois de seis anos. Os revolucionários, aqueles que haviam sobrevivido ou que ainda estavam interessados no assunto, se reuniam em Kabul (um local especialmente seguro para eles, sob a ocupação russa) para conversar sobre o futuro do movimento. Shahbaz e alguns outros também queriam conversar com o sul-africano sobre o que ele tinha feito na Europa durante seis anos e sobre o dinheiro que havia levantado.

Houve discussões terríveis, "brigas enormes". No final, Shahbaz e o sul-africano não falavam mais um com o outro. O sul-africano começou a espalhar que Shahbaz e outros eram traidores; haviam traído a revolução e deviam ser mortos. Shahbaz ficou chocado. Mais chocado ainda quando o chefe do clã — em quem ele, um dia, vira um futuro Mao ou Ho Chi Minh — chamou-o e disse que não podia mais garantir a segurança de Shahbaz: o sul-africano agora tentaria envenenar Shahbaz. Shahbaz achou melhor deixar os beluchis cuidarem do sul-africano. Voltou para as montanhas. Foi assim que Shahbaz se despediu dos dois homens a quem mais admirara.

O movimento havia se desagregado. Os beluchis não queriam mais saber de forasteiros. Agora, não estavam interessados na revolução; haviam se tornado separatistas. O sul-africano, por fim, voltou para Londres. Foi para lá que Shahbaz, depois de um tempo, também se dirigiu, regressando das montanhas para Kabul para pegar um avião. De Londres, entrou em contato com seus pais, que se haviam sentido traídos por ele, e fez as pazes.

Shahbaz estava surdo de um ouvido por causa da guerra. Perdera todos os dentes. Tivera hepatite e não podia mais beber álcool. Sofria uma crise anual de malária. Disse ele: "Não me arrependo de nada. Aquela foi e será sempre a parte mais criativa e estimulante de minha vida. Quando me senti mais dinâmico e aprendi mais coisas. Fiquei decepcionado com o resultado final, mas isso não me deixou mais amargo".

O ponto de vista era inesperado. Será que não sentia, agora — passado o tempo e havendo deixado para trás seus pais e os beluchis — que havia desperdiçado suas condições privilegiadas e traído intelectualmente a si mesmo?

"Não. Cheguei à maturidade enquanto tudo aquilo acontecia."

"Tudo aquilo?"

"A guerrilha em todo o Terceiro Mundo."

Essa era sua idéia de educação. Essa era a idéia estranhamente colonial da sua geração no Paquistão, embora nascidos, todos eles, depois da independência. Assim, a educação não era algo que desenvolvíamos dentro de nós, a fim de atender nossas necessidades. Era um destino para o qual viajávamos, agora sem temor do preconceito e, quando chegávamos aonde estávamos indo, simplesmente nos abandonávamos ao fluxo.

Como marxista, Shahbaz se julgava não-convencional. Não pretendera impor o modelo marxista padrão aos beluchis. Julgou que havia na cultura tribal muita coisa boa e positiva, que devia ser preservada, como o sistema legal e a propriedade comum das pastagens. Agora, toda a estrutura tribal fora destruída. Não existia mais lei tradicional; não existia mais o acesso aos tribunais; e havia agora 2 ou 3 mil contendas sangrentas entre as famílias mais importantes. Portanto, as coisas no Beluchistão agora estavam muito piores do que se encontravam em 1970, quando Shahbaz fora de Karachi para lá, de trem, de ônibus e a pé, para levar a revolução.

Esta foi a história que Shahbaz contou durante muitas horas. Histórias contadas desse modo podem conter omissões e saltos, mas, quando li minhas anotações, mais tarde, durante um ou dois dias, senti que algumas coisas estavam faltando. Não havia a sensação da passagem do tempo, embora Shahbaz tivesse passado dez anos no Beluchistão e no Afeganistão. Não havia referência alguma à água, nenhuma sensação autêntica do ambiente natural. E os membros das tribos não estavam ali. Eles eram o povo para quem o marxismo estava sendo levado;

eram o povo que estava sendo devastado; mas eles não se encontravam ali, nem mesmo para dar cor local. Só o chefe de clã beluchi, o sul-africano e o rapaz cristão com a risada barulhenta estavam ali.

Shahbaz ficou surpreso com o que eu disse sobre os membros das tribos. Isso não havia passado pela sua cabeça e não tinha explicação. Os membros da tribos estiveram presentes em seu pensamento o tempo todo enquanto falara.

"Eu os vejo, os membros das tribos, o tempo todo. Mas minha descrição pode ter sido parcial." Sobre a passagem do tempo, disse ele: "Foram dez anos. Difícil de resumir. Aqui as pessoas acham difícil se referir à passagem do tempo. O tempo passa devagar para muita gente, e as pessoas acham difícil dar referências exatas. Não estão habituadas a mudanças rápidas e isso afeta sua atitude em relação ao tempo. A vida mudou, de forma dramática, mas foi um processo muito vagaroso e complicado. Não creio que seja o islã. As pessoas não possuem o mecanismo para lembrar quando a antena parabólica chegou à sua aldeia ou quando viram a primeira moça nua na MTV".

O que disse sobre a água foi intrigante, levando em conta seu silêncio anterior sobre o assunto: "Tudo era dominado pela água. A busca da água era a coisa mais importante do mundo. Os membros das tribos sabiam onde estava a água, mas não sabiam em que quantidade, nem o seu grau de pureza, nem se poderiam sustentar com ela cem homens e os animais. Ou se haveria fontes, rios ou poços. Portanto, enviávamos batedores à frente para descobrir. E, às vezes, às cinco horas os batedores voltavam e diziam que a água não era boa ou não era suficiente, e assim tínhamos de ir em frente no meio da noite. Era a mesma coisa com o exército. A temperatura era de um rigor terrível".

As experiências e as emoções estavam ali, mas não tinham vindo à tona no primeiro relato. Era como se, nessa história de revolução, ele tivesse desejado despojar as pessoas até deixá-las apenas com sua essência marxista. (De um modo semelhante, o fanático islâmico queria que os povos convertidos fossem apenas fé, sem as distorções da história e das tradições.) Shahbaz vira os membros das tribos não como pessoas, mas como gente tribal, unidades militares, e vira o chefe do clã antes como um líder do que como uma pessoa, com sentimentos e atributos humanos.

Shahbaz fora igualmente severo consigo mesmo; deixara de fora boa parte de seu sofrimento físico, que foi muito grande. Seu tímpano foi perfurado por uma explosão logo no início; e seus ouvidos sangraram durante muitos meses. Foi atormentado pela hepatite; cada crise durava dois meses e tornava as longas marchas "mortais". A hepatite vinha da água ruim; os membros das tribos eram menos suscetíveis do que ele. (Foi provavelmente por isso que ele não falou da água, na primeira vez.) Não havia nenhum suco de fruta para ajudar a curar a hepatite; a comida era sobretudo pão e carne, às vezes lentilha e às vezes coisas nocivas como leite e manteiga derretida.

Tudo isso ele deixara de lado como secundário, junto com os rostos e os costumes das pessoas das tribos, as tendas, os camelos, a carga e a paisagem. Ele disse: "Foi um relato muito pessoal. É muito raro eu falar dessas experiências". Mais tarde, disse: "Não falo do meu sofrimento porque as pessoas que estavam comigo sofriam mais".

Essa visão do sofrimento, embora reprimida, estava presente. Vinha à tona agora, quando ele falava do que aconteceu depois.

O líder do clã a quem Shahbaz admirava havia discutido com o *sardar*, ou o chefe da tribo. O *sardar* não queria "levar o movimento adiante" e a tribo se achava seriamente dividida. O líder do clã havia voltado para sua região e passava necessidades. Seu povo passava necessidades. Disse Shahbaz: "O senhor deve lembrar que o povo permanecia totalmente empobrecido por causa da perda de seus rebanhos. Milhares deles vieram para o Sind e para o Punjab trabalhar como diaristas. Portanto, a vida econômica da tribo, bem como a das demais tribos, tinha sido destruída". Os *sardar* barravam o desenvolvimento. "São gananciosos. Querem ganhar comissões. A vida econômica dos próprios *sardar* foi destruída. Não tinham mais rebanhos próprios, não ganhavam mais ovelhas de seus seguidores. Assim, o *sardar* depende agora de esmolas do governo.

O Afeganistão, sob a ocupação russa, foi um lugar seguro para os refugiados beluchis durante a revolta. Mas a guerra no Afeganistão se tornou calamitosa para o povo beluchi. Um milhão de refugiados afegãos se instalaram ne Beluchistão e eram como gafanhotos. Tinham vindo com seus enormes rebanhos e pareceram repovoar o território. Derrubaram as árvores e seus rebanhos pastavam nas melhores pastagens. Os beluchis nada podiam fazer. Haviam se tornado uma minoria em sua própria terra.

"Aqueles refugiados eram patanes. Portanto, hoje, os patanes se encontram em uma posição muito mais firme do que os beluchis, no Beluchistão. Os patanes trouxeram consigo sua tendência fundamentalista. *Madrassas* [escolas corânicas] e tudo o mais, coisas totalmente estranhas à cultura beluchi. Isso aconteceu depois da guerra. Alguns amigos ainda vêm aqui e conversam sobre a gravidade da situação."

E mesmo assim ele não se sentia responsável. Ainda pensava em si mesmo como um portador da verdade. "A ideologia proveio do movimento de 1968. Mas o anseio era um anseio local, de fazer algo pelo meu país, sobretudo depois da perda de Bangladesh. Hoje, quem acha que tem a resposta são os fundamentalistas."

5

PENITENTE

Os fundamentalistas eram conhecidos, entre os falantes do inglês no Paquistão, como os "fundos". Agora, nessa medida, eles constituíam uma presença marcante. Ainda estavam no segundo plano, mas pressionavam e pressionavam, e sempre queriam mais.

O subcontinente indiano foi sangrentamente fracionado com a criação do estado do Paquistão. Milhões morreram e muitos mais foram desterrados, de ambos os lados da nova fronteira. Mais de 100 milhões de muçulmanos foram abandonados no lado indiano; entretanto, quase todos os hinduístas e sikhs foram expulsos à força do Paquistão, para que fosse criado o sistema político integralmente muçulmano proposto no vago sonho poético de Iqbal.

Isso deveria ser o bastante. Mas os fundamentalistas queriam mais. Não bastava que aquela larga porção da terra ancestral deixasse, depois de milênios, de ser a Índia; e que — como o Irã, como os países árabes — fosse, no final, expurgada das crenças mais antigas. As próprias pessoas, agora, tinham de ser expurgadas do passado e de tudo — nas roupas, nos costumes, na cultura em geral — que pudesse ligá-las a sua terra ancestral. Os fundamentalistas queriam que as pessoas fossem transparentes, puras, recipientes vazios para a fé. Isso era uma impossibilidade: os seres humanos nunca são coisas em branco, desse jeito. Porém os diversos grupos fundamentalistas ofereciam-se como o modelo de bondade e pureza. Ofereciam-se como crentes verdadeiros. Diziam seguir as leis antigas (sobretudo as relativas às mulheres); tudo o que pediam das pessoas era que fossem como eles e, uma vez que não existia nenhum acordo absoluto acerca das leis, que seguissem as mesmas leis que eles.

O mais importante dos grupos fundamentalistas era o Jamaat-i-Islami, a Assembléia do Islã. Fora criado por um professor de religião e fanático, *maulana* Maudoodi. Antes da separação, ele fizera objeções à idéia do Paquistão, por razões estranhas. O poeta Iqbal, ao defender a tese de um estado muçulmano indiano separado, em 1930, dissera que esse estado libertaria o islã indiano do "cunho que o imperialismo árabe foi obrigado a lhe imprimir". As ambições de Maudoodi eram exatamente opostas. Achava que um estado muçulmano indiano seria algo demasiado limitador, iria sugerir que o islã havia cumprido sua missão na Índia. Maudoodi queria que o islã convertesse e tomasse toda a Índia, e tomasse todo o mundo. Iqbal dissera que uma razão importante para a criação do Paquistão era que o islã havia funcionado melhor na Índia do que em outros lugares como "uma força edificadora do povo". Maudoodi não pensava assim. Não achava que os muçulmanos do subcontinente e seus líderes políticos fossem bons o suficiente, como muçulmanos, para algo tão precioso quanto um estado integralmente muçulmano. Não eram puros o bastante em sua fé; eram marcados demais pelo passado indiano.

Maudoodi morreu em 1979. Mas a posição do Jamaat ainda era de que o povo do Paquistão e seus governantes não eram bons o bastante. Se o estado muçulmano de Iqbal sofrera suas calamidades, não era culpa do islã; era culpa apenas do povo que se dizia muçulmano. Na maneira fundamentalista de ver as coisas, esse tipo de fracasso automaticamente se condenava como o resultado de um islã falso ou assumido pela metade. E o Jamaat sempre podia dizer — sua causa sempre intacta — que o islã na verdade jamais fora posto em prática, desde os tempos primordiais, e que agora havia chegado a hora de levá-lo a efeito. O Jamaat mostraria o caminho.

* * *

O quartel-general e a comuna do Jamaat ficavam em um terreno de 25 acres, em Mansoura, nas cercanias de Lahore, na estrada para Multan. Entre as pessoas na comuna, havia alguns penitentes que expiavam pecados de magnitudes variadas.

Um dos penitentes era Muhamad Akram Ranjha. Tinha cinqüenta e oito anos. Embora penitente, e devoto, não era um solitário. Morava em Mansoura, em uma casa alugada, com sua família muito numerosa. Era um homem oriundo de uma rústica família feudal. Seu pai era um homem rico, dono de quinhentos acres, e com certa influência política, mesmo no tempo dos britânicos. Mas Muhamad Akram não recebera nenhuma educação formal, quando criança. Havia uma razão. Teve tifo quando era muito pequeno, e seu pai prometeu que se seu filho ficasse bom, nunca seria enviado para um escola leiga e seria educado de acordo com o Corão. O menino se recuperou, mas o pai deixou de lado metade de sua promessa, e o menino (embora recebesse uma ligeira educação religiosa de um mulá) cresceu como um membro de uma família feudal sem nenhuma instrução, passava o tempo a montar cavalos, praticar exercícios de montaria, jogar pólo, apostar, caçar com falcão e ir a festas locais.

Quando tinha vinte e três anos de idade, Muhamad Akram envolveu-se em uma séria briga de família. A briga era por causa de uma mulher e de terra. A mulher era prima de Muhamad Akram. Era instruída, a primeira mulher na família a tirar um diploma. Quando o pai morreu, ela herdou seiscentos acres. Tinha vinte e três anos. Seu tio, o irmão do seu pai, um homem antiquado, queria que ela ficasse reclusa, no *purdah*; também queria que ela se casasse com seu filho de oito anos de idade. Ela não queria nada disso. Estudara em Lahore, no Queen Mary College, uma famosa universidade mista dirigida por cristãos, e estava habituada à liberdade. Também estava apaixonada pelo irmão de Muhamad Akram, seu primo. Ele tinha vinte e seis anos, era dono de uma beleza invulgar e bem falante. Já estava casado e tinha dois filhos. Mas ela fugiu com ele e se tornou sua segunda esposa.

O tio (que tinha o filho de oito anos de idade) ficou enfurecido. Ameaçou dar cabo de todo o ramo da família ligado a Muhamad Akram. Isso mostrava bem como eram os costumes feudais, e o tio era um homem poderoso no local. Muhamad Akram procurou o tio e pediu perdão. "Por favor, não nos mate. Prometo que vamos descobrir onde estão meu irmão e a moça e a traremos de volta para você."

Muhamad Akram encontrou o casal fugitivo em Karachi. Pediu que voltassem para Lahore. Quando estavam lá, ele e mais três ou quatro membros da família raptaram a moça sob a mira de armas. O marido da moça, o irmão de Muhamad Akram, não foi ameaçado. Foi à delegacia de polícia e apresentou uma acusação contra ao raptores. Essa demonstração de coragem do marido, trazer a justiça para o interior de uma rústica briga feudal em torno de terra e honra, deve ter sido algo inesperado. E foi nesse estágio — talvez para resolver as questões superpostas de terra e honra, antes de a polícia fazer o que tinha de fazer — que a moça foi morta a tiros. Nunca ficou esclarecido quem de fato a matou.

Todos os raptores foram presos e julgados. A justiça andou ligeiro — isso ocorreu em 1960, durante o governo do general Ayub — e, menos de dois meses após o assassinato, todos os cinco raptores foram encarcerados. Muhamad Akram foi condenado a catorze anos de prisão, uma vida na cadeia.

Foi enviado para a prisão na cidade de Multan. Deixaram que escolhesse seus colegas de cela. Podia dividir a cela com um conhecido matador de Lahore, da tribo Gujjar (e, embora isso não fosse dito, sob o risco de ser agredido sexualmente); ou podia ficar com o secretário-geral do Jamaat-i-Islami, que cumpria pena como preso político. Muhamad Akram escolheu o homem do Jamaat.

Os dois conversavam. Em questão de meses, Muhamad Akram passou por uma transformação interior. Começou a ler os escritos de *maulana* Maudoodi. Reconheceu o erro e o vazio de seus costumes feudais. Sua conversão na prisão em favor da causa do Jamaat se tornou famosa. Logo começou a estudar. Matriculou-se, fez o curso de bacharel em artes — o jovem feudal não queria parar. Tornou-se legendário como exemplo de um preso regenerado. Sua sentença foi abreviada de catorze para seis anos e, no mesmo dia de sua libertação, seu diploma em literatura urdu chegou pelo correio.

O filho de Muhamad Akram, ao contar a história da conversão do pai (mais extensa do que a história da tragédia da moça), disse: "Ele foi para a prisão como um homem feudal e saiu de lá como um revolucionário muçulmano".

Passaram-se doze anos, porém, antes que Muhamad Akram se mudasse para a comuna Jamaat, em Mansoura. Primeiro, entrou em uma faculdade de direito, com a ajuda do ilustre advogado que o defendeu em seu julgamento de 1960.

(Conheci esse advogado em Karachi, em 1979. Era muito rico, na ocasião, um tanto enlouquecido pela religião, vaidoso e ávido de poder político. Era uma época muito religiosa — o sr. Bhutto fora deposto e enforcado, os furgões com os açoitadores islâmicos eram despachados por toda parte a fim de punir os réprobos — e todos acorriam para assistir — e tudo parava na hora das orações — e o advogado achava importante, para ele, fazer uma exibição de sua fé. Balbuciou suas preces o tempo todo em que estive com ele e chacoalhou entre os dedos suas contas de rezar. Eu não reagi. Ele disse: "Imagino que o senhor ache que eu devia estar em um mosteiro". Eu não tinha a mínima intenção de incentivá-lo. Respondi: "Não estou pensando nisso". Ele chacoalhou suas contas, balbuciou e chacoalhou as contas de novo e depois, aumentando sua devoção um ou dois graus, disse: "Estou embriagado de Deus".)

Esse homem não se limitou a ajudar Muhamad Akram a entrar na faculdade de direito; tornou-se também seu conselheiro espiritual extra-oficial. Assim ocorreu que, quando Muhamad Akram começou sua prática de advocacia na região onde ficava sua casa em Sagodha, também se tornou um ativista político em favor do Jamaat. Isso representou uma ruptura com o passado; os feudais, ali, sempre apoiaram as pessoas que estavam no poder.

Mas o passado não foi enterrado. Ali, as rixas familiares nunca morriam de todo. Em 1975, ajustaram as contas com o irmão de Muhamad Akram que, quinze anos antes, acusara os raptores de sua mulher à polícia e assim tinha provocado a prisão de todos eles. Esse irmão, com apenas quarenta e um anos de idade, foi assassinado por desconhecidos. Quatro anos depois, Muhamad Akram mudou-se para a comunidade Jamaat, em Mansoura; dois anos depois, fez seu filho mudar-se para lá; e no ano seguinte, 1982, mudou para lá o resto da família. Naquele ano, o filho do irmão assassinado de Muhamad Akram matou alguém do outro lado; e Muhamad Akram, por alguma razão não declarada, abandonou a política.

Segurança, devoção, penitência e a causa do Jamaat agora andavam juntas para todos eles em Mansoura. Isso se tornara o seu mundo.

O assassinato nunca foi discutido na família de Muhamad Akram. Saleem, o filho único, concebido no ano do assassinato e nascido no primeiro ano de detenção do seu pai no presídio de Multan, disse: "Não tínhamos coragem de conversar sobre isso com meu pai".

Saleem tinha agora trinta e quatro anos e, por mérito próprio, se tornara um importante funcionário da alfândega. Para ele, esse drama — a conversão e o arrependimento do pai, os estudos na prisão — marcou o início da ascensão intelectual da família. Ele veio, em um sábado, depois do trabalho (sexta-feira, agora, era o sabá — o feriado semanal, em memória do enforcado sr. Bhutto —, e sábado era o primeiro dia útil da semana), para me levar até Mansoura. Era um homem alto, usava gravata e vestia um leve paletó de *tweed* (próprio para o inverno de Lahore) e, com base em certas coisas que disse, achei que ele esperava que eu ficasse surpreso por ver que um homem que vivia em Mansoura vestia aquelas roupas "modernas". Entrou em seu automóvel oficial, com motorista, e no banco de trás havia um exemplar de *The Economist* e outras revistas sérias.

O erro foi não aceitar sua sugestão de ligar o ar-condicionado. Estava no início da noite e temi pegar um resfriado. Mas era também a hora do *rush*. Quando chegamos a Mansoura, parando e arrancando nos sinais de trânsito o tempo todo, a estrada principal sempre enevoada de poeira e de vapores marrons, eu me sentia um tanto sufocado.

Eu ouvira falar muito de Mansoura e de sua atmosfera de fortaleza, e esperava algo mais remoto. Porém ficava logo ali, bem ao lado da estrada principal, no calor dos vapores e da poeira e com faixas fosforescentes no asfalto; e logo na entrada, à esquerda, como que em uma demonstração imediata de quem eram eles, os fiéis faziam suas preces da noite, na mesquita Jamaat, embaixo de uma espécie de rede ou de tela que podia ser usada como cobertura quando fazia sol demais ou quando chovia.

Saleem, em uma afobação repentina, tirou a gravata, jogou o paletó no banco do carro e foi se juntar aos fiéis, dizendo antes ao motorista para recuar um pouco o automóvel para que eu pudesse ter uma visão melhor. Um garoto com a miniatura de um *shalwar-kameez* acompanhava as orações dos fiéis com uma veemência extraordinária, saltando para cima e para baixo com suas juntas flexíveis.

Estava bastante escuro quando as orações terminaram. Saleem levou-me, então, para um passeio. Havia um cartão com um mapa do local. Cada casa no mapa tinha um número e uma lista no lado direito indicava os nomes dos ocupantes. Esse tipo de ordem era incomum no Paquistão, disse Saleem; percebi que se tratava de um outro aspecto da modernidade do Jamaat que as pessoas comentavam com admiração.

Longe das luzes da mesquita, caminhamos por trilhas irregulares. Fomos ao famoso hospital. Foi construído na época da guerra do Afeganistão. As pessoas falavam dele com assombro, mas a sala de espera ou a sala de acidentados ou o setor de emergência que Saleem me mostrou, abrindo uma porta frágil que dava para um beco escuro, se achava mal iluminada e vazia.

Parecia mal-acabada e dava a impressão de já ter decaído para algo semelhante à costumeira informalidade paquistanesa. A biblioteca e o centro de pesquisa, com seus modernos computadores, estavam fechados até a manhã seguinte. Mas a loja de fitas cassete estava aberta. Vendia coleções dos discursos de *maulana* Maudoodi e várias fitas sobre a Caxemira, inclusive uma fita em inglês chamada *Esmaguem a Índia.* Saleem, como um homem em uma loja de brinquedos, se pôs a comprar fitas, talvez para dar aos amigos, apontando ora para uma fita, ora para outra e, no final, o homem da loja colocou as fitas compradas por Saleem em um pequeno saco plástico branco e moderno.

Chegamos à casa da sua família. Pertencia a alguém do Jamaat; Muhamad Akram a alugava. Era uma casa estreita, de dois andares, e Saleem disse que havia dois lugares onde podíamos conversar: a sala de jantar e o seu escritório. Seu escritório, no andar de cima, não tinha móveis, só tapetes e almofadas.

Eu precisava de uma mesa para sentar e escrever e achei que devíamos ir para a sala de jantar. Ficava diante de um vestíbulo aberto ou da área da escada, que era muito estreita e espremida. Havia sacos de arroz com casca nesse cômodo; um dos sacos havia rompido ou fora aberto, e um punhado de grãos dourados se derramava sobre o chão de concreto. O arroz vinha da "fazenda", disse Saleem; portanto, a família ainda trabalhava na terra em Sargodha. A sala de jantar era estreita e sem profundidade. A mobília não deixava nenhum espaço livre e a lâmpada fluorescente parecia fazer pressão na minha testa, logo acima dos olhos. Havia, no todo, vinte grandes cadeiras de braço, de madeira entalhada, que formavam um conjunto, bem no estilo rústico feudal (e também no estilo burguês da Indonésia). Todas essas cadeiras tinham as costas voltadas para a parede. Doze estavam na área de recepção, uma fila de seis cadeiras diante de outras seis, ao longo de mesas baixas e largas, enquanto as outras oito estavam apertadas e quase tocando umas nas outras em torno da mesa de jantar.

Saleem disse, levando em conta talvez a maneira pela qual as cadeiras estavam arrumadas, que os visitantes eram esperados. E assim — depois de passar pelos sacos de arroz, e agora com um relance dos criados ao fundo, as pessoas magras, sombrias e sujas que compunham toda a criadagem doméstica do Paquistão, mesmo ali no Jamaat — subimos a estreita e íngreme escada de concreto até o escritório e a biblioteca de Saleem.

Era um aposento muito pequeno, de uns seis metros quadrados por uns 2,5 metros de altura, ou era essa a impressão que dava. O ar estava quente e poeirento; o cômodo se achava completamente fechado. Tinha tapetes e almofadas, conforme Saleem dissera; e lá estavam as estantes de livros nas paredes. Até o meio da parede, voltadas para a porta, continham aquelas coleções islâmicas com a encadernação decorada que eu aprendera a identificar em Qum. Outras prateleiras eram mais informais. Entretanto, logo parei de olhar os livros. Comecei a me sentir sufocado naquele ar fechado, bolorento. Senti que estava ficando doente. No chão, o que parecia um pufe ou um banco era um purificador de ar; estava ligado, mas levaria algum tempo antes de se poder sentir o efeito na sala.

Pedi que abrissem uma janela. Saleem chamou um criado lá de baixo, o qual vinha trazendo uma das grandes cadeiras da sala de jantar para mim, e tateava o caminho pela escada estreita e íngreme, atrás da sua carga desajeitada. O criado, depois de entrar no aposento e pôr a cadeira no chão, empurrou a janela. Era uma janela de correr, com esquadria de metal, e parecia estar emperrada. Saleem foi dar uma mãozinha, ou talvez só um dedo, no fecho. O criado continuou a empurrar e afinal a janela se abriu. Havia uma tela por trás; não tinha vista nenhuma. O trânsito rugia na estrada para Multan. O ar lá fora era áspero e quase tão quente quanto o ar de dentro da sala. O criado arrastou a cadeira para perto da janela aberta e ali sentei, por um momento, respirando fundo, como um devoto sentado diante do parapeito que proteje o túmulo de um santo, a fim de receber a bênção das emanações. A janela dava para uma parte do telhado reto que recobria o térreo; isso explicava o grande calor ali dentro e lá fora.

Saleem disse que era um aficionado do críquete. Conhecia nomes de obscuros jogadores indianos de Trinidad, especialistas em bolas de efeito: S. M. Ali, Inshan Ali, Imtiaz Ali, Rafiq Jumadeen. Isso era uma homenagem a mim, eu sabia; mas o críquete não era a única coisa que ele tinha no pensamento. Todos os jogadores que mencionava eram muçulmanos e Saleem sabia mais sobre eles do que eu.

O criado subiu de novo a escada íngreme, dessa vez com chá e *pakoras*, petiscos fritos e quentes, e um doce de leite com amêndoas, condensado e solidificado, absolutamente delicioso e um tanto inesperado, como se, de algum modo, no meio das intricadas devoções daquele lar Jamaat, um artista na cozinha tivesse se libertado das correntes.

Em seguida apareceu o pai, o penitente. Vestia um *shalwar-kameez* marrom-claro e reconheci naquilo a cor da penitência. Era mais baixo do que o filho e mais corpulento, e a escada o havia cansado. Tinha apenas cinqüenta e oito anos, mas, na sua família — Saleem imediatamente se mostrou respeitoso —, ele era o homem mais velho; e assumia esse papel.

Sentou-se no tapete, bem perto da minha cadeira, quase encostado nela, e erguia os olhos para mim com uma confiança extraordinária. A pele morena era limpa e lisa; a testa, sem sinais, parecia brilhar, como se fosse besuntada havia anos. Um dos olhos de cor clara estava ruim; uma catarata fora retirada no ano anterior. Mesmo assim, sua expressão era benigna. Havia algo errado com sua audição. Ele se inclinava para a frente quando eu falava e, com os lábios entreabertos diante dos dentes pequenos e de aspecto saudável, ele parecia sorrir.

Saleem explicou quem eu era e o que viera fazer em Mansoura.

Num instante pai e filho se puseram a falar com entusiasmo sobre sua fé em Mansoura. Queriam um estado islâmico. O Paquistão não era um estado islâmico. Não bastava que se houvesse criado um estado para os muçulmanos no subcontinente. Um estado islâmico era aquele em que os homens mais justos governavam e, como ocorria nos primórdios do islã, comandavam o povo nas orações.

Isso era o mesmo que eu tinha ouvido em 1979, na época do general Zia, que tentara islamizar o país; porém, a exemplo de outros antes dele, não soubera como converter uma fé pessoal na máquina de um estado; e, no final, criara uma tirania pessoal. Agora, ele era repudiado como um hipócrita. Mas, depois de tudo o que aconteceu, o sonho ainda estava presente em Mansoura, o sonho de restaurar a idade de ouro dos primórdios do islã, quando a congregação pura e dócil se achava integrada consigo mesma e com o governante.

E então pai e filho falaram ao mesmo tempo em uma espécie de dueto, trocando idéias a propósito daquela época de ouro islâmica. Depois da conversa no carro sobre a modernidade do Jamaat no tocante a assuntos como roupas e organização, depois do paletó de *tweed* e da gravata, do *The Economist* e da conversa sobre críquete, era estranho ver Saleem, o funcionário da alfândega, fazendo eco ao seu pai feudal, frase por frase.

Por acaso eu sabia, me perguntou o pai de Saleem, a respeito da época em que um dos primeiros califas foi repreendido por usar um manto extravagante? E ele, o pai, ao fazer a pergunta, olhou para cima, em minha direção, e chegou o rosto bem perto de mim. Saleem, mais informal, enquanto sorvia seu chá e apanhava uma *pakora* recostado sobre o tapete, com o corpo apoiado em uma almofada, contou a história do califa. O califa respondeu a seu acusador que um parente lhe dera sua provisão de tecidos para que ele fizesse aquele manto. Imagine só, disse Saleem. Imagine só, disse o pai em seguida. Imagine o soberano de um império que se estendia por todo o mundo; e no entanto, disse Saleem, completando o pensamento, um membro de uma assembléia podia questioná-lo desse modo. (Portanto, nessa visão da época de ouro, as cartas podiam ser embaralhadas e a simplicidade da integrada e dócil congregação islâmica podia ser posta ao lado de sua recompensa: um império mundial.)

Não, não, disse Saleem, um estado muçulmano não era um estado islâmico; muita gente cometia esse engano. Não, não...

Foi interrompido pelo criado, um daqueles fantasmas paquistaneses, que trouxe *pakora* fresca, dessa vez pedacinhos de repolho fritos, com pasta de grão-de-bico, quentes e crocantes no início e, depois, macios e suculentos. Atrás do criado, estava o jovem filho de Saleem, Muhamad, magro, habituado a receber atenção, atrevido no início, mas depois tímido e afetuoso, com grandes olhos escuros e a palidez de Mansoura. Seu pai o afagava; seu avô o afagava; ofereceram-lhe *pakora*. Mas ele não quis ficar e desceu de novo com o criado.

Perguntei-lhes a propósito do general Zia, o terror islâmico de 1979. Ele já não fizera o bastante? O que ainda faltava fazer?

Havia muita coisa, disse Saleem. Ainda restava muita influência hindu para ser eliminada e também (isso talvez proviesse de sua leitura da revista *The Economist*) vestígios do colonialismo britânico. E havia a questão do casamento, disse o pai. O Corão dizia que o homem podia casar quatro vezes; agora havia aqueles grupos de mulheres que tentavam adulterar a lei da família islâmica. Ele falava como um homem ofendido, esbulhado em seus direitos; erguia o rosto para mim, com sua expressão agradável, e se queixava como se tivesse certeza de que eu ia querer ajudá-lo. E havia a questão da usura; algo tinha de ser feito quanto a isso.

No entanto, disse o pai, o Paquistão e o Irã, como países, se achavam mais próximos do ideal islâmico; isso precisava ser reconhecido. Saleem concordava em relação ao Irã, dizia que a única coisa errada no Irã eram suas brigas com os vizinhos. Havia também o Sudão; ele tinha de ser levado em conta como um país que caminhava rumo ao islã; mas Saleem não estava seguro quanto ao Sudão.

Perguntei se ele almejava, para o Paquistão, algo semelhante à Guarda Revolucionária iraniana. Recostado nas almofadas, Saleem respondeu, com certa severidade, que um estado religioso tinha de encorajar os bons e dissuadir os maus. Todos os estados tinham uma força policial para cumprir esse papel. Comentei que isso significaria interferir na liberdade das pessoas. Saleem respondeu que não existia livre-arbítrio no islã. E seu pai, de pele lisa e com ar benigno, disse que a própria palavra "islã" significa obediência, submissão.

Perguntei de que modo o estado definiria o que era islâmico. Isso criara muitos problemas para o general Zia, apesar do seu Conselho de Ideologia Islâmica. Haveria debates, respondeu Saleem. Acrescentou, de forma surpreendente, que nem todo o mundo precisava concordar. Ele, por exemplo, nem sempre estava de acordo com o pai. Seu pai, de novo de forma surpreendente, falou: "Existe liberdade no islã".

O que desejavam, disse o pai, era um estado em que todos aceitassem o islã voluntariamente, de todo coração. E comecei a compreender como a liberdade e a submissão podiam andar lado a lado.

Disse Saleem: "O islã não foi ainda posto em prática".

Eu mais ou menos já esperava ouvir isso. Perguntei: "A vaidade ou o orgulho são condenáveis no islã?".

"Sim", respondeu Saleem. Seus olhos mostraram insegurança, tão fluidos e derretidos quanto os de seu filho.

"Como podem lançar essa mácula em todos os milhões de pessoas que vieram antes de vocês? Como podem afirmar que não foram bons? Como podem alegar essa virtude para si mesmos?"

Eu tocara um ponto sensível.

Seu pai respondeu: "Só podemos ser tão bons quanto estiver ao nosso alcance".

O garoto Muhamad, filho de Saleem, entrou de novo. Saleem disse que o menino tinha começado a ir à escola. O pai de Saleem explicou: "Já está estudando o Corão".

Pediram que recitasse os primeiros *suras*. O menino gostou de ser solicitado, mas se agarrou e se apertou de encontro ao avô e foi preciso insistir mais um pouco antes que ele começasse a falar as palavras com sua voz infantil. O rosto de Saleem se encheu de orgulho; e havia orgulho, também, no olhar do velho.

Disse Saleem: "Ele vai aprender o Corão inteiro de cor".

"O Corão inteiro", disse o velho, prosseguindo o dueto com o filho. Perguntei: "Quanto tempo isso vai tomar?".

"Cinco ou seis anos", respondeu Saleem.

Eu não podia ficar mais. Minha respiração tinha piorado muito. Embaixo, os criados magros, escuros e sujos, atrás dos sacos de arroz com casca derramado no chão. Lá fora, os vapores e a poeira da estrada para Multan. O motorista de Saleem levou-me de volta para o hotel. Saleem não veio comigo.

* * *

Na sexta-feira, o sabá do pobre sr. Bhutto, fui de novo para Mansoura. Dessa vez, fui de dia e vi que o conjunto de prédios, que tinha uma espécie de porteira para o estacionamento logo na entrada e estava cheio de homens barbados ociosos, em trajes de sexta-feira, era maior do que eu havia imaginado, um pequeno *campus*. O lugar era também bastante poeirento. A via principal do lado de fora estava completamente esburacada, sem pavimentação, e uma nuvem de poeira e de fumaça marrom de motores pairava acima dela.

A casa da família de Saleem parecia mais informal à luz do dia, uma construção rústica de aldeia, com um abrigo ou garagem no lado, e outras peças construídas depois. Muitos criados, magros, pobres e servis, bem distintos dos exibicionistas barbados na entrada, em trajes próprios para sexta-feira, se encontravam de pé, dentro e fora da casa; era difícil imaginar onde todos eles dormiam.

Um homem bonito, com o cabelo bem penteado e ondulado, se mostrou tão simpático e franco que pensei se tratar de um parente de Saleem. Era um dos criados da casa e se mostrava simpático porque me vira ali seis dias antes. Disse-me que Saleem e a esposa ainda estavam nas suas orações e me levou — os sacos de arroz com casca, da "fazenda", ainda no vestíbulo, um dos sacos rompido —, pela estreita escada de concreto, até o escritório.

Por alguma razão, um lençol ou pano estava pendurado na frente da janela e o purificador de ar estava ligado. Pedi ao gentil criado que ligasse o ar-condicionado e ele o fez.

Saleem, quando chegou, vestia um *koortah-shalwar* branco, um traje folgado de algodão, um homem em dia de repouso. Conversamos sobre os detalhes do caso de rapto em que seu pai se envolvera. O caso obcecava Saleem; marcara sua vida. Quando criança, durante os primeiros seis anos, ele ia uma ou duas vezes por ano para a prisão de Multan para visitar o pai. Depois, quando o pai saiu da prisão, a família toda foi viver em Sargodha, durante doze anos, antes de o pai se mudar para Mansoura. Saleem tinha vinte e dois anos de idade quando se uniu à comuna. Quando adulto, viveu sozinho durante três anos, não mais que isso.

Saleem disse que seus sentimentos religiosos se haviam desenvolvido fora da comuna. Sobre a comuna, disse ele: "Não pressionam a gente. Temos uma antena". Uma parabólica, coisa que o Jamaat não apreciava. "Às vezes nossas mulheres 'se reúnem'." Ele queria dizer que encontravam pessoas de fora; era algo que o islã mais estrito proibia.

Sua esposa, Tahira, veio até nós. No hotel, no dia anterior, quando ela viera me ver em companhia de Saleem, parecera radiante. Agora havia algo apagado em sua expressão. Podia ser a falta de maquiagem; o Jamaat não aprovava maquiagem. Era bonita sem isso; e tinha a corpulência que a parte de baixo do corpo das mulheres de sua classe adquire depois que se tornam mães, em virtude dos numerosos dias de repouso após cada parto e da alimentação pesada que recebiam.

Ela disse que se sentiu confusa, na primeira vez em que esteve ali. Preferia uma casa melhor. Durante os primeiros três ou quatro anos, ficou um pouco contrariada, nada satisfeita. Mas agora tudo estava muito bem, embora preferisse ter um quarto separado para as crianças. Gostaria de uma casa igual à de Sargodha, com uma sala de visitas adequada, uma sala de jantar adequada e um bom quarto de hóspedes.

Disse ela: "Aqui, temos uma porção de criados. Catorze ou quinze. Uma porção de hóspedes. É muito agitado".

Saleem comentou: "O que ela queria mesmo era uma casa só para o seu núcleo familiar".

"Mas agora está tudo bem", disse ela. "Eu me acostumei. Não desejo mais nada."

O ar-condicionado soltou um uuunf, um ganido, e parou. Um corte de energia: e uma espécie de silêncio recobriu toda Mansoura, como o silêncio em um vale, nas montanhas, logo depois de nevar. Uma porta inesperada se abriu à esquerda da janela coberta por um lençol e pudemos ver que a porta dava para o telhado reto. No verão, ali, devia ser quente demais, talvez insuportável.

A irmã de Saleem entrou. E foi uma entrada e tanto. Era uma mulher grande, vestia um *shalwar* cáqui e tinha a cabeça e o rosto totalmente cobertos, envoltos de modo frouxo por um pano de algodão leve, de cor clara, com pequenos e dispersos desenhos estampados; de tal modo que ela fazia pensar no ator Claude Rains, enrolado em ataduras, no velho e encantador filme *O homem invisível*, e talvez, como Claude Rains, também ela se embrulhasse no pano para esconder um vazio.

Ela havia aderido à reclusão do *purdah*, disse Saleem. (Mas aquilo não era o *purdah* de verdade. O *purdah* para valer a teria mantido longe do escritório de Saleem.) Eu podia perguntar a ela qualquer coisa sobre Mansoura e religião, disse Saleem; era o costume entre eles. O próprio Saleem passara os primeiros cinco anos ali sem fazer as orações. Agora ele as fazia, mas não tinha havido nenhuma pressão.

A irmã tinha vinte e sete anos; portanto, tinha nascido um ano depois de seu pai sair da prisão. Ela não conseguia explicar de forma alguma por que aderira ao *purdah*. Simplesmente, um dia, sentiu que ia aderir ao *purdah*. E agora estava muito mais calma. Não falou muita coisa além disso; e talvez não houvesse nada mais para dizer.

Talvez não existisse mistério nenhum, nada a ser elucidado; talvez lugares como Mansoura, por via das orações e dos rituais de devoção, e mediante a repetição desses rituais, e também com a consciência de si mesmas que advinha às pessoas simplesmente por estar ali (nesse aspecto, Mansoura era igual a Oxford: um inesgotável tema de conversa para as pessoas do local), talvez lugares como Mansoura, capazes de embotar alguém como Tahira, a esposa de Saleem, pudessem ao mesmo tempo oferecer a pessoas muito simples aquela possibilidade de um permanente teatro particular. Era possível imaginar o drama daquela irmã de Saleem ao aderir ao *purdah*. "Você sabia? A irmã de Saleem está com vontade de aderir ao *purdah*." "Ela vai aderir ao *purdah*." "Ela aderiu ao *purdah*." "É o que todo mundo me pergunta. Simplesmente, um dia resolvi que devia aderir ao *purdah*. Agora, me sinto muito mais calma."

Muhamad, o filho mais velho de Saleem, que ia aprender o Corão inteiro de cor, entrou em companhia de Ahmed, o filho mais novo.

Havia visitas. Era um casal jovem. A mulher era muito bonita; o homem era grande, forte e, embora jovem, parecia um homem investido de certa autoridade. A mulher disse que vinha de uma família política. Eu conhecia o nome da família, pelos jornais; Saleem era de origem feudal e tinhas boas relações.

A mulher disse que nunca antes tinha estado em Mansoura. Não quisera ir lá porque achava que não ia gostar. Não conseguia gostar de algo que tomasse sua liberdade. E, no entanto, embora proviesse de uma família de renome, ela abandonou os estudos quando se casou.

Seu marido, o homem forte, disse: "Era contra os costumes da sociedade". E uma vez que isso soou severo, mesmo para ele, completou: "Em outra sociedade, seria diferente". Como se tudo fosse apenas uma questão de sorte ou azar da esposa.

Conversamos — o eterno assunto — sobre o Paquistão.

O marido disse, no seu jeito seco, que o estado moderno estava cedendo lugar para "feudos separados", como no passado. E, no seu jeito seco, disse que isso seria bom para os negócios. Falava sem a menor tristeza pela morte do estado. E pude ver de que modo, para ele, com sua procedência tribal, o estado moderno tinha sido simplesmente um fardo sem nenhuma recompensa, um desperdício de energia, uma série de ciladas.

Todas as idéias — de liberdade e da perda da liberdade, de religião e de estado — estavam interligadas. Foi nisso que desembocou, por fim, o sonho do convertido Iqbal, a respeito de um sistema político muçulmano puro, um retrocesso cada vez maior, rumo à morte do estado na região de onde o homem viera, e rumo a Mansoura.

Após certo atraso, o chá foi trazido pelos criados, que subiram a difícil escada. A luz voltou. E logo nada mais havia a dizer. Tínhamos esgotado Mansoura como tema de conversa. A irmã de Saleem, no seu estilo peculiar de *purdah*, havia saído sem ser notada.

6

PERDA

Para a maioria dos muçulmanos do subcontinente, a separação de 1947 foi como uma grande vitória, "como Deus", conforme me disse um homem em Lahore, em 1979. Agora, todo dia, nos jornais, havia notícias de matanças na grande cidade portuária de Karachi. Foi para onde muitos muçulmanos que emigraram da Índia, gente da cidade, de classe média ou de classe média baixa, tinham ido depois da separação. Quase meio século depois, os descendentes dessas pessoas, sentindo-se ainda estrangeiros, sem voz, burlados, sem poder, pegaram em armas contra o estado, em uma guerrilha inclemente.

No esquema do convertido Iqbal, o islã seria uma identidade suficiente para todos. Mas as pessoas do Sind (a província onde ficava Karachi) não gostaram de ver sua terra, embora estivesse meio vazia e meio deserta, dominada por estrangeiros mais instruídos e mais ambiciosos. A terra do Sind era antiga e se mantinha sempre um pouco à parte. O povo possuía uma história e uma língua próprias, bem como reverências feudais. Ergueram barreiras políticas, algumas declaradas, outras ocultas, contra os estrangeiros vindos da Índia, os *mohajir*. E, no Paquistão, um *mohajir* não tinha nenhum outro lugar para onde ir.

A separação, outrora um motivo de júbilo, se tornara uma ferida para alguns desses *mohajir*. Para alguns, as lembranças desse tempo ainda estavam vivas.

Salman, um jornalista, nasceu em 1952. Vivia atormentado pelos incidentes — que tentava, de forma interminável, reconstruir — ocorridos ao longo de quatro dias, no ano de 1947, na cidade de Jalandhar, agora situada no Punjab indiano. A certa altura, naqueles quatro dias, entre 14 e 18 de agosto de 1947, o ponto zero da independência, tanto para a Índia quanto para o Paquistão, sua avó foi assassinada dentro de casa, em Jalandhar, com outros membros da família. No dia 14, ela estava viva, protegida pelos vizinhos hindus. No dia 18, a mãe do pai de Salman, que estava escondida em algum outro lugar, foi para a casa, uma residência de classe média indiana, com quintal, e a encontrou vazia, com manchas de sangue nas paredes, mas sem cadáveres.

O avô de Salman fugiu. Devia ter uns cinqüenta anos de idade, na época. Conseguiu tomar um trem rumo ao que se tornara o Paquistão — uma fuga breve, por caminhos que, até quatro dias antes, estavam desimpedidos e movimentados. O trem foi atacado no meio da viagem. Ele chegou a Lahore enterrado sob cadáveres. Foi um dos poucos sobreviventes.

Salman tomou conhecimento da história quando tinha quinze anos. Até essa época, vivera com a idéia de que os hindus e os sikhs representavam o mal supremo. Mas quando soube dessa história, não sentiu raiva nenhuma. A história era terrível demais para a raiva. Não importava quem havia cometido a chacina.

O sangue nas paredes de uma casa que ele não conhecia (Salman nunca estivera em Jalandhar nem na Índia) e que só podia imaginar, a ausência de cadáveres: os detalhes, ou a ausência de detalhes, de uma época anterior a seu nascimento, abalaram Salman, tornaram-se o pano de fundo de sua vida no Paquistão. Quando a história voltava ao seu pensamento, Salman podia passar vários minutos imaginando como as pessoas na casa haviam, efetivamente, encontrado a morte. Teriam sido feitos em pedaços? Teriam sofrido — um pensamento terrível — violências sexuais?

Havia outras histórias, da mesma época, que ele ouviu de um tio: do tio (e sem dúvida de outros) escondido atrás de tambores de gasolina, enquanto escarnecia dos revoltosos hindus e sikhs, que não queriam ver a Índia dividida.

But kay rahé ga Hindustan!
Bun kay rahé ga Pakistan!
O Industão será dividido!
O Paquistão será fundado!

Na década de 60, essas histórias de morte e insurreição começaram a exasperar Salman. "Fui levado a refletir que havíamos perdido tanta coisa por causa deste país, para agora fazermos isto dele."

Entretanto, houve um longo período tranqüilo no novo país. A família perdera tudo em Jalandhar, mas o pai de Salman, um engenheiro civil, trabalhava para o governo — estava no Beluchistão na época das revoltas em Jalandhar — e assim havia dinheiro todo mês. Em 1952, o ano do nascimento de Salman, seu pai deixou o governo para se estabelecer por conta própria. Durante mais de dez anos seu trabalho prosperou. Criou sua família de uma maneira religiosa. Todos os rituais eram respeitados e havia recitação do Corão. Salman, quando criança, sabia muitas orações de cor. A religião fazia parte da tranqüilidade de sua infância.

Em 1965, quando tinha treze anos, Salman ficou consciente de outro tipo de islã. Era a época da breve e inconcludente guerra com a Índia. "Havia canções que exortavam os *mujahidin* a ir para a guerra e lhes prometiam o paraíso, o céu. Multidões da cidade de Lahore, armadas só com porretes, partiram para travar a guerra santa contra os infiéis hindus. Tiveram de ser trazidos de volta. Eles haviam sido atiçados pelo mulá. O interessante é que o mulá não se achava no comando dessa gente. Ele estava a salvo em sua mesquita.

Desse modo, Salman foi apresentado à idéia do *jihad*, a guerra santa. Era uma idéia específica dos muçulmanos. Explicou-me essa idéia da seguinte forma: "No cristianismo, Cristo morreu por todos os cristãos. Pode assegurar para eles o paraíso. No islã, Maomé pode apenas apresentar uma petição a nosso favor, por sermos seus seguidores. A decisão final sobre o mérito de nossas boas ações cabe somente a Alá. Nada é maior, no que diz respeito à bondade, do que o *jihad* em nome de Alá". O *jihad* não era tomado em termos metafóricos. "A palavra do Corão é usada em sentido muito literal. É até blasfemo pensar nisso como uma alegoria. O Corão põe muita ênfase no *jihad*. Uma das sentenças de Maomé" — não está no Corão, é uma das tradições — "é a seguinte: 'Se você vir uma ação antiislâmica, deve interrompê-la à força. Se não tiver meios para detê-la, condene-a verbalmente. Se também não for possível, condene-a no seu coração'." Aprendi isso desde que me conheço por gente. Creio que essa tradição autoriza os muçulmanos a agir com violência.

Em 1965, ele viu pela primeira vez essa idéia ganhar uma expressão pública, na forma de uma horda. E embora visse, então, pessoas fazendo "coisas tolas", ele compreendia tanto sua necessidade de adquirir méritos como seguidores de Maomé, quanto seu temor do inferno.

"Infindável flagelação com labaredas abrasadoras, e chamas além do que se pode imaginar. Ser forçado a beber pus. Está tudo muito bem descrito nas tradições. No Corão, há menção apenas às chamas e ao castigo eterno."

Em 1968, quando tinha dezesseis anos e estava no primeiro ano da faculdade de ciência do governo, em Lahore, Salman se viu fazendo parte de uma dessas hordas. Havia uma resenha, na *Time* ou na *Newsweek*, de um livro intitulado *O profeta guerreiro*. Dois ou três exemplares da revista com a resenha haviam, de algum modo, entrado na faculdade e circulavam. Ninguém tinha visto o livro, mas os rapazes resolveram fazer uma passeata a fim de protestar contra ele. Foi durante um recreio; os rapazes estavam sentados do lado de fora. Não havia nenhum líder determinado. Eram todos tão instruídos em religião quanto Salman. A idéia de um protesto público simplesmente lhes ocorreu, e logo eles se transformaram em uma horda. Salman os acompanhou, embora recordasse de forma bem clara, durante todo o tempo, que não encontrara na resenha nada de odioso a propósito do profeta ou do islã. O tempo estava bom. Era o inverno, a melhor estação em Lahore, e eles gritaram *slogans* contra os Estados Unidos e depredaram alguns microônibus.

O mulá que em 1965 atiçara sua congregação e os enviara para o *front* para combater com porretes permanecera perfeitamente a salvo na retaguarda, em sua mesquita. Não era sua vocação lutar. Sua vocação era atiçar o povo, imprimir na mente deles, da forma mais realista e dramática possível, as recompensas do *jihad* e os horrores do inferno.

Era semelhante ao mulá do qual eu ouvira falar (um caso contado por outra pessoa) e que fora recrutado, junto com outros mulás, para fazer campanha contra o sr. Bhutto, em 1977. Esse mulá era baixo e gordo, uma aparência nada boa, e conhecido por não ser confiável. Mas nada disso importava; era um pregador excelente, de voz possante. Havia, na ocasião, um toque de recolher, mas era relaxado (como tinha de ser) para as preces de sexta-feira. As pessoas que iam à mesquita do mulá se viam ouvindo mais do que simples orações. Ouviam relatos, extraídos da história islâmica, de heroísmo e martírio, na famosa voz do mulá e no seu esplêndido estilo oratório. Pedia a eles que fossem dignos do passado, que assumissem o *jihad* e não ignorassem as forças do mal à sua volta. "Digam ao inimigo: 'Ponham à prova suas flechas em nós e nós poremos à prova nossos peitos contra sua flechas'." Parecia poesia e por essa razão soava imperativo, embora ninguém pudesse identificá-lo. As palavras em si não significavam coisa alguma, mas deixavam as pessoas alucinadas; e, no final daquelas preces de sexta-feira, o toque de recolher do coitado do sr. Bhutto tinha sido transformado em uma coisa inofensiva. A congregação partia impregnada de ódio religioso, resolvida a ganhar um pouco mais de crédito no céu, em troca de mandar o sr. Bhutto para o inferno.

O fato de o mulá não ser digno de confiança, nem ser um homem ético em qualquer aspecto, não tinha nenhuma importância. Não estava propondo a si mesmo como um guia. Era seu atributo como mulá manter o povo convertido em estado de alerta e, quando necessário, incitá-los, fixar o pensamento deles no inferno e no céu e lhes declarar que, quando a hora chegasse, só Alá seria o seu juiz. Isso era um aspecto do estado religioso — o estado criado apenas para os convertidos, onde a religião não era uma questão de consciência pessoal — que o poeta Iqbal nunca havia imaginado: que um estado assim sempre poderia ser manipulado, era fácil de solapar e cheio de tramóias simples.

Havia outra coisa que Iqbal nunca havia imaginado: que no novo estado a natureza da história seria alterada e, com essa alteração do sentido histórico, a vida intelectual do país inevitavelmente se reduziria. Os mulás sempre manteriam esticado o cordão de isolamento, sempre delimitariam o campo de investigação. Toda a história da terra ancestral deixaria de ter importância. Na escola, nos livros de história, nos livros de "civismo", a história do Paquistão se converteria em nada mais do que um aspecto da história do islã. Os invasores muçulmanos, e sobretudo os árabes, se tornariam os heróis da história do Paquistão. O povo local mal se mostraria presente em sua própria terra, ou só apareceria como uma nulidade varrida pelos agentes da fé.

Trata-se de uma horrorosa mutilação da história. É uma concepção de convertidos, e isso é tudo o que se pode dizer a respeito. A história se tornou uma espécie de neurose. Coisas demais precisam ser ignoradas ou deturpadas; havia fantasia demais. Essa fantasia não está só nos livros; afeta a vida das pessoas.

Salman, ao comentar essa neurose, disse: "O islã não se mostra em meu rosto. Quase todos nós, muçulmanos do subcontinente, inventamos ancestrais árabes para nós mesmos. A maioria de nós somos *sayed*, descendentes de Maomé, por intermédio de sua filha Fátima e do seu primo e genro Ali. Existem outros — como é o caso da minha família — que inventaram um homem chamado Salim Al-Rai. E outros ainda que inventaram um homem chamado Qutub Shah. Todo o mundo arranjou um antepassado oriundo da Arábia ou da Ásia Central. Estou convencido de que meus antepassados foram hindus de casta média para baixa e de que, apesar de sua conversão, não integravam o tronco principal dos muçulmanos. Se lermos Ibn Battuta e viajantes mais antigos, percebemos a atitude desdenhosa dos viajantes árabes em relação aos convertidos. Transcrevem o nome árabe de alguém e dizem: 'Mas é um indiano'.

"Essa invenção de uma linhagem árabe logo se tornou generalizada. Foi adotada por todas as famílias. Quando a gente escuta as pessoas falarem, chega a crer que esta terra imensa e maravilhosa não passava de uma floresta selvagem, que nenhum ser humano vivia aqui. Tudo isso foi intensificado na época da separação, esse sentimento de não pertencer à terra, mas sim à religião. Apenas um povo no Paquistão tem respeito pela sua terra: os sindis".

Era isso que pairava em torno de toda aquela tranqüilidade da infância de Salman. Essas fantasias e ilusões, que, até certo ponto, também eram as suas, quando criança, viriam a se transformar no seu tema principal, quando Salman se tornou escritor. Elas levaram tempo para ser descobertas, requeriam o ponto de vista de um adulto, e exigiam que ele se pusesse um pouco fora de si mesmo.

Mas mesmo quando ainda era adolescente, Salman começou a perceber sinais de estar um pouco à parte. Alguns meses depois de ter acompanhado aquela passeata de estudantes por causa de *O guerreiro profeta* (o tempo todo com a sensação de que se tratava de algo injustificado) e depois de, naquele breve *jihad* vespertino, ter ajudado a depredar alguns microônibus, ocorreu algo que o abalou.

Era o ramadã, o mês do jejum. Haviam-lhe dito, e Salman acreditou, que se ele ficasse acordado e orasse durante uma determinada noite nos últimos dez dias do ramadã, seria purificado de todos os pecados, se tornaria um novo homem. Disseram que se sentiria mais leve; isso o havia impressionado. Naquele ano, a grande noite era a do dia 27. Ele, o irmão, a irmã e o resto da família ficaram acordados rezando. De manhã, Salman nada sentiu de diferente. Esperava experimentar um imenso sentimento de leveza. Ficou decepcionado. Mas não teve coragem de dizer isso para ninguém da família.

Sua decepção e sua preocupação por causa disso devem ter sido maiores especialmente nessa ocasião, porque, após uma década e meia de sucesso, os negócios do pai, no campo da engenharia civil, começaram a fraquejar. O trabalho propriamente dito se mantinha, mas o pai de Salman começara a fazer uma série de juízos errôneos sobre as pessoas. Salman ainda estava na escola; os problemas profissionais do pai deviam deixá-lo preocupado.

Dois ou três anos depois — os negócios do pai decaíram ao longo de todo esse tempo — ocorreu outro incidente, dessa vez no final do ramadã. Eid é a grande festa no final do ramadã e as preces do Eid são sempre feitas em uma assembléia. O pai de Salman pegara o carro para ir para a mesquita a que sempre ia, e Salman e o irmão foram a pé, em busca de uma mesquita nas vizinhanças. Salman disse ao irmão: "Que perda de tempo".

O irmão respondeu: "Sobretudo quando a gente não acredita nisso".

"O quê?", exclamou Salman. "Você também?"

"Nossa irmã mais velha também não acredita", disse o irmão. "Você não sabia?"

Salman tinha em alta conta a inteligência do irmão. A preocupação que sentira em relação à perda da fé se dissipou. Não tinha a sensação de estar desapontando as pessoas que haviam morrido nos distúrbios de Jalandhar, em 1947.

Todos os três filhos da família tinham perdido a fé. Mas, à medida que seus negócios decaíam, o pai de Salman se tornava mais devoto e mais intolerante. Uma das festas que a família comemorava quando Salman era criança era o Basant, ou festa da primavera. Agora o pai de Salman a proibira por ser antiislâmica, algo proveniente do passado hindu e pagão. Houve grandes discussões com a filha quando ela veio de Karachi, onde morava. Ela não era tão sossegada como Salman e seu irmão. Ela não tinha papas na língua, e as discussões podiam ficar muito acaloradas. Um dia, quando o irmão do pai de Salman também se achava presente, o pai de Salman disse:

"Deixe-a para lá. É uma apóstata. Não discuta essas coisas com ela". E se retirou enfurecido.

A casa ficou carregada de tensão.

O pai de Salman queria que Salman fosse engenheiro. Mas Salman era fraco em matemática e, pouco antes de completar vinte anos, entrou no exército. Desenvolvera um interesse por armas. Não tinha, agora, nenhuma fé religiosa, mas era um soldado paquistanês perfeito. Salman se entusiasmava com a idéia de ir para a guerra contra a Índia, embora no ano anterior tivesse ocorrido a derrota em Bangladesh.

"Era meu pensamento que nós, ou eu, pessoalmente, tínhamos de ajustar contas pelo assassinato de meus avós e de minhas duas tias. A idéia, na certa, devia estar em mim desde sempre, mas se tratava de um sentimento muito frio. Como um assassino amadurecido que parte para cometer seu centésimo assassinato. Eu não me sentia empolgado nem comovido por causa disso. Era só uma coisa que eu tinha de fazer. Eu não falava sobre meus avós, mas era bastante eloqüente quanto a entrar em guerra de novo contra a Índia. Isso com meus companheiros de exército, não em casa."

Após dois ou três anos, esse sentimento o deixou. Também perdeu sua paixão pelo exército. Não conseguia encontrar pessoas com quem conversar e era repreendido por falar sobre livros e tentar influenciar os outros. Três anos depois, pôde deixar o exército. Foi trabalhar em uma multinacional, em Karachi. O emprego lhe veio por intermédio de um amigo do tempo do exército, cujo tio era o número dois na direção da empresa.

Portanto, Salman foi para Karachi, a cidade *mohajir*. A vida não era fácil. No início, pagava para morar com uma família; depois, alugou um quartinho sórdido, com cozinha. Foi subindo os degraus lentamente. Tinha um amigo na empresa. Certo dia, quando conversavam, Salman mencionou a revista *Reader's Digest*. O amigo riu. Salman disse que queria aprender. O amigo ficou satisfeito, passou a orientar Salman, e Salman recordava esse ponto como o início de sua educação.

Depois de cinco anos, Salman se casou e então, a exemplo do pai, largou a segurança do emprego para ter seu próprio negócio. Fez isso em uma época ruim. Karachi havia crescido sem parar desde o tempo da independência, recebera imigrantes da Índia e de todas as partes do Paquistão; e agora a tensão entre os sindis, os *mohajir* e os nativos do Punjab estava prestes a se exasperar.

Em janeiro de 1987, menos de quatro anos depois de casar, Salman e a esposa tinham perdido todo seu dinheiro. Um amigo lhes dissera que, no estágio da vida em que se encontravam, deviam pensar no futuro e fazer alguns investimentos. Aplicaram seu dinheiro em várias firmas de investimento; foram cautelosos, assim raciocinaram, com o objetivo de diluir os riscos; mas um dia as empresas simplesmente desapareceram. O amigo os persuadira a investir em uma empresa dirigida por mulás missionários. Esses mulás não eram militantes; só queriam fazer o bem aos muçulmanos, trazer os desgarrados de volta para o rebanho e ganhar novos convertidos. O amigo disse para Salman e sua esposa: "Vocês podem não ter fé, mas essa é a única empresa verdadeiramente confiável". Nela foi depositada a maior parte do dinheiro de Salman e da esposa.

Essa tragédia veio se somar à tragédia das ruas. "A situação estava piorando em Karachi e no Sind ao longo desse tempo. Entre 1987 e 1989, começou a ocorrer uma coisa terrível em Karachi. Um pedestre solitário, à noite, era apunhalado pelas costas por um motociclista. Deve ter havido uns cinqüenta ou cem casos. Acontecia uma vez por semana, mais ou menos. Apenas um incidente isolado, aqui e ali. Não me lembro de ter lido em parte alguma sobre a prisão de um desses esfaqueadores. Eu ficava cada vez mais apreensivo com isso.

"Em julho de 1987, aconteceu aquele incidente. Tive de levar minha esposa de carro até o aeroporto às duas horas da madrugada. Na volta para casa, parei para reabastecer o carro. Eu sabia que não tinha gasolina bastante quando saí de casa, mas pensei em reabastecer em um dos muitos postos no caminho. Era uma cidade que na verdade nunca dormia. Mas todos os postos de gasolina estavam fechados, com medo dos assaltos à mão armada. Levei minha esposa para o aeroporto. Minha gasolina agora era bem pouca. Na volta, a uns dois quilômetros de casa, o carro parou. Passava um pouco das duas horas. Estacionei o carro e comecei a andar.

"Nunca senti um medo tão devastador, ele subia em ondas por dentro de mim. Ainda recordo bem nitidamente de olhar para os muros ao lado da rua para ver qual seria o mais fácil de pular e fugir, no caso de eu ser atacado. E então ouvi um motociclista vindo por trás. *Tup-tup-tup*. Fiquei completamente aterrorizado. E, naquele tumulto de pensamentos, a única coisa de que me lembro é do desejo de fugir, de pular por cima do muro. Não sei o que me manteve ali. E o *tup-tup-tup* se aproximava. Olhei para trás. Era um piloto solitário. Os agressores eram sempre dois. Portanto, vi que ele não era um assassino. Mesmo assim o medo era real. Parei de andar. E ele chegou, *tup-tup-tup*. E disse: 'O que você está fazendo na rua a uma hora dessas? Não sabe que é perigoso?'. Expliquei a ele. Perguntou aonde eu estava indo. Quando respondi, ele disse: 'Suba. Eu levo você para casa'. Ele falava a língua urdu. Ri e lhe perguntei: 'Você disse que é perigoso. Então o que está fazendo na rua a essa hora?'. Respondeu: 'Vou para o consulado da Índia. Quero ser o primeiro da fila para pedir o visto'. Eram duas e pouco da madrugada. Era isso o que as pessoas tinham de fazer. O homem devia ter parentes na Índia. Ia fazer uma visita. Não estava fugindo do perigo."

Salman e sua esposa acalentavam a idéia de deixar Karachi e voltar para Lahore. Essa experiência os fez tomar uma decisão. Mais tarde, naquela manhã, Salman telefonou para a esposa e disse: "Precisamos mesmo ir embora daqui".

"Não era medo, na verdade", prosseguiu Salman. "Não era medo pela minha vida. Era a dor de viver em uma sociedade cruel e injusta. Tudo estava se deteriorando. É como se aquelas pobres criaturas que morreram em Jalandhar tivessem morrido em vão. Por que minhas tias e meus avós tiveram de pagar com a própria vida — por nada? Não havia nenhuma amargura. Apenas a sensação da injustiça de tudo aquilo."

Mais ou menos seis meses depois do incidente com a motocicleta, pessoas que sofriam em Karachi, como Salman, organizaram uma manifestação pela paz. Havia umas quinhentas pessoas na manifestação. Eram pessoas que tinham perdido a esperança. Estava no inverno, que é muito bonito e agradável em Karachi. Os manifestantes sorriam e se cumprimentavam com um aceno de cabeça. Muitos tinham lágrimas nos olhos.

"Havia um enorme sentimento de fraternidade, de união. Nenhum *slogan*. Foi só uma passeata pela paz em Karachi. E o tempo todo eu sentia aquele bolo na garganta e tinha a impressão de que começaria a chorar. Todo o mundo sabia que éramos sócios nessa mesma dor, por tudo o que se passava na cidade. Todo o mundo tinha o mesmo sentimento em relação à cidade. Ela nunca adormecia de verdade. E as pessoas diziam — os nativos do Punjab e os patanes — que era uma cidade de bom coração, bondosa sobretudo com os habitantes mais pobres.

Naquele ano, na primeira semana de setembro, aconteceu um massacre de umas trezentas pessoas na cidade de Hyderabad, a segunda cidade do Sind. Atiradores não identificados abriram fogo e, em dez ou quinze minutos, mataram trezentas pessoas. Fazia parte da guerra *mohajir*. Às vezes, os *mohajir* executavam a matança; outras vezes, o exército.

Salman encontrou-se com alguns amigos naquele dia. Disseram para ele: "Você parece doente. Alguém morreu?". E ele respondeu: "Não, não. Ninguém morreu".

Naquele dia, Salman e a esposa resolveram partir de Karachi. Levaram três meses para liquidar seus negócios na cidade.

Não era fácil para Salman ganhar a vida. As reduzidas necessidades intelectuais do país lhe ofereciam poucas chances como escritor, não o encorajavam a crescer. Era mal remunerado pelo que fazia.

Tornara-se uma espécie de homem errante. Agora, encontrava consolo em terras despovoadas. O país, pelo menos, lhe oferecia isso; havia vastas extensões de deserto e montanha onde um homem podia ter a sensação de que ninguém jamais estivera ali.

Salman levava consigo seu tormento: os primeiros quatro dias da independência, em 1947, de 14 a 18 de agosto, e a casa vazia, com quintal, em Jalandhar, com sangue nas paredes.

Ele nunca estivera na Índia e começava a pensar que devia ir lá. Havia uma viagem que Salman desejava fazer. Queria que a viagem começasse no dia 11 de agosto, e queria que o ponto de partida fosse na estação de montanha do Himalaia chamada Solan. De Solan, no dia 11 de agosto de 1947, sua tia (que viria a ser assassinada uma semana depois) havia escrito para seu marido que a situação estava muito perigosa em Solan; era para ele vir imediatamente e levá-la de volta para Jalandhar. Seu marido veio e levou-a naquele trem. Mais tarde, ele disse (foi um dos sobreviventes) que o ódio e a tensão no vagão eram algo que eles podiam sentir. Mas chegaram sem problemas à casa em Jalandhar no dia 14 de agosto.

Era a viagem que Salman desejava fazer de novo, em algum ano, nessas mesmas datas, caso conseguisse um visto para a Índia. "Para marcar o início de toda essa história."

7

DO NORTE

Rahimullah era um patane do clã Yusufzai e trazia o nome do clã como seu sobrenome. Cada clã patane descendia de um ancestral remoto; os Yusufzai, conforme o nome sugere, eram os filhos de Yusuf. Algumas famílias Yusufzai possuíam árvores genealógicas completas, mas Rahimullah só podia recompor o passado de sua família até três gerações. Seu avô, disse ele, devia saber mais alguma coisa.

O passado só se estendia na medida das lembranças das pessoas; elas não tinham meios para conhecer ou determinar o passado além das memórias da família. O tempo ali era como um rio; era difícil determinar qualquer ponto exato do fluxo. As pessoas nem sempre sabiam que idade tinham. Rahimullah dava o ano de 1953 como a data de seu nascimento, porém, na certidão, o ano era 1954. Quanto ao jovem empregado de Rahimullah, baixo, moreno e risonho, com dentes bonitos e fortes, e a cabeça muito cheia de um cabelo preto e ondulado, podia ter dezoito, dezenove ou vinte anos; agora ninguém sabia ao certo.

O pai de Rahimullah nasceu em 1918 (segundo o filho) em uma pobre família de lavradores. Pouco depois de ter nascido, seu pai e sua mãe morreram (possivelmente vítimas de uma epidemia, embora Rahimullah não o dissesse); assim o menino ficou completamente órfão. Ganhava a vida como pastor, cuidava do rebanho de outras pessoas. Ao mesmo tempo, até os treze ou catorze anos, recebeu alguma instrução; chegou até a oitava série. Quando alcançou a idade adequada, entrou para o exército indo-britânico, como sipaio. Era alto, tinha mais de 1,80 metro, e bonito, com olhos azuis. Na Segunda Guerra Mundial, prestou serviço militar no Egito e na Líbia. Em 1953, fez parte do contingente do exército paquistanês que participou da coroação da rainha Elizabeth. Aposentou-se no exército paquistanês no posto de *subedar*, um oficial subalterno, na seção de transporte.

Foi uma carreira longa e boa. Mas de repente, de forma inesperada, desandou. Não fazia muito tempo que estava de volta a sua aldeia quando o reconvocaram por causa da situação em Bangladesh. Foi enviado para o porto de Chittagong, em Bangladesh, como parte das forças de reserva. Perderam a guerra; Bangladesh se separou; o exército do Paquistão em Bangladesh baixou as armas. Assim, no final de sua carreira militar, já aposentado, o pai de Rahimullah tornou-se prisioneiro de guerra. Por um longo tempo sua família não sabia se estava morto ou vivo. Enfim, um dia, chegou uma carta escrita por ele do campo de prisioneiros de Rampur, na Índia.

Quando, mais ou menos dois anos depois, ele voltou à sua aldeia, o pai de Rahimullah se dedicou a campanhas de utilidade pública. Estimulou as pessoas a criar um serviço de transporte em ônibus; fez campanha para trazer eletricidade para a aldeia; instalou o primeiro moinho de farinha; incentivava as pessoas a construir elas mesmas suas estradas de acesso; e cuidava para manter bem limpa a aldeia. Nas preces de sexta-feira, na mesquita, ele fazia correr seu xador a fim de recolher dinheiro para diversas causas. Alguns membros da família protestavam: "Você está pedindo esmola. Isso está abaixo da sua posição". E ele respondia: "Não, não. Estou cumprindo a missão divina". Mas isso deve ter deposto contra ele, pois, quando veio a época das eleições locais e ele se apresentou como candidato, perdeu; um outro membro da sua família foi eleito.

O pai de Rahimullah gostaria que seu filho fosse oficial do exército e fez tudo o que pôde, com seus recursos limitados, para educá-lo em boas escolas: até a sexta série na escola média inglesa do acantonamento em Peshawar, mais dois anos na escola de um convento católico em Jhelum, depois mais três anos em regime de internato em uma faculdade militar construída pelos ingleses. Entretanto, no final, embora se tivesse tornado um homem grande e um jogador de basquetebol, Rahimullah não passou no exame médico: sua visão não era boa o bastante.

Pai e filho ficaram desapontados. O pai disse: "A culpa não é sua. É a vontade de Deus". Ele achou, então, que Rahimullah devia ser médico. E durante mais de dois anos Rahimullah estudou ciência, primeiro ali mesmo, depois em uma faculdade de ciência fundada por parses, em Karachi. Nas provas, Rahimullah deixou de entrar na primeira divisão por um ponto ou dois. Isso significava que não poderia entrar em uma faculdade de medicina.

Foi nessa época que o pai de Rahimullah se tornou prisioneiro de guerra. Só uma parte do seu salário ia para a família (o restante ficava guardado para ele). Rahimullah teve de renunciar às aspirações de uma carreira própria e voltar para a aldeia para cuidar da família. Foi um momento sombrio para ele; parecia que o mundo lhe havia fechado as portas. Mas então, quando o pai voltou, o mundo pouco a pouco se abriu novamente, e de uma maneira que ninguém poderia ter previsto.

Quando era estudante em Karachi — e morava com um primo mais velho —, Rahimullah, para se sustentar, trabalhava das seis da tarde às duas da madrugada como revisor em um jornal. Isso lhe rendia 180 rupias por mês, seis libras, e lhe deixava tempo livre para ir às aulas durante o dia. Nessa época, tomou gosto pela idéia de trabalhar em jornais. E agora, tendo enfim de se virar sozinho, e excluído das profissões tradicionais, foi procurar emprego em jornais. Tornou-se subeditor; fazia reportagens. Ia e vinha entre Lahore e Karachi; mudou de jornal; foi subindo lentamente na profissão.

A guerra do Afeganistão e a longa luta de facções que se seguiu foram sua grande oportunidade. Como patane e um homem da fronteira, ele conhecia as questões e as personalidades dos envolvidos. Era muito solicitado; trabalhou bastante para organizações estrangeiras. Achava que havia se tornado um dos jornalistas mais bem pagos do Paquistão.

Embora, aos olhos de Rahimullah, não houvesse nada que se equiparasse à glória de um oficial do exército, ele tinha a sensação de que havia se redimido. Agora, em um terreno perto de sua aldeia ancestral — a aldeia que mais ou menos vinte anos antes havia rejeitado seu pai nas eleições locais — Rahimullah e seu irmão caçula construíram uma casa grande e moderna para toda sua numerosa família. A casa foi construída longe da aldeia porque a aldeia estava superpovoada. Havia sido construída doze anos atrás, quando Rahimullah tinha apenas trinta anos de idade; portanto, apesar dos obstáculos, ele agiu depressa.

A parede era de concreto sem reboco, e decorada: uma série de cártulas ovais, verticais, com bordas levantadas e enroladas, o que criava um desenho rendilhado em cima e embaixo. O portão principal era alto e imponente. Era pintado de verde e amarelo e tinha uma grade com espetos em cima. As colunas eram cobertas de mármore. Abaixo da grade de espetos, a palavra *Abrigo* vinha gravada em pashto, a língua patane; e os nomes de Rahimullah e de seu irmão estavam inscritos em urdu, nas colunas.

Um segundo portão de metal protegia o pátio interno com sua grande casa de tijolos, de dois andares, e a caixa-d'água no alto de uma torre. O pátio externo era a área de recepção comum. Toda sexta-feira, pessoas da aldeia que precisavam de alguma coisa ou queriam que certas coisas fossem feitas vinham ver Rahimullah. Ele agora morava em Peshawar, a poucas horas de carro dali; fazia questão de ir à sua casa toda sexta-feira para aquelas reuniões. Em sua atividade social e política, Rahimullah conscientemente seguia os passos do pai e honrava sua memória.

A família fizera uma viagem imensa no decorrer do século, e as casas da família na região representavam quase estações daquela viagem. A aldeia ancestral ficava a apenas três quilômetros de distância, nas montanhas. Nessa aldeia, no alto (e sem água), ficava a casinha pobre onde nasceu o pai de Rahimullah.

Bem mais abaixo, perto da mesquita, ficava a casa mais espaçosa para onde o pai de Rahimullah se mudou depois de se aposentar do exército. Ainda mais abaixo, ficava a casa com quintal — outrora, uma loja e uma residência de hindus: sempre, nessas aldeias, havia aquelas lembranças dos expurgos de 1947 — onde o pai de Rahimullah possuía seu curral de vacas e suas despensas; mais tarde, construíram ali seis lojas e as alugaram.

O pai de Rahimullah esteve na Líbia, no Egito, em Londres e em Bangladesh; Rahimullah havia circulado entre sua aldeia, Peshawar, Lahore e Karachi; o irmão caçula de Rahimullah se saíra bem nos Emirados Árabes Unidos. Eles precisaram do mundo exterior; alimentaram-se dele; sem isso, teriam apodrecido ali. Mas era para aquele lugar sagrado e apertado — onde os campos e as distâncias eram pequenos e onde tanto Rahimullah quanto seu pai foram obrigados a mudar de casa por causa da superpopulação — que eles desejavam voltar, a fim de se desvencilhar do mundo, por assim dizer, e serem genuinamente eles mesmos, e serem sepultados.

Havia associações funerárias entre os patanes nas cidades grandes e mesmo nos países estrangeiros para onde eles emigraram. Os túmulos ali eram decorados e não tão despojados como o islã prescrevia; as mulheres, rendendo-se a antigos sentimentos tribais, rompiam os rigores do *purdah* dos patanes para ir ao cemitério recitar versículos do Corão e deixar dinheiro para que os pobres pegassem depois, e às vezes também deixar bandeiras e retratos coloridos, e sal na sepultura das pessoas que mais veneravam.

Eles — Rahimullah e seu irmão — haviam construído aquela casa nova e grande uns dois anos depois da morte do pai. Portanto, embora Rahimullah não o dissesse, o pai morrera com a consciência de que seu filho mais velho havia, afinal, vencido na vida. A casa ficava na extremidade de um terreno de cinco acres, e eles tinham comprado o terreno porque ficava perto da rua principal e do canal de irrigação. No todo, possuíam cerca de 25 acres. Nem tudo era irrigado; boa parte consistia de terra *barani*, regada pela chuva, que só dava uma colheita por ano.

O pátio para visitas ficava à esquerda do portão principal. A casa de hóspedes se situava no final do grande pátio de terra. A varanda ou balcão tinha colunas e arcadas de tijolos e um piso de mármore com desenhos. Era uma versão muito mais luxuosa do pátio de visitas da casa do tio de Rana — o jovem advogado nascido no interior —, na aldeia perto de Lahore; como era comum no subcontinente, podia-se ver, em uma área pequena, as verdadeiras origens camponesas das idéias de residências mais suntuosas. Onde, no lugar mais pobre, o piso do aposento principal, logo depois da varanda, era de terra, aqui era um piso desenhado e polido, feito de cacos de pedras; onde, no lugar mais pobre, havia nas paredes grandes pregos e nichos, aqui havia altos armários com portas de vidro. Onde duas ou três camas de cordas constituíam a única mobília, aqui havia duas boas camas de madeira, com cabeceiras decoradas, e além disso uma grande mesa de jantar com um conjunto de dez cadeiras, e mesinhas de canto, acompanhadas por um conjunto de seis poltronas.

O tio de Rana parecia muito distante, em termos de estilo e de confiança. E no entanto o tio de Rana possuía terras, era um homem influente, ao seu modo, em relação ao povo da aldeia, que confiava nele. Assim era possível, na casa de hóspedes masculinos de Rahimullah, ter uma pequena idéia das várias camadas de deferência social que vigoram no interior, e compreender a grande distância que ele e seu pai haviam percorrido. Isso explicava o silencioso ir e vir no pátio, naquela manhã de sexta-feira. Algumas pessoas se mantinham de pé, do lado de fora, sob o sol do início do inverno; outras estavam de pé na varanda; outras acomodavam-se à vontade nas poltronas na sala interna. Era como se existissem vários níveis reconhecidos de familiaridade. As visitas não falavam muito tempo com Rahimullah, e a maioria delas, na verdade, não precisava fazê-lo; Rahimullah já sabia o que desejavam. O que esses visitantes matutinos de sexta-feira vinham ali oferecer era a sua presença.

Rahimullah conversava sobre as colheitas e o tempo. A monção trouxera chuvas favoráveis, mas agora as pessoas que possuíam terra *barani* estavam à espera de chuva, para poder começar a semear o trigo. Quando as coisas ficavam ruins, as pessoas saíam descalças para os campos e rezavam por chuva. Havia preces especiais que eram ditas nos campos, sobretudo para pedir chuva, mas às vezes também para afastar as doenças. Havia outras preces, ritos mais antigos.

"Se você pintar a cara de alguém de preto, levá-lo de uma casa para outra, pedir esmolas, cozinhar comida e depois dar aos pobres, isso pode trazer chuva. Pode produzir um efeito muito rápido. Aqui, há pessoas muito supersticiosas."

O irmão caçula de Rahimullah e o filho mais velho de Rahimullah trouxeram chá, biscoitos e um prato de creme de trigo doce. O irmão tinha o rosto rosado, era grande e de ombros largos. Perguntou: "Está feliz?". Era o seu cumprimento, uma parte de sua cortesia. Nada mais falou, ficou ali de pé um pouco, educadamente, depois se retirou.

Um homenzinho moreno, de bigode, entrou e, sem dizer nada, sentou-se em uma poltrona. Usava o chapéu achatado, em forma de torta, feito de feltro, usado na fronteira e nas montanhas. Era o *nai*, o barbeiro, disse Rahimullah, e viera com o intuito de saber se alguém na casa queria cortar o cabelo ou fazer a barba. Seu nome era Qaim Khan. Vinha toda sexta-feira e às vezes também outros dias da semana; prestava serviços a determinadas casas. Isso explicava a naturalidade com que entrara e sentara, ao passo que outros pareciam esperar. Vestia um *shalwar-kameez* claro, com um colete de algodão cru. Rahimullah, seu irmão e seu filho usavam roupas claras, cor de pêssego; a cor sugeria limpeza e o repouso do sabá. Quanto ao barbeiro, todavia, o sabá era um atarefado dia de trabalho, e o azul que usava podia disfarçar mais facilmente a poeira e o desgaste da roupa.

E, de fato, conforme Rahimullah começou a me explicar, o barbeiro não se limitava a cortar o cabelo. Tinha outras atribuições e se encontrava disponível o tempo todo. Podia trabalhar como cozinheiro quando havia um casamento ou um funeral; trazia para a casa suas grandes panelas, tinas e outros apetrechos de cozinha, instalava uma cozinha no pátio e preparava grandes quantidades de arroz e de outros pratos simples. Era também um mensageiro; distribuía convites de casamento; divulgava comunicados de falecimento. Podia fazer circuncisões. Qaim Khan possuía uma habilidade extra, herdada. Sabia cantar e tocar flauta, e as pessoas às vezes lhe pediam para se exibir. Sua esposa também cantava. Ela, a mãe e a irmã de Qaim Khan também sempre eram solicitadas para ajudar as mulheres das casas em certas tarefas, levar mensagens para elas ou acompanhá-las quando saíam.

Na comunidade indiana transplantada em Trinidad, no outro lado do mundo, o barbeiro da aldeia (onde existiam aldeias indianas) tinha funções semelhantes (embora nem todas). Isso, cinqüenta anos antes, quando eu estava crescendo. Portanto, o que Rahimullah dizia era familiar para mim; e achei notável que, em uma comunidade colonial estremecida e fraturada de muitas maneiras, esse antigo tipo de mensageiro e casamenteiro tivesse ressurgido; e que, naquele outro mundo, as pessoas dessa casta profissional, que não era alta, tivessem se estabelecido.

O *nai* que Rahimullah descrevia era também, refleti, semelhante em certos aspectos ao *koum* de aldeia na Java convertida: o homem que manipulava o corpo dos mortos, e também o cozinheiro, um homem de uma baixa casta hindu, assimilado pelo islã. Embora o *koum* tivesse recebido a honraria de comandar a congregação dos muçulmanos nas orações — como se, nessa nova encarnação, ele destruísse idéias de casta mais antigas —, suas outras funções ainda representavam claramente, depois de quinhentos anos, uma parte da antiga ordem hindu.

De certo modo, ali na fronteira, o *nai*, tal como Rahimullah o descrevia, parecia ser uma parte do passado hindu, mil anos depois da conversão. (Conquanto ali também existissem fantasias e uma neurose generalizada acerca das origens raciais e da história.) Sentado na casa de hóspedes de Rahimullah, observando Rahimullah e o *nai* de roupas azuis, um homem grande, com aspecto instruído e elegante, o outro homem baixo, moreno e com olhos respeitosos, senti que agora eu podia perceber de que modo, quando a religião mais antiga perdia sua base, a ordem social arcaica voltava à tona, com pequenos ajustes, no âmbito da nova religião. Era como se, no subcontinente, a noção de casta fosse algo impossível de erradicar.

Qaim Khan não possuía terras nem casa. Muitos *nai* tinham melhorado de vida agora, mas poucos possuíam suas próprias casas. Qaim Khan adoraria comprar um terreno e construir uma casa, mas não tinha dinheiro. Para ganhar dinheiro, teria de ir embora dali. Não se importaria de ir para cidades da região, como Mardan e Peshawar. Mas — ele falava comigo por intermédio de Rahimullah — não queria se afastar demais. O que desejava de fato era viver e trabalhar ali na aldeia.

Quando perguntei — Rahimullah traduziu para mim — se não gostaria de sair da aldeia e abrir sua própria barbearia, ele fitou Rahimullah com seus olhos cordiais embora respeitosos, como se a pergunta partisse do próprio Rahimullah, e começou a parecer muito pequeno. Respondeu que, caso fosse para Peshawar ou Karachi e encontrasse um emprego em uma barbearia, ganharia 35 rupias por dia, no máximo, menos de uma libra. Com um salário desses, não poderia economizar nada. Vários amigos e parentes seus tinham ido para Karachi. Ele mesmo, certa vez, foi para lá. Trabalhou para alguém que tinha uma barbearia, um parente oriundo da aldeia, um homem mais rico. Era o criado da família do homem e ganhava 1200 rupias por mês, quarenta libras. Não era suficiente, por isso voltou.

Freqüentou a escola até os oito ou nove anos de idade. Chegou à terceira série. Teve uma filha, que morreu. Esta era a sua história. Não tinha mais nada para contar e sentiu-se contente por, depois disso, ficar sentado na poltrona sem falar nem fazer mais nada.

Rahimullah levou-me para ver o pátio de sua família. Representava uma grande cortesia; o *purdah* era bastante rigoroso ali. Mas dois pedreiros trabalhavam na casa da família e os arranjos convenientes para manter o *purdah* já deviam ter sido cumpridos. A casa, feita para alojar quinze pessoas, era de tijolos e tinha dois andares. No andar de baixo — eu observava à distância — havia quatro quartos atrás de uma grande varanda com piso de mármore e arcos de tijolo. A caixa-d'água, no alto de uma torre (com a antena de televisão), e o andar de cima eram alcançados por meio de uma escada de concreto, sem cobertura, situada à esquerda. Os alojamentos das mulheres ficavam no andar de cima, e a varanda, ali, era vedada por blocos de concreto vazado, que formavam desenhos.

O pátio, não cimentado, era poeirento. Estava repleto de árvores frutíferas, aparentemente plantadas ao acaso, sem criar o efeito de um pomar. Entre as árvores, havia uma série de camas, mesas, tambores, cestos e refugos de peças de mobília. Uma choupana em miniatura servia de galinheiro. Havia uma fonte em um dos cantos do pátio; tinha uma cobertura de concreto e um motor elétrico. A cozinha ficava na extremidade oposta, com lenha acumulada sobre o telhado reto.

À parte, e em sua própria área livre, ficava a cozinha com paredes de barro, tradicional no Norte da Índia, chamada *chulha*; mais uma vez, algo que os imigrantes hindus levaram para Trinidad cem anos antes e que eu conhecera quando criança. Portanto, para mim, no pátio de família de Rahimullah, embora a *chulha* ali tivesse um outro nome, eu experimentava um pouco a sensação de encontrar pedaços do meu passado. Mesmo a desordem — a cama, o tambor, o cesto — parecia a desordem que eu conhecera nas casas de minha avó.

Perguntei a Rahimullah se os pedreiros que trabalhavam na casa também iam cimentar o pátio. Perguntei isso por causa da aparente desordem; parecia temporário; parecia que em breve tudo no pátio seria jogado fora de novo. Mas Rahimullah respondeu que não; o que estava ali já era o bastante. E embora parecesse estranho, um pouco mais tarde compreendi: as pessoas na casa saberiam onde encontrar tudo.

O filho caçula de Rahimullah saiu da casa e correu para mim, disparando uma pistola imaginária. Falou em inglês: "Você! Você! Você é um policial inglês!". Talvez fosse efeito da televisão, ou o meu paletó; ou talvez seu pai lhe tivesse falado a respeito do visitante.

Os currais ficavam nos fundos da casa principal. Logo depois das paredes da casa, ficavam os montes de esterco e as plantações. Os cinco acres da família, de terra irrigada, eram cultivados por meeiros. Cana-de-açúcar, milho, forragem, legumes: metade de tudo pertencia à família.

Nós — Rahimullah, eu e o pequeno grupo que se uniu a nós — começamos a caminhar em direção ao canal principal. Caminhamos sobre os novos muros de concreto do canal de alimentação ou de escoamento, entre canaviais; a cana-de-açúcar era, ali, a lavoura mais lucrativa. Vimos, algumas plantações adiante, o canavial de uma outra família e sua casa baixa, feita de barro e tijolos. Era a casa de um barbeiro, me disseram. Não Qaim Khan, um outro barbeiro.

"Família rica?", perguntei

Não, não, responderam todos, em uma espécie de coro, como se a pobreza daquela família com a casa de barro e tijolos fosse muito bem conhecida.

O canal principal era menor do que eu esperava. Mas parecia limpo e conservado, um repentino toque de ordem, e era refrescante ver a água corrente. Era margeado de árvores jovens. O governo cuidava do canal; o governo cuidava até das árvores. Água e árvores no primeiro plano e as plantações bem tratadas, de várias cores, estendendo-se sob o sol, formavam paisagens vívidas, românticas. A amplidão e as distâncias constituíam uma surpresa depois das estradas apinhadas de gente no sabá, as lojas entupidas, as bicicletas e as pessoas a caminho da feira. No entanto, aquela sensação de multidão perdurava na aparência geral da preciosa terra irrigada, toda subdividida em lotes pequenos.

Perguntei se o barbeiro, Qaim Khan, era do clã Yusufzai. Rahimullah respondeu que não; Qaim Khan não possuía terras, e terra contava muito. Só os patanes de sangue azul eram senhores de terra, e eles preferiam comprar terras ali, por mais alto que fosse o preço, a comprar uma casa em uma cidade como Peshawar, ainda que uma casa em Peshawar representasse um investimento melhor. Até bem pouco tempo atrás, barbeiros e outros artesãos, carpinteiros, ferreiros, ourives, tintureiros, tecelões não tinham permissão para comprar terras. Agora podiam comprar terra para construir casas, mas era raro que possuíssem terra para cultivo. Não eram considerados parte daquilo que Rahimullah denominava a coluna mestra; os mulás estavam acima deles; e os patanes de sangue azul se situavam acima de todos. Rahimullah não dava muita importância para isso, mas era interessante encontrar, nesse quadro, o mulá em uma posição ligeiramente inferior.

Disse Rahimullah: "Uma vez que o *nai* vive entre os patanes e precisa sobreviver nessa sociedade muito rígida e dominada por homens, ele na verdade passa a se considerar uma parte dela e luta para viver segundo os mesmos padrões e princípios. Um artesão pode dizer: 'Nós somos patanes'. E eles podem ser aceitos como tal fora da província, mas os patanes de sangue azul não os admitem como verdadeiros patanes. Não deixarão que suas filhas se casem com eles".

Desse modo conversávamos, enquanto nosso grupo seguia caminho ao longo dos muros de concreto do canal menor, de volta para a casa de Rahimullah e para o pátio externo. Quando estávamos de novo na casa de hóspedes, entre as camas e as poltronas, ele falou a respeito da idéia de honra entre os patanes. Tinha orgulho dessa idéia. Quando nos encontramos pela primeira vez no hotel em Peshawar, foi disso que falou. Contou a história de uma moça patane que fugiu com um criado da família. O casal foi perseguido — não havia lugar nenhum na fronteira onde pudessem esconder-se —, depois foi amarrado a uma árvore e fuzilado; a polícia estava ali perto e nada fez.

Rahimullah tentava agora codificar a idéia de honra dos patanes. O idioma, o território nativo, a hospitalidade, o asilo inviolável, a vingança: a honra abarcava tudo isso. Conquanto em certos aspectos o código ali fosse exclusivo da região, existia uma idéia de honra geral, compartilhada em todo o subcontinente. Era algo que eu sempre entendera, por ter crescido na comunidade indiana de Trinidad. Era uma das coisas que deram àquela comunidade a reputação de cometer assassinatos, na década de 30. Porém, eu sabia que o assassinato nem sempre era um simples assassinato. Quando os homens sabem, na própria carne, que o governo é maligno e não existem leis ou instituições confiáveis, a idéia de honra se torna algo vital. Sem essa idéia, homens privados de voz e representação no mundo podem se transformar em nada. Os pobres, em especial, precisam dessa idéia.

Disse Rahimullah: "Ontem mesmo alguém foi morto. Quatro anos atrás, um poeta local foi assassinado e ontem executaram a vingança. O filho dele contratou assassinos para matar o assassino do pai, e eles o fizeram agora. Aguardaram quatro anos. Podem esperar até vinte anos".

Um velho enrugado, magro, de pele escura e chapéu branco estava sentado em uma das poltronas. Parecia ouvir, mas não sei o quanto compreendia. Rahimullah disse que era um primo; isso podia significar uma mera cortesia. O velho tinha um filho em Dubai; o filho desejava voltar para a aldeia. O velho achou que Rahimullah podia ajudar; por isso estava ali.

Um homenzinho jovem e de pele escura, com cabelos ondulados e vestindo um *shalwar-kameez* cinzento, entrou.

Rahimullah me perguntou: "Conhece esse sujeito?".

O jovem apertou minha mão. Sua mão estava molhada e fria. Seu nome era Kimat Gul. Era o empregado de Rahimullah, o único empregado. Cuidava do gado. Não nos acompanhara no passeio ao canal porque tinha ido ao canavial apanhar forragem para os búfalos e as vacas. Morava na casa de hóspedes. Dormia e via televisão ali. O televisor ficava na grande mesa de refeições; Rahimullah o havia comprado para Kamit Gul em Peshawar.

Ele era órfão e ninguém sabia quando tinha nascido; podia ter dezoito, dezenove ou vinte anos de idade. Seu pai havia se casado de novo, de modo que Kimat Gul teve de ganhar a vida absolutamente por conta própria. Ficara com parentes antes de vir para a casa de Rahimullah; depois deixou Rahimullah para ir para Karachi. Todo o mundo ali ia para Karachi. Amavam a terra e a aldeia, mas a terra não podia sustentá-los. Kimat Gul não ficou muito tempo em Karachi; voltou para a casa de Rahimullah.

Alguém na casa de hóspedes falou em inglês: "Ele é um barbeiro". Mais um *nai*, portanto. E, de fato, tratava-se do irmão de Qaim Khan, o outro jovem de azul.

Disse Rahimullah: "Ele quer ser motorista. Diz assim: 'Vou dirigir o carro do senhor'. Mas no momento tenho um outro motorista. Kimat Gul ganha seiscentas rupias, mais comida, alojamento, roupas e tevê. Vive conosco desde muito pequeno. Se ficar conosco, vamos cuidar do casamento dele e lhe fornecer uma casa. Temos três casas, duas casas aqui e uma na aldeia. Para casar, Kimat Gul pode escolher uma moça aparentada com ele. Precisa se manter ligado a seus parentes. Ele pode se casar, mas vai ter de pagar por isso. Roupas e apetrechos domésticos".

Em Karachi, Kimat Gul trabalhou em uma barbearia. Não era um emprego bom. Além disso havia a confusão de Karachi. Era perigoso circular em busca de um outro emprego. Mudou-se de um lugar chamado Landhi para outro chamado Sher Shah: Karachi, para ele, eram estes nomes e a recordação do perigo. Mesmo ir para o trabalho já era perigoso. Pessoas eram mortas. Um policial que ele conheceu foi morto; o nome do policial era Ayub.

Qaim Khan, o barbeiro do sabá de Rahimullah, o homem de azul, voltou do que quer que estava fazendo e sentou-se de boca aberta em uma poltrona. Talvez nem estivesse ouvindo. Já devia conhecer muito bem aquela história.

Era comum haver greves, disse Kimat Gul, ainda se referindo a Karachi. Ninguém ia à barbearia. Não havia trabalho. Por isso ele voltou para lá.

Estava descalço. Seu cabelo ondulado, que pendia na altura do pescoço, era preto, espesso e brilhante. Tinha uma voz profunda, quase retumbante. Usava um anel no dedo anular da mão esquerda. Se a pessoa usa um anel, os dedos não ficam doentes. Era um anel de prata e contrastava com sua pele muito escura. O homem de pele escura e chapéu branco, cujo filho morava em Dubai, também usava um anel como aquele para manter os dedos saudáveis.

Disse Rahimullah: "Sou o único que não usa anel".

Perguntei para Kimat Gul: "Você é feliz aqui?".

Respondeu com sua voz extraordinária (e Rahimullah traduziu): "Sou feliz. Mas para onde mais eu posso ir?".

Soaram risos em volta, e Kimat Gul riu também, mostrando seu dentes grandes. Não gostava do trabalho de barbeiro, disse ele, embora soubesse como fazê-lo. Preferia cuidar da alimentação do gado.

Estava na hora das preces do meio-dia. Rahimullah se levantou e, embrulhando-se em seu grande xador ou xale cor de areia, saiu para o sol no pátio de visitas e, no final, virou por trás dos pequenos arbustos de buganvília e outras árvores pequenas — no passado, talvez, uma sebe e uma cerca decentes — rumo ao pátio da família.

Mais tarde, os dois homens que trabalhavam na casa, o pedreiro e o filho do ajudante da loja, entraram e sentaram-se em uma cama de cordas sob os arcos da varanda e partilharam a comida com Kimat Gul, o vaqueiro e empregado que ali morava e via televisão.

Depois do almoço — um espesso *roti* de trigo integral, galinha, *pilau* de carne de carneiro, maçãs e uvas —, percorremos a curta distância até a aldeia ancestral de Shamozai. Logo depois do portão da casa de Rahimullah, uma menina brincava na terra: a primeira menina, a primeira mulher que eu vi desde que cheguei. O *purdah* logo cairia sobre ela; o restante de sua vida iria transcorrer naquele vácuo onde o tempo não tinha sentido.

Em uma choupana semi-aberta, mais afastada, alguns homens faziam um açúcar mascavo rústico, e paramos para olhar. A cana era esmagada em uma moenda de aço simples, movida por bois. O caldo de cana fervia em um tacho de ferro grande, raso, em formato de pires; o fogo embaixo, dentro de uma espécie de túnel, era alimentado com refugo, lenha e bagaço seco de cana. O sol brilhava do lado de fora e o calor era enorme. Um homem usava uma concha de cabo comprido para escumar a espuma cor de creme e levar esse resíduo para cestos de vime; de tempos em tempos, usava um rodo para raspar a borda superior do tacho preto. Levavam mais ou menos duas horas e meia para fazer o açúcar, farelento e cheiroso, delicioso quando provado puro e fresco, muito diferente do produto refinado.

Foi Rahimullah quem me disse que, embora a região fosse pobre, os homens que faziam açúcar vinham de fora. Gente do lugar, com suas idéias próprias do que era conveniente, não iria querer aquele emprego árduo e muito quente.

Shamozai era um espetáculo. Era cercada, de três lados, por montanhas rochosas, íngremes, pontiagudas, que faziam parte de uma cadeia de montanhas. No pé dessa cadeia de montanhas ficava a povoação: de longe, telhados retos, paredes lisas, uma paisagem de rocha, muros, sol e sombra, de aspecto cubista. A casa onde o pai de Rahimullah nasceu em 1918 era alta. Uma ruazinha estreita descia sinuosa o morro íngreme; perto do final, junto à mesquita, ficava a casa que o pai de Rahimullah havia construído sozinho. Não distante dali, estava o poço ou tanque circular calçado de pedra, alimentado pela nascente que descia pela montanha.

O local, com as montanhas, a nascente e o tanque, era nitidamente especial. Dava uma sensação de sagrado, como as fontes quentes de Pariyagan, em Sumatra, onde se dizia que o povo de Minangkabau havia nascido da terra; como o solo vulcânico na base do monte Merapi, em Java, que o poeta Linus considerava sagrado, impregnado pelas emanações dos monumentos hinduístas e budistas enterrados alguns metros abaixo da superfície da terra. Sempre houve um povoado em Shamozai; ali também, sob a superfície, existiriam ruínas que transportavam a história humana para um passado cada vez mais remoto.

A rua principal estava abarrotada de gente. Havia crianças por todo lado, cabelos escorridos, rostos sujos, pequenos braços e pernas empoeirados, como se as casas da aldeia não conseguissem mais contê-los em suas paredes. Dava um traço quase de fantasia ao cenário isolado, tendo em vista a aparência solitária das montanhas íngremes, quando vistas não muito de longe. Um *nai*, com seus quarenta e poucos anos de idade, já tinha dez filhos; um lavrador tinha oito. Todas as famílias com dinheiro bastante haviam saído da aldeia. Mas a aldeia ainda estava repleta de parentes de Rahimullah. Ele apertava mãos o tempo todo; a ruazinha estreita (com doze ou treze lojas, pequenas, escuras e baixas, algumas com chão de terra) parecia o longo corredor de entrada de uma casa de família.

Na volta, passamos pela casa da família da esposa de Rahimullah: uma fonte em um cano, no final da ruazinha, uma parede de tijolos sem enfeites, um pouco antes disso, com um portão entreaberto, que deixava à mostra os currais de vacas nos fundos da residência. Originalmente, a família era mais rica do que a de Rahimullah, com mais terras (e também eles tinham se mudado da velha aldeia); mas não eram tão instruídos, e Rahimullah e seu irmão conseguiram comprar algumas terras deles.

O pai de Rahimullah havia arranjado o casamento, se bem que Rahimullah mesmo tivesse escolhido sua noiva. Era uma parenta distante e costumava vir à sua casa, e ele também costumava ir à casa da família dela, a casa de paredes sem enfeites para a qual olhávamos agora. Ela estava no *purdah*, mas, como as famílias se visitavam normalmente, os dois podiam se encontrar; contudo não se encontravam de fato, nem conversavam. O máximo que ele dizia para ela, quando vinha à sua casa, era "bem-vinda". Só tiveram um encontro propriamente dito na terceira noite do casamento. Eram ambos muito tímidos. Rahimullah não sabia o que dizer. Só conseguiu dizer: "Como está você? Está feliz? Como se sente em sua nova casa?".

Ela não respondeu. Agora ela morava muito perto dele, na casa nova que Rahimullah e o irmão tinham construído, sua vida totalmente definida.

Uma esplêndida figura de chapéu branco aguardava por nós na casa de hóspedes. Tratava-se de Mutabar Khan, outro primo de Rahimullah. Passara toda sua vida útil longe da fronteira e agora voltara em definitivo, para os vinte acres que sua família possuía, em vários pedaços. Ele nasceu em Shamozai em 1930 e deixou a aldeia para ir a Karachi com dezesseis anos de idade. Agora, um pouco como um ator que tivesse se aprontado para sua última representação, usava uma grande barba amarela, cinzenta e negra, repartida ao meio. Quando falava de sua vida fora dali, ele a resumia; era como se ela se tivesse passado em uma espécie de parêntese.

Essa vida, conforme ele a contava, se reduzia ao nome dos lugares, Karachi e Dubai; a dois patrões, um comerciante de grãos hindu em Karachi e um árabe em Dubai, dono de um pomar; e o dinheiro que lhe pagavam. Não havia detalhes, descrições, nenhuma sugestão da passagem do tempo, da passagem da vida. Mas o tempo ali era um fluxo que passava despercebido; e, para seus companheiros, Mutabar Khan era um homem que viu tudo o que havia para ver e voltou para casa a salvo. Era aquilo que desejavam ser, e a pequena multidão agora sentada nas camas na casa de hóspedes estava bem atenta. O pedreiro e o homem que trabalhava com ele estavam ali, com as manchas do seu trabalho; haviam terminado o trabalho do dia na casa da família de Rahimullah e, por cortesia e simples camaradagem, passavam um tempo ali, antes de voltar para casa.

Mutabar Khan falava sobre Karachi. Disse (na tradução de Rahimullah): "Eu ainda me lembro com orgulho dos dias que passei em Karachi. A gente podia dormir a salvo até nas calçadas. Não creio que agora seja possível voltar aos tempos de paz". Isto era Karachi para ele.

Estava preocupado com os patanes, lá. Rahimullah me contara que havia 2 milhões deles, que Karachi tinha uma população patane maior do que Peshawar ou Kabul.

Disse Mutabar Khan: "É um número enorme de patanes. Eles preferem morrer a voltar".

"Então há gente demais aqui?", perguntei.

"Há crianças demais nas escolas, agora. Não há lugar para ficar. Mas é nossa crença que as crianças são dadas por Deus e seu nascimento não pode ser evitado. Alá vai cuidar delas. Quando uma criança é concebida, Alá já resolveu que essa criança deve nascer."

8

A PEGADA DE ALI

Agora, de manhã, nas áreas rurais em torno de Peshawar, vultos embrulhados em xadores se punham de pé diante de casas baixas, de tijolos, com gravetos em cima dos telhados retos; fumaça de cozinha misturada com cerração. Nos campos planos e gelados, havia plantações tropicais de cana-de-açúcar ao lado de pequenos pomares de clima temperado. Na orla de algumas plantações, cresciam uma ou duas fileiras de um tipo de choupo esguio e híbrido, que fazia pouca sombra. Isto era também uma lavoura; o choupo podia ser colhido a cada quatro anos; a madeira era usada para fabricar fósforos. Esse cultivo era novidade ali. E havia em torno disso uma pequena história: até separar-se, em 1977, Bangladesh fornecia fósforos para o Paquistão.

Peguei um carro alugado pelo hotel para ir a Rawalpindi. Em Attock, o lamacento rio Kabul encontrava o azul rio Indo, em uma confluência de cerca de 1600 metros de largura. Era uma das paisagens fluviais mais vastas do subcontinente. Ali terminava a fronteira e começava o Punjab. Seria agradável se deter um momento e olhar, mas não havia como parar e ficar à toa ali na ponte. E, à medida que eu seguia adiante, de carro, rumo a Rawalpindi, e depois, de trem, para Lahore, a terra cada vez mais plana, os espaços sempre repletos de gente, as idéias patanes que Rahimullah me apresentara começaram a me parecer cada vez mais distantes. Honra e terra natal, abrigo inviolável e vingança, a ocultação das mulheres e o rigor da obediência religiosa: eram idéias que requeriam um cenário próprio, um mundo próprio e isolado. Mas os patanes precisavam emigrar; precisavam do mundo exterior; e então sua idéia de honra podia ser deturpada. Poucos eram instruídos ou possuíam elevada qualificação profissional; o código do clã, que lhes dava proteção, também poderia transformá-los em predadores. Esse era um aspecto de sua reputação fora de seu território natal. Era a outra face de sua fama como soldados.

No saguão do hotel, em Peshawar, havia essas palavras pintadas em uma tabuleta: REGULAMENTO DO HOTEL. NÃO É PERMITIDO PORTAR ARMAS NAS DEPENDÊNCIAS DO HOTEL. GUARDAS PARTICULARES OU PISTOLEIROS DEVEM DEIXAR SUAS ARMAS COM A SEGURANÇA DO HOTEL. AGRADECEMOS A COOPERAÇÃO. A GERÊNCIA. E quando voltei para Lahore, havia notícias de um seqüestro na fronteira.

Tratei de procurar Ahmed Rashid. Era jornalista. Além disso, possuía, com um sócio, uma mina de carvão no interior do Punjab. As notícias, segundo ele, eram de que três jipes da mina tinham sido roubados e seis homens, seqüestrados. O roubo e o seqüestro ocorreram em etapas. Primeiro foram levados um jipe e os dois homens que viajavam nele, na grande cidade de Sargodha. Depois de dez dias, veio um pedido de resgate de dois *lakhs*, 200 mil rupias, 4 mil libras. Ahmed enviou dois homens em um jipe para negociar com os seqüestradores. Não mandou dinheiro nenhum com esses homens. Isso enfureceu os seqüestradores. Prenderam os dois homens e se apoderaram do segundo jipe. Ahmed, entendendo o recado, enviou então dois empregados em um terceiro jipe, com o dinheiro do resgate. Mas aparentemente os seqüestradores ainda estavam muito aborrecidos. Detiveram os dois empregados e o dinheiro do resgate, e apresentaram um novo pedido de vinte *lakhs*, 40 mil libras.

Ahmed, sempre um jornalista, sentiu-se empolgado com tudo aquilo, essa historiazinha interessante que veio bater à sua porta, por assim dizer; e, com sua postura isenta de jornalista, achou divertida a seqüência dos fatos, os homens da mina que seguiram dois a dois rumo a um esconderijo de seqüestradores em algum ponto na fronteira. Entrou em contato com o pessoal do exército e do serviço secreto; só eles poderiam ajudá-lo. E agora Ahmed achava — e isso não seria nada engraçado para os homens seqüestrados — que as negociações poderiam se estender por muitos meses. Era importante manter as negociações de pé e, dessa forma, evitar que os seqüestrados fossem levados para o outro lado da fronteira. Caso isso acontecesse, estava tudo acabado; os jipes e os homens podiam ser esquecidos.

Onde não havia lei alguma, nenhuma instituição em que os homens pudessem confiar, o código e a idéia de honra protegia os homens. Mas a coisa também funcionava ao contrário. Onde o código era forte, não podia existir nenhuma soberania da lei. Na fronteira, conforme dissera o hóspede patane de Saleem Ranjha em Mansoura, o estado moderno definhava, era algo supérfluo. As pessoas voltavam a viver sob a idéia do clã e do estatuto feudal, e isso era bom para os negócios.

A uns 480 quilômetros ao sul, onde o Punjab encontrava o Sind, no deserto, ficava o antigo e opulento estado de Bahawalpur. Existiam mais de quinhentos desses estados semi-autônomos no tempo dos britânicos. Cerca de setenta entre eles eram importantes o suficiente para que seus soberanos fossem tratados por alteza; Bahawalpur era um deles.

Tratava-se de um dos pequenos estados ou feudos oportunistas que se constituíram em meados do século XVIII, durante o colapso do domínio muçulmano no subcontinente. A oeste e ao norte, ao longo de 480 quilômetros, tinha sua fronteira delimitada pelo rio Indo e seu afluente, o Sutlej. Esses grandes rios de um lado — o Sutlej com um curso de água agitado e sinuoso, de muitos quilômetros de largura — e o deserto do outro lado preservavam o território de Bahawalpur contra os sikhs do Norte e os maratas hindus do Sul. Em 1838, os britânicos tornaram Bahawalpur um protetorado; depois, por fim, os nababos de Bahawalpur conheceram a segurança do império. Governaram até 1954, quando o estado foi absorvido pelo Paquistão.

Quando os britânicos deixaram o subcontinente, em 1947, o nababo esperava que seu estado fosse se tornar independente. Isso era loucura. Bahawalpur, em 1941, tinha uma população de menos de 1,5 milhão de pessoas, na maioria servos que trabalhavam na agricultura. Mas o nababo, após um tranqüilo século sob a proteção britânica, criou uma fantasia acerca do alcance de sua autoridade. Foi impossível para ele, quando perdeu seu estado, viver ali como um cidadão comum. Em sua concepção de estado, é quase certo que não existissem cidadãos comuns; só existiam o soberano e os súditos. Ele deixou Bahawalpur e foi para a Inglaterra, levando consigo boa parte de sua fortuna. Comprou uma casa em Surrey e morou ali até morrer, em 1966.

Deixou para trás, em Bahawalpur, muitos filhos, reconhecidos ou não, três palácios, um harém ocioso e desorientado, algumas escolas e faculdades, e o ambicioso Projeto do Vale de Sutlej. Esse projeto, conduzido por engenheiros ingleses e mantido por um empréstimo do governo indo-britânico, levou a irrigação ao deserto e abriu vastas regiões para a agricultura. A terra era oferecida por quase nada para pessoas interessadas em cultivá-la. A população local estava muito exaurida para se interessar por essa aposta arriscada com o deserto; colonos mais dispostos vieram do Punjab. O sucesso do projeto triplicou a receita do estado e transformou o nababo em um homem muito rico. Essa riqueza, sem dúvida, foi um dos fatores que o estimulou a pensar em independência.

A dinastia de Bahawalpur, passando por vários acidentes, tanto na geografia quanto na história, durou, no final, dois séculos. Nunca foi grandiosa ou (exceto pelo Projeto do Vale do Sutlej) criativa; mas fábulas românticas começaram a se associar a ela. Dizia-se que descendia dos abácidas que reinaram, de forma gloriosa, em Bagdá até a invasão dos mongóis no século XIII. Um ramo dos abácidas fugiu então para o Sind, que era parte do império abácida; e lá — segundo essa fantasia — eles aguardaram pacientemente por cinco séculos, mais ou menos, antes de partir para conquistar a vasta extensão de deserto que veio a ser Bahawalpur.

A recentemente atualizada *Enciclopédia do Islã* repudia essa história: afirma que o Abbas de Bahawalpur não é o Abbas dos abácidas. De certo modo, não importa se a história é verdadeira ou não; o que importa é a crença local e sua forma de recontar a história local. O antigo reino hindu do Sind foi o primeiro território do subcontinente a cair em poder dos muçulmanos. Foi conquistado pelos árabes no século VIII. A conquista, feita sobretudo com fins de pilhagem, foi uma atividade bastante meticulosa e metódica. A primeira expedição teve lugar em 634, apenas dois anos depois da morte do Profeta e três anos depois da conquista da Pérsia. Houve oito tentativas de ocupar o Sind antes da conquista final, em 710. Este último ataque foi comandado da Síria pelo próprio califa. O texto do século XIII que celebra essa conquista, o *Chachnama*, poético e fantasioso em vários trechos, é um relato apavorante de sangue, saque e escravidão, equivalente à *Guerra gálica* de Júlio César. Mas a conquista do Sind pode ser encarada de mais de um ponto de vista, e a alegação de Bahawalpur no que concerne a antepassados abácidas representa também um vínculo com o nascimento do poder árabe e muçulmano no subcontinente. Assemelha-se à neurose primordial dos convertidos.

Qualquer que seja a verdade quanto à história dos abácidas — e o que quer que estivesse acontecendo em outras partes do mundo no século XX —, o último nababo de Bahawalpur revelou-se um fanático a respeito dos antepassados que reivindicava para si. Em Bahawalpur, no Paquistão e no subcontinente, ele era um árabe dos abácidas e um conquistador, um homem que extraiu sua riqueza do país, mas não era uma parte dele. Usava o fez para enfatizar suas ascendência; obrigava seus cortesãos a usar o fez e mantê-lo na posição correta (e, até adquirir certa destreza, não era fácil manter na cabeça o barrete em formato de vaso de flor). O nababo, ao passar de carro, certo dia, viu um de seus cortesãos à margem da rua sem o fez. O cortesão percebeu e começou a correr. O nababo o perseguiu em seu carro. O coitado do cortesão, esquecendo-se da dignidade, naquele momento com mais medo do nababo e de sua famigerada bengala do que qualquer outra coisa, correu para longe da rua, entrou por um canavial, apesar de suas folhas afiadas como lâminas, e escondeu-se ali.

A fé árabe, a língua árabe, os nomes árabes, o fez: mil e duzentos anos após a conquista do Sind, aquela demonstração de separação, de autoridade religiosa, racial e imperial — provavelmente nunca existiu um imperialismo como o do islã e dos árabes. Os gauleses, após quinhentos anos de domínio romano, puderam recuperar seus antigos deuses e rituais; aquelas crenças não haviam morrido, apenas jaziam logo abaixo da superfície romana. Mas o islã insiste, como um artigo de fé, em apagar o passado; os crentes, no final, só veneram a Arábia; eles não têm nada para onde voltar.

O nababo encarava a si mesmo como um árabe e um conquistador. Com uma outra face de si mesmo, ele reconhecia a autoridade verdadeira. E da mesma forma que fazia seus cortesãos se rebaixar perante ele, o nababo também se mostrava propenso a se rebaixar perante o supremo poder britânico. Havia um representante do governo britânico para supervisionar as coisas em geral. O nababo, além disso, nomeava britânicos para cargos importantes no governo.

E, de pele acentuadamente escura (era chamado de "Moreno", na escola, pelo menos foi o que me contaram), ele tinha uma obsessão por mulheres brancas. Se, de um lado, se mostrava ferrenho no tocante aos antepassados que reivindicava para si, de outro lado almejava ser neutralizado em termos raciais. Desejava ardorosamente ter filhos brancos ou mestiços. Três ou quatro de suas esposas eram inglesas (e uma quarta era anglo-indiana). Nesse aspecto, ele lançou uma moda; muitos homens iam para o exterior e voltavam com esposas brancas. A última esposa branca do nababo era conhecida ali por Lady O, porque os funcionários britânicos e os nobres de Bahawalpur a julgavam uma mulher vulgar.

Enviou todos seus filhos reconhecidos para o Aitchison College, a escola fundada pelos britânicos para os filhos dos príncipes em Lahore (onde, quando menino, o nababo era chamado de "Moreno"). Porém sabia-se que, para ele, seus filhos mestiços eram especiais, mágicos. Contam a história de que levou dois dos filhos que teve com concubinas locais para um santuário, em algum ponto do deserto, e deixou-os lá para que se tornassem vigias de túmulos. Ele podia fazer isso; seu poder em seu estado era absoluto. Mas a história pode ser falsa. O nababo tinha muitas esposas, muitas concubinas, muitos filhos; os ciúmes e a angústia dessas pessoas podiam espalhar muitas histórias.

Um jornalista de Bahawalpur que conhecera uma das mulheres do harém do nababo me disse: "No palácio, ele tinha um prédio separado só para as esposas inglesas e seus filhos. As esposas indianas sabiam a respeito das esposas inglesas, mas as inglesas nada sabiam sobre as esposas indianas. Quando ele queria ir para o harém, dizia que ia fazer uma viagem. Às vezes demorava três dias, outras vezes, uma semana. E havia uma escolta especial: os guardas, o Rolls-Royce, o esquadrão de camelos, que eram seus guarda-costas pessoais. E tudo o que fazia era dar a volta pelos fundos do palácio, que era imenso, como uma antiga fortaleza, e entrar no harém. O harém ficava nos fundos".

Ele teve mais de trezentas e noventa esposas. A maioria delas dormiu só uma vez com ele; mas depois disso não podiam dormir com nenhum outro homem. Algumas dessas mulheres desenvolviam uma espécie de histeria; outras viravam lésbicas. Sempre, no harém, ele tinha dezesseis ou dezoito mulheres às suas ordens.

"Quando entrava no harém, o nababo trazia uma bengala. As mulheres se atiravam sobre ele, o puxavam, e ele as mantinha afastadas com sua bengala até ver uma que ele desejasse, e então diria isso ao eunuco. Depois de suas viagens ao exterior, o nababo entrava no harém com baús de estanho e as mulheres enlouqueciam. Elas lhe haviam pedido chemises, gazes de seda, plumas, e brigavam entre si por essas coisas. Para as mulheres inglesas, fazia compras nas lojas Tiffany, Cartier, Garrard. O vendedor o procurava, quando o nababo estava na Inglaterra, e lhe mostrava as jóias. Para si mesmo, comprava pinturas de paisagens rurais inglesas e sempre contratava pintores ingleses para fazer seu retrato.

Um dia, uma carta em uma bandeja de prata — o detalhe sugere uma intriga palaciana e uma acalorada fofoca — revelou à esposa inglesa favorita que o nababo tinha um harém de mulheres indianas. E quando o pobre homem encontrou-se com essa mulher, viu todo seu harém sentado em companhia dela, tomando chá.

"Quando o exército tomou o palácio do *darbar*, encontrou uma farta coleção de pênis artificiais. Cerca de seiscentos, alguns feitos de barro, outros comprados na Inglaterra e movidos a pilha. O exército cavou um poço e enterrou esses pênis artificiais. Uma porção de artigos obscenos. Ele os necessitava, para usar os pênis artificiais. O nababo ficou impotente muito cedo. Seus apetites estavam saciados. Uma pessoa que, um dia, entrou no harém na hora errada viu o nababo usando um pênis artificial em uma mulher que gritava."

O palácio principal ficara fechado por onze anos e agora se encontrava em decadência. A exemplo de outras propriedades de nobres do subcontinente, era objeto de um litígio judicial e se achava fechado por ordem da justiça; os numerosos herdeiros do nababo brigavam por ele. A fachada do palácio ainda tinha uma boa aparência, mas os cupins devoravam a parte de dentro; os montes de dejetos dos cupins, acumulados ao longo de anos, haviam forçado uma rachadura na porta da frente e a comprimiam com força. Diziam haver dezenove automóveis de luxo na garagem; cinco deles eram Rolls-Royces feitos sob encomenda na década de 30; a ferrugem corroera todos os carros, que agora estavam escorados sobre tijolos.

Quando saí do caminho da entrada e comecei a contornar pelos fundos, os guardas gritaram para mim. Pude ver o motivo. No andar de cima, nos fundos, a janela de um quarto fora quebrada e a tela tombou para fora: ladrões, saqueadores em ação, o grande tema do subcontinente. Os jardins estavam abandonados: árvores espinhentas do deserto, capim taboa, tamareiras que cresciam em canos e em valetas — como um jardim surrealista, agora, como algo especialmente projetado para o palácio decadente, com uma entrada para carros surrealisticamente limpa e bem delineada.

Distante, no deserto, ficava o reduto solitário — cuidado por famílias de vigias de túmulos — que abrigava as pesadas e rebuscadas sepulturas dos catorze soberanos de Bahawalpur e suas esposas. As esposas favoritas tinham túmulos de mármore que eram como coretos adornados com treliças, mármores entalhados em estilo mongol, incrustações que ressaltavam desenhos florais. Duas das esposas inglesas do nababo tinham esses túmulos de mármore.

Foi o neto de uma dessas esposas que me levou para os túmulos. O nababo adorava sua mãe, disse Azhar Abassi; ela o ajudava também em certas questões de governo. Mais tarde, Azhar Abassi me mostrou uma pequena fotografia desbotada; em virtude das leis do *purdah*, quase não existiam fotos de sua avó. A fotografia, que deve ter sido tirada de forma profissional (ou em um estúdio) antes de ela se casar com o nababo, mostrava uma mulher esguia em um vestido que batia na barriga da perna, na década de 20 ou 30, sentada, de pernas cruzadas, virada para um lado; tinha um rosto bonito, sereno. Era filha de um oficial do exército britânico na Índia. Era estranho pensar no caminho que ela havia escolhido, aquela negociação singular com a vida, por assim dizer, que para ela significou uma espécie de desaparecimento; e depois, o seu túmulo no deserto. Ela pode ter morrido envenenada, por causa do ciúme na corte; ou pode ter morrido depois de uma cirurgia feita não em um hospital, mas em cima da mesa de jantar do palácio, em função do zelo do nababo em relação ao *purdah*. De novo, havia muitas histórias.

O nababo tinha dez filhos reconhecidos por ele. Azhar Abassi, que me mostrara os túmulos, era filho do terceiro filho, o qual por sua vez tivera quatro esposas. Azhar sentia todo o peso dos problemas familiares provocados por questões de propriedade. Esses casamentos múltiplos dos muçulmanos, embora muitas vezes pareçam cômicos para gente de fora, causavam um sofrimento inconfessado a muitas das pessoas envolvidas, e o sofrimento, como uma doença, podia passar de uma geração para a outra; as pessoas aparentemente eram impelidas a transmitir aos filhos a ofensa — o ciúme, o tormento, o descaso — que elas um dia haviam sofrido.

Azhar ainda era muçulmano, embora, em virtude de casamentos mistos no decorrer das gerações, ele fosse quase branco, e australiano. Perguntei o que ele — agora tão radicalmente descaracterizado em termos raciais — pensava de seus antepassados.

Respondeu que desejava emigrar para o Canadá ou para a Austrália. "Meu avô era um príncipe indiano. Isso acabou. Um príncipe indiano: isso agora não vale mais nada."

E tudo se apoiava na servidão. A abertura do deserto para o cultivo, o harém, as esposas inglesas mais dispendiosas, as jóias de Londres, a casa em Surrey, os Rolls-Royces que enferrujavam na garagem do palácio, os quadros com paisagens rurais inglesas: tudo isso representava os tributos acumulados, centavo por centavo, à semelhança dos montes de dejetos dos cupins, os tributos do mais pobre entre os pobres. O povo nas aldeias era propriedade do senhor de terras e seu poder sobre essas pessoas era quase tão absoluto quanto o poder do nababo sobre seus súditos. Essas pessoas podiam ser chicoteadas à vontade; suas filhas e mulheres podiam ser violentadas quando ele bem entendesse. O servo sabia que não devia voltar as costas para seu senhor. Recuava de frente para ele ou se afastava para o lado, ante a sua passagem. Gerações de servidão sedimentaram-se naquela instintiva dança de caranguejo, que a princípio desconcertava o visitante.

Bahawalpur tinha sido apenas um protetorado britânico; os britânicos jamais impuseram suas leis. A lei da *sharia* sempre reinou ali; e uma antiga crueldade — oculta nos farrapos e barracos do interior, com aparência de mera pobreza — havia sobrevivido a um século de presença britânica. As histórias ali podiam ser iguais às histórias das grandes plantações do Caribe, no final do século XVIII, ou da Rússia, no início do século XIX. Mesmo no tempo do nababo — e o nababo se mostrava sempre vigilante em relação a esse tipo de maus-tratos — a esposa de um de seus oficiais chicoteara um menino de doze anos até a morte.

Essa era uma história que corria:

"Era uma mulher beluchi. Era serva e foi literalmente comprada por um senhor feudal quando tinha dez anos de idade.

Foi amante dele, amante do filho dele e, por fim, quando o neto dele também a quis possuir, fugiu com seu namorado e buscou refúgio em nossa fazenda. Nós também éramos feudais. Ela fugiu de um senhor feudal para outro. Houve uma forte pressão para que a devolvêssemos. Eu sabia que, se a devolvêssemos, a castigariam da forma mais brutal. Aquele senhor feudal estuprava as servas, as humilhava e, quando elas desobedeciam, às vezes as matava e destruía seus corpos. Ele as humilhava, amarrando-as nos currais como animais, as sodomizava e as fazia comer excremento. Ele estava com sessenta e poucos anos.

"Eu sabia que, se devolvêssemos aquela mulher, cortariam seu nariz e o tendão do jarrete. E ela também sabia disso. Suplicou que não a enviássemos de volta. Durante as negociações com o senhor de terra, o qual tinha muito poder político e, ironicamente, pertencia ao Partido Liberal, resolveram que ela teria de abrir mão do seu filho de seis anos de idade. Disseram: 'É uma questão de honra para nós. Se vocês não nos devolvem a mulher, vão nos devolver o menino'.

"Tive de persuadir a mulher a devolver o garoto. Ela começou a chorar. Agarrou-se aos meus pés e disse: 'O senhor é poderoso. Pode tomar meu filho de volta'. Expliquei a ela que não podia.

"Ela renunciou ao menino. Foi uma coisa inacreditável o modo como essa mulher vestiu o garotinho. E dois indivíduos completamente estranhos vieram à presença da criança. A mãe o vestiu e disse ao garoto que ele devia ir com os dois homens, que ela iria depois, que ele não precisava ter medo. Toda vez que o menino chorava, a mãe dizia que iria logo depois ao seu encontro. Empurrou-o na direção dos homens. Eram altos, com seus *lungis* e seus grandes bigodes. Ela disse: 'Vá com eles. Logo vou encontrar você. Agora você vai para a família do seu pai'. O garoto estava apavorado. Olhava para trás o tempo todo. A mulher ficou impassível. Sem lágrimas. Falou: 'Vá. Eu já estou indo'. Ela dizia o tempo todo: 'Eu já estou indo'. Até que o menino sumiu. Então ela começou a gritar. Não iam matar o menino. Iam deixá-lo crescer na fazenda. Ia crescer como mais um servo."

Isso acontecera seis anos antes. E, por acaso, apenas quatro dias antes de eu chegar a Bahawalpur, uma espécie de justiça se cumprira. O senhor de terra, o violentador de suas servas, foi assasssinado com um tiro. Não por um servo, não por alguém em busca de vingança pelas atrocidades de uma vida inteira, mas por uma milícia de sectários, uma gangue religiosa, que dessa forma demarcava um novo território para si mesma: um outro tipo de poder feudal emergente, um aspecto agora visível da guerra interna travada nessa região do Sul do Punjab e do Sind, entre a milícia sectária, os extremistas sindis, os *mohajir* e os senhores feudais já estabelecidos ali desde muito tempo: um *jihad* em cima de outro *jihad*, uma guerra santa em cima de outra guerra santa.

A milícia sectária começou a se mudar para a região submetida ao poder do senhor de terra. Ele quis lhes fazer uma advertência. Quando os homens da milícia o encontraram, dispararam suas armas para o ar para demonstrar seu desprezo e também como uma manifestação de seu poder. O senhor de terra mandou matar um deles, depois, por vingança. E agora ele mesmo fora morto, em represália. Tantas balas o atingiram — das metralhadoras Kalashnikov, inevitavelmente — que haviam sobrado "mais buracos do que gente".

As palavras foram empregadas pela velha que me contou a história. Sua própria vida fora semidestruída pelas obsessões sexuais da corte do nababo. Seu marido foi um dos antigos cortesãos; ele, a exemplo de alguns outros, ficava com os filhos homens para si. Uma antiga histeria se patenteava no rosto da mulher idosa. Possuía uma boa casa; mas, para ela, a vida não tinha graça. E agora, ao falar do senhor feudal que fora assassinado, aquele homem que tinha sido uma parte da depravação pela qual ela se sentia rodeada, a velha ria das palavras que usava — "mais buracos do que gente" — e mostrava os dentes.

Ibn Battuta, o viajante muçulmano do século XIV que desejava visitar todos os territórios muçulmanos do mundo, passou cerca de sete anos na Índia muçulmana a partir de 1335. Esteve ali (no que era, na época, a província do Sind) no início de sua temporada indiana.

Como viajante, Ibn Battuta dependia dos favores dos vários déspotas cujas terras visitava. Conhecia o protocolo; sabia como dar presentes de modo a receber, em troca, presentes ainda melhores. (Deu ao governador do Sind um escravo branco, um cavalo, algumas passas e amêndoas.) Os soberanos o respeitavam como um sábio religioso. E, como um bom mulá que sabia perfeitamente qual a sua posição no mundo, ele os tratava como se fossem apenas defensores da fé. Não via nada além disso, embora as barbaridades de Delhi — execuções e torturas perpetradas todos os dias nas audiências públicas do soberano — tenham se tornado excessivas até para ele; sobretudo quando quatro escravos da corte foram indicados para ficar em sua companhia todo o tempo e Ibn Battuta pensou, ciente dos protocolos da corte, que ele mesmo estava agora em via de ser executado.

Na Índia, Ibn Battuta refere-se constantemente a escravos e escravas jovens; diz, a certa altura, que não consegue viajar sem eles. Escravos são uma parte da paisagem. (Em Aden, viu escravos usados como animais de tração; registra o fato como uma simples curiosidade.) Mas é em frases quase distraídas que temos uma idéia da natureza da região rural e da servidão de que dependia a glória do sultão de Delhi e de seus mandatários locais. Durante alguns meses, e a título de cortesia oferecida a um visitante por um mandatário local, Ibn Battuta desfrutou como quis a receita dos impostos de uma aldeia naquela região de Bahawalpur. Recebeu 5 mil dinares. Os dinares não caíam do céu; provinham das plantações e dos servos que trabalhavam nelas. São o povo nunca mencionado por Ibn Battuta, mas sempre presente. ("Então nos preparamos para a viagem rumo à capital, uma marcha de quarenta dias, a partir de Multan e através de uma extensão ininterrupta de terras desabitadas.") Mais tarde, em Delhi, na corte assassina, lhe foi outorgada a receita dos tributos de cinco aldeias. Em seu livro, há freqüentes acertos de contas resolvidos em termos de produtos agrícolas; o direito de usar um mausoléu, por exemplo, é pago em produtos agrícolas.

Portanto, de uma forma extraordinária em Bahawalpur e nas regiões vizinhas — onde o tempo para além da memória das pessoas constitui um fluxo nunca medido e imensurável, e onde as estruturas servis, intactas durante o período britânico, se restabeleceram com a independência e com o sistema político isolado, descrito no sonho do poeta Iqbal — em Bahawalpur, podemos nos aproximar do século XIV e talvez até do século VIII, no início do domínio muçulmano. Afinal, foi por causa dessas receitas provenientes do trabalho dos servos que se empreendeu a conquista.

Ibn Battuta conheceu a cidade de Uch. Foi construída em torno de um antigo santuário da fertilidade que ainda atraía devotos. Fui lá, certa manhã. A estrada que saía da cidade de Bahawalpur, por muitos quilômetros sombreada com pés de *shisham* (ou pau-rosa) e de acácia silvestre, atravessava uma terra irrigada e fecunda: algodão, cana-de-açúcar, mostarda, um engenho de açúcar, fábricas de descaroçar algodão. Antes da irrigação, ali só existia o deserto; e de vez em quando, no meio das plantações planas e verdejantes, montes de areia marrons-acinzentados mostravam como a terra devia ter sido, no passado. Caminhões que seguiam para Karachi, oitocentos quilômetros ao sul, viajavam com os pára-choques quase encostados um no outro, em um vagaroso comboio, por causa dos assaltantes ou bandoleiros no grande deserto do Sind.

Uch era uma cidade cercada por muros de barro, em uma grande colina, ao lado de um rio extinto. A colina expunha os sinais de sua antigüidade: os escombros de séculos se haviam depositado ali, muitas outras Uchs anteriores. As ruas subiam e desciam. Ibn Battuta encontrara "mercados e casas boas" em 1335; mas ele tinha um jeito próprio de ver as coisas, tinha suas próprias referências e talvez o que visse fosse apenas uma versão daquilo que eu via: palmeiras, burros, as ruas que subiam e desciam, crianças, lixo, valas de esgoto abertas e os santuários dos túmulos.

O primeiro desses santuários curava dor nas costas, e a parte de baixo do muro externo, que era de tijolos, tinha ficado lisa por causa dos milhares de sofredores que ali esfregaram suas costas doloridas. Na parte de dentro, as colunas de madeira que escoravam o telhado se assemelhavam às colunas dos templos hindus: talvez por acidente, ou talvez fosse um estilo agora associado à antiga magia ou poder do local. O principal santo muçulmano tinha uma grande colina mortuária recoberta de verde. Os santos secundários, que vieram depois, tinham lajes brancas menores.

O segundo e mais importante santuário era para mulheres que queriam ter filhos. A atração principal era a pegada de Ali: fabuloso, Ali, o genro e primo do Profeta: sua pegada, uma depressão em um pilar de granito preto. Esse pilar foi trazido de Bagdá, o centro do mundo, por um santo muçulmano que, com a ajuda de dois djins, espíritos poderosos, voou para Uch em cima de um muro. O túmulo naquele recinto era da esposa desse santo. O recinto era sombrio, o chão, escuro, e tinha um cheiro acentuado de óleo envelhecido. Uma parte dele era como uma gruta enegrecida, a essa altura, após séculos de oferendas, com incrustações de resíduos de óleo, das pequenas lamparinas a óleo, mechas de algodão enrolado em vasinhos de barro, que os fiéis ainda depositavam ali. Mulheres que faziam oferendas no santuário e depois tinham filhos voltavam e penduravam berços ou escreviam seus nomes. Mulheres que tiveram gêmeos penduravam escadas de brinquedo. Havia uma escada naquela manhã, novinha, feita de madeira branca.

Qualquer um que tivesse viajado pelo subcontinente e visto antigos templos hindus reconheceria no pilar de granito preto com a depressão o linga, o emblema fálico de Xiva. Ouvir as histórias sobre os djins, a pegada de Ali e o santo que voou de Bagdá em um muro era como penetrar em um momento histórico ainda vivo e testemunhar o desvio dos trilhos da religião antiga para a religião nova.

Uma pequena mesquita debaixo de uma árvore muito grande — um tronco enorme, muitos galhos retorcidos — fazia parte da área do santuário. Os vigias dos santuários, que viviam tranqüilos entre aqueles prodígios, diziam que a mesquita tinha sido construída por Muhamad Bin Qasim, que conquistou o Sind em 710, e que a árvore também era dessa época; seria uma árvore que Muhamad Bin Qasim conhecera.

A árvore podia não ser tão velha assim, e a mesquita era com certeza de uma data bem posterior. Mas a mesquita foi associada a Muhamad Bin Qasim a fim de celebrar a conquista — e também para reivindicar o antigo local sagrado para a nova fé. Do mesmo modo que, em Java, seiscentos ou setecentos anos depois, a nova fé pôde se apropriar da abstrata figura hindu-budista-jainista do meditador, o *tirthankara*, "o que atravessa o rio", uma metáfora para quem atinge a mais elevada consciência, e tecer uma história mais prosaica para ele. O que atravessa o rio se tornou Kali Jaga, "o guardião do rio": em obediência a uma ordem de um grande mestre para que ele sentasse e esperasse, ordem que cumpriu, à margem do rio, com uma fidelidade inabalável até que as videiras crescessem em torno dele, para depois ser liberado pelo mestre, que o mandou levantar-se e difundir a mensagem do islã.

O *pir* de Uch, o herdeiro da santidade do local, era um descendente do santo que fora trazido de Bagdá pelos djins em cima de um muro e difundira o islã no território conquistado. O *pir* atual era um homem poderoso. Possuía uma vasta assembléia religiosa e sua irmã era casada com o maior senhor de terras feudal da região. Era assim que os senhores feudais agiam: faziam alianças com industriais e com dinastias religiosas, como o caso do *pir*: religião, dinheiro e terra cerrando fileiras para governar.

O *pir* tinha ido para o Sind naquele dia. Seus *murid* ou seguidores o haviam chamado para arbitrar um caso de assassinato. Tecnicamente, o Sind era governado pela lei, mas o povo tinha pouca fé no aparelho do estado e os seguidores do *pir* preferiam o julgamento dele.

Portanto, as mulheres que vieram ver o *pir* naquele dia tiveram de esperar e estavam sob o sol, agachadas no quintal, como galinhas. Eram camponesas, servas, escravas do seu senhor de terra e do seu marido, desamparadas pela lei, pelos costumes e pela religião. Viviam sob a crueldade, e metade de sua mente fora devastada. O *pir* era o único tipo de luz para elas, e vinham a seu encontro porque se achavam possuídas por demônios. O *pir* tinha fama de enfrentar os demônios. Os demônios podiam entrar nessas mulheres e, por um tempo, convertê-las em objeto do horror, faziam-nas girar os olhos e a cabeça e falar palavras indecentes com vozes anormais. O *pir* sabia como atingir os demônios castigando o corpo em que estavam alojados.

Um jornalista famoso de Bahawalpur me contou que havia uma cerimônia especial toda primavera no quintal do *pir*. Seus seguidores, oriundos sobretudo do Sind, vinham ao seu quintal em uma espécie de peregrinação. Quando chegava a hora, deitavam-se no quintal e ele caminhava ou claudicava em cima de seus corpos. Ele tinha um pé grande e deformado; era uma deformação congênita dos *pir* de Uch; e ele, a cada pesado pisão, curava os aflitos.

Na ampla sala de estar da casa, sob as atenções das satisfeitas e gentis serviçais, que nitidamente se sentiam privilegiadas, havia — o que era algo inesperado nessa maltrapilha cidade no meio do deserto — um grande candelabro Waterford. Havia fotos dos ancestrais do *pir* e fotos do *pir* atual, que o mostravam ao lado dos presidentes do Paquistão, de embaixadores estrangeiros e do falecido nababo de Bahawalpur, o nababo sentado em um almofadão, de pele escura, aparentemente respeitoso, mas de olhar duro e com seu alto fez.

9

GUERRA

Os caminhões que seguiam para Karachi na "super-rodovia" Norte—Sul viajavam em comboio através do deserto do Sind. Isso ocorria por causa dos assaltantes ou bandoleiros. E, de fato, alguns dias depois de eu ver aquele comboio se deslocando lentamente com os pára-choques quase encostados um no outro através de Bahawalpur, aconteceu um incidente nos arredores de Karachi, noticiado assim pelo jornal vespertino dessa cidade: "Bandoleiros na super-rodovia: bandoleiros detêm um caminhão, atiram e ferem dois homens em seu interior".

Mas os bandoleiros do Sind nem sempre eram o que pareciam ser. Um agente da polícia com quem conversei ocupara seu primeiro posto em uma região de bandoleiros. O território era inóspito. De um lado da estrada, havia uma floresta pantanosa, inundada pelas enchentes anuais dos rios; do outro lado, montanha, rocha e deserto. Tudo era muito pobre: choupanas de barro e sapé na zona rural e casinhas de tijolos, com dois cômodos, nas cidades, dez ou doze pessoas em cada casa, muitas delas, sem nada para fazer no meio daquela desolação, limitavam-se a deixar os anos passar.

Os bandoleiros eram quase tão miseráveis quanto suas vítimas. E então o jovem policial, chefe de uma subdivisão, descobriu que os senhores de terra da região é que comandavam, na verdade, os bandoleiros. Protegiam os bandoleiros; em troca, os bandoleiros cumpriam o papel de pistoleiros particulares dos senhores de terra, sem pagamento. Contratar um pistoleiro custaria cerca de 1500 rupias por mês, trinta libras; dispor de dois, três ou quatro pistoleiros de graça era um bom negócio; e os senhores de terras recebiam uma quota das pilhagens mais volumosas dos bandoleiros. Havia na polícia graves acusações contra os bandoleiros, inclusive acusações de assassinato; podiam ser apresentadas pelos senhores feudais a qualquer momento. E o exército — "no Sind para sempre", como disse o policial, "supostamente para combater os bandoleiros" — sempre se fazia presente para matar o bandoleiro de quem o senhor feudal havia "fixado o preço".

O jogo tinha suas regras. O senhor feudal, em seu engomado *shalwar-kameez*, e com seus pistoleiros em seus xadores (as pistolas por baixo dos xadores), podiam vir um dia de manhã em seu Nissan de tração nas quatro rodas — um emblema da autoridade feudal — ao comando da subdivisão. Ele estaria ali, ao lado de uma comissão do povo do local, para reclamar dos bandoleiros. O mesmo senhor feudal voltaria outro dia para dizer que o bandoleiro que a polícia havia capturado era o homem errado. Um policial que resistisse demais ou se mostrasse agressivo podia ser "despachado".

O policial acabara de concluir seu treinamento de dezoito meses no serviço público e nas academias de polícia. "Um remanescente da colonização britânica: um pouquinho de montaria, um pouquinho de tiro, um pouquinho de conhecimentos gerais, muito teóricos, a respeito do mundo. Na verdade, eles sabiam muito bem que o policial que fazia muitos acordos e concessões e que dançava conforme a música era aquele que obtinha sucesso na carreira."

Alguns desses transtornos haviam ocorrido com os *mohajir*, os muçulmanos que imigraram da Índia e vieram em grande número após a independência para as regiões feudais do Sind. Mais do que ninguém, eles se haviam mobilizado em favor da criação de um estado muçulmano autônomo, e vieram para o Paquistão e para o Sind como quem vai para sua própria terra. Descobriram que essa terra pertencia a outros; e o povo a quem ela pertencia não se mostrava disposto a deixá-la. Os *mohajir* se tornaram a quinta nacionalidade do Paquistão, depois dos beluchis, dos patanes, dos punjabis e dos sindis. Eram uma nacionalidade sem território. E foi por isso que, duas ou três gerações depois, começou a guerra de Karachi: os *mohajir* desejavam um território para si. Queriam que Karachi fosse deles, constituíam a maioria da população em Karachi. Seu ódio, seu sentimento de mágoa era semelhante a uma religião; parecia uma repetição da agitação que seus pais e avós haviam promovido cinqüenta anos antes, em favor da criação do Paquistão.

A guerra tinha durado mais de dez anos; os *mohajir* diziam que 20 mil pessoas haviam morrido. Não se tratava de uma guerra com os dois lados bem definidos, *mohajir* contra o governo. A cidade era demasiado grande e diversificada. Os governos tentaram lançar mão do ódio entre os vários grupos. A guerra do Afeganistão havia fornecido armas para todos. E agora existiam duas facções *mohajir* militantes e mutuamente hostis; existiam nacionalistas sindis e senhores feudais sindis; havia grupos sectários sunitas e xiitas, prontos para matar; havia as polícias secretas; havia quadrilhas de traficantes de drogas, quadrilhas de criminosos e quadrilhas que controlavam os imóveis. A multifacetada cidade de imigrantes estava em guerra consigo mesma. Foi demais até para o exército. Tinham ficado ali por vinte e nove meses; conseguiram muito pouca coisa e foram substituídos pela Tropa de Choque, uma força paramilitar da fronteira.

O poeta Iqbal, em 1930, ao defender um Paquistão integralmente muçulmano, dissera: "O ideal religioso do islã está organicamente ligado à ordem social que ele criou. A rejeição de uma coisa implicará, no final, a rejeição da outra". Isso exprimia a visão do convertido: a fé por si só já representava uma identidade suficiente e um estado suficiente. Era a mesma idéia com que os *mohajir* haviam chegado ao Paquistão. Nessa visão romântica de Iqbal, não existia nenhum vislumbre da carnificina, do saque e da dor decorrentes da separação; ou do abandono de mais de 100 milhões de pessoas na Índia; ou da guerra que iria começar, quarenta anos depois, em Karachi. Ou de uma manchete como esta: "Lojas fechadas; tiros para o ar em protesto contra a matança de ontem — GULBAHAR, L'ABAD, KORANGI SOB TENSÃO".

Gulbahar, Liaquatabad e Korangi eram vastos bairros de favelas dos *mohajir*. A guerra, que começara com um protesto da classe média *mohajir*, havia alcançado a camada mais baixa da sociedade.

O editor de um jornal em língua urdu — eu o conheci por acaso, no Clube da Imprensa — me disse: "Ontem, aqui, o irmão do primeiro-ministro foi assassinado. Hoje, 3 mil rapazes de uma única região da cidade foram detidos pela polícia. Alguns vão ser torturados. Suas famílias terão de pagar 25 mil rupias de resgate por eles". Quinhentas libras. "Portanto, existe terror e miséria. O senhor devia ver a cidade à noite. A cidade se transforma de noite. É como uma cidade ocupada. Vá ver a polícia em ação, detendo as pessoas e dando batidas. Mas o senhor precisa ter coragem."

O editor era um homem baixo, de quarenta e dois anos, e de maneiras educadas. Tinha simpatia pela causa dos *mohajir*, embora não fosse estritamente um *mohajir*. Era um *memon*; os *memon* eram uma comunidade de homens de negócio que falavam a língua gujarati. O editor achava que, por sua condição de forasteiros, ele e sua família haviam sofrido no Sind. Os negócios de sua família, no ramo dos seguros e dos remédios, tinham sido nacionalizados; a política de nacionalizações foi utilizada para prejudicar os negócios de quem não era sindi. E o próprio editor, por causa do "terror" nacionalista sindi em seu tempo de universidade, não conseguiu obter seu diploma de mestre em artes.

O editor mudara de residência quatro vezes. Agira assim para proteger-se não só da polícia como também do movimento militante dos *mohajir*, o MQM. O MQM, que alcançou as camadas mais baixas da comunidade *mohajir* ao mesmo tempo que perdeu uma parte do apoio da classe média, se tornara tão brutal quanto seus inimigos. A exemplo de outros bem-sucedidos movimentos dos oprimidos, também se tornara autoritário.

Tinha um líder que não podia ser contestado. O editor *memon*, embora simpático à causa dos *mohajir*, podia às vezes publicar certas coisas que ofendiam o líder do MQM. Uma vez, o jornal foi "proscrito" durante semanas por ordem do líder. Pediram então ao editor que escrevesse uma carta pessoal para o líder, "pedindo perdão"; e depois disso, durante três dias seguidos, ele teve de publicar um pedido de desculpa.

Mesmo assim, o editor continuava em atividade. Ele tinha coragem.

Abdul disse: "Por favor, compreenda que, quando saio de manhã, não tenho nenhuma certeza de que vou voltar para casa".

Ele tinha trinta e seis anos de idade, era pai de família e também um membro do movimento *mohajir*. Não era um incendiário. Sua fala era tranqüila e ele se vestia de branco, calça branca, camisa branca. Nele, isso era como a cor da mágoa. Abdul era fechado, impassível, nenhuma vida em seu olhar; era como um homem embrutecido e embotado pela longa guerra. Se Nusrat, um amigo comum, não nos tivesse apresentado, não creio que Abdul aceitasse conversar comigo sobre a guerra e sobre Karachi.

Seu pai e seu avô eram de Simla; forneciam suprimentos para o exército britânico. Sua mãe era de Meerut. Tinham ido para lá em 1947 e seu pai abrira uma oficina de consertos de rádio e televisão. O negócio deu certo. Os detalhes tinham de ser arrancados um a um de Abdul; ele não possuía, da vida e do passado, nenhuma visão de conjunto. Perguntei: "Como estão as coisas agora, em Karachi?".

"Muito boas."

"Por quê?"

"O governo está fazendo o que deve."

"Está fazendo o quê? Os assassinatos?"

"Sim."

"Por que isso é bom?"

"No geral, são as pessoas que falam urdu que estão morrendo, e esse é o sacrifício. Quando você quer alguma coisa, precisa dar alguma coisa. Vinte *lakhs* morreram para a criação do Paquistão." Vinte *lakhs*, 2 milhões de pessoas. "Precisamos fazer sacrifícios pelos nossos direitos."

Nusrat disse: "Ele está falando de uma nação *mohajir*. Agora eles falam de separatismo".

Abdul não sabia explicar o que o impelira a essa posição. Dez anos antes, começara a sentir que as coisas não estavam indo bem. Teve, na ocasião, algum problema com um guarda de trânsito punjabi e foi obrigado a lhe dar uma propina de cinqüenta rupias; ao mesmo tempo, um motorista punjabi, que podia falar punjabi com o guarda de trânsito, foi liberado sem problemas.

Não se tratava de um fato de pouca importância?

Abdul não me respondeu diretamente. Disse: "Olhe o que a polícia faz quando dão batidas em casas de *mohajir* em Golimar. Arrombam as portas. Retiram os homens das casas e violentam as mulheres. Dois meses atrás, vi um cadáver em um saco de aniagem e fiquei bastante transtornado".

Nusrat comentou: "É muito comum. Na verdade, está fazendo uma piada. Quando a gente vê um saco de aniagem na rua, invariavelmente há dentro dele um cadáver ou partes de um corpo".

Perguntei para Abdul: "O que dá ânimo para as pessoas, agora?".

"Elas estão lutando por seus direitos e estão prontas para o que der e vier."

"A religião lhes dá forças?"

"O que tudo isso tem a ver com religião? O que o islã tem a ver com isso? São todos muçulmanos."

Nusrat perguntou: "Deus está do seu lado?".

"Deus está com a verdade e a justiça."

Mas os mulás do seu bairro, apesar de serem *mohajir*, não tocavam nesses assuntos.

"Prudência?", perguntei.

"Não é isso. Na verdade, eles não comentam as questões atuais."

"Como você se comunica com o movimento?"

"Nós nos visitamos de noite."

"E a polícia?"

Abdul respondeu: "Eles espalharam uma rede de informantes. Ambulantes que vendem pipoca, doces ou sorvetes na rua. Há uma porção de caras novas nas ruas do bairro. Alguns são *mohajir*, outros não".

Abdul tinha quatro irmãos e quatro irmãs. Todas as irmãs eram casadas. Um cunhado tinha morrido, outro estava desempregado, outro era escrevente e o outro trabalhava em uma empresa de pintura; os empregos não eram grande coisa.

"Sinto que você é um homem infeliz", comentei.

"Não. Não se pode dizer que eu seja infeliz."

"Ele se encontra em sérios apuros financeiros", observou Nusrat. "Sua esposa quase morreu ao dar à luz seu sétimo filho. Ele já tinha seis filhos, mas queria uma menina."

"O que Alá fizer por mim será bom para mim", disse Abdul.

"Sobre o que você conversa com seus amigos?", perguntei. "Vocês conversam sobre política?"

"Não conversamos muito ultimamente."

Nusrat explicou: "É verdade. Não é seguro".

"Mas então sobre o que vocês conversam?", perguntei.

"A preocupação com quantos morreram hoje. Onde a polícia atacou. Quantos foram presos."

Nusrat disse: "As pessoas pararam de se visitar nessas localidades". As áreas conturbadas da cidade. "Depois das onze horas, vale a pena correr o risco? Roubos de carros, assaltantes, batidas da polícia, o exército também, gente com uniformes falsos. Tudo. Quinhentas rupias cada vez. É melhor pagar e ir para casa. E muitas vezes nem sabemos que são uniformes forjados. Podem esconder uma pistola no seu carro e dizer que a encontraram ali. A vida ficou mais restrita. Houve um casamento, ontem, que começou às seis da tarde, em vez de começar às onze. Mesmo que você esteja fazendo um comunicado de falecimento nos jornais, hesita em revelar seu endereço e telefone.

Porque pessoas que se fazem passar por conhecidos do morto podem vir lhe dar as condolências. Na verdade, vêm examinar como é a casa. Mais tarde, farão outro tipo de visita."

"Como você acha que isso vai acabar?", perguntei.

"Vai ocorrer um grande desastre", respondeu Nusrat, "um grande confronto, e algo irá emergir de tudo isso."

Perguntei para Abdul: "Por que não deixa Karachi?".

"Não. Minha família está aqui, meus filhos vão à escola aqui e temos de ficar em Karachi em seu momento de dificuldade." Karachi, agora, aos seus olhos, era uma cidade *mohajir*, a sua cidade.

"Você acha que vai viver ou vai morrer?"

"Houve tiros hoje mesmo de manhã. Corro o risco de morrer todos os dias."

"Quem atirou?"

"Alguém. Desconhecidos."

"Muitas vezes conhecemos quando dizemos desconhecer", disse Nusrat.

"O seu pai fala sobre os velhos tempos em Simla?", perguntei para Abdul.

"Meu pai dizia que os britânicos eram melhores do que esses nossos governos. Não havia esse tipo de injustiça. Meu pai dizia que, no tempo dos britânicos, havia poucos lampiões de querosene nas ruas. Mas agora não temos nas ruas luz nenhuma."

Só lojas de comida e jornaleiros, pequenos negócios, estavam abertos. As lojas maiores estavam fechadas; as cinzentas portas de aço se achavam abaixadas. Um parque se convertera em depósito de lixo; em outra rua, o lixo não era recolhido. Havia *slogans* pichados nos muros.

Essa era a parte mais conturbada da cidade, e Mushtaq, um professor de literatura inglesa, morava ali com seus sogros em uma casa de dois andares. Os sogros moravam naquela casa havia vinte e cinco anos. A "colônia" (uma palavra comum do subcontinente) foi uma das primeiras a se desenvolver em

Karachi após a independência e a grande imigração proveniente da Índia. Naquela época, entre 1949 e 1950, era considerado um bairro de classe média instruída e estaria acima dos recursos e do estilo de vida da família de Mushtaq.

Mushtaq viera para Karachi em 1949. Tinha oito anos de idade. A família era de Benares. O pai de Mushtaq foi um pequeno comerciante de roupas naquela cidade, com uma loja que Mushtaq considerava "de bom tamanho"; tinha três metros por 3,5 metros. O irmão mais velho de Mushtaq era funcionário público em Delhi; ele optou pelo Paquistão, e a família inteira imigrou com ele. Trouxeram muito pouca coisa. Não era permitido trazer jóias e dinheiro, e não venderam a loja de roupas; deixaram-na com vizinhos e parentes. Nessa altura, a imigração para o Paquistão não era mais um vai-quem-quer; havia vistos e autorizações. A família não conseguiu um visto para Lahore. Por isso vieram para Karachi e viajaram de trem, em uma linha agora interrompida, por razões estratégicas.

Disse Mushtaq: "Havia um grande fervor e fascínio naquele tempo, por sermos um povo liberado, por estarmos em nosso próprio país, o Paquistão".

"Por que você acha que era o seu país?", perguntei.

"Porque minha família votou e trabalhou a favor da criação do Paquistão. Não sei se nossos antepassados sabiam qual o significado do Paquistão ou conheciam a teoria das duas nações." A teoria de que os hindus e os muçulmanos constituíam duas nações separadas. "Mas, emocionalmente, estavam ligados à idéia do Paquistão."

A família era sustentada pelo irmão mais velho de Mushtaq. Ele arranjara um emprego de vendedor em uma empresa estrangeira. A família morava em uma casinha alugada, de dois quartos, perto da Prisão Central. Era uma construção de tijolos, de um só andar, com telhado de concreto. A cozinha e o banheiro ficavam na varanda. Todas as outras casas na região eram assim. Os lotes eram diminutos. Alguns tinham setenta metros quadrados, outros, oitenta; nenhum tinha mais de 110 metros quadrados. Era mais superpovoado do que Benares e não parava de chegar gente nova. Mas, naquela casinha eram bastante felizes. Achavam que dias melhores estavam por vir.

A história que Mushtaq começou, então, a me contar assemelhava-se à história do imigrante bem-sucedido, depois de enfrentar um início difícil. Seu irmão, que carregara o fardo da família durante alguns anos, parou de sustentá-lo quando Mushtaq fez treze anos. Mas agora Mushtaq podia se sustentar sozinho. Começou a trabalhar como datilógrafo, em regime de meio expediente, e arranjou outros empregos de escritório. Conseguia os empregos por meio do jornal e de agências de empregos. Descobriu que podia ganhar oitenta rupias por mês, cerca de seis libras. Era mais do que suficiente. Entrou em uma escola particular, o Colégio Muçulmano Sindi. A mensalidade era de catorze rupias, um pouco mais de uma libra; a passagem de ônibus para o colégio custava um aná, cerca de meio pêni. Depois dessas despesas, e depois de comprar seus livros e pagar mais uma coisa aqui e outra ali, Mushtaq viu que ainda podia dar cinqüenta ou sessenta rupias ao pai, que estava aposentado e não ganhava nada.

Mushtaq não se importava com todo esse esforço. Karachi tinha um clima agradável e era um lugar cheio de oportunidades. Os *mohajir* puseram em prática as habilidades comerciais que haviam trazido consigo e, ano a ano, se estabeleciam com mais firmeza na cidade. Com todas suas dificuldades, também Mushtaq começou a progredir, embora no seu próprio ritmo. Com vinte anos de idade, entrou para uma escola de formação de professores. Tirou seu diploma de professor três anos depois; e, enquanto dava aulas em uma escola secundária, ingressou na universidade de Karachi como um estudante "informal". Formou-se em literatura inglesa com vinte e sete anos.

Levou tempo, mas ele havia chegado lá. No entanto, houve um preço especial a pagar. Mushtaq não se casou. Explicou que isso ocorreu porque ninguém na sua família lhe deu apoio. Era um problema real para pessoas como Mushtaq. Na cultura *mohajir*, os casamentos eram em geral arranjados. Não havia ninguém no novo país, no novo ambiente, que pudesse encontrar uma esposa para ele; na condição de um jovem, ainda ligado aos antigos costumes, Mushtaq não saberia como sair sozinho em busca de uma esposa, nem seria capaz de tamanho atrevimento.

Mas não era infeliz. Agora, deixara a casa do irmão (os pais haviam morrido) e morava em quartos alugados no Distrito Central. (Era a região onde conversávamos.) Tornara-se professor em uma faculdade de economia e comércio. Ganhava entre quinhentas e seiscentas rupias por mês, entre 25 e trinta libras, e pagava só um terço disso pelo aluguel. Portanto, dispunha de dinheiro para gastar e estava feliz. Adorava ir para os cafés e bater papo com *mohajir* e bengalis, freqüentadores de cafés.

Então as coisas começaram a dar errado. Na década de 60, a capital mudou, em etapas, de Karachi para a nova cidade de Islamabad. Isso significava que um número maior de empregos públicos iria para as pessoas do Norte. Mushtaq achava que as pessoas do Norte, punjabis, patanes, não eram como os *mohajir* em termos culturais e sociais; eram "forasteiros". E aí, em 1971, Bangladesh se separou. Foi um tormento para Mushtaq; o Paquistão de 1947, pelo qual sua família renunciara à Índia, havia deixado de existir.

"Muitos dos amigos bengalis que se sentavam conosco nos cafés para conversar foram embora. Uma parte fundamental de nossa cultura se perdeu. Os bengalis foram os pioneiros do movimento de libertação, e a gente chega à conclusão de que é abandonado e traído."

O tempo verbal mudara nessa última frase e a linguagem se tornara estranha, como que falada por um outro homem. Era como uma fratura na sua história. E o sucesso de que Mushtaq parecia estar falando se transformava em outra coisa.

"Então havia um componente emocional excessivo na idéia de que vocês vinham para uma terra que era a terra de vocês?", perguntei.

"Comecei a achar que sim."

As palavras romperam a barragem da sua dor. Os muçulmanos que haviam ficado para trás, na Índia, agora estavam em melhores condições, disse ele; tinham leis, representantes no parlamento, ministros. Repliquei que não era bem assim. Falei que, uma vez proferido o clamor pela criação do Paquistão, a separação teria de vir; caso não houvesse ocorrido a separação, toda a energia do estado teria se consumido no esforço para se conservar unido. (E eu achava, mas não o disse, que caso não tivesse ocorrido a separação, todas as cidades do subcontinente seriam agora como Karachi.) Mushtaq não me deu ouvidos; por trás de seu rosto inexpressivo e agora trêmulo, ele estava mergulhado demais na própria vida e na própria desgraça.

"Você fez sua carreira aqui", falei. "Não poderia ter realizado isso em outro lugar."

E agora, depois de ter falado da sua carreira de maneira bastante formal, como uma série de etapas que se vai galgando, Mushtaq se pôs a falar dos horrores que enfrentava como professor.

"A primeira vez que soube da existência do MQM foi em 1982. Nas 'pichações' nos muros da faculdade, das escolas e dos edifícios. Aquilo continuou, pichações e contrapichações. Havia dois grupos na faculdade. Líderes desses grupos me procuravam e pediam para liberar os alunos da aula, para participar de passeatas e protestos. Tinham entre dezoito e vinte anos de idade. Usavam termos ofensivos, ameaçadores, em urdu. Eram de classe média baixa. Os motivos eram as mensalidades altas demais, ou uma greve de solidariedade pelo assassinato de um estudante no Punjab. Eu vivia aterrorizado. Sentia-me inseguro. Procurei o diretor. Era um homem de quarenta e cinco ou cinqüenta anos de idade. Um homem alto, um homem culto. Um *mohajir*. Estava desamparado. Falou: 'Vamos nos queixar a uma autoridade mais alta'.

"Em 1985, um líder local do partido, um homem de trinta ou trinta e cinco anos de idade, visitou o gabinete do diretor. Estava bem vestido, era educado, talvez formado em uma universidade. Eu estava sentado no gabinete. Conversei rapidamente com o homem. Perguntei: 'O que o senhor deseja?'. Respondeu: 'Quero sua ajuda na aplicação dos exames'. Entendi o que queria dizer. Queria minha conivência na sala de provas, que eu deixasse os rapazes fazerem o que quisessem. Ele queria liberdade para os rapazes copiarem e colarem. Falei:

'Não. Vou cumprir meu dever'. O diretor limitou-se a ouvir. A reunião durou quinze minutos. Dois ou três dias depois, recebi uma espécie de ameaça. Um rapaz na sacada me disse: 'Você não agiu direito. Pode vir a sofrer conseqüências ruins'."

Perguntei quem era o rapaz.

"Um rapaz de classe média baixa. Dezenove anos. Famílias que moram em Orangi." Uma favela *mohajir* com uma população de cerca de 1 milhão e 250 mil pessoas. "Respondi para ele: 'Enfrentarei as conseqüências'."

Nusrat, que estivera conosco o tempo todo e mediava a conversa quando julgava necessário, disse, no seu estilo muito peculiar, inocente-rude: "Ele é um ingênuo. Dá aula de literatura para alunos desinteressados, desqualificados, e não sabe o que deu errado na própria vida. Esse é um jeito de sofrer sem sequer saber por que se está sofrendo".

Mushtaq havia sofrido profundamente em sua escola nos últimos dez anos. Ironicamente, foram os anos do seu casamento. O casamento lhe viera quando tinha quarenta e tantos de idade. Disse ele: "Saio de casa com a mente conturbada, fico na faculdade com a mente conturbada e depois volto para a casa do mesmo jeito".

"Alguma coisa acontece no caminho de volta? Os estudantes ficam à sua espera?"

"Às vezes, nas ruas, passo por estudantes que criam confusão."

"Que tipo de confusão?"

"Incendeiam ônibus, seqüestram ônibus. Perto da faculdade. De 1987 a 1988, o MQM cometeu essas afrontas. Grupos de cinqüenta ou cem."

"Perderam o interesse na educação?"

"Sem dúvida nenhuma."

"É uma humilhação para você?"

"Como professor, não sou tratado..." Não concluiu a frase. "Mau comportamento. Não comparecem às minhas aulas. Isso me aviltou como professor. Duas semanas atrás, dois alunos vieram à faculdade para prestar exames. Os estudantes de um grupo rival lhes deram uma surra. Com pedaços de pau. Sem armas, dessa vez. Quando os vi, fiquei apavorado."

"O que você gostaria de fazer?", perguntei.

"Gostaria de dar aulas para eles."

Fiquei espantado. "Mas você acabou de dizer que são arruaceiros."

Porém Mushtaq estava apenas dizendo que gostaria que o mundo fosse de tal modo que ele pudesse instruir realmente esses alunos. E quando perguntei de novo o que ele tinha vontade de fazer agora, no mundo do jeito que estava, respondeu: "Agora acho que tenho vontade de abandonar a profissão. Tenho cinqüenta e sete anos de idade". Pelos meus cálculos, ele tinha cinqüenta e quatro. "Estou nesta profissão há vinte e nove anos. Este é o lado trágico da minha vida."

"Uma vida em vão?"

"Pode se falar assim, porque não alcancei nada."

Sua fé ainda era o único ponto claro em sua vida. Fizera a peregrinação; usava a barba dos hadji. Vestia um *shalwar-kameez*; nele, com sua barba branca, parecia uma espécie de traje religioso de sacrifício.

Nusrat vivera tempos difíceis, antes. A primeira vez que o encontrei foi em 1979, na época do terror islamizante do general Zia. Nusrat, um devoto, tentou fazer um acordo com os fanáticos, mas teve pequenos contratempos. E em um dia mais descuidado vira-se em sérios apuros. Trabalhava para o jornal *Morning News*. Era o *mohurram*, o mês do luto dos xiitas. Nusrat achou boa idéia republicar uma matéria especial do *Arab News* sobre a neta de Ali, a heroína xiita. A matéria era elogiosa a respeito da aparência da mulher e de seus dons artísticos. Mas os xiitas sentiram-se ofendidos; para eles, era insultuoso e até herético dizer que a neta de Ali era bonita. Falou-se de realizar uma passeata de 40 mil pessoas e incendiar o jornal *Morning News*. Durante três dias, o jornal ficou fechado. O próprio Nusrat estava em perigo; podia ser apanhado a qualquer momento. Alguns meses depois desse incidente, passei de novo por Karachi. Nusrat tinha ficado grisalho.

Quando nos despedimos, ele perguntou: "Você poderia dar um jeito de eu ir para um lugar onde eu pudesse ler, escrever e estudar por cinco anos? Porque em cinco anos, se você me encontrar de novo, posso ter me transformado em um comerciante de cimento ou em um exportador de roupas prontas".

Isso, dito em um mau momento, demonstrava seu estilo. E, de fato, ele se tornou relações-públicas de uma empresa petrolífera e estava bem de vida. O ramo da prospecção de petróleo não havia sofrido com as dificuldades do país. Mas a vida na cidade era uma angústia diária, e Nusrat contraiu uma doença cardíaca. Seu cabelo grisalho tinha ficado branco e ralo; ainda não tinha cinqüenta anos de idade. Adorava o inverno de Karachi e antes gostava de usar um paletó de *tweed*, nessa época do ano. Agora trajava uma túnica de algodão folgada que lhe dava um aspecto frágil.

Disse ele: "Vou lhe contar como as lutas étnicas internas me afetaram quando eu estava quase morrendo no hospital, em junho de 1990. Eu estava na UTC, Unidade de Tratamento Coronariano. É para onde a gente é levado em caso de emergência; é onde a pessoa ou vive ou morre.

"Karachi tinha lutas internas em uma escala sangrenta. O MQM se achava no poder na Corporação Metropolitana de Karachi. Na UTC, o ar-condicionado não funcionava e era o meio de junho. Havia escassez de remédios. A estação telefônica foi pelos ares, uma noite, e houve um confronto entre médicos e gente de fora, supostamente de um partido político, PPP ou MQM, o qual queria que todo o mundo entrasse em greve. E eu estava naquelas condições, na UTC. Meu quinto dia.

"Estava bem perto da janela, deitado em um leito. Quer saber como era o leito? Tinha um colchão de espuma e, como o ar-condicionado não funcionava e não havia nenhuma ventilação, pedi que tirassem o colchão. É claro, eles relutaram, mas no final removeram o colchão. Disseram que o leito seria só o aço duro, mas respondi que não me importava. Na manhã seguinte, o médico me disse que o diretor do instituto estava fazendo uma visita de surpresa e não gostaria de ver que o colchão de espuma tinha sido retirado do leito e estava jogado em um cubículo. Fiquei muito aborrecido. Falei assim: 'Sei que o ar-condicionado do diretor está funcionando, e ele não tem nenhum problema de saúde. Quero ver o diretor quando ele vier aqui e vou falar com ele e pôr os pingos nos is'.

"Pedimos aos assistentes que abrissem a janela. Estávamos no primeiro andar, e o risco, pelo que diziam, era uma bala entrar e nos atingir. Falei: 'O vidro por acaso é à prova de balas?'. Em junho, faz um calor sufocante.

"Um dia, houve tiroteio lá fora. Levantei da cama com todas as engenhocas que haviam prendido em mim e me esgueirei alguns passos para dar uma espiada ligeira no que se passava lá embaixo. Mais tarde entendi o risco a que eu havia me exposto, tanto em relação à bala quanto a ter me levantado de forma súbita, coisa que eu não devia fazer.

"Certo dia vi os acompanhantes de um paciente chorando em um cubículo por volta das onze horas da noite. Eu sabia que a essa hora as pessoas morriam naquele pavilhão e que algumas das pessoas que eu tinha visto haviam sido levadas embora. Nesse caso, o acompanhante e a família, três pessoas ao todo, enfrentavam o problema de transportar o corpo do hospital para Orangi, onde vinham ocorrendo distúrbios por dias seguidos e travavam-se verdadeiras batalhas campais. Era uma área que as autoridades locais fechavam durante a noite. Portanto, a ambulância não estava disposta a correr o risco da viagem.

"Orangi ficava a uns 25 quilômetros de distância. A família era de classe média baixa e dependia do transporte público. Alguns jovens da UTC se propuseram a ajudar. Entre os acompanhantes do morto estava uma jovem. Eu me senti transtornado e irritado, não só com a situação da cidade e seus repetidos bloqueios, como também me senti apreensivo com o que poderia acontecer com a moça, àquela hora da noite. Eu tinha consciência do fato de que os seqüestros por um resgate ou por nenhuma razão declarada eram comuns naquela hora.

"Insisti várias vezes com os meus acompanhantes — os quais imploravam para que eu ficasse calmo e dormisse — para que por favor fizessem alguma coisa pela segurança daquela moça. Falei: 'Por que não levam o corpo de manhã?'. Alguém veio me lembrar que, no calor de junho, os cadáveres apodrecem mais rápido. Havia pouca coisa que eu pudesse fazer.

"Não sei o que aconteceu. Devo ter caído de sono. Não consigo explicar, mas, apesar de tudo isso, fui feliz naquele hospital por causa dos amigos que fiz ali e porque o homem que tratava de mim era um antigo amigo de escola".

Ehsan fazia parte do movimento *mohajir* em meados da década de 80. Era um movimento intelectual de classe média, naquela época — formou-se a partir de um antigo movimento de estudantes — e Ehsan conhecia dois ou três dos "ideólogos", para usar suas palavras. Achava-os muito inteligentes. Travavam calorosas discussões em residências particulares e ficavam exaltados de uma forma quase religiosa ao tratar das injustiças cometidas à sua comunidade e à sua cidade, Karachi. Não era como os ataques nas preces de sexta-feira, explicou Ehsan, quando lhe fiz essa sugestão; era antes como os xiitas em luta por seus direitos.

O movimento, em primeiro lugar, teve de derrotar os partidos religiosos nas universidades. A política na universidade tinha importância no Paquistão porque, sob o governo militar, era freqüentemente a única vida política permitida. E a derrota dos partidos religiosos pelo movimento estudantil *mohajir* era uma ironia; porque foi a fé que levou os *mohajir* ao Paquistão e porque foi naqueles partidos religiosos que a primeira geração de *mohajir* sentiu-se mais à vontade. Mas isso aconteceu muito tempo antes; gerações posteriores vieram a compreender o que havia para além da fé.

A guerra contra os partidos religiosos foi travada com armas; os dois lados, em momentos diferentes e por razões diferentes, foram incitados e armados pelo governo. Na faculdade de Ehsan havia quatro ou cinco combatentes *mohajir* reconhecidos; gente de outras faculdades vinha dar apoio, quando necessário. Ehsan se dava muito bem com dois dos combatentes. Provinham ambos de famílias instruídas, e Ehsan achava que o mais importante a respeito deles era serem "extremamente alienados". Levavam a instrução ideológica muito a sério e estavam prontos a morrer pela causa.

Ehsan estudava ciências com um dos combatentes e todo dia depois da aula costumava ir à casa do amigo. O amigo, o combatente, era gordo e tinha 1,72 metro, muito corpulento, disse Ehsan, com mãos grandes e grossas que Ehsan julgava serem as mãos de um homem agressivo.

O pai da família era um funcionário do governo de alto escalão e a casa era uma grande residência do governo, uma casa de quase mil metros quadrados. (A família de Mushtaq, quando chegou ao Paquistão em 1949, foi morar em uma casa de cerca de setenta metros quadrados.) O pai construiu uma enorme sala de estudos para seus cinco filhos; havia enciclopédias, livros religiosos e de ciência. Era uma família de classe média que acreditava na educação e vivia em condições muito melhores do que a maioria das outras pessoas do movimento. O amigo de Ehsan não se saía tão bem nos estudos quanto seus irmãos, mas todos os quatro rapazes eram atuantes no MQM.

Ehsan estava na casa, um dia, por volta da hora do pôr-do-sol, com o amigo e um de seus irmãos, quando lá fora irrompeu um forte tiroteio com fuzis AK-47 e todo o tipo de armas. Ehsan, a essa altura, já estava habituado aos tiros, mas aquilo foi demais. O que o surpreendeu, porém, foi quando a mãe trouxe um AK-47 e entregou ao seu filho combatente, o amigo de Ehsan. Ele se dirigiu para o telhado — era uma casa de um só andar —, tomou posição e respondeu ao fogo. A batalha prosseguiu por cinco ou dez minutos; para Ehsan, pareceu muito mais tempo. Ehsan tinha visto o amigo usar armas na faculdade; o amigo brincava com aquilo e dizia que Ehsan era um maricas. Mas Ehsan não tinha a menor idéia de que a mãe dele estava envolvida a tal ponto no movimento. Era uma senhora grande e forte, de *shalwar-kameez*, nada bonita, mas muito afetuosa e sempre pronta a oferecer comida aos amigos de seu filho. Ehsan não a associara a armas e nem sequer sabia que havia uma arma na casa.

Ehsan anteviu muita violência no futuro. Previu problemas para seu amigo. Sua atitude em relação ao movimento começou a mudar. E então, um dia, em uma reunião na casa de um de seus amigos ideólogos, pediram que todos eles jurassem, em nome do Corão, ser leais ao movimento e ao líder. O líder, o tipo do homem criado em grande pobreza e sofrimento, era agora uma figura pública de enorme reputação, liderava comícios que terminavam à meia-noite e mobilizava milhões, segundo Ehsan.

Entretanto, Ehsan não gostou da idéia do juramento de lealdade, mas não foi preciso recusar-se a fazê-lo. Nessa época, Ehsan conseguiu sair do Paquistão e ficou fora durante cinco anos. Quando voltou, o MQM não mandava mais na cidade. O exército estava ali e o MQM se tornara uma organização clandestina. Ainda obedecia ao seu líder; ele agora se encontrava longe, exilado em Londres, mas a distância aumentava seu fascínio. O amigo de Ehsan era um dos que tinham partido para a clandestinidade. Pelo telefone, mais tarde, contou para Ehsan que fora falsamente acusado de assassinar um outro componente do MQM e estava foragido. E quando os dois se encontraram — por estranho que pareça, na casa dos pais do amigo — todo o mundo chorou, Ehsan, seu amigo, a mãe do amigo.

O amigo ainda tinha as mãos grandes, mas perdera peso. Falou que estava disposto a jurar em nome do Corão que não cometera o assassinato. O que aconteceu se passou no momento em que a polícia o perseguia. Nessa ocasião, ele tinha de se mudar o tempo todo de uma casa para outra. E então conseguiu um emprego em um navio da marinha mercante. De algum jeito, no navio, eles devem ter sabido da sua situação, pois pediam que limpasse os banheiros e o tombadilho, e tinha de obedecer. Com todo o seu sentimento de casta *mohajir*, ele detestava a degradação daquele serviço e mesmo então lamentou-se por isso diante de Ehsan. Disse que queria ir para Londres e começar uma nova vida. Havia se tornado crítico em relação ao MQM e sabia que, caso permanecesse no Paquistão, seria preso ou morto. Queria que Ehsan achasse um advogado para ele em Londres, de modo que pudesse pedir asilo político.

A mãe, que atiçava o filho a lutar com um fuzil AK-47, tinha mudado. Afirmou que o exército, a polícia e o governo estavam determinados a destruir seu filho. Disse para Ehsan: "Por favor, faça alguma coisa para ajudá-lo". As opiniões e os sentimentos dela já não eram os mesmos de antes. Tornara-se até um pouco crítica em relação ao MQM. Disse que não estavam fazendo o bastante para ajudar as famílias dos rapazes que foram mortos ou seguiram para a clandestinidade, como seu filho.

Mas, para ela, as coisas iam melhorar. Seus outros filhos, apesar de tudo, haviam seguido carreiras razoáveis. E o combatente, no final, conseguiria ficar a salvo, em Londres.

O que aconteceu em cinco anos foi que o movimento, patrocinado no início por famílias como a dela, se havia modificado. O movimento deixara de ser um movimento de classe média. Havia descido até o fundo da sociedade e lá o rancor se tornara rejeição completa. Os combatentes e organizadores vinham agora dos bairros pobres de Orangi e Korangi, que tinham muito pouco ou nada a perder. Nesse nível — qualquer que fosse o destino da família do amigo de Ehsan —, as chamas eram inextinguíveis.

O exército ficou em Karachi por quase dois anos e meio. No decorrer desse tempo, o MQM foi declarado uma organização terrorista e seus líderes, declarados terroristas foragidos. O controle do exército produziu ainda mais rancor *mohajir*, e esse rancor cresceu quando as forças paramilitares da fronteira, as Tropas de Choque, substituíram o exército. Localidades inteiras continuaram a ser bloqueadas e vasculhadas. Então os serviços secretos conseguiram provocar um racha no MQM e a anarquia veio se somar ao terror. Ninguém agora sabia ao certo quem matava quem.

Hasan Jafri, um jornalista, descendente ele mesmo de *mohajir*, cobria os acontecimentos nessa ocasião. Disse ele: "O que eu e outros repórteres víamos era um monte de cadáveres. Quase todos os dias".

O serviço de ambulâncias constituía a primeira fonte de informação. Os repórteres, então, verificavam com o MQM se os mortos pertenciam ao movimento. Se os mortos fossem deles, o MQM dizia que tinham sido torturados até a morte pela polícia. A polícia dizia que tinham sido mortos em "confrontos".

"Houve mil e oitocentas pessoas mortas neste ano. Portanto, todo dia há cadáveres nas ruas. Um e dois, dois e três, três e três. Quando comecei, era nauseante. A gente via um corpo jogado de qualquer jeito no necrotério de um hospital. Uns cinco meses atrás, houve um tiroteio em Korangi. Aconteceu de manhã. Acho que morreram cinco caras. Estavam no necrotério do hospital Jinnah. Jaziam estirados naquelas mesas de concreto. Estavam nus, todos eles, e os cadáveres começavam a cheirar mal. A região entre o coração e o ombro de um dos homens estava completamente destroçada. Um outro fora atingido por uma explosão na mão e o osso principal apontava para fora. Um deles tinha uma expressão de choque congelada no rosto. Tinha os olhos arregalados e a boca também estava aberta. Como os corpos tinham sido trazidos muito tarde para o hospital, cerca de seis horas depois do incidente, as expressões em seus rostos pareciam congeladas. Dava a impressão de que o momento em que tinham morrido estava inscrito neles com toda clareza."

Hasan Jafri disse que ele mesmo foi ao necrotério para contar os cadáveres e ver em que condições estavam. Tinha, "até certo ponto", se tornado imune a visões como aquela. Mas achou que, como repórter, precisava ir e ver por si mesmo, porque era importante ver "a face da violência".

"Uma outra chacina de que me lembro foi a do inspetor Bahadur Ali. Ele e mais seis policiais foram emboscados dentro de uma viatura e depois foram mortos. Bahadur Ali tinha cerca de doze balas no corpo. Era um homem grande e seu corpo ficou completamente destroçado.

"As idéias e os discursos, nada disso importa. Tudo o que resta, no final, é um cadáver. O filho de alguém, o irmão de alguém, o marido de alguém."

O medo era agora a coisa mais importante na vida das pessoas, disse Hasan Jafri. O pessoal do MQM andava apavorado; a polícia podia bater à porta a qualquer momento. A polícia andava apavorada; sabiam que eram alvos. Os motoristas de táxi andavam apavorados.

A polícia estava sobrecarregada de trabalho. Eram brutais porque viviam apavorados. A maioria do seu efetivo provinha do Punjab e do interior do Sind; estavam longe de suas famílias. Arriscavam a vida todos os dias e ganhavam pouco, 2600 rupias por mês, cinqüenta libras.

Hasan Jafri fazia rondas noturnas em companhia da polícia, em suas VPB, viaturas particulares blindadas. Certa noite, na região de Liaquatabad, uma zona perigosa do MQM, um guarda do Punjab, de cerca de trinta anos de idade, fraco e visivelmente exausto por muitas horas seguidas de serviço, disse para Hasan Jafri: "Trabalhar no Distrito Central é pior do que viver no inferno". E depois ficou ainda pior. Os terroristas começaram a usar lançadores de foguete. Quando isso aconteceu, Hasan Jafri parou de acompanhar as rondas noturnas da polícia.

A guerra havia chegado ao fundo do poço e agora, toda vez que um combatente do MQM morria, um outro vinha tomar seu lugar. As autoridades afirmavam que só existiam 2 mil combatentes; isso era bobagem, disse Hasan Jafri. Os nomes de combatentes novos apareciam de uma hora para outra nos relatórios da polícia; permaneciam apenas como nomes, sem rosto, até serem presos ou mortos; em seguida, vinham nomes novos. As pessoas eram recrutadas, a princípio, para fazer muito pouca coisa; depois passavam a fazer coisas mais importantes e, no final, estavam atoladas até o pescoço. Hasan Jafri conhecia um rapaz ou homem de vinte e dois anos que já acreditava estar marcado para morrer. Roubara tantos carros, matara tanta gente, assaltara tantas lojas que não podia mais voltar a ser uma pessoal normal.

"Ele veio de uma família de muito boa educação. O terrorista mais fora do comum que se pode imaginar. Veja, o ciclo não tem fim. O nascimento e o renascimento, um depois do outro. Meu maior medo agora é que terminemos enlouquecidos. Existem hoje muitas pessoas como eu, instruídas, conscientes, que não temem se desligar do Paquistão. Mas eu não quero acabar como um *mohajir* em outro país. Meus pais nasceram em outro país; eu, em um país diferente; não quero que meus filhos nasçam em um terceiro país."

As palavras, proferidas algumas gerações depois, representavam um comentário justo à proposta da criação do Paquistão apresentada por Mohammed Iqbal na década de 30: poetas não deviam conduzir seu povo para o inferno.

Iqbal está sepultado no átrio da mesquita do xá Jehnan, em Lahore; soldados vigiam seu túmulo. Retórica ou sentimentalismo desse tipo invariavelmente preocupam, escondem coisas. E o túmulo, com seus desenhos mongóis, seria uma espécie de sacrilégio artístico se, logo do outro lado da rua, o grande forte mongol de Lahore (a janela do imperador se achava representada em algumas das mais belas pinturas mongóis) não estivesse caindo aos pedaços; se, nessa mesma cidade de Lahore, os jardins mongóis de Xalimar e os túmulos do imperador Jehangir e sua consorte não estivessem em total decadência; se, retrocedendo quatro séculos, as torres dos túmulos de Uch em Bahawalpur, do século XIII, feitas de azulejos coloridos com esmero, uma das coisas islâmicas mais belas do subcontinente, não estivessem quase aniquiladas; se, retrocedendo ainda mais, a terra em torno da cidade budista de Taxila, que Alexandre, o Grande, conheceu, e com ruínas outrora fabulosas, não estivesse literalmente devastada; se o Paquistão, ainda em busca de fantasias imperialistas muçulmanas, não fosse o responsável pelo saque final dos tesouros budistas do Afeganistão.

Em sua curta existência, o estado religioso de Iqbal, ainda semi-servil, ainda profundamente carente de educação, que mutilava a história nos livros escolares, que desmantelava o sistema político a que deveria ajudar, mostrou-se dedicado unicamente à idéia de um deserto cultural em sua própria terra, e de glória — de qualquer tipo — em outra parte.

IV

PÓS-ESCRITO MALAIO
Levantando a casca do coco

1

ROUPAS VELHAS

Em Kuala Lumpur, em 1979, mudei de um hotel para o outro durante alguns dias até me instalar no Holiday Inn. Era o lugar mais calmo que consegui encontrar e gostei do ambiente. À esquerda, ficava o hipódromo, com uma visão das montanhas de Kuala Lumpur, ao longe. Atrás do hipódromo e diante do hotel, se estendia uma faixa de rica vegetação típica dos trópicos úmidos: ramos de bananeiras, jasmins-manga florescentes, as sapucaias da América Central: a mistura da vegetação da Ásia, do Pacífico e do Novo Mundo, que representava tanto as grandes explorações européias quanto as fazendas coloniais. Era a mesma vegetação que eu conhecera no outro lado do mundo, em Trinidad.

Mas depois o que era familiar se tornou estranho. Ao dobrar a esquina da rua onde ficava o hotel Holiday Inn, via-se uma caixinha amarela instalada em um muro ou sebe. Disseram-me que era um santuário chinês. Continha oferendas; talvez fosse usado por taxistas chineses que trabalhavam para o hotel.

E o hipódromo não era na verdade um hipódromo. Às vezes eu via treinarem cavalos ali de manhã bem cedo, antes de subir o sol, mas nunca vi nenhuma corrida. Nas tardes de sábado e domingo, os chineses (na maioria) vinham em seus carros e lotavam a tribuna de honra. A pista de corrida propriamente dita, verde e ensolarada, com sombras negras e imóveis, continuava vazia. A cada meia hora soava amplificada a narração de uma corrida, e a multidão na tribuna de honra se alvoroçava em um frenesi, como diante de uma corrida de verdade. As corridas eram reais, mas aconteciam em outro lugar. As pessoas na tribuna de honra olhavam para telas de televisão; e tinham vindo ao hipódromo para isso, em uma estranha pantomima de um dia na corrida de cavalos, porque era o único lugar em Kuala Lumpur onde se podia apostar. A Malásia se achava dividida em termos raciais: malaios e chineses. O governo era agressivamente malaio e muçulmano. Apostar era antiislâmico, e aquela empolgação com uma corrida de cavalos no final de semana representava apenas uma concessão humana feita aos chineses. Eles eram os grandes apostadores.

Fui apresentado a Shafi. Era um malaio de trinta e dois anos, originário de uma aldeia do noroeste, uma região ainda pastoril e pobre. Embora se pudesse afirmar que Shafi era um homem bem-sucedido, pois subira na vida de uma forma que seu pai e seu avô jamais poderiam ter imaginado, sentia-se cheio de rancor, na condição de malaio. Shafi e os malaios semelhantes a ele tinham a sensação de haver quase perdido seu país. Achavam que os malaios haviam dormido tempo demais em suas aldeias. As plantas cresciam com muita facilidade no calor, na terra fértil; a vida antiga no rio e na floresta era demasiado farta e pródiga. Podia-se jogar uma semente ao acaso, disse Shafi, uma vez, e a planta crescia; lançava-se um anzol sem isca na água e o peixe mordia. Habituado a essa idéia de terra, o povo da aldeia não viu ou não compreendeu a que ponto haviam ficado para trás, nos últimos cem anos, em relação aos chineses e outros. Agora tinham acordado, no final do século, para descobrir que os malaios se haviam tornado apenas metade da população do país e que um novo modo de vida se desenvolvera à sua volta. Não estavam preparados para esse modo de vida novo.

Ser um malaio como Shafi, ainda meio preso aos antigos costumes, significava experimentar todos os tipos de frustração. Isso era mais do que um homem poderia suportar sozinho e, em 1979, o islã veio bem a calhar como um portador dessa raiva geral. Os malaios da geração de Shafi se tornaram crentes ardorosos, e sua crença era aguçada pelos missionários islâmicos, que se achavam especialmente atarefados em 1979, com a revolução no Irã e o terror islamizante do general Zia no Paquistão. Os missionários difundiam histórias do êxito islâmico nesses países e prometiam um êxito semelhante para o povo em outros países, caso acreditassem no islamismo. O mundo missionário islâmico vivia em sua bolha particular. A ampliação da fé era seu principal objetivo; e — como dissera o viajante do século XIV, Ibn Battuta — a partir do momento em que a fé estivesse no poder, as condições dos fiéis não mais importavam.

Era no Holiday Inn que Shafi vinha me encontrar. Ele não era um visitante fácil. Dizia não gostar de lugares como o Holiday Inn e não disfarçava sua preocupação quanto à comida: devia ser preparada por não-muçulmanos, chineses ou indianos. Havia outras coisas que o desgostavam: o barzinho modesto, onde à noite The Old Timers (conjunto de malaios com um ou dois indianos) cantavam músicas populares; o desfile de modas na hora do almoço, na sexta-feira, o sabá, quando as pessoas vinham ver as moças chinesas e indianas balançar os ombros e andar para um lado e outro, no ar bolorento do restaurante fechado; e a minúscula piscina do Holiday Inn, ao pé da janela do café, onde mulheres brancas se expunham em trajes de banho.

Mas Shafi havia parado de ver — talvez nunca tivesse visto — aquilo que repudiava. Não conseguia nem dizer, por exemplo, conforme descobri um dia quando lhe perguntei, se as mulheres que tomavam banho de sol à beira da piscina eram atraentes. Quando veio pela primeira vez a Kuala Lumpur, como estudante, ficou nervoso; sentiu-se um estranho. Agora se mantinha indiferente em relação a isso e se mostrava intransigente na obediência às regras religiosas. Suas idéias às vezes eram confusas; seu islã era obrigado a comportar coisas demais. Havia pureza em sua aldeia em Kota Baru, por exemplo, pureza na vida que conhecera lá e que agora ele havia perdido; no entanto, Shafi desejava ser como um açoite nessas aldeias, converter o povo integralmente, expurgar deles tudo o que restasse dos antigos costumes hinduístas. Isso se tornara parte da sua causa. O islã missionário que Shafi agora nutria lhe dera um sonho impossível de pureza islâmica. A partir dessa pureza, viria o poder, e então acertaria as contas com o mundo.

Dezesseis anos depois, o Holiday Inn estava cercado de torres de concreto e aço. A terra era um bem precioso ali. A paisagem do hipódromo que eu conhecera não podia ser reconstituída agora; era algo meio mítico, como os montes romanos antes da construção de Roma. E em toda Kuala Lumpur havia muito mais construções em andamento. Nos fundos do hotel onde eu estava hospedado, escavavam um imenso buraco do outro lado da rua. O buraco tinha a área de um grande quarteirão; máquinas e homens ganhavam a estatura de anões; rampas levavam de um patamar para o outro, da terra vermelha para a terra seca e esbranquiçada. A vegetação tropical mista, dos tempos coloniais, se achava agora eclipsada por um estilo internacional de arquitetura, feito de aço, vidro, pedra, concreto e mármore, e mesmo o clima parecia ter mudado. O ar condicionado deixava os grandes prédios frios; o tempo do lado de fora era sempre uma pequena surpresa; era agradável para o visitante brincar com essas mudanças de temperatura. Em 1979, a Malásia era uma terra rica; agora, era extraordinariamente rica.

Imaginei qual o efeito disso em Shafi. Eu sabia que, antes de começar a trabalhar em horário integral para o movimento da juventude muçulmana, ele fora diretor executivo de uma empresa de construções malaia. Era muito jovem para aquele cargo, mas naquela época não existiam muitos malaios com espírito empresarial. A empresa não se saíra bem; havia concorrentes fortes no ramo da construção civil na Malásia. E então Shafi criou uma firma própria. Fracassou. Achava que os culpados tinham sido os trabalhadores chineses, bem como quase todos os outros, que o deixaram na mão. O fracasso o havia magoado, eu sabia; se havia misturado com suas idéias religiosas. E me perguntei se, com a nova e pujante prosperidade do país, e todo o estímulo que o governo vinha dando aos malaios para participar dos negócios, Shafi não se sentiria seduzido a tentar mais uma vez. Tinha agora quarenta e oito anos de idade, estava no meio da vida. Sua carreira, qualquer que fosse ela, estaria mais ou menos definida.

Mas não consegui ter notícias de Shafi. As pessoas que o conheciam, no passado, haviam perdido contato com ele. Era um pregador, me contaram, vivia circulando pelo país, não era fácil de achar.

E então, um dia, me levaram a uma comunidade islâmica nos arredores de Kuala Lumpur para falar com um homem que dizia ser Shafi e dizia lembrar-se de mim. A comunidade era um denso povoado de casas de concreto de dois andares. As casas eram pintadas e as ruas, pavimentadas; havia jardins e carros. O que quer que as pessoas da comunidade dissessem a respeito do seu modo de vida abnegado, fazia parte da Kuala Lumpur rica.

Tivemos de procurar a casa do homem que dizia ser Shafi. Quando a encontramos, vi que eu não o reconhecia. Ele fingiu por um tempo, mas muito pouco, e sem grande convicção, que se lembrava de mim.

Tinha quarenta e poucos anos e parecia feliz e desocupado, desfrutando a vida na comunidade. Sua casa, de dois andares, tinha no térreo uma sala grande, aberta e bem mobiliada. E ele estava ali brincando, no meio da manhã, em uma espécie de tranqüilidade do interior, com seu filho pequeno, de olhar sonolento e indeciso. Era uma espécie de exibição: nesse tipo de comunidade, coisas simples podiam ser exibidas como atos virtuosos ou religiosos, que davam ao crente, a título de recompensa, um prazer especial.

Disse para mim, de um jeito mecânico, que a grande auto-estrada construída pelo governo era um erro; estava abrindo o país para a depravação. Afirmou que a língua oficial do país devia ser o árabe; o inglês não era a língua dos muçulmanos. Mas já dissera essas coisas tantas vezes que agora — estava sentado no chão e tentava convencer a criança a brincar com um de seus numerosos brinquedos — falava de forma automática, sem vigor.

Achei que foi por pura ociosidade que ele disse ser Shafi. Ele só queria atrair um pouco de atenção. Não fazia sentido nenhum ser fundamentalista, perigoso e morar em uma comunidade se ninguém prestasse atenção nele.

E, de fato, Shafi, a quem no final não consegui encontrar — porque ninguém, especialmente entre seus antigos companheiros, queria que eu o encontrasse — se tornara, aos olhos deles, semelhante a esse homem ocioso. No passado, estivera no centro do movimento da juventude muçulmana na Malásia, o movimento que usava o islã a fim de despertar os malaios. Ele não tinha outra carreira. Agora, embora tivesse permanecido fiel àquelas crenças do início, vivia à margem da sociedade. As pessoas sentiam-se constrangidas quando indagadas a respeito de Shafi; era um homem que levara ao extremo a idéia da vida religiosa.

E outras idéias haviam mudado. Em 1979, Shafi, preocupado com a aldeia de seu tempo de infância, havia falado dos malaios como um povo bucólico, tropical. Certa vez, disse ser um povo "sem tempo"; queria dizer simplesmente que tinham pouca noção do tempo. Não possuíam uma preocupação comercial; não tinham a disposição dos chineses, que vinham de um país "de quatro estações". Ele aprimorara essas idéias — que eram estranhamente coloniais — no âmbito de sua visão religiosa global. Não eram idéias apreciadas pelos malaios agora.

Um jovem advogado me disse: "Isso tudo foi abandonado. Praticamente destruído. Foi substituído pela idéia dos malaios como um povo mercantil, manufatureiro e inovador. Estas são palavras que não associaríamos aos malaios no passado".

O governo fez tudo o que pôde para incorporar os malaios ao mundo dos negócios e, ao longo das duas últimas gerações, obtivera sucesso. As tensões raciais de dezesseis anos atrás haviam sido submersas pela nova e vasta prosperidade, e homens novos se criaram de ambos os lados. Essa era a mensagem inscrita no aço, no concreto e no vidro da paisagem em torno do Holiday Inn, e na grande auto-estrada através da floresta, que abrira aldeias e desbravara terras novas. Uma viagem pelo interior que levava entre seis e oito horas, por estradas velhas que passavam por várias das antigas vilas coloniais, agora levava duas horas e meia e quase nada mostrava do passado.

O advogado disse: "Acho que ela comprime o tempo".

Em 1979, eram todos muito jovens no movimento da juventude muçulmana. O líder, Anwar Ibrahim, o homem ante o qual todos se curvavam, o homem que lhes dava confiança, tinha apenas trinta e dois anos, a idade de Shafi.

Nasar, que Shafi me havia apresentado, tinha só vinte e cinco anos. Ele era o mais jovem do grupo, e fisicamente era mais fraco do que Shafi. Acabara de voltar de Bradford, na Inglaterra, onde se havia formado no curso de relações internacionais. Não gostara dos costumes sexuais da Inglaterra, descontraídos e livres, e não queria que essas atitudes contaminassem os jovens malaios em seu país.

Nasar tinha um ancestral que foi um xeque malaio em Meca. Um xeque era um guia e aquele xeque guiava os malaios que iam em peregrinação a Meca. Esse tipo de trabalho só se tornou uma ocupação remunerada normal na década de 1830, quando os navios a vapor substituíram os barcos a vela e a viagem da Malásia para Meca se tornaram mais rápidas e mais seguras. E é possível que o ancestral de Nasar prestasse esse serviço aos peregrinos na segunda metade do século XIX.

Por volta do final do século XIX (pelos meus cálculos), esse ancestral voltou para a Malásia, para uma cidade que vivia do estanho e onde predominavam os chineses, mais ou menos vinte quilômetros ao norte de Kuala Lumpur. O filho desse homem foi o bisavô de Nasar. Casou-se com doze anos de idade. Em 1934, quando estava muito idoso, fundou um jornal em idioma malaio que pregava o espírito de iniciativa para os malaios. Era uma voz no deserto. Depois dele, a família entrou em decadência; a tradição de trabalhar no ensino se apagou. Havia pouco dinheiro para a educação; havia mais dinheiro para a agricultura.

O avô de Nasar, que devia ter sido professor de religião, tornou-se plantador de arroz, com sete acres de terra. O pai de

Nasar trabalhava como guarda-florestal, subordinado ao departamento do governo que cuidava das florestas. Tinha apenas o curso primário padrão, até a sexta série, mas lia o jornal todas as manhãs antes de ir para o trabalho. Essa leitura de jornal foi importante: representou o maior estímulo intelectual para Nasar, quando criança. Nasar era um entre sete filhos homens, o quarto na série total de oito filhos. Quando tinha oito anos de idade, começou a ler o jornal, como o seu pai. Era uma coisa avançada para uma criança malaia.

Quando chegou a hora, portanto, Nasar, o filho do guarda-florestal, estava em condições de ir para Brandford, para se formar em relações internacionais. E agora, dezesseis anos depois, com apenas quarenta e um anos de idade, era o diretor de uma *holding* que controlava várias atividades de outras oito empresas.

Nasar tinha um conjunto de escritórios em um arranha-céu. A sombra desse arranha-céu caía no arranha-céu de vidro verde do outro lado da rua. Isso fazia a rua parecer mais estreita; e a luz tropical do meio da tarde, que seria áspera e lancinante em terrenos abertos e ruas descobertas, se tornava mais suave naquele espaço estreito e protegido, de modo que a luz e o clima de Kuala Lumpur pareciam perfeitos.

Nasar, agora de óculos, e com um ar menos frágil do que em 1979, se vestia com o esmero de um executivo: calça presa com cinto, sapatos de couro, meias que combinavam com a calça, gravata larga e moderna, um relógio grande no pulso magro. Seu secretário particular era um jovem sikh, alto e cordial. Na sala de espera principal, e nas ante-salas de vários escritórios, havia modelos de armar de aviões brancos, iguais a brinquedos, presos em hastes de prata. A empresa *holding* de Nasar tinha investimentos no ramo da aviação; ela controlava empresas aéreas de vôos domésticos fretados.

Era uma transformação extraordinária, e o próprio homem se mostrava receptivo e gentil, cheio de solicitude. Era como se os benévolos costumes da aldeia se tivessem expandido em termos empresariais. Em 1979, eu ficara comovido com a franqueza dos jovens do movimento; eles não escondiam as coisas, nem inventavam coisas a respeito de si mesmos. Nasar parecia ter ainda esse tipo de franqueza. Lembrava o que fora em 1979; não se cobria com um verniz. E falava, espontaneamente, dos demônios interiores — as fobias, a falta de confiança — que, como um malaio de cidade pequena, ele tivera de aplacar antes de poder ser aquilo que eu via agora.

O que eles queriam alcançar por meio da religião em 1979, o puro poder, a pura autoridade, viera para suas mãos, mais tarde.

A transformação de Nasar começou com Anwar Ibrahim, o líder do movimento da juventude muçulmana. Estava claro em 1979 que Anwar era predestinado a grandes coisas. E, quando chegou a hora, e Anwar subiu, levou Nasar consigo.

Por volta do final de 1981, Anwar resolveu que já havia trabalhado o bastante para o movimento da juventude muçulmana; as palestras, a conscientização, os protestos. Achou que tinha chegado a hora de avançar. Resolveu ingressar no partido do governo malaio. Tornou-se um dos candidatos do partido nas eleições de 1982 e convidou Nasar — nessa altura, já formado em Bradford, em relações internacionais — para administrar sua campanha eleitoral. Nasar fez isso. Anwar foi eleito e se tornou assessor ministerial no departamento do primeiro-ministro. Disse para Nasar: "Junte-se a mim. Venha ser meu secretário particular". Nasar ficou atônito. Tinha vinte e oito anos; se habituara a enfrentar a autoridade "do outro lado do balcão"; jamais sonhara com um cargo tão elevado, servir um ministro do governo.

Foi secretário particular de Anwar durante sete anos. Naqueles sete anos, Nasar desvencilhou-se de suas fobias e dúvidas. Conheceu pessoas de todo tipo; viu o trabalho do governo de dentro. E Anwar nunca deixou de tratá-lo como um amigo, nunca deixou de lhe transmitir confiança.

Nasar, em seu gabinete de diretor onde estávamos almoçando, disse: "Sempre me lembrarei disso".

Após sete anos, demitiu-se do cargo de secretário de Anwar. Foi de novo para a Inglaterra e concluiu o curso de direito em dois anos. Ao voltar, tornou-se vice-presidente de um conglomerado chinês. Sua experiência no governo ajudou-o a conseguir esse emprego. Após dois anos ali, adquirindo conhecimentos sobre o "verdadeiro mundo dos negócios", demitiu-se e fundou sua própria empresa.

Perguntei-lhe sobre as idéias de 1979, as idéias de Shafi acerca das virtudes do modo de vida da aldeia ou do *kampung*, suas idéias de religião associadas a isso.

Nasar, como um homem que tivesse de antemão preparado sua defesa, respondeu: "Shafi era um homem de negócios. Mas havia fracassado nos negócios. Daí sua visão romântica do *kampung*. Naquela época, falávamos de religião em termos teóricos. Agora falamos do islã como um modo de vida na prática. Agora estou diante do mundo real. O que aprendi antes me ajuda: o que posso fazer, o limite de minha liberdade, a que ponto posso aderir à filosofia capitalista pura e simplesmente. Estou envolvido em alguns contratos com o governo e em negócios fora do governo. Existe um determinado tipo de comportamento que eu não tolero. Corrupção, pagar comissão por baixo do pano, levar pessoas para sair, lhes dar mulheres, acobertar atos imorais a fim de obter contratos. Esse é o teste. O teste para um muçulmano é quando ele defronta com a realidade e com uma escolha. Até então, todos estão cheios de razão. Utópicos".

Nasar devia estar pensando em Shafi. Pondo minhas palavras em sua boca, falei: "E eles podem criar problemas porque acham que estão sempre cheios de razão?".

"Podem criar problemas, sim. No mundo dos negócios, eu me deparo com escolhas, problemas, pessoas de um tipo que eu não poderia ter imaginado. Pessoas que querem uma participação na empresa em troca de um projeto. No verdadeiro mundo dos negócios, a competição não conhece limites. No momento crítico, essas pessoas contrariam os valores que desejamos criar em nossa sociedade."

Nasar acreditava ter sido educado pelo movimento da juventude muçulmana; e permanecia leal a essa educação. O poder e a autoridade podiam ter trazido à tona suas qualidades latentes e transformado Nasar no que era agora; mas também era preciso reconhecer que a religião lhe dera um importante empurrão inicial.

Disse Nasar: "O malaio não tem mais complexo de inferioridade. Não é mais como o sapo embaixo da casca do coco". Era um provérbio malaio: para o sapo, o lado de baixo da casca do coco é o céu.

Certo sábado, viajei pela nova auto-estrada até a cidade de Kuala Kangsar. Lá ficava a famosa Universidade Malaia. Foi criada pelos britânicos para os filhos dos chefes de clãs, no mesmo padrão de outras escolas do subcontinente indiano. Agora, rapazes de todas as classes iam estudar ali. Muitas carreiras importantes começaram na Universidade Malaia. Anwar Ibrahim, cujo avô foi dono de um restaurante de aldeia em Penang, e cujo pai era enfermeiro, estudou na Universidade Malaia. Teve de prestar um exame de admissão; naquele tempo, rapazes de famílias nobres não precisavam fazer isso.

Kuala Kangsar era também a sede da família real de Perak. Havia um grande palácio novo, branco, suntuoso e rebuscado, com uma sala do trono com ar refrigerado. Havia também um antigo palácio feito de troncos de madeira, na verdade um casarão tradicional, construído sobre pilares de madeira, uma casa estreita e escura, com muitos arabescos decorativos, grossas pranchas no assoalho e uma corrente de ar refrescante. Era uma espécie de museu, agora. Mas facilmente se poderia, na imaginação, retirar das paredes os mapas e as fotografias emolduradas; e — escuro, fresco e protegido, por dentro; verdejante e magnífico, do lado de fora — podia transportar o visitante de volta a sepultadas fantasias de infância acerca da segurança do lar.

Em um morro que se erguia ao lado do rio Perak, e quase na entrada do enclave real, ficava a casa de Raja Shahriman, um escultor e um príncipe, remotamente aparentado à família real.

Era uma casa arejada, do final da década de 40, mobiliada no estilo malaio, com cadeiras de junco, tecidos muito coloridos e flores de pano.

O escultor era baixo, 1,67 metro, e muito magro, no estilo miúdo dos malaios. Seu rosto era pouco expressivo; a natureza de seu trabalho não se revelava aí. Trabalhava com metal fundido; havia uma forja no quintal da casa. Criava figuras marciais de grande ferocidade, entre sessenta e noventa centímetros de altura, em linhas despojadas e fluentes; o efeito das figuras de metal preto naquela casa, com seu ambiente pacífico e repousante, era perturbador.

O escultor, na verdade, vivia em um mundo de espíritos. Também fabricava crises, os punhais malaios; isso fazia parte do seu fascínio pelo metal. Os crises descobriam seus verdadeiros donos, disse o escultor; eles rejeitavam as pessoas a quem não pertenciam de fato. O escultor tinha um conselheiro espiritual e gostaria que eu o conhecesse; mas não havia tempo para isso. O mundo do animismo indonésio parecia próximo outra vez. De várias maneiras, ali estávamos perto do início de tudo, antes do desvio que nos encaminhou para o trilho das religiões reveladas.

O escultor tinha uma criada chinesa de meia-idade. Fora abandonada pela família quando criança, porque naquela época as famílias chinesas se desfaziam das meninas, que não desejavam. Em geral, os malaios adotavam essas meninas. A criada do escultor foi a segunda chinesa adotada por malaios que eu vi naquele mesmo dia. Vinha acrescentar um aspecto novo à relação entre as duas comunidades, e me fez pensar nos chineses de uma maneira diferente.

Em 1979, minha atenção estava voltada sobretudo para o islã e eu só vira os chineses na Malásia exteriormente, como os imigrantes muito ativos, a quem os malaios opunham resistência. Agora, ao pensar nessas duas mulheres gentis, e em sua adoção, digna de um conto de fadas, por uma outra cultura, comecei a ter uma idéia de como os chineses se encontravam desprotegidos no século XIX e no início do século XX, com um império que se esfarelava, guerras civis em sua terra natal e a rejeição nos outros países: ir para longe, tentar encontrar um ponto de apoio, onde fosse possível, sempre na condição de estrangeiros, isolados pela língua e pela cultura, sobrevivendo apenas por força de uma energia cega. Assim que começaram a ter mais consciência de si mesmos, assim que a cegueira começou a se dissipar, eles precisaram de convicções filosóficas ou religiosas, do mesmo modo que os malaios.

Kuala Lumpur era esplêndida para os visitantes: tão rica, tão nova e exuberante, tão repleta de prédios novos e de interiores suntuosos, tão cheia de energia. Havia um banco novo em um edifício novo. Foi criado por dois irmãos chineses. Tinham apenas quarenta e poucos anos de idade e o início da carreira deles foi muito simples. Até onde se podia ver, um dos irmãos era puro entusiasmo, falava muito bem; seu rosto resplandecia quando se punha a falar. O outro irmão era mais calmo, de óculos, sabia ouvir, com a atenção de um médico. Contudo, tive a impressão de que, na hora H, o irmão calmo saberia se mostrar mais ousado. Faziam grandes projetos parecerem coisas simples, uma mera questão de lógica. Para ambos, o dinheiro deixara de ser apenas dinheiro; os negócios se tornaram uma expressão de energia e, por isso, uma coisa vital.

Foi Philip quem me apresentou aos irmãos. Philip era o secretário da empresa deles. Era chinês também, e tão jovem quanto os homens para quem trabalhava. Era calmo, simpático, rápido, de muito boa aparência. Parecia haver nele uma profundidade incomum; e vim a descobrir que essa serenidade, que era um componente de sua sedução, era também algo que ele teve de construir. Sobrepunha-se a uma grande infelicidade na infância.

O pai de Philip tinha duas famílias. Philip pertencia à segunda família e achava que sua mãe fora muito maltratada. Não gostou do que viu quando criança. Queria acertar as coisas para sua mãe, mas ele andava sem rumo, em termos emocionais, até que se converteu ao cristianismo, aos quinze anos de idade.

Aconteceu em sua escola. Era uma escola de missionários, dirigida pela Irmandade de Plymouth, que estava na Malásia havia cerca de noventa anos. Um dia em que estava muito deprimido ele foi, por mero acaso, ao culto na capela. Ficou deslumbrado com a idéia de que Deus era um pai amoroso. Sentiu que aquilo lhe dava um lugar neste mundo.

Disse Philip: "É irônico, porque eu imaginava que fosse me rebelar contra esse tipo de religião, por eu vir de uma família dividida, na qual não tinha um pai desde os oito anos de idade. E a doutrina imediata da graça, segundo a parábola do filho pródigo, na qual o pai espera e depois abraça e beija o filho que volta. Graça: amor não merecido e favor prestado a uma pessoa que não fez por merecê-lo: era algo muito poderoso.

"Devo muito à fé. Ela me deu uma convicção e um lugar próprio, uma identidade. Tudo estava confuso. Quem sou? Chinês, mas não sou chinês. Em um programa cultural chinês, eu me sentiria perdido. Inglês, mas não sou inglês. Nunca estive na Inglaterra. As escrituras é que deram o impulso original no meu amor e no meu entusiasmo pela leitura, que existem até hoje".

Naquela época, 1966 e 1967, o islã não constituía a força proselitista que é agora. Era apenas uma religião entre as demais. Na época de sua conversão, Philip pensava mais no seu futuro. Tinha muita vontade de ser advogado, um profissional formado.

"Recordo que minha mãe dizia: 'É muito difícil tratar com advogados'. Pensei em ser advogado um dia e dedicar meu tempo aos meus clientes. Eu queria compensar as deficiências familiares. A primeira família do meu pai tinha médicos. A segunda família, à qual eu pertencia, não se dera bem na vida. Portanto, eu buscava uma desforra, recuperar o orgulho de minha mãe."

Ela cultuava os ídolos chineses. Pessoas como ela, agora, haviam passado a praticar uma espécie nova de budismo japonês.

"É muito comum a família chinesa jogar fora seus deuses e aderir a esse novo budismo japonês, que se baseia em fortes tradições humanistas. Sinto-me feliz por eles se libertarem desses deuses de cozinha."

Pessoas que sabiam da fé de Philip e de suas inclinações intelectuais se perguntavam como ele podia trabalhar em um banco. Philip lhes respondia: "Minha visão do cristianismo não implica negar o mundo. Estamos no mundo, mas não somos do mundo".

O culto de sua mãe aos deuses de cozinha era, acima de tudo, uma questão de hábito. Para essas divindades, ela acendia incenso e fazia oferendas; era uma parte de sua rotina.

"Mesmo quando criança, aquilo não significava nada para mim. Quando chegou a hora de nos desvencilharmos de tudo isso, simplesmente jogamos tudo fora, como roupa velha. Não temíamos que os deuses viessem nos castigar. Quando eu tinha catorze ou quinze anos, senti uma carência. Um vácuo, um vazio. Não há palavras para expressar. Para mim, foi um acaso feliz ir naquele dia assistir ao culto na capela. A segunda geração de chineses teve de enfrentar a angústia dessa questão: quem sou eu, além da minha casa, do meu diploma, do meu título acadêmico? Essas perguntas eram mais reais para a segunda geração. A primeira geração esteve ocupada demais. Para os chineses, existe a riqueza herdada, as circunstâncias herdadas, mas também a dúvida: será que sou apenas o filho do meu pai?"

2

MODELO NOVO

O pai de Nadezha, que nasceu por volta de 1940, era um malaio da aldeia ou do *kampung*. Nadezha nunca foi visitar a aldeia do pai e ela jamais se interessou pelos antepassados dele. A família devia ser bem comum e Nadezha não sentia necessidade de pesquisar o assunto. Achava que a família tinha sido de "lavradores ou algo assim". Tinha certeza de que moravam em uma casa de madeira, em um arrozal, e criavam galinhas no quintal. Não havia livros na casa.

Mas a educação foi uma coisa importante para o pai de Nadezha, quando menino. Ele sabia — alguma pessoa mais velha e que ele admirava deve ter lhe dito, ou ele ouviu de passagem na conversa de outros — que, para um menino como ele, a educação representava o único meio de mudar de vida. Era um menino vivo, estudou com afinco e, no final, conseguiu uma bolsa para a Universidade Malaia em Kuala Kangsar.

Foi em Kuala Kangsar que viu a moça que viria a ser a mãe de Nadezha. Ele a viu, um dia, com uma acompanhante, e ficou fascinado. Foi fácil descobrir quem era a moça e onde morava; os rapazes da faculdade conheciam as moças de Kuala Kangsar. O pai de Nadezha começou a trocar cartas com essa moça. Ela também se correspondia com outros rapazes da faculdade. Era o modo aceito para uma amizade entre um rapaz e uma moça em Kuala Kangsar; rapazes e moças não eram livres para se encontrar.

A moça vivia em Kuala Kangsar, em companhia da avó. O pai dela estava em Kuala Lumpur, trabalhava na polícia. A moça vinha de uma família decadente. Em outros tempos, possuíram muita terra, mas não a usaram de forma correta e a perderam, um pedaço de cada vez. O jogo comeu o resto. O jogo corria no sangue deles. Após o mês do jejum, toda a família se reunia, às vezes com amigos, e jogavam pôquer durante dois dias e duas noites. Nadezha cresceu achando que isso era comum, era o que as pessoas faziam em toda parte depois do mês do jejum.

Disse Nadezah: "Eles eram decadentes. Achavam que aquilo ia durar para sempre. Não tinham instrução. Este é o problema. Na minha época, os ricos não estudavam".

E o que Nadezha disse despertou em mim uma recordação: o que ela dizia acerca da Malásia era verdade também no tocante a Trinidad, até a década de 40, época em que fui criado lá. Nesse tempo, os ricos e os brancos nativos em geral não estudavam; era uma parte de seus privilégios. Não precisavam estudar. A sociedade agrícola colonial demandava poucos conhecimentos. Não requeria pessoas especialmente eficientes, aplicadas ou distintas.

Disse Nadezha: "Quando penso nos tempos da colônia, suponho que os malaios andavam à toa, jogavam e não faziam nada de construtivo. Enquanto os outros ganhavam dinheiro: as famílias chinesas que trabalhavam na mineração de estanho, os ingleses que trabalhavam, em geral, nas plantações de onde extraíam borracha. Creio que nesse tempo era assim. Os chineses e os ingleses na posição de senhores coloniais. Os malaios não faziam negócios. A única alternativa para eles era o emprego público ou entrar para a universidade. Isso demandava trabalho duro. Portanto optavam pelo caminho fácil da fuga. Não conheciam outra coisa senão isso. Eram um povo que vivia debaixo da casca do coco".

O pai de Nadezha, porém, teve de levar a sério seu estudo na Universidade Malaia; para ele, era o único de jeito mudar de vida. A moça que viria a ser a mãe de Nadezha mal freqüentou a escola. Sabia ler e escrever, e isso era o bastante. Não pensava em si mesma como uma pessoa instruída. E, na verdade, ela recebera da família um outro tipo de instrução, mais exclusivo. Aprendera lealdade e o que Nadezha denominava virtudes antiquadas. Aprendeu como se comportar em público; aprendeu a não chamar atenção para si, a não demonstrar seus sentimentos. No final, tornou-se uma mulher bastante estreita: Nadezha pensava em sua mãe como uma pessoa autoritária, no estilo antigo.

Boa parte do dinheiro da família se fora na época em que a moça se correspondia com o pai de Nadezha. Quando a terra se foi, e o dinheiro se foi, não havia nada que prendesse em Kuala Kangsar aquelas pessoas que já não eram ricas; migraram, quase do mesmo modo que o povo do *kampung*, para as cidades. Portanto, em 1958, quando completou dezoito anos, a moça deixou a avó e as duas tias em Kuala Kangsar e partiu rumo à capital, para viver com o pai, o alto funcionário da polícia.

Na capital, havia mais liberdade e, pela primeira vez, ela e o pai de Nadezha puderam se encontrar normalmente. Devem ter chegado a um acordo, pois o pai de Nadezha partiu para a Europa a fim de estudar e, quando voltou, a moça estava à espera dele e resolveram se casar. A família da moça deu sua aprovação, porém não gostaram da idéia. Não possuíam dinheiro, mas ainda tinham certo nome e o pai da moça agora se achava em uma posição muito elevada na polícia. O pai de Nadezha, apesar dos anos na Universidade Malaia e do diploma que trouxe do exterior, ainda trazia, aos olhos deles, o estigma de ser um rapaz do *kampung*.

Nadezha, enquanto crescia, sempre soube que seu pai era um rapaz do *kampung* e sua mãe, uma outra coisa. Tratava-se de um relacionamento desigual; mas Nadezha achava que, no final, havia um equilíbrio. Seu pai era um homem calado. Isso ajudava. Mas Nadezha se lembrava de uma briga entre os dois, um dia, quando o pai disse para a mãe que os pais dela nunca o consideraram bom o bastante para casar com a filha deles. Mas que se ela tivesse casado com um homem do tipo que eles desejavam, ainda estaria atolada em Perak.

Disse Nadezha: "Isso, provavelmente, era verdade".

E o que era estranho, mesmo para Nadezha, era que, quando veio a hora de ela mesma pensar em casamento, fez a mesma coisa que a mãe. Também casou-se com um ambicioso rapaz do *kampung*.

Sua mãe lhe disse, em tom de advertência: "Você está fazendo o que eu fiz".

Nadezha trabalhava em uma corretora da Bolsa de Valores, em Kuala Lumpur — a Malásia se transformara — e o rapaz trabalhava no escritório dela. Não era bonito, mas Nadezha não gostava de homens bonitos. O pai dela não era bonito e Nadezha achava que, de forma subconsciente, isso a devia ter influenciado. A beleza ficava bem em uma mulher, mas não em um homem.

Sentiu-se atraída por ele porque era ambicioso, não de uma forma sonhadora, mas de um modo prático e metódico. Dizia, por exemplo: "Essa pessoa vai sair da firma no ano que vem. Portanto, minhas chances de assumir sua posição são boas". Ele sabia contra quem estava competindo; calculava seus movimentos com muita antecedência. Era bastante frio em relação a isso.

Disse Nadezha: "Eu andava sem rumo, achei que ele tomaria o leme nas mãos e assim eu talvez acabasse conseguindo fazer alguma coisa".

Perguntei a Nadezha: "Não havia mais nada que atraiu você, afora a ambição dele?".

"Ele gostava de roupas bonitas."

O fato de o rapaz provir do *kampung* não preocupava Nadezha. Pensou que ele era bem resolvido quanto a isso. Mas ela não gostava da sua orientação política. O rapaz apoiava o governo e o partido dirigente na Malásia porque achava que tinham feito muito por pessoas como ele. Nessa ocasião, os juízes se achavam sob ataque do governo e Nadezha andava preocupada com isso.

O rapaz disse: "Não me importo com essas coisas. O que importa de verdade para as pessoas é dinheiro, comida na barriga, casa, abrigo".

Esse argumento desagradava Nadezha, mas refletia que ela tivera uma infância confortável e ele não, e seria errado da parte dela censurá-lo. Nadezha também entendeu que ele não se interessava por idéias; se interessava por coisas palpáveis. Mais tarde, tudo isso veio a ferir Nadezha. Mas resolveu, na época, apesar de suas dúvidas, casar-se com ele por causa do espírito objetivo do rapaz. Via-o como uma espécie de novo homem malaio, um modelo novo. Ficaram noivos.

"Acredito realmente que eu queria me casar. Todas as minhas amigas estavam casando e achei que esse era o caminho. Estava na minha vez de casar também. Era simplesmente uma parte natural da vida."

Certo dia, seu noivo disse, de forma muito natural, que desejava levá-la para o *kampung* a fim de conhecer sua avó. Os pais dele também estariam lá naquele final de semana, disse ele. Nadezha estivera com os pais dele muitas vezes antes, em Kuala Lumpur. Eram razoavelmente simpáticos, mas Nadezha não gostava muito deles. Eram pessoas educadas que tinham morado em Kuala Lumpur por trinta anos, mas sua conversa era banal demais, um lero-lero sem nenhum propósito. Não eram os sogros que Nadezha teria escolhido. Mas a necessidade primordial de Nadezha, nessa época, era casar. Sentia que era algo que devia fazer, como mulher. Pensava que, como mulher, só teria futuro com um marido a seu lado. Posteriormente, quando se divorciou, suas idéias mudaram.

O *kampung* ficava em Negri Semblian. Havia uma auto-estrada, depois uma estrada que saía da auto-estrada e depois se tornava, cada vez mais, uma estrada do interior, mais e mais enlameada. Nadezha teve a impressão de que avançava rumo ao interior mais remoto do país. Era muito mais abafado do que Kuala Lumpur, e mais úmido. As casas se tornavam cada vez mais modestas. Ela via tudo isso e tinha uma idéia do que significava, mas não estava assustada o suficiente para bater em retirada. Era mais ou menos familiar, semelhante ao ambiente de onde ela imaginava que o pai tinha vindo. A exemplo do que vinha acontecendo ao longo de todo aquele relacionamento,

Nadezha via e sentia com um lado dela, e agia e falava com um outro lado.

A casa ficava em um terreno normal de *kampung*. Não havia entrada para carros. Os pais de seu noivo já estavam lá. Eles também tinham vindo de carro de Kuala Lumpur. O carro deles deixara marcas na grama, marcas enlameadas. Era um terreno normal de *kampung*, mas a casa propriamente, embora parte dela assentasse em estacas (no estilo tradicional do *kampung*), não era a tradicional casa do *kampung*: já fora reformada e ampliada, e não tinha paredes de bambu trançado. Nadezha viu algumas galinhas na frente da casa e depois viu outras correndo por baixo da parte velha da construção. Reparou nas galinhas porque em Kuala Lumpur não se costuma ver galinhas correndo em volta das casas.

Nadezha falou para o noivo: "Ah, ela cria galinhas". "Ela" era a avó.

O noivo respondeu: "Ela gosta de ovos frescos. Têm um sabor melhor".

As palavras soaram com um tom falso. Pareciam conter uma desculpa. Nadezha achou que ele tinha falado demais: não havia, para ele, nenhuma necessidade de comentar o sabor dos ovos. Pela primeira vez, ela o viu embaraçado. O momento passou; ela empurrou aquilo para o fundo da mente.

Havia dez pessoas no almoço. Duas tias solteiras serviam a comida; eram tratadas como criadas. Sua obrigação era cuidar da avó, na velhice. A avó era tão feia quanto o neto, pensou Nadezha; mas a velha era tão enrugada que não se podia ver realmente até que ponto era feia. Ela não falou muito durante o almoço, mas não precisava. Era a matriarca; todos lhe obedeciam. Nadezha julgou que aquele era o costume de Negri Sembilan; as pessoas de lá haviam imigrado de Padang, em Sumatra, e trouxeram consigo sua tradição de clã matriarcal. A própria Nadezha, como noiva, não precisava falar muita coisa; bastava sentar-se e se mostrar tímida. Portanto, o almoço propriamente dito foi fácil para ela. Havia muitas pequenas fotos nas paredes: as crianças da família, em vários estágios.

Havia um tio no almoço. Era membro do partido malaio dirigente e estava metido na política local. Ele trouxe à conversa algumas questões políticas durante o almoço; era um problema relativo ao distrito. Nadezha começou a ter uma idéia nova do movimento malaio. Ela sempre o tomara como algo sem importância. Mas então começou a entender como seu noivo o encarava. Começou a entender — somando tudo: a casa, as reformas, a conversa política descontraída, a confiança geral — que estava entre pessoas para quem o mundo havia mudado de uma forma concreta. Eles viram acontecer coisas boas em sua aldeia, em sua casa e em suas vidas. Sentiam-se em uma posição mais elevada.

Disse Nadezha: "Nos velhos tempos, quando a pessoa ia a Kuala Lumpur, via o clube, as lojas, e os únicos malaios que circulavam nesses locais eram os da família real, os aristocratas. E pensávamos: esta é nossa terra e eles tomaram conta de tudo". "Eles" eram os chineses. "Naquela casa, senti que compreendera por que a política tinha um papel tão importante na vida dos malaios. Em nossas discussões no escritório, eu falava sobre idéias. Ele falava de coisas concretas, coisas que tinham acontecido."

O que chamou a atenção de Nadezha, em especial, foi o otimismo das pessoas em torno da mesa. Esse otimismo em família era novidade para ela. Percebeu também que, para aquela família, seu noivo encarnava a idéia do sucesso, o sucesso deles, o sucesso malaio.

Perguntei a Nadezha: "Eles encaravam você como uma parte do sucesso do noivo?".

"Não creio que fosse assim."

"Você se apaixonou um pouco por ele, na ocasião?"

"Não."

"Então você estava enganando a si mesma?"

"Talvez eu pensasse estar reservando para mim uma parte daquele futuro de que falavam. Quem sabe."

Depois do almoço, aconteceu algo que ela notou mas reprimiu, assim como reprimira suas dúvidas a respeito das galinhas no quintal e da conversa do noivo sobre o sabor dos ovos frescos.

"Fomos para a sala de estar. A sala de jantar ficava na parte velha da casa, sobre estacas. A sala de estar ficava na parte nova. Três degraus para baixo: era uma parte da ascensão social deles. A avó fez sinal para o meu noivo se aproximar dela. Pensei que ele fosse sentar na cadeira ao lado da avó. Mas sentou-se no chão, aos seus pés. Tinha um tapete. Tudo era novo ali; a sala de jantar tinha uma esteira de junco ou de bambu, não sei dizer ao certo. Reparei nisso ao sentar no chão. Mas então pensei que era a cultura de Negri Sembilan. São conhecidos por serem muito ligados à idéia de clã. Eu não queria falar sobre o assunto, para que ele não achasse que isso me incomodava. E na verdade não me incomodava. Pensei também que ele se sentia seguro o bastante para enfrentar tudo isso. Em essência, nada disso importa, se você não liga para essas coisas."

A visita durou umas quatro horas, do meio-dia até pouco antes de quatro da tarde. O casamento realizou-se dois meses depois.

A mãe de Nadezha teve suas dúvidas. Disse ela: "Você está fazendo a mesma coisa que eu fiz". Nada tinha de pessoal contra seu genro; apenas não entendia como Nadezha iria se adaptar. Ela não gostava dos pais do noivo. Eles achavam que Nadezha e sua família eram esnobes. Achavam que deviam resistir e, pouco antes do casamento, houve uma espécie de rixa entre as duas famílias.

Os costumes matrimoniais dos malaios derivam dos antigos costumes hindus. Em um estágio inicial, devem-se trocar presentes entre as famílias. Se a família da noiva manda cinco presentes, a família do noivo tem de mandar sete; é preciso haver sempre uma diferença de dois. Enviam-se coisas simbólicas, doces, dinheiro. A mãe de Nadezha queria que uma parte do dote da família do noivo fosse pago em moedas de ouro, em vez de cédulas. Isso, por razões estéticas: as moedas de ouro eram mais bonitas de se ver. A mãe do noivo disse que não; ela não tinha tempo de ir ao banco para trocar as notas por moedas.

Disse Nadezha: "De fato, isso foi muito rude. Porque é preciso fazer o que a família da noiva deseja e vice-versa. Todo o mundo tem de ser gentil. Não se deseja magoar os sentimentos de ninguém, antes de casar. Em termos de costumes, é assim que agem os malaios: nós cedemos, temos de ser gentis".

Mas Nadezha sabia, com base na experiência de suas amigas, que quase sempre havia problemas com os sogros, nos casamentos. O problema nascia da rivalidade entre as famílias, e Nadezha preferia encarar a deselegância da sogra, acerca das moedas de ouro, como uma parte dessa rivalidade. Sua mãe se mostrou mais rude. Achou que aquilo eram maus modos e um sinal de falta de educação.

Nadezha foi ao *kampung* do marido seis ou sete vezes depois do casamento. Nunca, de fato, gostou de ir lá. A vida no *kampung* não era simples nem idílica, como algumas pessoas diziam. Era competitiva. Na segunda ou terceira vez que foi lá, só conversaram a respeito do carro ou jipe novo do vizinho: o preço, a cor, que não era bonita, e "aposto que não comprou com o dinheiro dele". As duas tias solteiras que cuidavam da avó não gostavam uma da outra. Havia poucos homens solteiros no *kampung*, e as tias, agora, não tinham mais quase nenhuma chance de se casar. Uma estava resignada; Nadezha gostava dela. A outra era maliciosa, amargurada pelo rumo que sua vida tomara.

Não existia nenhum interesse cultural no *kampung*. A vida era superficial. Só havia a religião. Era importante; as cinco preces diárias marcavam a passagem de cada dia. A mesquita era o único tipo de centro social.

Nadezha achava que era por haver tantas reclamações, lamúrias e comparações na aldeia que seu marido se tornara tão ambicioso — a fim de se destacar. Nadezha sentia-se intrigada por seu marido não perceber aquela mesquinharia da mesma forma que ela. Ele não se permitia aquilo, não se deixava afundar nas fofocas, mas aceitava essas coisas. Era parte do seu *kampung*, o qual era parte dele mesmo. E, afinal de contas, todo o lado profissional de sua vida (embora Nadezha não o dissesse) estava na firma corretora de ações, em Kuala Lumpur.

Depois do casamento, foram morar com os pais de Nadezha. Nadezha, depois, achou que foi um grande erro. Seu marido, que era ambicioso, e um tanto mimado pela própria família, sentiu-se oprimido, sem controle sobre a própria vida. Bem cedo, toda a raiva começou a se manifestar dos dois lados. A mãe de Nadezha jamais criticava seu genro pessoalmente; ele também nunca criticava seus sogros pessoalmente. Apenas condenava seu modo de vida, as coisas que faziam, as pessoas de quem gostavam. Não lhe agradava ver Nadezha lendo a *Vogue*. Dizia: "Por que você lê essa porcaria?". Ele — um novo modelo de malaio — lia livros sobre negócios: *Opções de mercado*, *Gerenciamento de fundos*, coisas sobre o mercado de ações.

"Um dia, ele saiu com clientes. Andava bebendo. Também não consigo lembrar qual o motivo da discussão. Nessa época, já não suportávamos mais um ao outro. Ele bateu em mim. Eu bati nele. Mandei meu marido sair de casa. Ele saiu. E foi aí que começamos a falar em divórcio. Tudo foi resolvido por meio dos advogados. Ele nunca mais voltou."

Na época, Nadezha estava grávida. Portanto, não podiam divorciar-se imediatamente. No islã, não se permite o divórcio caso a esposa esteja grávida: o bebê precisa nascer como um filho legítimo. Não obstante, os dois chegaram a um tipo de acordo; porém, três semanas depois, o marido voltou atrás e disse que não ia mais se divorciar de Nadezha. Ela achava que o marido tinha sido influenciado pela família dele. Tinham seu orgulho, conforme Nadezha sabia, e talvez tivessem a intenção de fazer a nora passar maus bocados. E ela passou mesmo. Durante três anos levou uma vida indefinida, nem casada, nem divorciada. E foi difícil para ela conseguir a custódia do filho.

Agora Nadezha achava que tinha esperado coisas demais do casamento. Mais do que então imaginava, ela havia esperado encontrar um substituto para aquilo que perdera. A família da mãe era de viciados em jogo de apostas; quando o pai de sua mãe morreu, todo o dinheiro da família enfim se foi. Todo um modo de vida, tudo aquilo que ela tomava como líquido e certo estava perdido. Nadezha contou isso, no início, mais ou menos como uma piada. Mas para ela, na verdade, foi uma catástrofe. E depois disso ainda houve outros golpes. Seu irmão caçula morreu; a firma do pai começou a fraquejar; seu pai e sua mãe tiveram problemas conjugais.

Ela, a filha de uma mãe dominadora, de família nobre, começou a experimentar um grande vazio, antes dos vinte anos de idade. E quando, mais tarde, foi para Londres, Nadezha descobriu que outras moças malaias, ali, eram iguais a ela. Algumas moças que conheceu, e que ela julgava felizes e bem de vida, haviam aderido a uma seita; existia uma grande carência oculta. O líder da seita fazia as moças entregar dinheiro para ele; as moças o tratavam como uma figura divina, dotada de poderes especiais.

Disse Nadezha: "Os malaios gostam dessas pessoas com poderes extraordinários porque acreditam que as coisas não acontecem por causa de suas próprias ações. Acreditam que, ao aderir a um mago ou xamã, vão conseguir consertar tudo. Todo o mundo que conheço é religioso. Têm uma fé forte. Crêem que, como muçulmanos natos, estão a salvo. Se a pessoa nasce sem religião, põe em dúvida seu lugar, seu papel. Se você é muçulmano, sabe desde o início que é parte de um grande grupo. Na escola, quando está na hora do ensino religioso, as meninas malaias vão para suas aulas de religião, enquanto as chinesas têm tempo livre ou vão brincar. Desse modo, já somos pessoas diferentes.

"Um amigo do meu pai está revitalizando sua empresa. Trabalham com plástico. Começaram a produzir embalagens plásticas. Agora moldam cadeiras de plástico e de uma hora para outra ficaram muito ricos. De uma vida confortável, passaram a uma riqueza inacreditável. E todo ano, sem falta, fazem a *umra* — a peregrinação menor —, para agradecer a Deus. Pensam assim: 'Deve ser sorte. Não sou diferente das outras pessoas. Deve ser Deus que me está ajudando'. Tenho certeza de que ele compreende que não está realizando nada de fundamental. É por isso que não consegue acreditar em sua sorte. Nos últimos dez anos, as coisas têm sido construídas no ar".

Nisso residia a carência que ela levara para o próprio casamento; nisso residia sua fé na ambição e na vitalidade de um novo homem malaio, que julgou encontrar no seu marido. Contudo Nadezha nunca falava de religião com o marido. Não tinha grandes preocupações espirituais. Cumpria as cerimônias, e era só isso.

Nadezha fora dura demais com o marido; pensava assim agora. Buscara nele o vigor; veio a descobrir que era um homem inseguro, ao seu modo peculiar. Disse Nadezha: "Era muito apavorante. Eu saliento, antes de tudo, a insegurança porque, se ele não fosse inseguro, não contaria com a família para tudo". Ele conversava sobre sua carreira com a mãe, não com Nadezha. Não falava com Nadezha sobre seus problemas financeiros. Agora ele estava bem. Tivera sucesso. Era diretor de uma corretora da Bolsa de Valores e se casara com uma moça do seu estado natal, Negri Semblian. Construíra uma vida nova para si, e Nadezha achava que até hoje ele se arrependia de sua incursão em um terreno que não conhecia.

Disse ela: "Deve ter sido um pesadelo para ele. Ainda vive embaixo da casca de um coco. Saiu do seu ambiente e não gostou do que viu".

Algo parecido podia ser dito sobre ambas as partes.

3

O FILHO DO "BOMOH"

O *bomoh* — curandeiro, xamã ou mago — era um ano mais velho do que o século. Era de ascendência mista, chinesa e indonésia. Seu pai deixara a China por volta do final do século XIX, uma parte do fluxo de pobres e desamparados que transbordou do império em desagregação; foi parar em uma das ilhas do arquipélago indonésio, na época governado pelos holandeses. Lá, conseguiu se estabelecer de algum modo e se casou (ou algo equivalente) com uma mulher indonésia. Tiveram nove filhos.

Eram muito pobres. A certa altura, mudaram-se para um estado ao norte, no que era, então, a Malásia governada pelos britânicos. O oitavo filho mal teve infância. Foi trabalhar muito pequeno. Com treze ou catorze anos de idade, dirigia caminhão. A vida não era fácil; e, por essa época, o lado místico e indonésio da personalidade do rapaz começou a se afirmar. Tomou consciência de seus poderes e começou a se adestrar nas atividades de um *bomoh*. Deve ter havido algum tipo de professor ou incentivador, mas não perguntei sobre o professor, e nada me foi dito a respeito.

Esse adestramento como *bomoh* deve ter começado entre 1914 e 1915. (Enquanto, longe dali, a Europa travava a grande guerra que indiretamente debilitou os impérios britânico e holandês na Ásia; e enquanto, um pouco mais próximo, Gandhi, após passar vinte anos na África do Sul, voltava para a Índia com suas singulares idéias políticas, sociais e religiosas.) O menino ou rapaz aprendeu muito depressa. Tornou-se um perfeito *bomoh* aos dezessete anos de idade, e exerceu seu ofício por quase setenta anos. Contava com um grande número de seguidores e tinha discípulos. Havia certas coisas que não podia mais fazer, quando se tornou fisicamente debilitado, mas seus poderes de *bomoh* nunca lhe faltaram.

Casou-se duas vezes, com duas irmãs chinesas malaias, com um intervalo de cinco anos entre os dois casamentos. Teve ao todo dezessete filhos e todos moravam na mesma casa.

Rashid era o oitavo filho do *bomoh*. Nasceu em 1955. Foi enviado, desde o início, para uma boa escola local; e ao completar dezoito anos — com todo o carinho pelos sentimentos do pai e com todo o respeito pelos poderes do pai, em sua condição de *bomoh* — Rashid começou a dar as costas para as atividades mágicas do pai e para os rituais de sua casa. De posse de instrução e de consciência, Rashid começou a sentir o mesmo tipo de carência filosófica e espiritual experimentado por Philip, o chinês convertido ao cristianismo; e, de fato, durante certo tempo, memorizando e repetindo o que ouvira de colegas na escola, Rashid falava e se comportava como um cristão, mesmo em casa.

Depois descobriu o islã e o Corão, e se fixou nisso. Tornou-se muçulmano por conta própria, sem se converter formalmente, e adotou o nome árabe de Rashid. Desde então, começou e abandonou vários empregos. Agora era um bem-sucedido advogado de uma empresa, estava próximo a pessoas de grande poder. Tinha apenas quarenta anos. Viajara para longe e rápido, como o país. Experimentara muitos mundos espirituais diferentes, ou tivera acesso a eles.

As pessoas traziam todo tipo de problemas para seu pai, disse Rashid. O pagamento era, com freqüência, em bens, quatro ou cinco galinhas, frutas; não era como apresentar uma conta. O pagamento, uma vez começado, prosseguia daí em diante como um tributo voluntário regular.

As pessoas vinham simplesmente para receber a bênção, ou curar suas dores, ou abençoar seus amuletos. Rashid recordava que, certa vez, um famoso praticante de artes marciais, um homem idoso, um astro do jiu-jítsu, veio e se ajoelhou diante do seu pai e pediu que lhe desse força interior. O *bomoh* era famoso por sua grande força. Era baixo, 1,63 metro, mas de corpo sólido. Conseguia entortar pregos de quinze centímetros entre os dedos indicador e polegar, sem entrar em transe, coisa que normalmente tinha de fazer quando tratava dos problemas das pessoas.

Quando estava em transe, as pessoas que queriam ser abençoadas ajoelhavam-se diante dele, e ele as tocava na testa, nos ombros, no plexo solar. Depois ele as virava de costas e tocava na parte de trás da cabeça e dos ombros. Quando as pessoas sentiam dores, ele as tocava na parte do corpo que doía.

Todo ano, os seguidores do *bomoh* faziam uma peregrinação especial à casa do *bomoh* e traziam amuletos para serem abençoados. Esses seguidores eram de todas as comunidades e de todas as classes, ricos, pobres, instruídos, comuns. Rashid lembrava de ter ouvido, aos oito anos de idade, muitos idiomas durante uma dessas peregrinações: inglês, malaio, chinês hokkien, baba ou o chinês malaio.

O *bomoh* entrava em transe e, nesse transe, tirava a camisa. Começava a tremer, porque nesse momento do seu transe ele focalizava a divindade da neve, uma das três divindade das quais emanava seu poder. Seus assistentes lhe davam um feixe de incensos acesos. Ele precisava das chamas para se aquecer e parecia traçar o contorno do próprio corpo com os incensos. Fazia isso durante um minuto, mais ou menos. Quando estava suficientemente aquecido, devolvia os incensos para os assistentes. Em seguida eles o vestiam com sua camisa especial e o cobriam com seu manto. A camisa era importante; só o *bomoh* podia usá-la; ele a abençoara no altar do santuário.

Quando o *bomoh* se sentava, seus assistentes lhe davam um copo de água. Ele proferia alguns encantamentos, soprava na água, bebia e cuspia. Sua espada, então, lhe era entregue. Tratava-se de uma espada de verdade, tinha 1,5 metro de comprimento e dois gumes. O *bomoh* punha a língua para fora e usava a espada para fazer, na própria língua, uma incisão profunda o bastante para o sangue correr. As tiras de papel amarelo para os amuletos estavam prontas. Seus assistentes lhe davam as tiras de papel uma a uma e o *bomoh* escorria em cada uma delas o sangue de sua língua. Continuava a abençoar tiras de papel desse jeito, o tempo todo perdendo sangue, até que a mãe de Rashid dizia: "Já chega". A essa altura, ele já teria abençoado uma centena de tiras de papel.

Quando a espada era guardada, o *bomoh* se cobria e, ainda em transe, começava a dar consultas. Mulheres queriam saber se iam arranjar marido; homens, se iam arranjar amante. Mulheres maltratadas pelos maridos queriam saber o que deviam fazer. Mães e pais queriam ter notícias de filhos que haviam fugido de casa.

O *bomoh* falava em uma língua que Rashid não compreendia. Era o javanês especial que o *bomoh* trouxera da ilha indonésia onde havia nascido. Ele também falava mandarim. Era apenas nessas ocasiões, e nesse transe, que o pai de Rashid falava mandarim.

A espada era especial. Pertencia apenas ao *bomoh*. Um assistente entrou em transe, um dia, e tentou usar a espada para fazer um corte na língua. A espada não cortou. Quando o *bomoh* ficou velho, porém, permitiu que um de seus assistentes abrisse um corte na sua língua. (Mas as palavras de Rashid eram ambíguas. Não tive certeza, quando reli minhas anotações, mais tarde, se os assistentes cortavam a própria língua ou usavam a espada para cortar a língua do *bomoh*.)

Os assistentes eram discípulos do *bomoh*. Não moravam na casa, mas estavam sempre às ordens do *bomoh*. Vinham à casa todos os dias e precisavam trabalhar. Uma de suas tarefas era limpar o altar. Não recebiam pagamento. Não eram de forma alguma empregados do *bomoh*. Na realidade, eles tinham de trazer oferendas para o *bomoh*. Às vezes ofereciam até dinheiro — que o *bomoh* recusava.

Não havia estátuas no altar. Só havia um pano amarelo, com representações das três divindades do *bomoh*, em um triângulo: o deus da montanha de neve, no pico, e as divindades do fogo e da espada, na base. Neve, fogo, espada: o ritual do *bomoh* seguia essa seqüência. Dizia aos filhos, em muitas ocasiões, que ele tivera mestres de algum tipo. Teve um mestre na China e outro na Indonésia, e (assim como seus seguidores vinham até ele em peregrinação uma vez por ano) o *bomoh* cumpria regularmente sua peregrinação até aqueles mestres. Fazia isso por meio de viagens astrais. Rashid nunca duvidava do que o pai dizia; não conseguia encontrar nenhum outro modo de explicar os poderes manifestos do pai.

As esposas do *bomoh* — a mãe de Rashid e sua tia — eram baba-nonya, gente oriunda da outra margem do estreito da China, pessoas de origem chinesa que adotaram a cultura e a língua malaias. A comida na casa era baba, comida chinesa malaia, muito temperada, e todos comiam com as mãos. Não usavam pauzinhos.

A mãe de Rashid, embora fosse chinesa, cultuava um ancestral malaio, o Datuk. Muitos outros babas faziam o mesmo. Faziam-se oferendas a esse Datuk no altar da mãe de Rashid. As oferendas eram alimentos no estilo malaio; *rendang ayam* (caril de frango), *rendang daging* (caril de carne bovina), arroz pegajoso: alimento para ser comido com as mãos.

Uma vez por mês, todo o mundo na casa tinha as bochechas furadas pelo *bomoh*, que empregava para isso uma agulha de aço. Essa perfuração de bochechas era cumprida como uma forma de purificação. Havia uma agulha diferente para cada pessoa; quanto mais velha a criança, mais comprida e mais grossa a agulha. A criança cuja bochecha era furada em primeiro lugar tinha de suportar a dor mais tempo: a agulha permanecia espetada até que a bochecha de todos fosse furada. Às vezes, em ocasiões especiais, tiravam fotos da família, as dezessete crianças e as mães, todas com agulhas nas bochechas.

Até o final da Segunda Guerra Mundial, o *bomoh* e sua família moravam em um *kampung*, em uma casa no estilo *kampung*. Mais tarde, mudaram-se para uma região recolonizada, para uma casa de dois andares, com varanda. Foi nessa casa que Rashid cresceu. Havia três quartos em cima e um quarto embaixo. A avó de Rashid ficava em um quarto de cima, com todas as outras meninas. Um tio e toda sua família moravam em outro quarto. Todos os meninos dormiam no pé da escada. A qualquer momento, podiam-se encontrar vinte pessoas habitando a apertada casa. E, com tudo isso, o *bomoh* exercia seu ofício no térreo, na sala, que era também o templo.

Os poderes do *bomoh* eram conhecidos nos arredores e as pessoas tomavam o cuidado de não contrariar sua família. Como um dos aspectos do seu sucesso, o *bomoh* gozava de uma certa posição social na comunidade e se preocupava em agir de acordo com isso. Era meticuloso em relação à roupa quando, ao relaxar de seus afazeres de *bomoh*, ele saía de casa, como ocorria algumas vezes, rumo aos clubes de seu clã chinês, na cidade. Vestia-se então à moda colonial, de terno e gravata-borboleta. Jogava uma partida de baralho e fumava um ou outro cachimbo de ópio. Um dos irmãos do *bomoh* era viciado em ópio e morreu por causa do vício. Mas o *bomoh* não era viciado.

O *bomoh* nunca foi à escola. Só ele sabia o quanto havia sofrido por causa disso, quando criança e rapaz, naquele tempo remoto, antes e durante a Primeira Guerra Mundial. E agora, em um mundo modificado, ele queria que todos os seus filhos, e filhas também, fossem educados de forma apropriada. Fez o melhor que pôde por todos eles.

Rashid foi mandado para uma escola primária local e depois para uma das escolas secundárias coloniais mais conceituadas no distrito. Rashid não o disse, mas quando entrou na escola secundária já devia saber que estava em outra esfera. Em casa, Rashid tinha orgulho dos poderes do pai e gostava que fossem comentados pelas pessoas dos arredores; mas Rashid mesmo nunca comentava os poderes do pai na escola secundária. Jamais pensou em "contar vantagem" — ele usou a expressão dos alunos — a propósito do pai, na escola.

Foi nessa escola que Rashid tomou consciência de outras religiões. Um simpático rapaz tâmil envolveu-o um dia em uma "discussão muito elementar" sobre questões graves. Disse o rapaz tâmil: "Olhe só o Hitler. Veja todas aquelas brutalidades. Você acha que essas pessoas vão escapar livres quando morrerem? E quem você acha que vai castigá-las? Deus vai castigá-las. Você acha que todos nós estamos aqui sem nenhum propósito?".

O rapaz tâmil era cristão. Ele não pressionou muito Rashid para adotar sua fé. Mostrava-se apenas muito simpático e por causa desse rapaz Rashid matriculou-se em um curso de leitura bíblica. Ao mesmo tempo, Rashid começou a ler a Bíblia do rei Jaime. Gostava do estilo, do ritmo das histórias, da cadência. Outros rapazes chineses faziam o mesmo. Os rapazes chineses eram budistas, como Rashid; mas queriam algo mais do que aquilo que obtiam do budismo de seus pais.

A casinha com varanda de Rashid era repleta de rituais, com o templo do pai no térreo, suas comemorações, a peregrinação anual e o culto diário da mãe ao seu Datuk malaio. Mas esses rituais não podiam oferecer respostas às grandes questões que Rashid agora começava a enfrentar. As três divindades de seu pai não proporcionavam nada parecido ao "amor ecumênico" (palavras de Rashid) que ele estava descobrindo no cristianismo. "Amor ecumênico": era semelhante à idéia da graça que assombrara Philip, o chinês convertido ao cristianismo. As divindades da neve, do fogo e da espada, e os rituais do templo, não proporcionavam a Rashid nenhuma filosofia equiparável àquela, nenhum "grande quadro". O que acontecia no templo do seu pai era algo privado. As pessoas apenas vinham ao templo do seu pai todos os dias em busca de soluções para problemas práticos.

E Rashid não podia debater com o pai acerca do que ele fazia. Era inconcebível, por exemplo, que Rashid perguntasse ao pai se Deus existe. Seu pai era um *bomoh*; tinha poderes místicos. Indagá-lo acerca de religião, expressar alguma dúvida seria demonstrar desrespeito, e isso era a última coisa que Rashid queria fazer.

Um dos irmãos de Rashid já era quase cristão. Ia à igreja regularmente. E Rashid freqüentava o curso de leitura bíblica. Às vezes, em casa, na sala da casa com varanda, ali onde ficava o altar do templo, cantavam hinos juntos, à noite. O *bomoh*, nessa hora, podia estar descansando, vendo televisão. Cantar hinos no templo não o preocupava; ele não ligava para isso.

Na escola, Rashid e o rapaz tâmil conversavam muito sobre Jesus e a Trindade. Rashid não era efetivamente um convertido, mas dizia para as pessoas: "Por que você não começa a ler a Bíblia?". Pregava às pessoas do mesmo modo que o rapaz tâmil pregara diante dele. Falava com elas a respeito do propósito da vida.

Agiu assim com uma das alegres moças da escola. Ela era patane; Rashid sentiu-se atraído por ela. A moça lhe disse: "E você, já leu o Corão?".

Rashid tinha preconceito contra o islã, nessa época. Encarava o islã como uma religião atrasada; associava-a aos malaios, a quem nessa época ele considerava um povo atrasado. Mas Rashid queria ter um assunto para conversar com a moça. Por isso começou a ler o Corão, na tradução de Marmaduke Pickthall. Fascinou-se com a introdução do capítulo inicial; achou-a equivalente ao pai-nosso. Gostou também da constante referência a Deus como Beneficentíssimo e Misericordiosíssimo. Isso ia contra a noção que ele tinha do islã e da espada.

Mas tinha dúvidas. Não gostava da idéia de poligamia e do que pôde captar, em suas leituras, acerca da posição da mulher no islã. Perguntou à moça patane por que o Profeta se casou com mais de quatro esposas e a moça patane não soube responder. No entanto, Rashid continuou a ler o Corão e o livro começou a seduzir seu coração. Sentiu-se humilhado pelo livro. Gostava das repetidas referências a Deus como guia, bem como à necessidade que os homens tinham dessa orientação. "Mostre-me o caminho correto": essas palavras, o quinto verso do capítulo inicial, marcaram-no profundamente.

Rashid começou a pensar em si mesmo como muçulmano. Ser muçulmano significava testemunhar que não existia nenhum Deus senão Deus, e que o Profeta era o seu mensageiro. Isso poderia criar problemas em sua mente a respeito das atividades do pai como *bomoh*. Mas não foi assim. Rashid jamais associou a religião ao que seu pai fazia.

Ainda se encontrava com a moça patane. Para Rashid, ela era uma muçulmana viva, um exemplo, e começou a seguir seus hábitos dietéticos. Agora Rashid sabia recitar versos do Corão. Não julgou que isso fosse o bastante; Rashid achava que devia ler o Corão de forma correta, em árabe. Estudou a escrita árabe malaia; levou dois anos para ser capaz de ler sem consultar o dicionário.

Nessa ocasião, em sua casa, preocuparam-se com ele. Os pais de Rashid não gostavam quando ele se recusava a comer carne de porco, se recusava a segurar os incensos e cumprir os rituais diante do altar. Para evitar problemas, ele se fazia ausente quando começavam os rituais. Seus pais sabiam agora que, um dia, Rashid viria a adotar um nome muçulmano. Isso os deixava muito apreensivos. Eram taoístas-budistas e, na condição de *bomoh*, o pai de Rashid ocupava uma determinada posição na comunidade. Rashid se mostrou o mais conciliatório possível; não discutia. Nunca quis magoar os sentimentos dos pais.

Tudo isso foi em 1973. Rashid estava com dezoito anos de idade.

Ocorreu-me, ao ouvir essa história, que quatro anos antes, 1969, tinha havido terríveis conflitos raciais na malásia, entre chineses e malaios. Indaguei Rashid a respeito dessa época.

Ele respondeu: "Todos fomos atingidos. Foi na segunda série da escola. Os conflitos começaram no dia 13 de maio. Eu tinha mais de treze anos de idade. Treze anos e meio. Recordo ter ido de bicicleta para a escola e encontrar o prédio deserto, as ruas desertas. E então vimos pessoas que voltavam pelo mesmo caminho e diziam para mim: 'Volte, volte!'. Era de manhã bem cedo. Às oito ou nove horas, todo o mundo já sabia o que estava acontecendo".

A família teve de sobreviver durante alguns meses com o que tinha em casa. Arroz, peixe salgado, feijão preto salgado. Não tinham nenhuma comida fresca. O pai de Rashid não dispunha de nenhuma economia. Em virtude do toque de recolher, as pessoas não podiam vir vê-lo. Portanto, ele não tinha renda alguma, não recebia nenhum tributo. Foi uma época de muita penúria para a família. Após algumas semanas, o toque de recolher foi suspenso, mas o temor era tão grande que, durante três meses, as pessoas não saíram de casa. Corriam rumores sobre malaios que arrastavam chineses para dentro de caminhões, depois os fuzilavam e se desfaziam dos corpos. Corriam também boatos sobre malaios espancados até a morte por gângsteres chineses.

Pouco a pouco as coisas se acalmaram. As aulas recomeçaram na escola. O *bomoh*, nascido em uma ilha indonésia no século XIX, de pai chinês e mãe malaia, sempre soube do rancor dos malaios, do ódio racial malaio. Contudo, talvez por causa de seu trabalho, que trazia à sua presença sofredores e suplicantes de todos os tipos, o *bomoh* sentia que o povo era o povo. Recusava-se a crer que seres humanos pudessem deixar de ser humanos e dizia isso para seus filhos. Recusava-se a crer nas histórias que lhe contavam, sobre soldados malaios que saíam pelo interior atirando nos chineses. O *bomoh* nunca se mostrava vingativo ou rancoroso.

Mas não deve ter sido nada fácil para ele quando, quatro anos depois desse terror, seu filho tornou-se muçulmano, adotou o nome de Rashid e manteve-se afastado dos antigos rituais domésticos. Ele não se importava quando seus dois filhos entoavam hinos sobre Jesus, no templo. Mas tornar-se muçulmano era outra coisa. Parecia o mesmo que abandonar a família. O *bomoh* podia se mostrar filosófico sobre os conflitos de rua, mas o antagonismo entre malaios e chineses era profundo, não podia ser ignorado. Oficialmente, na Malásia, ser malaio significava ser muçulmano.

E, embora Rashid não o dissesse, foram os conflitos raciais de 1969 que deram um empurrão ao movimento malaio e ao novo islã, entre a juventude.

Havia vinte pessoas na casa, e Rashid (quando chegou às séries mais adiantadas da escola secundária) só podia começar a estudar por volta da meia-noite, quando a televisão era desligada e as pessoas iam dormir. Sentava-se na poltrona de *bomoh* do seu pai, na sala, a mesma poltrona em que o pai ficava quando, às vezes em transe, recebia as pessoas e dava consultas, e ali Rashid estudava ou lia ou escrevia durante três ou quatro horas. Era ali, ao pé das divindades da neve, do fogo e da espada, que lia Shakespeare, Jane Austen e Dickens, escrevia seus trabalhos e estudava para as provas. Rashid nunca pensava que vivia na penúria; essa idéia lhe veio muito mais tarde, quando a vida ficou mais fácil.

Sua permanência na casa da família terminou quando Rashid concluiu a escola secundária e foi para a universidade em Kuala Lumpur. Estudou inglês. Era uma carreira pouco sólida, porém — segundo seu relato — Rashid entrara na universidade realmente com o intuito de ser livre. Já podia se sustentar sozinho. As mensalidades eram baixas. E Rashid, trabalhando em vários empregos durante as longas férias, conseguia ganhar o bastante para pagar seu alojamento na faculdade. Dava aulas, fazia pequenos serviços na mídia e em publicidade.

Rashid não levava os estudos a sério. Passava tão pouco tempo nas aulas que, em seu segundo ano na universidade, os superiores lhe deram um ultimato. Um professor particular indiano, de índole paternal, o ajudou a se recuperar e, no final, Rashid conseguiu obter um razoável diploma de segunda classe. Nos três anos que passou na universidade, Rashid só esteve em casa uma vez, durante uma semana. Foi no segundo ano da faculdade. Depois de obter seu diploma, no final do terceiro ano, Rashid começou a trabalhar em horário integral, em Kuala Lumpur; e não podia nem pensar em ir para casa.

O pouco consistente diploma de inglês não o ajudava muito a arranjar emprego, e Rashid passou a fazer, em horário integral, aquilo que fizera durante as férias. O que no início tinha sido estimulante, um componente de sua liberdade, logo veio a se tornar enfadonho. Ele podia se sustentar, mas sua vida não tinha um foco nem um rumo. Sem o islã — que importava cada vez mais para ele, e que fora importante mesmo na universidade — sua vida não teria sentido.

Estava indo de carro para o trabalho, certo dia, quando um guarda de trânsito fez sinal para parar. Rashid baixou a janela e disse: "Qual foi o problema?". Algo na atitude de Rashid irritou o guarda. Ele respondeu: "Que história é essa de 'qual foi o problema'? O que se deve dizer é: 'qual foi o problema, *senhor guarda*?'". E começou a anotar uma multa.

O guarda era indiano. Em Kuala Lumpur, todos sabiam muito bem — segundo Rashid — que os indianos se tornavam arrogantes em posições de poder. E, embora Rashid não o dissesse, o guarda indiano deve ter ficado especialmente irritado com ele porque era chinês. Rashid disse para si mesmo: "Vou fazer você morder a língua. Vou dar o troco. Espere só para ver".

Rashid resolveu, naquele momento, que ia entrar para a polícia, "investir-se de poder". A resolução foi repentina, mas já andava pensando nisso havia certo tempo. Vinha sonhando, desde algum tempo, em usar o uniforme da polícia com o intuito de ganhar o respeito das pessoas e proteger a si mesmo de pessoas como o guarda indiano e de vigias que o expulsavam de vagas de estacionamento reservadas para homens em cargos importantes.

Acontece que o irmão mais velho de Rashid ocupava um alto cargo na polícia. Esse irmão era vinte anos mais velho do que ele e Rashid não o via com freqüência. Entrara para a polícia como um simples guarda e — era mais um filho do *bomoh*, com o vigor e o ímpeto do pai — galgou postos na hierarquia; primeiro tornou-se inspetor e depois oficial nomeado. Rashid tinha uma recordação de infância em que esse irmão chegava à casa paterna de uniforme de inspetor. Em certa ocasião, a delegacia de polícia local precisou entrar em contato com o inspetor — não havia telefone na casa do *bomoh*, nessa época — e um sargento da polícia veio à casa e bateu continência para o inspetor diante de toda a família. Isso deixou as crianças alvoroçadas. Rashid também se lembrava da pistola do inspetor.

Disse Rashid: "Toda a idéia de vestir aquele uniforme com três estrelas no ombro fazia a adrenalina ferver. Quando a gente pensa agora, parece tudo bobagem, mas na época era uma coisa muito séria. Uma vez com o poder nas mãos — e Rashid contava a história do ponto de vista de sua posterior posição de segurança, conforto e influência —, tudo ficava completamente diferente".

Rashid também achava que, após sua temporada de excessiva liberação na universidade e a dispersiva carreira *free-lance* que se seguiu, ele precisava de ordem e disciplina, e até de um regime severo, de novo em sua vida. Pensava que a polícia cumpriria esse papel para ele. E embora sua insegurança, agressividade e ânsia de poder (segundo ele mesmo pensava) fossem bastante reais na época, Rashid admitia com uma parte da sua mente que sua maneira de encaminhar a vida era contrária às suas origens.

Disse ele: "Meu pai e meu irmão tinham tipos diferentes de poder. Meu irmão tinha autoridade. Meu pai tinha o respeito devido a seus dons, e também por ser um homem muito generoso. Foi por isso que, quando vieram as revoltas, passamos por um tempo de dificuldades. Não tínhamos nenhuma economia. Meu pai comprava quatro ou cinco pães do padeiro porque não tinha coragem de lhe dizer não, mesmo que já tivéssemos pão em casa. E eu ainda faço o mesmo, hoje, quando o padeiro bate à porta. E a regra era dar mais dinheiro do que o preço do pão. Ele nunca pegava o troco. Dizia: 'Com essa gente, não se pode ficar fazendo cálculos'".

Rashid demorou um ano para conseguir entrar na polícia. Quinhentos candidatos foram examinados; muitos mais se apresentaram. Depois de um exame físico e uma prova de conhecimentos gerais, duzentos e cinqüenta foram chamados para a iniciação. Cem venceram as entrevistas formais; isso levou alguns meses. Em seguida, exames e testes de inteligência eliminaram metade desse número. No final, vinte foram escolhidos e enviados para a escola de treinamento da polícia; Rashid era um deles.

Passou a usar um novo corte de cabelo na escola de treinamento. A primeira coisa que ele e os demais tiveram de fazer foi raspar a cabeça no barbeiro da escola de treinamento. Rashid entrara na polícia tendo em mira o poder. Sua primeira experiência como policial estagiário foi aquele ritual de humilhação.

E durante os dois meses seguintes ele e os outros se viram à mercê de sargentos e guardas. As regras do treinamento da polícia não haviam mudado desde o tempo dos ingleses. Pequenas faltas — como conversar durante uma revista de tropas — podiam receber punições severas, como uma hora de marcha em passo acelerado, de uniforme completo, sob o calor, com um fuzil M-16 em uma posição que após certo tempo causava uma dor aguda, lancinante, no tríceps e no ombro.

No final desses dois meses Rashid, de fato, tinha se disciplinado. A ânsia de poder, os pequenos e insistentes impulsos para, na hora apropriada, acertar as contas com os sargentos e guardas que o atormentavam, tudo isso acabou se extinguindo. Ele até sentia gratidão pelos homens que o haviam treinado.

Quando se formou e assumiu as funções de um policial, foi ver seu pai. Não o via fazia alguns anos. Rashid sabia agora que o *bomoh* teria muito orgulho dele; e o *bomoh* sentiu muito orgulho de Rashid.

Disse Rashid: "Ele ficou muito feliz de me ver. Aos seus olhos, seu filho se havia transformado. Minha conversão muçulmana não foi mais comentada. Eu tinha mandado para ele uma foto minha de uniforme, com meu nome muçulmano no distintivo, RASHID. E ele tinha pendurado a foto na parede da sala".

Ser um policial era mais do que vestir um uniforme e bater continência. Era ver constantemente, na zona violenta para a qual ele fora destacado, homens mortos, cadáveres mutilados, crueldades. Rashid logo chegou a um ponto que não conseguia mais suportar. Ingressou no serviço secreto. Isso não fazia parte de sua fantasia de poder, mas ele compreendia agora que era na polícia que se encontrava o poder verdadeiro. Mas Rashid não gostou disso. Perdeu o gosto pelo trabalho policial.

Pensou no direito. Um de seus instrutores na polícia, durante seu treinamento, dissera a Rashid que ele raciocinava como um bom advogado. Isso ficou na sua cabeça; e, com menos de quatro anos na polícia, Rashid pediu demissão, trabalhou um tempo no comércio para ganhar dinheiro e matriculou-se em um curso de direito na universidade. Era para isso que tinha nascido; o direito absorveu todos seus instintos; obteve sucesso desde o início. O *boom* econômico da Malásia dava condições para que ele mudasse o rumo de sua vida desse modo; e no início Rashid teve de ser mais cauteloso, a fim de conservar o que já tinha alcançado.

Disse ele: "Embora eu esteja em contato agora com as fontes de poder, toda aquela ansiedade que me consumia em outros tempos não existe mais. Olhando para trás, acho que todas as etapas que tive de vencer foram necessárias. A minha infância, as condições em que fui criado, as oportunidades, tudo me ajudou a me sustentar sozinho".

Sua formação fez de Rashid um tipo de homem bastante positivo. Não resmungava nem se lamentava. Não achava que era assim porque era chinês; tinha amigos chineses que resmungavam e se lamentavam. Rashid achava que era algo que herdara do pai. Nunca viu seu pai reclamar. Sofria muito por causa de uma hérnia, mas não falava com ninguém a respeito. Tinha um problema na espinha que provocava dores constantes.

Rashid foi ver o pai alguns meses antes de morrer. Tinha oitenta e oito anos e estava acamado. Seu corpo havia definhado. Perdera cerca de quinze quilos. Havia encolhido.

Disse Rashid: "Pai, o senhor ficou muito magro".

"Está tudo bem", disse o *bomoh*. "Eu estou bem." Mas havia lágrimas em seus olhos.

Rashid, ao ver o pai tão próximo da morte, pensou em sua infância dura e em tudo que ele conseguira fazer. Todos os seus filhos, tão numerosos e nascidos em tempos nada promissores, agora estavam bem colocados na vida.

Disse Rashid: "Quando eu tinha fantasias de poder, mesmo antes de ser policial, meu pai exercia um poder verdadeiro". Como *bomoh*. "Comparado a ele, eu não passava de uma criança. Não tolerarei nenhum tipo de crítica a ele, mesmo que parta de membros da família. O que meu pai fez nós vimos com os próprios olhos. Ele não precisava proclamar seu poder. Talvez eu tenha uma afinidade direta com meu pai. Ele era o oitavo filho. Eu sou o oitavo filho. Minha mãe me disse que sou exatamente como meu pai quando jovem. Minha mãe não é muito hábil com as palavras. Não costuma dizer coisas só para agradar às pessoas".

O pai de Rashid não pretendia que ninguém seguisse sua vocação de *bomoh* ou professasse sua fé. Apenas desejava que seus filhos cumprissem os rituais. Rashid, quando se tornou muçulmano, não pôde mais fazer isso. Mas se sentia contente por ver que sua mãe cumpria os rituais e, depois que ela morreu, outros membros da família levavam adiante o culto da mãe ao espírito do Datuk malaio, na cozinha que era dela, e realizavam as cerimônias no altar doméstico.

4

O OUTRO MUNDO

Syed Alwi, o dramaturgo, ficou de fora do *boom* econômico da Malásia. Pessoas que escrevem peças malaias não ganham muito dinheiro; e Syed Alwi fizera dessa atividade sua vocação. Contudo, com uns trocados aqui e ali, Syed conseguiu ao longo dos anos juntar um pouco de dinheiro; e, quando tinha sessenta e poucos anos de idade, pensou em construir uma casinha para abrigá-lo no ocaso da vida.

Por origem e instinto, era um menino do interior; tinha o amor malaio por rios e árvores. Achou um terreno em um loteamento em um *kampung* afastado de Kuala Lumpur. No seu gaguejante carrinho vermelho, levamos meia hora de Kuala Lumpur até lá, mesmo na rápida auto-estrada, através dos morros desmatados e nus. Quando saímos da auto-estrada, rodamos por um tempo em uma estrada sinuosa através de uma aprazível floresta ensolarada e depois entramos no verdejante *kampung*. Ao pé do terreninho de Syed Alwi, corria um riacho, com poucos pés de largura e algumas polegadas de profundidade.

O instinto malaio que o levara até esse local o fizera também confiar a construção da casa a um jovem parente que se estabelecera como mestre-de-obras. Foi uma calamidade. O dinheiro foi consumido, a casa ficou inacabada e o mestre-de-obras desapareceu. Syed Alwi, em sua ambição, sonhara com um estúdio em sua casa, onde pudesse ensaiar suas peças. Mas a maior parte do que foi erguido não passava de um perigoso rascunho, sem paredes e sem piso (e a ambição o levara a pedir uma casa construída parcialmente sobre o riacho), um instável arcabouço que o olhar atravessava de um lado a outro, feito de vigas de madeira inclinadas e envergadas, finas demais para suportar qualquer peso.

Syed Alwi, indo contra seu instinto malaio, reclamou com o pai do mestre-de-obras. E seu instinto estava certo. O pai ficou enfurecido, disse que não era de maneira nenhuma responsável pela capacidade do filho como mestre-de-obras ou o que quer que fosse. Ali estava uma coisa para Syed Alwi parar e refletir com cuidado (quaisquer que fossem seus sentimentos sobre solidariedade familiar ou solidariedade malaia).

Portanto Syed Alwi e sua esposa moravam ali, em um canto daquela estranha estrutura (sem telefone), onde recebia as pessoas, trabalhava em suas peças de teatro e tentava levar adiante sua vida. O morro acima do riacho fora cortado e aplainado para a construção da casa. Cobras (atraídas pelo riacho) tinham feito grandes buracos na parede de terra seca em um dos lados da estrutura. Syed Alwi e a esposa às vezes viam as cobras; nenhum deles se importava. Ela era uma mulher bonita e tranqüila. Gostava do local, que, apesar de tudo, era deslumbrante: o riacho, as árvores e o verde.

Algo parecido acontecera com o pai de Syed Alwi em 1930. Era remotamente aparentado com a família real de Perak. Por alguma razão, esse parentesco não era uma boa referência e ele sofrera por causa disso na infância. Porém, quando ainda muito jovem, se tornou um funcionário público bem-sucedido. As pressões — sociais, acadêmicas, coloniais — devem ter sido grandes demais. Aos vinte e dois anos, ficou esquizofrênico. No outro mundo, ou em sua outra personalidade, ele tinha manias religiosas e podia se mostrar violento. Mas também tinha períodos de lucidez. Em 1930, no oitavo ano de sua esquizofrenia, durante um de seus períodos de lucidez, começou a construir uma casa de dois andares para sua família no *kampung*. Era muito ambicioso. Recebia apenas sua pensão do serviço público e não tinha dinheiro bastante para concluir a casa. Ela ficou sem o andar de cima.

Syed Alwi nasceu nessa época. Deve ter nascido na casa inacabada; com certeza cresceu dentro dela. Foi a casa onde a família viveu as privações e os horrores da ocupação japonesa, do início de 1942 até 1945. E foi a casa onde, dias depois do final da guerra no Pacífico, o pai de Syed Alwi morreu.

Uma experiência inimaginável: pode-se dizer que isso fez de Syed Alwi um dramaturgo. Mas nem sempre é fácil para um escritor encarar a matéria de sua obra quando ele está começando. Às vezes é preciso certa distância; e às vezes uma experiência é tão ruim que não pode ser transcrita de forma direta. A primeira abordagem de Syed Alwi à experiência que ele viveu foi oblíqua, simbólica. É um modo de a imaginação criativa tratar uma dor extraordinária. Sua primeira peça se desenvolveu lentamente, ao longo de quatro anos.

Partiu de algo que escreveu com vinte anos, quando estudava na Clifford School em Kuala Kangsar. (Perdera quatro anos de escola por causa da guerra.) Em Kuala Kangsar, nessa época, havia um religioso chamado xeque Tahir. Era um homem instruído que tinha viajado e conhecia astronomia o bastante para calcular sozinho o início do mês de jejum. Era uma lenda no local. Costumava vir à cidade de bicicleta e as pessoas o detinham para falar com ele. Syed Alwi admirava o xeque Tahir, queria ser como ele. Escreveu um artigo sobre o xeque para a revista da Clifford School. Escolheu um ângulo curioso: narrou um encontro imaginário, em um trem, entre o xeque e um rapaz como ele mesmo. O rapaz se vangloria sem parar, o velho quase não fala; e o rapaz compreende mais tarde, com amargura e vergonha, que esteve diante do grande homem sem de fato vê-lo.

A idéia do encontro em um trem permaneceu no pensamento de Syed Alwi. Acrescentou detalhes. O rapaz se tornou um estudante universitário; a figura paternal do xeque se tornou um fantasma, visível e irreal. Aprimorou o pano de fundo da cena: se passa na Emergência, uma época de crise e decadência geral, e morte violenta em bairros familiares.

Quatro anos depois, Syed Alwi foi para Minnesota com o apoio de uma bolsa da Fundação Fullbright, para estudar jornalismo. Após um longo período de ócio, começou a escrever um dia, e a peça, a primeira de Syed Alwi, foi concluída em menos de duas semanas.

Há o encontro no trem. O estudante universitário pensa que o velho é um lavrador, fala com ele sobre filosofia e tenta se divertir com o homem, em termos intelectuais. O velho, enfim, faz uma pergunta para o estudante: "Se você soubesse que uma pessoa vai morrer, contaria para ela?". O estudante começa a balbuciar; sabe agora que não está lidando com um lavrador. Não consegue dar resposta alguma. O velho diz, como que para acalmar o estudante: "Eu estou com esse problema. Minha filha vai morrer". E de repente desaparece. É um fantasma; pode ter existido apenas na mente do estudante. O trem chega à estação ferroviária — é a época da insurreição comunista, depois da guerra, quando as estações ferroviárias sofriam ataques — e uma morte inverossímil, fortuita, tem lugar ali. Isso vincula o rapaz ao fantasma que ele acabou de ver.

A peça pode ter parecido um tanto fantasiosa em Minnesota, mas tudo nela — a morte da criança, a decadência universal, mesmo o fantasma religioso — referia-se a algo real na experiência de Syed Alwi. Uma obra do início da carreira de um escritor, mesmo quando malograda ou de aspecto artificial, pode abrigar, por vezes de forma codificada, os impulsos e emoções que irão orientá-lo para sempre.

Syed Alwi, ao falar de seus antepassados, disse: "As lendas são mais reais do que a história". Na sua família, a lenda era de que o pai de seu pai foi um "Syed", um descendente do Profeta. Na Malásia, isso significava que um dos ancestrais foi árabe ou um mercador indiano; e Alwi era um nome de clã árabe. Porém Syed Alwi, com todos seus instintos e paixões malaias, parecia muito mais um europeu do que um árabe ou um malaio; e contou que os médicos lhe disseram que a inflamação na pele da ponta do seu nariz era uma moléstia européia e não árabe. Portanto, conforme ele disse, havia um mistério.

Mas a lenda era a lenda. Um Syed era um Syed e um Alwi, um Alwi. E segundo a lenda o avô de Syed Alwi, remotamente aparentado com a família real de Perak, se rebelou de algum modo, repudiou a vida no enclave real, atravessou o rio e se casou com uma plebéia do outro lado. Não havia datas na lenda; mas essa rebelião deve ter ocorrido na década de 1880. Nessa época, as pessoas viviam tolhidas por regras rituais e de clã; e deve ter havido uma razão muito boa — o avô de Syed Alwi não era um homem instruído — para algo tão desesperado, como uma rebelião e uma fuga. Syed Alwi não conseguiu descobrir mais nada além da lenda.

O filho do rebelde, o pai de Syed Alwi, veio ao mundo para sofrer. Nasceu em 1900. Foi adotado pela comunidade real e enviado para o Colégio Malaio em Kuala Kangsar, a escola reservada para os filhos das famílias dos mandatários. Essa era a obrigação pública da família; o menino tinha sangue real. Em particular, no entanto, era tratado com desprezo pela família real. Não permitiam que comesse com eles. Obrigavam-no a fazer trabalhos domésticos e o tratavam como um criado.

Apesar de tudo, o menino se saiu bem no Colégio Malaio. Quando tinha dezesseis anos, arranjou emprego no departamento de assuntos fundiários do governo, como agente colonizador. Um agente colonizador ajudava o povo do *kampung* a solicitar terras em uma nova colônia; o agente encaminhava as recomendações ao departamento de assuntos fundiários do governo. Esse devia ser um emprego muito elevado para um malaio, no contexto colonial de 1916, e especialmente notável para alguém tão jovem.

A comunidade real escolheu então uma noiva para o agente colonizador. A história conta que era uma *sharifa*, uma Syed, e rica. Isso era tudo o que a lenda dizia e a lenda deve ter deixado muita coisa de fora. Como o rapaz não queria casar com a moça que escolheram para ele, na noite do seu casamento — a exemplo do seu pai — ele fugiu. Isso deve ter enraivecido muita gente. Com certeza, sentiram que sua honra tinha sido insultada. O jovem sabia que ia ser perseguido. Precisava de proteção.

Havia trabalhado como agente colonizador ao norte de Perak e pensou em ir para lá. Dirigiu-se a um *kampung* que conhecia muito bem. Disse ao líder local: “Encontre uma esposa para mim”. Esse era um costume malaio aceito por todos. Normalmente o homem pedia a um parente para arranjar uma esposa para ele; como um desdobramento desse costume, se podia pedir ajuda ao líder da localidade.

Havia gente *raja* no *kampung*, pessoas de linhagem nobre; portanto, existiam famílias condizentes com a sua condição. O líder escolheu duas moças. A primeira não era uma *raja* e era divorciada. Por ser divorciada, tinha o privilégio de recusar o noivo, se assim quisesse; e ela recusou o agente colonizador de dezessete anos. A segunda moça teve de aceitar.

Era uma *raja*. Seus antepassados fundaram o *kampung*. Eram da estirpe dos Bugis. Eram gente de Sulawesi (as ilhas Celebes, na época colonial), e em alguma data desconhecida migraram para o estado de Kedah, no Norte da Malásia. Lá, casaram-se com malaios da região e, com o tempo, vieram a ocupar seu status de *raja*. Havia muito movimento desse tipo no arquipélago, no século XIX; europeus e chineses não eram os únicos intrusos no território. A certa altura, os vizinhos siameses atacaram Kedah, e os *raja* de Kedah fugiram para o sul, rumo ao estado de Perak. Estabeleceram-se em um promontório em uma curva do rio. Ali cultivaram a terra e o lugar se desenvolveu em um *kampung* chamado Pondoktanjung, que significa “uma choupana no promontório”.

A noiva *raja* de Pondoktanjung tinha treze anos, quatro anos mais nova do que o noivo. Era dever da esposa seguir o marido; as moças estavam sempre prontas a fazer isso. Mas a vida dessa jovem ia mudar mais do que qualquer um tinha ouvido falar. Sacrifício, dor e períodos de pura escuridão esperavam por ela.

No início, porém, talvez durante quatro anos, tudo correu bem. A noiva teve o primeiro filho, um menino, um ano depois do casamento; foi a primeira de uma série de quinze gestações.

Teve mais dois filhos nos quatro anos seguintes, os anos bons, e nessa época seu marido também galgou postos rapidamente no serviço público. O povo de Pandoktanjung veio a aceitá-lo como um igual; portanto, não era mais um homem sem clã.

Em 1921, com vinte e um anos de idade, ele se tornou magistrado. Para ascender a essa posição, precisou de muitos conhecimentos jurídicos. Deve ter estudado bastante; isso veio se somar às viagens e ao seu trabalho como agente colonizador. Sua vida era como uma continuação de seu tempo como estudante no Colégio Malaio: aulas durante o dia, estudos em casa, de noite. Junto com esse estudo, veio uma crescente inquietude mental. E mesmo enquanto se tornava cada vez mais seguro de si no mundo, ele já ia voltando as costas para as coisas mundanas. Ficou mais e mais fascinado por filosofia, religião e a natureza de Deus.

Costumava debater esses assuntos com um amigo, um professor na faculdade de formação de professores. Segundo contam, os dois encontravam-se todas as noites. Ninguém mais tinha conhecimento das turbulências que agitavam a mente do magistrado. Para o povo do *kampung* e para a família de sua esposa, ele simplesmente vivia à maneira dos muçulmanos, como todo o mundo, e cumpria os rituais. Ele tomava cuidado, ao que tudo indica, para não preocupar nem ofender as pessoas; mantinha sua agitação mental em segredo. Não conversava tampouco com os funcionários ingleses. Deve ter sido embaraçoso para ele. Não gostava de falar inglês e fazia questão de não viver no estilo colonial. Portanto, estava bastante só.

Em 1922, com vinte e dois anos de idade, teve a crise mental. Parece ter ocorrido quase de uma forma física, e em um momento especial. Ele se achava em Perak, em uma cidade chamada Tapah, quando aconteceu. De algum modo, ele conseguiu voltar, ou foi trazido de volta, para Pondoktanjung. Nunca mais se recuperou. Durante os vinte e três anos restantes de vida, ele ia e vinha entre seus dois mundos. Sua esposa tinha dezoito anos quando ele teve a crise. Ela permaneceu como sua esposa em todos os sentidos, até o fim.

Foi aposentado do serviço público por motivos médicos. Recebeu uma pensão de 75 dólares malaios por mês, equivalentes, em termos cambiais estritos, a dezoito libras atuais, mas em 1922 isso representava uma soma considerável. A pensão foi paga até a ocupação japonesa. Depois, mais nada.

Ele vivia duas vidas bem distintas, uma neste mundo, a outra em seu mundo particular.

Em sua vida normal, se é que se pode chamar assim, ele não gostava de falar inglês; só o fazia quando necessário. Em sua outra vida, não falava senão em inglês. Em sua vida normal, nada tinha de um escritor; em sua outra vida, passava boa parte do tempo escrevendo. A família comprava para ele uma porção de cadernos e lápis, e ele escrevia sem parar. Quando saía desse mundo, tudo o que tinha escrito era queimado. Syed Alwi não tinha certeza se ele, na sua personalidade normal, queria que seus escritos fossem queimados, ou se a família é que mandava queimar tudo.

No mundo normal, ele não fumava. No outro mundo, fumava quatro ou cinco cigarros ao mesmo tempo, segurando-os entre os dedos.

No mundo normal, não suportava ver ninguém sofrer dores físicas. Se a esposa batia em um dos filhos, ele fugia de casa. Podia ficar fora durante semanas; às vezes, a família não conseguia descobrir para onde ele tinha fugido. Mas no outro mundo ele era violento. Embora no outro mundo não reconhecesse sua família como tal, nunca se mostrava violento com eles. A violência era para os outros. O irmão da esposa podia o estar levando para receber sua pensão. No caminho, podia encontrar alguém e, sem nenhum motivo, dava um tapa nessa pessoa. Houve uma ocasião em que ficou tão violento que foi preciso construir uma jaula para ele dentro de casa. No oitavo ano de sua doença, sua violência começou a diminuir. Quando Syed Alwi nasceu, em 1930, a violência havia praticamente cessado.

No mundo normal, ele gostava de cozinhar e de comer. No outro mundo, não dava nenhuma importância para a comida. Tinha apenas duas paixões: escrever e falar.

* * *

Em 1953, por um acaso extraordinário, Syed Alwi encontrou o amigo, o professor da faculdade de formação de professores com quem seu pai travava discussões noturnas pouco antes de sua crise, trinta e um anos antes.

Syed Alwi estava em viagem rumo aos Estados Unidos, para Minnesota, como bolsista da Fundação Fullbright. O amigo embarcou no avião em Manila, para o trecho Manila—Havaí, da viagem; e, por um acaso adicional, lhe deram, ou ele ocupou, o assento ao lado de Syed Alwi. Durante o longo vôo, contou a Syed Alwi o que lembrava da inquietude mental do seu pai e de sua doença. E pela primeira vez Syed Alwi compreendeu que, enquanto seu pai trabalhava como magistrado, na condição de assistente distrital do departamento de assuntos fundiários do governo, e trabalhava muito duro, enfrentava ao mesmo tempo um horror espiritual. Aquilo estava desmontando o seu mundo. Ele não podia aceitar o Deus islâmico. Desejava conhecer Deus de maneira mais pessoal, mais íntima. Lia livros sobre outras religiões em sua busca de um Deus que ele conseguisse aceitar.

A tese de Syed Alwi era de que seu pai, a certa altura, deve ter sido obrigado a transigir, ou teve de admitir que não conseguia encontrar o Deus que estava procurando. Mas isso era apenas uma conjectura e, para Syed Alwi, uma conjectura penosa. Tive a sensação, a julgar pelo que ele disse, que cinqüenta anos depois da morte do pai — em razão da tristeza, do amor e do desejo de compartilhar o sofrimento — ele ainda tinha muita vontade de vislumbrar um pouco da vida interior do pai, ainda desejava entender o outro mundo do pai. Esse mundo estava perdido e por essa razão representava sempre um motivo de tristeza. Ele apenas dispunha de indícios esparsos para acalentar e examinar, a exemplo das lembranças do amigo de 1921.

(E esse encontro com o amigo do pai, justamente naquele momento, em que seus pensamentos estavam voltados para os Estados Unidos e para escrever, deve ter sido um dos momentos críticos na própria carreira de Syed Alwi. Pode ter impelido

Syed Alwi, alguns meses depois, àquele surto criativo no qual escreveu sua primeira peça, com suas referências cifradas ao mistério em torno do pai.)

Disse Syed Alwi, a propósito do pai: "Para mim, ele não estava exatamente procurando por Deus. Estava em busca do sentido da vida. Isso se traduzia em termos da busca de Deus em virtude da sua formação islâmica, na qual Alá ocupa a posição suprema. A busca de Alá ou de Deus era um elemento constante nos dois mundos, e provavelmente a única coisa que podia existir nos dois mundos, para ele. Mas isso não explica por que ele se mostrava violento, nem revela a razão de dois comportamentos diametralmente opostos. Muitas vezes eu me pergunto: qual era o seu mundo verdadeiro? O mundo criado para ele ou o mundo que ele mesmo criou para si?".

E era possível, conforme Syed Alwi sugeria, que o mundo que seu pai havia encontrado fosse demais para ele. Naquilo que Syed Alwi tinha dito sobre o comportamento do pai em seu outro mundo, havia alusões e ecos do tormento neste mundo. Ele havia sofrido, e talvez tivesse sido até maltratado, quando criança. Em sua personalidade normal, não conseguia suportar a dor; em seu outro mundo, ele a infligia; esbofeteava pessoas sem nenhum motivo. Como uma espécie de pária social, ele teve de dar provas de seu valor no Colégio Malaio; e, no mundo colonial, ele teve de dar provas de seu valor como um malaio. Portanto, em seu outro mundo, em uma paródia da escola e do serviço público, ele escrevia o tempo todo, e em inglês; e, em estilo colonial, fumava cigarros (os melhores), quatro ou cinco ao mesmo tempo.

Disse Syed Alwi: "Os malaios viveram sob a constante pressão de ter de provar o seu valor. E uma das coisas que ninguém atribuía aos malaios era a capacidade de ser intelectuais. Eram concebidos como criaturas presas ao hábito, súditos dos sultões ou dos ingleses. Precisavam que outras pessoas refletissem por eles e os guiassem, e seriam leais aos sultões e aos ingleses, que em troca os protegiam com leis que diziam que não-malaios não podiam interferir em seus costumes e em sua maneira de viver".

* * *

Quando ficou claro na família que havia algo muito grave com seu genro, levaram-no para um sanatório. O lugar era pouco mais do que um hospício e as pessoas que o dirigiam não iam curar ninguém. Tinham alguns testes para comprovar a loucura. Um dos testes consistia em disparar água no paciente com uma mangueira de incêndio. Um outro consistia em dar arroz misturado com areia para o paciente comer. Se o paciente não reclamasse da mangueira ou do arroz, estava louco. Isso foi feito com o pai de Syed Alwi. Faziam-se coisas piores com outras pessoas, disse Syed Alwi.

Em seguida, a família o levou para os *bomoh*, um após o outro; e de novo houve testes e tratamentos. Um *bomoh* olhava dentro de uma tigela de água e via ali por que o homem diante dele se tornara o que era; via a hereditariedade, ou fantasmas, ou a maneira como fora criado.

Certa vez, o pai e o tio de Syed Alwi sentaram-se lado a lado diante de um *bomoh*. O incenso fumegava e enchia a sala — Syed Alwi soube da história por intermédio do tio — e no final o *bomoh* disse que havia alguém tentando destruir o pai de Syed Alwi. Essa pessoa perversa havia enterrado coisas ruins em torno da casa e, para o pai de Syed Awi quebrar o feitiço, aquelas coisas tinham de ser retiradas de lá. O *bomoh* disse que era isso que ele ia fazer, naquele instante, e sentado ali mesmo, na sua sala. Syed Alwi começou a recapitular a encenação do *bomoh*, que executava gestos amplos, místicos, no meio da fumaça do incenso, e falava o tempo todo, explicando o que fazia. Porém, a fumaça não estava espessa o bastante. O tio de Syed Alwi viu o *bomoh* apanhar um pequeno embrulho debaixo do joelho, algo envolvido por um pano amarelo, e o atirou para o lado. O *bomoh* então disse: "O homem agora está curado". E, apesar do que seu tio tinha visto, pagaram o serviço.

Houve outras curas como essa. A família procurou os *bomoh* durante vários anos. Depois perderam a esperança de encontrar uma cura e deixaram o inválido em paz.

Certa vez, ele fugiu da casa. De novo, não havia uma data; as pessoas não queriam falar muito a respeito do episódio. Ele foi para o estado de Kelantan, e lá teve uma crise dentro da sua crise. Quando a família foi trazê-lo de volta, descobriram que ele estivera traduzindo o Corão do inglês para o malaio. Queimaram o que ele havia escrito.

Disse Syed Alwi: "A tradução é importante porque demonstra que, mesmo no outro mundo, ele ainda tentava encontrar Deus. Mas não tenho certeza se sua tradução foi feita no outro mundo, neste mundo, ou em ambos. Ele aceitou a destruição de sua tradução como uma coisa natural, porque estava de acordo com as crenças deles. Assim como aceitava o modo de vida do *kampung*".

Portanto, todos os escritos do seu pai, desde o tempo anterior a seu nascimento, estavam perdidos para Syed Alwi. Muitos anos depois, ele viu alguns dos cadernos do pai.

"A letra era ruim. Eu não consegui ler muito bem. Mal pude entender, na verdade. Mas a cada duas frases, quase no final, havia a palavra 'sempre'."

Para Syed Alwi, aquela havia de ser uma palavra obsessiva.

Havia períodos de lucidez. Em um deles, algum tempo antes de 1930, ele começou a construir uma casa nova no *kampung*, mas o dinheiro acabou e ele não conseguiu erguer o primeiro andar. Syed Alwi, ao contar a história de sua própria casa inacabada, entre os buracos das cobras no corte aberto no morro, de um lado, e o riacho, do outro lado, disse: "Então, quando aconteceu isso comigo, com a minha casa, a imagem da casa inacabada do meu pai me veio à mente".

Quando o pai de Syed Alwi teve a crise mental em 1922, tinha três filhos. Depois, nasceram mais seis crianças, e houve seis abortos. Dos seis bebês que nasceram, dois morreram no parto.

Disse Syed Alwi: "Portanto, minha mãe engravidou quinze vezes".

Doze dessas gestações ocorreram depois da crise do marido.

"Parece uma coisa homicida", comentei. Foi a palavra que me ocorreu, na hora.

Ele se mostrou muito preocupado. Respondeu, então, com ar melancólico: "Não sei". Lágrimas vieram aos seus olhos.

Seu pai queria que os filhos recebessem instrução. Tinha apenas sua pensão, mas havia uma mulher indiana, no *kampung*, que ajudou. Tinha muita consideração pela família e adorava as crianças. Possuía certa quantidade de jóias de ouro maciço e, toda vez que precisavam de dinheiro para a educação das crianças ou para seus livros, ela emprestava todas as jóias para o pai de Syed Alwi penhorar. Ela emprestava as jóias só para a educação das crianças. Quando um dos filhos voltou de Cingapura em um uniforme do Colégio Raffles, uma famosa escola colonial, a mulher ficou orgulhosa do menino, como se fosse seu próprio filho. Seu filho de verdade — tivera apenas um — trabalhava como operário na estrada de ferro.

Ela era uma tâmil. Não era rica. Afora as jóias, nada possuía. Ganhava a vida preparando doces e salgados para a lanchonete administrada pelo governo, no *kampung*. O pai dela veio do Sul da Índia com o propósito de trabalhar nas fazendas como empregado contratado. Seu marido foi também um empregado de uma fazenda. Quando o marido morreu, ela abandonou a fazenda e a vida da fazenda, e passou a se sustentar por conta própria. Foi para o *kampung* e construiu uma casa não muito longe da casa dos Alwi.

Essa mulher se tornou a fada madrinha de Syed Alwi quando ele começou a estudar na escola primária malaia, em 1936. Ele a recordava como uma mulher de quase quarenta anos, magra, incansável, de aspecto rude, um tanto sem graça mas sem chegar a ser feia. Todo dia de manhã, a caminho da escola, ele parava na casa dela. A mulher tinha sempre uma moringa de leite quente à sua espera, no seu fogão de barro. Raramente se bebia leite na casa dos Alwi. Os malaios não costumavam beber leite; usavam leite condensado no café, mas só isso. O leite usado em bolos, em molhos de caril e na carne era sempre leite de coco, extraído da polpa branca do coco maduro.

Em 1940, após quatro anos na escola primária malaia, onde estudavam sobretudo literatura e geografia, Syed Alwi e um irmão mais velho foram enviados para a escola secundária Rei Eduardo VII, na cidade de Taiping. O pai de Syed Alwi, com grande sacrifício, e de novo com o auxílio da mulher indiana, alugou uma casa lá, para seus filhos. Syed Alwi veio a saber mais tarde que o pai, em meio às suas trevas, o educava para ser um alto funcionário público, como ele mesmo fora, tempos atrás.

Todos no *kampung* tinham conhecimento da situação do pai, e na escola em Taiping as pessoas também sabiam disso. Não existia nenhum estigma. De fato, havia um pequeno assombro. Os malaios tinham a impressão de que as grandes mentes se rompiam quando se ampliavam demais; e o pai de Syed Alwi, conhecido por ser um homem brilhante, quando jovem, era considerado uma dessas grandes mentes. Havia uma palavra na língua malaia para esse tipo de colapso nervoso: *gila-isin*, enlouquecer em virtude de um empenho excessivo, estudar demais, crer demais.

Disse Syed Alwi: "Meu pai era considerado *gila-isin* porque buscava Deus, ou alguma coisa desse tipo. Mas a idéia de buscar Deus era algo de que só alguns parentes tinham conhecimento. Não foi divulgado, com receio de que as pessoas interpretassem de forma errada e acreditassem que esse *gila-isin* representava uma espécie de castigo".

Em 1941, o irmão de Syed Alwi fugiu e ingressou na Marinha Real, em Cingapura. Era um menino do *kampung*, na verdade; gostava da vida no *kampung*, da camaradagem do *kampung*. Gostava de ir trabalhar nos arrozais com os parentes. Não gostou de freqüentar o colégio em Taiping; isso foi idéia do pai. Portanto — com a ajuda das pessoas do *kampung*: houve no *kampung* uma espécie de conspiração — ele fugiu para Cingapura, disse ser mais velho do que era na realidade e ingressou na Marinha Real. O pai de Syed Alwi, além de desejar que seu filho concluísse o ensino secundário, era um pacifista; odiava a idéia da dor e de matar os outros. Procurou o representante do governo inglês em Perak; e no final, depois de uma porção de dificuldades, gastou 75 dólares, um mês da sua pensão, para ter seu filho afastado da marinha. Justamente nessa ocasião, começou a guerra. No dia 7 de dezembro de 1941, os japoneses bombardearam a base naval de Cingapura e ninguém na família jamais conseguiu saber o que aconteceu com aquele irmão.

Disse Syed Alwi: "Os japoneses vieram no final de dezembro de 1941. Em janeiro, eu pensava em voltar para a escola. Era o final das férias escolares. Mas então fiquei sabendo que já não existia mais nenhuma escola inglesa".

Correu também o boato de que os japoneses iam punir as pessoas que tivessem livros ingleses em casa. Existiam muitos livros ingleses na casa dos Alwi, trazidos pelos dois irmãos que estudaram no Colégio Raffles, em Cingapura. Quase todos esses livros foram destruídos. Alguns foram enterrados; outros foram queimados, assim como os escritos do pai de Syed Alwi eram queimados. O livro mais importante que foi conservado era um dicionário. Syed Alwi nutria a esperança de um dia ler os escritos do pai e julgava que iria precisar do dicionário a fim de ajudá-lo a entender as palavras mais difíceis. Esse dia de fato chegou, mas ele não conseguiu decifrar a letra nos cadernos do pai. Só conseguiu identificar a palavra "sempre".

Os ingleses explodiram uma ponte nos arredores do *kampung* e os japoneses levaram algumas semanas para erguer uma nova ponte. Por isso, soldados japoneses circulavam por ali, saqueavam a vila. Certa tarde, um soldado japonês com a espada desembainhada veio à casa dos Alwi. As crianças fugiram. O pai ficou e depois de meia hora ele começou a gritar para os filhos voltarem. Quando entraram em casa, viram que o soldado japonês saía com uma galinha e um abacaxi. Ninguém soube o que se havia passado entre os dois homens, e o pai nunca contou.

Disse Syed Alwi: "Ele não tinha medo. Não era um homem corajoso, mas não tinha medo".

Os japoneses ficaram na Malásia durante três anos e oito meses. Até sua chegada, Syed Alwi jamais vira uma morte violenta. Agora, perto do mercado em Taiping, onde ficava sua antiga escola inglesa, ele via cabeças espetadas em estacas. Diziam-lhe que eram cabeças de chineses.

Disse Syed Alwi: "Depois do primeiro ano, as coisas pioraram. A comida ficou muito escassa — os alimentos básicos, açúcar, arroz. A vida no *kampung* começou a andar de mal a pior quando as doenças se espalharam de forma violenta. Não tínhamos boa alimentação. Por isso ficávamos com ulcerações, doenças de pele. Tínhamos perdido nosso conhecimento acerca das ervas nativas. Crescemos habituados a hospitais e à medicina ocidental. Não podíamos fazer face ao colapso da nossa sociedade.

"Além disso os japoneses prometeram que tudo ficaria bem e que haveria fartura. Mencionaram de forma específica um carregamento de arroz que estava a caminho, porque no Japão cultivavam muito arroz. Toda vez que tomavam tudo que tínhamos, garantiam que seríamos indenizados com larga margem de lucro. Diziam: 'Vou levar sua bicicleta agora. Depois pagarei o valor de cinco bicicletas, ou mais'. E acrescentavam: 'Não só bicicletas, mas também outras coisas'. Falavam de seda. E durante meses e meses a comunidade esperou. Os japoneses mantinham viva essa promessa, pois faziam circular rumores de que navios com carregamentos de arroz haviam chegado ao país e em certos *kampung* as pessoas já tinham recebido sua cota.

"No início dos noticiários cinematográficos, nos cinemas ambulantes e nos teatros, proclamavam em japonês, malaio e inglês: 'Graças a Deus a Ásia foi devolvida aos asiáticos'. O que se seguia eram imagens da grandeza do Japão: pacotes e mais pacotes de seda e de outros produtos de luxo. Isso produzia um grande efeito. No primeiro Hary Raya, a festa que segue o mês de jejum, falávamos como todo o mundo andaria vestido com seda japonesa".

Mas na verdade as coisas pioravam cada vez mais. Nessa época, o tio de Syed Alwi morreu. Era o tio que aparecia em várias histórias de Syed Alwi a respeito do pai. Era o tio que acompanhava o pai de Syed Alwi para receber sua pensão; sentou-se a seu lado diante dos *bomoh*, na época em que ainda procuravam os *bomoh*. Syed Alwi estava cheio de mágoa. Ele e seu pai, um dia, partiam lenha com o machado. A despeito de toda a mágoa, foi um precioso momento de camaradagem; Syed Alwi recordava a situação. Falou a respeito do tio e seu pai respondeu: "O seu tio não morreu".

"O que você quer dizer com isso?", perguntou Syed Alwi.

"Mais tarde você vai entender", respondeu o pai.

As palavras causaram uma forte impressão em Syed Alwi. Achou que devia conversar mais com o pai acerca do que ele tinha dito. Mas não o fez; nunca mais surgiu uma ocasião favorável, um momento de companheirismo como aquele. Porque seu pai, em seguida, ingressou em seu outro mundo e permaneceu lá durante quase três anos, até o final da guerra. Quando saiu do outro mundo, foi apenas para morrer.

Syed Alwi achava que esse movimento de entrar no outro mundo sempre fora proposital ou voluntário, uma forma de cortar os laços. E no mundo normal, ou no mundo exterior, as coisas agora haviam desmoronado.

Disse Syed Alwi: "Um novo modo de vida, um modo de vida degradado, começou a se desenvolver. O certo e o errado começaram a ser definidos não em função de um padrão moral, religioso ou espiritual, mas segundo o que era bom para os interesses de cada um e para a sobrevivência. Se os valores morais fossem aplicados, seria impossível sobreviver. O que era então a vida normal? Dor, sofrimento, fome, privações e doença. Se estes constituíam os elementos da vida normal, por que a moralidade haveria de representar um fator determinante? O que tinha valor era aquilo capaz de aliviar o sofrimento. Ou qualquer coisa que se pudesse encontrar capaz de manter um pouco da auto-estima das pessoas. O normal era ver soldados japoneses espancando pessoas. Víamos pessoas ser agarradas de todas as formas. Víamos pessoas ser destruídas pela tortura, ou fugir da tortura e de coisas piores saltando no rio".

Rapazes — de todas as raças, malaios, chineses, indianos — violentavam moças e nunca achavam que agiam de forma anormal.

"Sempre penso em uma linda mulher indiana, provavelmente por volta dos trinta anos de idade. Era de uma outra aldeia, onde o marido era telegrafista. Ele havia sumido e a mulher andava à sua procura, de uma aldeia para outra. Ela passou pelo meu *kampung*. Havia um bando de jovens que não faziam coisa nenhuma, ficavam ali à toa, viram aquela mulher, olharam uns para os outros e compreendi, eu estava com eles, que iam se divertir com a mulher.

"Eles a seguiram por certa distância, para além das lojas, e a estupraram. Quando chegou a minha vez, disseram não: eu era menor de idade. Tinha doze anos, na época. Portanto, ainda existia algum tipo de moralidade. Dois de nós foram considerados menores de idade. Não fosse por isso, alguma espécie de moralidade, também eu seria um dos estupradores.

"E depois a deixaram lá, e ela retomou sua viagem. Vimos a mulher de novo, quando passou pelo centro da vila outra vez, a caminho de um outro *kampung*. Ela não parecia nem um pouco abatida. Talvez já tivesse sido estuprada antes. Era uma coisa que acontecia. O fato não interrompia sua busca do marido. Para os rapazes, foi apenas mais uma atividade. Nunca mais falaram da mulher. Sim. Falavam como ela era bonita."

Foi nessa época que Syed Alwi, aos próprios olhos, tornou-se um homem. Começou a trabalhar e afinal se mostrou capaz de ajudar no sustento da família.

Os japoneses montaram uma fábrica de carvão. Vieram ao *kampung* e anunciaram que precisavam de gente; e Syed Alwi, com catorze anos, se tornou um dos operários. A fábrica ficava a quatro quilômetros de distância, uma dura caminhada de manhã e de tarde através da selva e de uma fazenda que produzia borracha. Ganhava oito dólares e uma lata de arroz por dia; o grande atrativo era o arroz. Mais tarde, também passaram a dar cigarros. O trabalho era fácil, cuidar para que as rachaduras no forno fossem remendadas. Fez isso por um ano, mais ou menos.

Ofereciam pagamento dobrado por trabalhos mais pesados: abrir a porta do forno quando o carvão estava pronto e puxar o carvão para fora. Syed Alwi tentou isso, uma vez. O calor era quase insuportável e a poeira ardente do carvão penetrava nos pulmões. Quando foi tomar banho, tossiu um catarro preto. Continuou a tossir o catarro preto e isso o deixou tão assustado que nunca mais fez aquele serviço.

No final de 1944, tornou-se lenhador iniciante na fábrica de carvão. Ganhava mais: vinte dólares por dia, uma lata de arroz maior, cigarros. Os cigarros eram nacionais, em geral, e bastante vagabundos; mas às vezes apareciam cigarros japoneses — ainda lembrava a marca: "Koa" —, que eram muito mais finos.

Os cigarros eram importantes porque, no outro mundo, onde ele estava, seu pai era um fumante. Existia uma espécie de cigarro do interior ou do *kampung*, que vinha em uma embalagem feita de folha de palmeira nipa; mas o pai de Syed Alwi não queria saber desses cigarros. Insistia em fumar "cigarros de verdade" e, quando não tinham nenhum cigarro assim para lhe dar, ele ficava irritado e violento, não batia em ninguém, mas atirava coisas no chão.

Porém nessa altura ele estava se debilitando. Havia pouca comida para lhe dar; e logo estava de cama. Pouco a pouco parecia compreender que tinha acontecido uma calamidade lá fora e que havia escassez de cigarros. E, em todo caso, ele estava fraco; só fumava um cigarro por dia. Não havia falta de cadernos, mas ele escrevia cada vez menos. Nos últimos seis meses de vida, quase não escreveu. Mas — e isso era como um resquício de sua paixão pela escrita — ele se tornou muito atento aos seus lápis. Ele os usava até o cotoco, mas nunca os jogava fora e não queria que ninguém tocasse neles.

Certo dia, quando Syed Alwi e a turma de lenhadores haviam entrado na selva para cortar madeira para a fábrica de carvão, encontraram — a uns 2,5 quilômetros da estrada — uma clareira desconhecida: um arrozal, cinco ou seis acres.

Foi assim que Syed Alwi entrou em contato com os comunistas — sobretudo chineses — do Exército Antijaponês do Povo Malaio, o MPAJA. O arrozal pertencia a eles; e o *kampung* já se encontrava, em certa medida, sob a sua proteção.

Os homens não queriam arrastar os troncos pelo arrozal. Mas o chefe da turma de lenhadores — não era um japonês: não havia nenhum chefe japonês no *kampung* — tinha de fazer seu trabalho. Syed Alwi se lembrava de ouvir os homens dizer: "Mas é pecado destruir arroz". E Syed Alwi compreendeu que alguns dos lenhadores deviam conhecer as pessoas do *kampung* que cuidavam do arrozal.

Assim, como adulto, ganhando seu dinheiro e conhecendo o mundo, ele tomou consciência de coisas no *kampung* que até então tinham permanecido ocultas para ele. Tinha até uma espécie de explicação para as cabeças de chineses espetadas em estacas perto do mercado de Taiping.

O trabalho era pesado, tinha pouca comida, não havia remédios. Tinha catorze chagas. E então, um dia, um tronco caiu em seu tornozelo. A ferida não cicatrizou; ampliou-se em uma grande chaga. Doía noite e dia. Era difícil dormir. Balançava a perna ferida para amortecer a dor e depois conseguia dormir uma hora, mais ou menos. De tempos em tempos, drenava a chaga, retirava cerca de meio copo de pus. A carne estava apodrecendo, no fundo; depois de drenar a chaga, a panturrilha ficava bamba. Caminhava ou coxeava em um pé só.

Outras pessoas no *kampung* estavam ainda piores. Uma mulher de quarenta e poucos anos tinha chagas por todo o corpo. Essas chagas se espalharam e seu corpo inteiro se tornou uma única e imensa chaga. Vermes, larvas e moscas habitavam sua carne. O cheiro, mesmo a metros de distância — mesmo do lado de fora da casa dela — era muito ruim. Nas últimas semanas de vida, ela era uma massa de sangue pestilento. Gemia e guinchava. Não havia nenhum analgésico. As pessoas não chegavam perto dela. Foi abandonada. Isso aumentava ainda mais sua dor e dava um timbre especial aos seus gritos.

Poucos dias depois da rendição dos japoneses — alguma comida já começara a chegar do exterior para o *kampung* — o pai de Syed Alwi saiu do outro mundo. Permanecera lá durante quase três anos. Na família, sabiam que ele havia saído do outro mundo porque parara de falar sozinho e não pedia mais cigarros. Tinha ficado de cama por um longo tempo. Agora se encontrava gravemente subnutrido, fraco e doente.

Ele queria ver as coisas fora de casa. Syed Alwi e sua mãe, juntos, o ajudaram a se levantar e o levaram para perto de uma janela. Ele olhou por alguns minutos e não disse nada. Em seguida — Syed Alwi capengando em sua perna boa — trouxeram-no de volta para a cama.

O mundo para o qual tinha olhado estava um pouco mais empobrecido do que estivera durante a ocupação japonesa. Nas duas semanas que transcorreram entre a rendição japonesa e a chegada de tropas britânicas, os comunistas do MPAJA governaram. Tinham muitas contas a acertar e andavam punindo pessoas, traidores, desertores, colaboradores.

O mundo real havia ruído em pedaços, mas Syed Alwi e sua mãe sentiam-se felizes por ver que o pai saíra de seu outro mundo. Nunca permanecera lá tanto tempo; e Syed Alwi e sua mãe tiveram a impressão de que ele agora talvez se tivesse fartado daquele mundo e não desejasse mais voltar para lá; e que agora, com comida e remédios, talvez ele ficasse bom outra vez. Syed Alwi nutria a esperança — agora como adulto — de conversar com o pai sobre seus escritos; perguntar o que quisera dizer, três anos atrás, quando os dois cortavam lenha juntos e ele dissera que a morte não existia; e descobrir como era o mundo para onde ele costumava ir.

Nada disso aconteceu. Cerca de uma semana depois de o levarem até a janela, ele morreu. Foi como se, no último momento, ele não quisesse morrer só, no outro mundo.

Syed Alwi declarou, a respeito da mãe, em outros tempos a noiva de treze anos de idade que se casou com o agente colonizador de dezessete anos: "Ela era a comunidade. Com base em sua criação malaia, em sua formação islâmica, ela proporcionou a meu pai todo apoio que o permitiu desfrutar seus dois mundos. Sem ela, meu pai teria sido jogado no hospício — o lugar das mangueiras de água fria e do arroz misturado com areia — e ele não teria durado dois anos. Do jeito que foi, ele viveu em seus dois mundos durante vinte e três anos".

Julho de 1995— maio de 1997

AGRADECIMENTOS

Na Indonésia: John H. McGlynn; Navrekha Sharma; Eugene Galbraith. No Paquistão: Ahmed Rashid. Na Malásia: Karim Raslan.

ESTA OBRA FOI COMPOSTA PELA HELVÉTICA EDITORIAL EM GARAMOND E IMPRESSA PELA PROL EDITORA GRÁFICA EM OFF-SET SOBRE PAPEL PÓLEN SOFT DA COMPANHA SUZANO PARA A EDITORA SCHWARCZ EM JUNHO DE 1999.